AUS DER REIHE

Gabler Edition Wissenschaft

„Schriften des Center for Controlling & Management (CCM)"
Herausgeber: Prof. Dr. Jürgen Weber

zuletzt erschienen:

Band 14
Joachim Sandt
Management mit Kennzahlen und Kennzahlensystemen
Bestandsaufnahme, Determinanten und Erfolgsauswirkungen
2004. XXII, 249 S., 38 Abb., 28 Tab., Br. EUR 49,90
ISBN 3-8244-8155-3

Band 15
Bianca Willauer
Consensus as Key Success Factor in Strategy-Making
2005. xix, 329 pp., 24 Fig., 37 Tab., Br., EUR 55,90
ISBN 3-8244-8255-X

Band 16
Jürgen Weber / Matthias Meyer (Hrsg.)
Internationalisierung des Controllings
Standortbestimmung und Optionen
2005. VIII, 313 S., 35 Abb., 11 Tab., Br. EUR 65,90
ISBN 3-8350-0013-6

Band 17
Andreas Florissen
Preiscontrolling
Rationalitätssicherung im Preismanagement
2005. XVIII, 381 S., 20 Abb., Br. EUR 55,90
ISBN 3-8244-8263-0

Band 18
Ulrich David
Strategisches Management von Controllerbereichen
Konzept und Fallstudien
2005. XVIII, 329 S., 35 Übersichten, Br. EUR 55,90
ISBN 3-8350-0014-4

www.duv.de
Änderung vorbehalten.
Stand: Mai 2005.

Springer Fachmedien
Wiesbaden GmbH

Liebe Leser,

Controller in Industrieunternehmen können auf einen kaum noch überschaubaren Fundus an Literatur zurückgreifen, sowohl für den ersten Überblick als auch für sehr spezielle Themen. Ganz so gut geht es dem Controller in klassischen Dienstleistungsunternehmen wie Banken, Versicherungen oder Logistikern noch nicht, aber auch für ihn gibt es mittlerweile eine große Zahl an Lehrbüchern, Praxisleitfäden bzw. wissenschaftlichen Analysen. Ganz anders stellt sich dagegen die Situation Ihnen als Controller in einem Telekommunikations-, Informationstechnologie-, Medien- oder Entertainment-Unternehmen dar: wenn Sie nach spezifischer Controlling-Literatur suchen, dann ist Ihre Ausbeute nur recht mager. Dies wiegt so mehr, wenn man sich die aktuellen Herausforderungen in Ihren Unternehmen vor Augen führt, die sich sowohl im Grundsätzlichen (etwa die nun real spürbare Konvergenz) aber auch in Einzelfragen (etwa bei der Mehrfachnutzung von Inhalten in der Medienindustrie) liegen. In diesen Themen ist der Controller als Rationalitätssicherer zweifellos viel gefragt und auch erheblich gefordert! Aus diesem Grund haben wir das zweite Sonderheft der spezifischen Fragen des Controlling in TIME-Unternehmen gewidmet.

Das Sonderheft startet mit drei Beiträgen, die sich branchenübergreifenden Fragestellungen widmen. Pedell greift das Thema Regulierung auf und analysiert deren Niederschlag in der Kostenrechnung. Unternehmen der TIME-Branche orientieren sich häufig auch an publizistischen oder künstlerischen Zielen, was dem Controller das Leben etwas schwerer macht. Keuper und Brösel haben sich dieses Themas angenommen und liefern grundsätzliche Hinweise zur Gestaltung von Instrumenten. Ortelbach et al. widmen sich der ebenso komplexen wie praxisrelevanten Frage der Erlösspaltung in Produkten, einem zentralen Problem in künftigen TIME-Märkten.

Im zweiten Teil des Sonderhefts stellen wir Ihnen Lösungsvorschläge für ausgewählte Segmente der TIME-Branche vor. Achtenhagen und Picard plädieren für eine konsequentere Nutzung von Portfolios im strategischen Controlling von Medienunternehmen. Böning-Spohr sowie Klinkhardt zeigen konkrete Ansatzpunkte auf, wie die Mehrfachnutzung von Inhalten im Controlling berücksichtigt werden sollte. Keil ergänzt dies durch interessante Erfahrungen zum Produktionscontrolling im Mediensegment. Henning et al. sowie Schwaiger und Schütz zeigen, dass auch bei so vertrauten Konzepten wie dem Vertriebscontrolling und der Werbewirkungsmessung durchaus noch Platz für Verbesserungen vorhanden ist.

Die weiteren Beiträge im zweiten Teil lenken den Blick von der Medienbranche weg zu anderen Teilbranchen des TIME-Segments. Lissautzki stellt Erfahrungen mit der Kundenbewertung in der Telekommunikationsbranche dar. Ristow zeigt an einem Fallbeispiel, wie die Produktentwicklung bei umfassender Einbeziehung von Kunden „zu controllen" ist. Boos et al. präsentieren einem Vorschlag zum operativen Controlling in einem Softwarehaus. Abschnitt zwei schließt mit Almstedts Darstellung des operativen Controlling-Konzepts eines öffentlichen Theaters. Auch dies ein Feld, was nicht unbedingt zum „klassischen Repertoir" des Controllers gehört.

Kaum ein Controlling-Konzept lässt sich heute ohne Software-Unterstützung realisieren. Aus diesem Grund rücken wir im

Thomas Hess

dritten Abschnitt spezifische Ansätze zur Softwareunterstützung für das Controlling von TIME-Unternehmen in den Mittelpunkt. Ruile et al. geben einen Überblick über die komplexe Materie der Verwaltung und Auswertung von Rechtebeständen. Es folgt ein Beitrag von Grothe, der konkrete Anwendungsfelder von Business-Intelligence in Telekommunikationsunternehmen darstellt.

Insgesamt hoffen wir damit, ein umfassendes Heft zusammengestellt zu haben, das Ihnen als Controller in TIME-Unternehmen die Arbeit etwas erleichtert bzw. Ihnen als Controller in einer anderen Branche die TIME-Branche etwas vertrauter macht. Mein spezieller Dank gilt allen Autoren, insbesondere aus der Praxis, für ich Mitwirken sowie Michael Samtleben an meinem Institut für die Unterstützung dieses Projekts.

Ihr Thomas Hess

INHALT

ÜBERGREIFENDE ANSÄTZE

4 REGULIERUNG VON TIME-MÄRKTEN UND IHRE IMPLIKATIONEN FÜR DIE KOSTENRECHNUNG REGULIERTER UNTERNEHMEN
Burkhard Pedell

16 CONTROLLING-INSTRUMENTE IN DER TIME-BRANCHE – ANFORDERUNGEN UND GESTALTUNGSEMPFEHLUNGEN IM SPANNUNGSFELD VON EFFEKTIVITÄT, KOMPLEXITÄT UND EFFIZIENZ
Frank Keuper/Gerrit Brösel

28 ERLÖSRECHNUNG FÜR VERBUNDENE TIME-PRODUKTE
Björn Ortelbach/Jan Eric Borchert/Svenja Hagenhoff

BRANCHENSPEZIFISCHE ANSÄTZE

42 DER PORTFOLIO-ANSATZ IN DEN MEDIENINDUSTRIEN – EIN STRATEGISCHES WERKZEUG MIT UNTERSCHÄTZTEM WERT?
Leona Achtenhagen/Robert G. Picard

49 INSTRUMENTE FÜR DIE QUANTIFIZIERUNG VON MEHRFACHNUTZUNGSSTRATEGIEN
Patricia Böning-Spohr

61 ERFOLGSCONTROLLING IM BUCHVERLAG – EIN INHALTSBEZOGENER ANSATZ
Thomas Klinkhardt

68 INTERVIEW MIT PROF. KLAUS KEIL

70 MARKETING-CONTROLLING VON ABONNEMENTS IM VERLAGSGESCHÄFT
Uwe Henning/Meinhard Weizmann/Michel Clement/Ute Schaedel

78 DER SANDBURGENBAU DER MEDIASELEKTION
Manfred Schwaiger/Tobias Schütz

84 KUNDENWERT-CONTROLLING: TELEKOMMUNIKATIONS-DIENSTLEISTER KUNDENORIENTIERT STEUERN
Marius Lissautzki

93 CONTROLLING BEI ENTWICKLUNGSPROJEKTEN FALLBEISPIEL BANK ANALYZER VON SAP AG
Joachim Ristow

99 WIE UNTERSTÜTZT DIE IT EINES SYSTEMHAUSES DIE UNTERNEHMENSSTRATEGIE? – EINE FALLSTUDIE ZUM OPERATIVEN IT-CONTROLLING
Jakob Boos/Thorsten Spitta/Patrick Wunsch

110 OPERATIVES CONTROLLING IM ÖFFENTLICHEN THEATER EIN ANSATZ AUS DER PRAXIS
Matthias Almstedt

Herausgeber und Beirat:

Herausgeber:
Prof. Dr. Jürgen Weber, WHU, Otto-Beisheim-Hochschule, Lehrstuhl für Betriebswirtschaftslehre, insb. Controlling und Telekommunikation, Stiftungslehrstuhl der Deutschen Telekom AG.

Prof. Dr. Thomas Hess, LMU München, Institut für Wirtschaftsinformatik und Neue Medien.
Prof. Dr. Dirk Hachmeister, Universität Hohenheim, FG BWL insbes. Rechnungswesen und Finanzierung

Herausgeber-Beirat:
Dr. Ralf Eberenz, Beiersdorf AG, Leiter Corporate Accounting & Controlling.
Dr. Alan Hippe, Continental Aktiengesellschaft, Mitglied des Vorstandes.
Joachim Preisig, Deutsche Telekom AG, Leiter Konzerncontrolling.

IT-UNTERSTÜTZUNG

24 LESELISTE

25 RECHTEMANAGEMENT-SYSTEME ALS BASIS EINES FÜHRUNGSINFORMATIONS-SYSTEMS VON MEDIEN-UNTERNEHMEN
Georg Ruile / Vural Ünlü / Thomas Hess

36 BUSINESS INTELLIGENCE IN TELCO-UNTERNEHMEN
Martin Grothe

REDAKTION

1 EDITORIAL

2 INHALT

3 IMPRESSUM

www.zfcm.de

- AKTUELLES HEFT
- ARCHIV
- ONLINE FIRST
- JAHRESREGISTER
- TERMINE
- LINKS

Impressum

Verlag: Betriebswirtschaftlicher Verlag,
Dr. Th. Gabler / GWV Fachverlage GmbH,
Abraham-Lincoln-Straße 46,
65189 Wiesbaden, Postfach 1546,
65173 Wiesbaden, http://www.zfcm.de
Geschäftsführer: Andreas Kösters
Verlagsleitung: Dr. Heinz Weinheimer
Gesamtleitung Anzeigen: Thomas Werner
Gesamtleitung Vertrieb: Gabriel Göttlinger
Gesamtleitung Produktion: Bernhard Laquai
Programmleitung Wissenschaft:
Claudia Splittgerber
Herausgeber: Prof. Dr. Jürgen Weber
Prof. Dr. Thomas Hess
Prof. Dr. Dirk Hachmeister
Herausgeber dieses Sonderheftes:
Prof. Dr. Thomas Hess
Schriftleitung: Dr. Bernhard Hirsch
E-Mail: bhirsch@whu.edu
Verantwortliche Redakteure:
Dipl.-Kfm. Eric Zayer
E-Mail: ezayer@whu.edu
Dipl.-Wirtsch.-Ing. Roman Müller
E-Mail: roman.mueller@whu.edu
Dipl.-Kfm. Michael Samtleben
E-Mail: samtleben@bwl.uni-muenchen.de
Redaktion:
Jutta Hauser-Fahr, Tel.: (0611) 78 78-235
Annelie Meisenheimer,
Tel.: (0611) 78 78-232
Abonnentenbetreuung:
VVA-Zeitschriften-Service, Controlling &
Management, Postfach 777, 33310 Gütersloh
Tel.: (05241) 8019-68, Fax (05241) 8096-20
Produktmanagement: Kristiane Alesch,
Tel.: (0611) 78 78-359
Anzeigenleitung: Christian Kannenberg,
Tel.: (0611) 78 78-369
Es gilt die Anzeigenpreisliste 27 vom 1.10.02
Anzeigenverkauf: CBM GmbH,
Telefon (0 67 71) 80 91-0 od. -31,
Fax (0 67 71) 80 91-18
E-Mail: cbm_gmbh@t-online.de
Anzeigendisposition: Barbara Gerlach,
Telefon (06 11) 78 78-198,
Fax (06 11) 78 78-443
Produktion / Layout: Heiko Köllner,
Tel.: (0611) 78 78-177
Bezugsmöglichkeit:
Das Heft erscheint sechsmal jährlich.
Preise: Einzelpreis € 28,– zzgl. Versand.
Jahresabonnementpreis Inland € 123,– für
Studenten € 81,– (die aktuelle Immatrikulationsbescheinigung ist jeweils unaufgefordert nachzureichen); preisgebundener Jahresabonnementpreis Ausland € 129,–; Studentenpreis € 87,– (incl. Porto und ges. Mwst.). Abbestellungen sind sechs Wochen vor Ablauf des Bezugsjahres (s. letzte Abonnementrechnung) unter Angabe der Kundennummer schriftlich einzureichen; schriftliche Bestätigung erfolgt nicht. Jährlich können 1 bis 4 Sonderhefte hinzukommen. Sie werden Abonnenten mit einem Nachlass von 25 % gegen gesonderte Rechnung geliefert.

Bei Nichtgefallen können Sonderhefte innerhalb einer Frist von 3 Wochen an die Vertriebsfirma zurückgesandt werden. Zusätzliche Liefer- und Versandkosten fallen nicht an.

Satz: Satzwerk · Gestaltung und DTP, Dreieich

Die Zeitschrift und alle in ihr enthaltenen einzelnen Beiträge und Abbildungen sind urheberrechtlich geschützt. Jede Verwertung außerhalb der engen Grenzen des Urheberrechtes ist ohne Zustimmung des Verlages unzulässig und strafbar. Das gilt insbesondere für Vervielfältigungen, Übersetzungen, Mikroverfilmungen und die Einspeicherung in elektronischen Systemen. Nachdruckgenehmigung kann die Redaktion erteilen. Für unverlangt eingesandte Beiträge und Rezensionsexemplare wird nicht gehaftet. Jede im Bereich eines gewerblichen Unternehmens hergestellte oder benützte Kopie dient gewerblichen Zwecken gem. § 54 (2) UrhG und verpflichtet zur Gebührenzahlung an die VG WORT, Abteilung Wissenschaft, Goethestr. 49, 80336 München, von der die einzelnen Zahlungsmodalitäten zu erfragen sind.

Alle Rechte vorbehalten. Kein Teil dieser Zeitschrift darf ohne schriftliche Genehmigung des Verlages vervielfältigt oder verbreitet werden. Unter dieses Verbot fällt insbesondere die gewerbliche Vervielfältigung per Kopie, die Aufnahme in elektronische Datenbanken und die Vervielfältigung auf CD-Rom und allen anderen elektronischen Datenträgern.

Hinweise für Autoren:
Der Autor ist mit der Veröffentlichung seines Beitrags damit einverstanden, dass sein Beitrag außer in der Zeitschrift auch durch Lizenzvergabe in anderen Zeitschriften (auch übersetzt), durch Nachdruck in Sammelbänden (z. B. zu Jubiläen der Zeitschrift oder des Verlages oder in Themenbänden), durch längere Auszüge in Büchern des Verlages auch zu Werbezwecken, durch Vervielfältigung und Verbreitung auf CD-ROM oder anderen Datenträgern, durch Speicherung auf Datenbanken, deren Weitergabe und den Abruf von solchen Datenbanken während der Dauer des Urheberrechtsschutzes an dem Beitrag im In- und Ausland vom Verlag und seinen Lizenznehmern genutzt wird.

ISBN 978-3-8349-0002-9   ISBN 978-3-663-09512-5 (eBook)
DOI 10.1007/978-3-663-09512-5

© Springer Fachmedien Wiesbaden 2005
Ursprünglich erschienen bei Betriebswirtschaftlicher Verlag Dr. Th. Gabler/GWV Fachverlage GmbH, Wiesbaden 2005.

Bis 2002: krp-Kostenrechnungspraxis

Beilagenhinweis:

Dieser Ausgabe liegt ein Prospekt des Rudolf Haufe Verlages, Freiburg, bei.

Wir bitten unsere Leserinnen und Leser und Beachtung.

Karl-Heinz Steinke, Deutsche Lufthansa AG, Leiter Konzerncontrolling & Kostenmanagement

Dr. Ulrich Vest, Springer Science + Business Media, Chief Financial Officer

ÜBERGREIFENDE ANSÄTZE

Regulierung von TIME-Märkten und ihre Implikationen für die Kostenrechnung regulierter Unternehmen

Burkhard Pedell

Der Beitrag von Burkhard Pedell analysiert den Prozess einer kostenorientierten Entgeltregulierung; im Mittelpunkt steht die Konsistenz von Festlegungen des Regulierers bei einzelnen Schritten dieses Prozesses.

- Unterschiedliche Ansätze bei den einzelnen Schritten einer kostenorientierten Kalkulation regulierter Entgelte sind konsistent anzuwenden, um Investitionsanreize für private Kapitalgeber zu erhalten.
- Regulatorische Kostenansätze sollten sich zwischen den Long Run Incremental Costs und den Stand Alone Costs bewegen.
- Stellt die Kalkulation der Entgelte auf eine gegenüber den tatsächlichen Kosten verbesserte Effizienz ab, so ergibt sich ein asymmetrisches Risiko nach unten.
- Wird Wettbewerb zugelassen, so sollte sich der Verlauf der Entgelte an der Entwicklung der Kosten im Zeitablauf orientieren.
- Die Kostenverteilungsbasis entscheidet darüber, ob das regulierte Unternehmen oder die Abnehmer der regulierten Leistung das Auslastungsrisiko tragen.
- Regulatorische Risiken sind bei der Festlegung der erlaubten Rendite angemessen zu berücksichtigen.

Bedeutung kostenorientierter Entgeltkalkulation für die Regulierung von TIME-Unternehmen

TIME-Märkte (Telekommunikation, Informationstechnologien, Medien und Entertainment) weisen ein überdurchschnittliches Wachstum auf und besitzen eine Schlüsselstellung für die gesamtwirtschaftliche Entwicklung; insbesondere Vorleistungen der Telekommunikations- und Informationstechnologie werden in nahezu allen Branchen in starkem Ausmaß benötigt. Daher ist es besonders wichtig, dass eine Regulierung dieser Märkte einerseits auf eine zuverlässige Versorgung mit diesen Leistungen zu angemessenen Preisen hinwirkt und sie andererseits deren Wachstumsdynamik nicht beeinträchtigt. Speziell die Regulierung von Entgelten zur Verhinderung des Missbrauchs von Marktmacht durch preispolitische Maßnahmen sollte sich auf *monopolistische Engpassbereiche* beschränken. Diese sind durch Subadditivität der Kosten, Irreversibilität der Investitionen und begrenzte Verfügbarkeit von Substituten gekennzeichnet (vgl. KRUSE, 1999, S. 111). In den TIME-Branchen betrifft dies schwerpunktmäßig die *Netzinfrastruktur,* z. B. Telekommunikationsnetze und TV-Kabel; aber auch *Inhalte* können Engpässe darstellen, z. B. exklusive Übertragungsrechte für Sportereignisse, die von entscheidender Bedeutung sind, um Kunden für Pay-TV-Angebote zu gewinnen.

Die Zielsetzung des Beitrags besteht darin, die grundlegenden Schritte, mit denen Entgelte kostenorientiert kalkuliert werden, sowie wesentliche dabei zu klärende Fragestellungen zu untersuchen. Ein besonderes Augenmerk wird dabei auf die Konsistenz zwischen den einzelnen Schritten gerichtet. Vor der detaillierten Analyse des Prozesses der kostenorientierten Entgeltfestsetzung in den folgenden Abschnitten erläutert dieser Abschnitt die grundsätzliche *Relevanz einer kostenorientierten Entgeltregulierung* in TIME-Märkten. Zu diesem Zweck wird zunächst die Bedeutung der Kostenorientierung bei verschiedenen Regulierungsformen am Beispiel von Endkundenentgelten aufgezeigt, ehe auf Entgelte für (Vor-)Leistungen an Wettbewerber sowie auf die Interdependenz dieser Vorleistungsentgelte mit den entsprechenden Endkundenentgelten eingegangen wird.

PD Dr. Burkhard Pedell,
Institut für Produktionswirtschaft
und Controlling, Ludwig-Maximilians-
Universität München, Ludwigstr. 28,
80539 München,
E-Mail: pedell@bwl.uni-muenchen.de

Bedeutung der Kosten bei verschiedenen Regulierungsformen

Rate of Return-Regulierung und Price Cap-Regulierung lassen sich als Pole eines Spektrums von *Regulierungsformen* interpretieren. Bei der *Rate of Return-Regulierung* setzt der Regulierer die Entgelte so, dass das Erreichen einer bestimmten Zielrendite des regulierten Unternehmens erwartet werden kann. Diese vom Regulierer erlaubte Rendite orientiert sich üblicherweise an den Kapitalkosten. Eine reine Rate of Return-Regulierung läuft auf die Erstattung sämtlicher Kosten hinaus und gibt daher wenig Anreize für effiziente Investitionen und effizienten Betrieb. Deshalb greift man vielfach auf stärker anreizorientierte Regulierungsformen zurück.

Bei der *Price Cap-Regulierung* setzt der Regulierer eine Obergrenze für die Entgelte fest. Diese Obergrenze bezieht sich in der Regel auf einen Korb, in dem mehrere regulierte Leistungen zusammengefasst sind. Die Regulierungsbehörde für Telekommunikation und Post (RegTP) verwendet bislang beispielsweise für die Regulierung der Deutschen Telekom AG (DTAG) im Endkundenbereich vier Körbe: Korb A für Anschlüsse, Korb B für City-Verbindungen, Korb C für Fern-Verbindungen Inland und Korb D für Auslands-Verbindungen (vgl. RegTP, 2002). Innerhalb eines Korbes besitzt ein reguliertes Unternehmen Flexibilität bei der Preissetzung. Gelingt es dem regulierten Unternehmen, seine Kosten durch Effizienzsteigerungen unter den Price Cap zu senken, so darf es diese Effizienzgewinne behalten. Ein Price Cap ist allerdings in der Regel nicht statisch, sondern wird mit einer Preisgleitklausel sowie mit jährlichen Effizienzsteigerungsvorgaben verknüpft. Nur Effizienzgewinne über diese Vorgaben hinaus verbleiben beim regulierten Unternehmen. Price Caps werden für mehrere Jahre im Vorhinein festgelegt; in der deutschen Telekommunikationsregulierung ist ein Zeitraum von zwei Jahren üblich.

Während bei der Rate of Return-Regulierung die Kosten direkt in die Entgelte weitergegeben werden, ist die *Bedeutung der Kosten* bei Price Cap-Regulierung weniger offensichtlich. Innerhalb der Laufzeit eines Price Cap wirken sich die tatsächlichen Kosten grundsätzlich nicht auf die festgesetzten Entgelte aus. Bei der Festlegung des Ausgangsniveaus eines Price Cap sowie der neuen Effizienzziele am Ende der Laufzeit sollte der Regulierer jedoch Kosteninformationen heranziehen. Würde er die Rentabilität des regulierten Unternehmens dabei nicht berücksichtigen, so liefe er Gefahr, die Anreize privater Kapitalgeber für Investitionen in den Erhalt und Ausbau des Netzes erheblich zu reduzieren. § 34 Abs. 4 TKG (Telekommunikationsgesetz) schreibt konsequenterweise vor, dass bei der Festlegung der Produktivitätsfortschrittsrate im Rahmen der Price Cap-Regulierung das Verhältnis des Ausgangsentgeltniveaus zu den Kosten zu berücksichtigen ist. Letztlich unterscheiden sich Rate of Return-Regulierung und Price Cap-Regulierung damit nur graduell; Kosteninformationen spielen bei beiden Formen *de facto* eine wesentliche Rolle.

Interdependenz von Vorleistungsentgelten und Endkundenentgelten

Im Gegensatz zum Endkundenbereich werden die Entgelte, welche die DTAG *Wettbewerbern* für Leistungen in Rechnung stellt, durch Einzelgenehmigungsverfahren reguliert. Neben den Zusammenschaltungsentgelten (interconnection) sind die Entgelte für die Überlassung einer vollständigen Teilnehmeranschlussleitung (TAL) oder für Teile des Frequenzbandes von hervorgehobener Bedeutung, da sie wichtige Vorprodukte für andere Telekommunikationsdienstleistungen darstellen. Zurzeit sind bereits mehr als 2 Mio. TAL von der DTAG an Wettbewerber vermietet (vgl. RegTP, 2005, S. 34). Vor allem DSL-Anschlüsse stellen ein wichtiges Vorprodukt für Breitbandinternetzugangsdienste und folglich für Voice over Internet Protocol-Telephonie dar und ermöglichen damit intermodalen Wettbewerb. Für einen DSL-Internetzugang reicht es dabei aus, wenn die Wettbewerber im Rahmen des Line-Sharing das obere Frequenzband der TAL mieten. Darüber hinaus ist die DTAG seit dem 1. Juli 2004 verpflichtet, Wettbewerbern DSL-Internetzugänge für den Resale anzubieten. Der Schwerpunkt der Entgeltregulierung liegt im Festnetzbereich; mittlerweile sind jedoch auch die Terminierungsentgelte der Mobilfunkbetreiber für Gespräche aus dem Festnetz sowie ihre Auslandsroaminggebühren in den Blickpunkt des Interesses gerückt, da die Mobilfunkbetreiber hier über eine hohe Markmacht verfügen (vgl. FAZ, 28.06.04, S. 11). Im Streit zwischen 01051 Telecom und Vodafone ordnete die RegTP beispielsweise die Zusammenschaltung an und legte am 8. November 2004 die entsprechenden Terminierungsentgelte fest, da sich die beiden Unternehmen nicht über die Höhe der Entgelte einigen konnten (vgl. RegTP, 2005, S. 127 f.).

Die Regulierung von *Wholesale-* und *Retail-Entgelten* ist bei vertikal integrierten Anbietern *nicht unabhängig* voneinander. So wurde der Antrag der DTAG auf den Optionstarif „enjoy", der es den Endkunden für 4,22 Euro monatlich erlauben sollte, im Inland für 10 Cent je angefangener Stunde zu telefonieren, von der RegTP im Mai 2004 zunächst nicht genehmigt. Das Versagen der Genehmigung wurde von der RegTP damit begründet, dass der Tarif nicht kostendeckend sei und dass Wettbewerber mit diesem Tarif nicht konkurrieren könnten, da die DTAG keine entsprechenden Vorleistungen anbiete und der Tarif von den Wettbewerbern daher nicht nachbildbar sei. Erst nachdem die DTAG die Pauschale auf 4,68 Euro und den Tarif je angefangener Stunde auf 12 Cent angehoben hatte, wurde der Tarif im zweiten Anlauf genehmigt (vgl. RegTP, 2004). Bei der Novelle des TKG im Juni 2004 wurde in § 39 Abs. 4 explizit festgelegt, dass ein Unternehmen mit Marktmacht bei der Einführung neuer Angebote seinen Wettbewerbern die entsprechenden Vorleistungen zu angemessenen Entgelten anbieten muss. Ähnlich müssen Resale-Entgelte mit einem angemessenen Abschlag vom eigenen Endkundenentgelt kalkuliert werden. Je nachdem, ob der Resale von Anschlüssen nur gebündelt mit Gesprächsminuten oder auch separat erfolgt, ergeben sich dadurch unterschiedliche Rückwirkungen auf das Auslastungsrisiko des Netzbetreibers.

Nach § 28 Abs. 2 Nr. 2 TKG ist der Missbrauch von Marktmacht zu vermuten, wenn eine so genannte Preis-Kosten-Schere (Margin Squeeze) vorliegt, d. h., wenn die Spanne zwischen dem Entgelt, das für eine Zugangsleistung in Rechnung gestellt wird, und dem Endkundenpreis es einem effizienten Unternehmen nicht erlaubt, eine angemessene Verzinsung auf dem Endnutzermarkt zu erzielen. Im Line-Sharing verpflichtete sich die DTAG gegenüber der EU-Kommission, zum 1. April 2004 die vermutete Kosten-Preis-Schere zwischen den an die DTAG zu entrichtenden Vorleistungsentgelten und ihren Endkundenpreisen für ADSL zu schließen, die es Wettbewerbern nicht möglich machte, mit der DTAG in den Endkundenwettbewerb für ADSL-Dienste zu treten (vgl. EU-KOMMISSION, 2004).

In einem anderen Fall untersuchte das Office of Fair Trading in UK für die Jahre 2000 und 2001, ob die Entgelte, die BSkyB von Kabelnetzbetreibern für die Einspeisung von Programmen erhob, ein Fall von Margin Squeeze darstellten. Dabei wurde überprüft, ob es für BSkyB möglich war, im Endkundenmarkt über Satellit eine angemessene Verzinsung zu erzielen, wenn es die von Wettbewerbern erhobenen Programmentgelte auch selbst zu bezahlen hätte. In diesem Fall wurde kein eindeutiger Missbrauch von Marktmacht festgestellt (vgl. BROMWICH, 2004).

Prozess der kostenorientierten Entgeltfestsetzung

Der Prozess der kostenorientierten Entgeltfestsetzung lässt sich gedanklich in folgende Schritte zerlegen (vgl. Abbildung 1), an denen sich gleichzeitig der Aufbau des Beitrags orientiert: Im ersten Schritt ist zu klären, welches Kostenkonzept als Basis der Entgeltregulierung zur Anwendung kommen soll. Die operativen Kosten werden im zweiten Schritt bestimmt. Im Mittelpunkt der meisten Entgeltfestsetzungsverfahren und dieses Beitrags steht die Festlegung der regulatorischen Kapitalkostenbasis (dritter Schritt) sowie der vom Regulierer erlaubten Rendite (vierter Schritt). Nach der Bestimmung der gesamten Kosten ist im fünften Schritt über die Kostenverteilungsbasis sowie über die Höhe und Struktur der Entgelte zu entscheiden, die z. B. nach Kunden, Regionen sowie zeitlich differenziert sein können. In die Festlegung der Entgeltstruktur fließen auch Nachfrageaspekte wie die Preiselastizität der Nachfrage ein.

Für die Investitionsanreize privater Kapitalgeber ist es entscheidend, dass die Festlegungen des Regulierers bei den einzelnen Schritten der kostenorientierten Entgeltkalkulation in dem Sinne *konsistent* sind, dass die Kapitalgeber insgesamt eine angemessene Rendite auf das von ihnen eingesetzte Kapital erwarten können. Dabei ist insbesondere zu beachten, dass die Festlegungen des Regulierers bei den einzelnen Schritten Rückwirkungen auf die Risiken haben, denen ein reguliertes Unternehmen ausgesetzt ist. Diese Risiken, die teilweise asymmetrischen Charakter haben, sind bei der Festlegung der erlaubten Rendite angemessen zu berücksichtigen.

Regulatorische Kostenkonzepte

Zunächst ist festzulegen, welches grundlegende regulatorische Kostenkonzept zur Anwendung kommen soll. Aus statischer Sicht wäre es effizient, die kurzfristigen Grenzkosten (Short Run Marginal Costs SRMC) heranzuziehen, um eine bestmögliche Auslastung der bestehenden Infrastruktur zu erreichen. In monopolistischen Engpassbereichen mit sinkenden Grenzkosten können die regulierten Unternehmen auf dieser Grundlage jedoch nicht kostendeckend operieren. BAUMOL und SIDAK (1994, S. 34) sprechen bei diesem Ansatz daher auch von einem ‚recipe for bankruptcy'.

Damit Investitionsanreize gegeben sind, müssen die Kapitalgeber erwarten können, (zumindest im Durchschnitt) ihre Kosten zu decken, weshalb eine langfristige investitionstheoretische Perspektive einzunehmen ist. Die der Regulierung von Entgelten zugrunde gelegten Kostenansätze bewegen sich dann zwischen den Long Run Incremental Costs (LRIC) und den Stand Alone Costs (SAC).

Long Run Incremental Costs

Incremental Costs sind diejenigen Kosten, die vermieden werden könnten, wenn eine bestimmte zusätzliche Nachfrage nicht gedeckt würde, d. h., es handelt sich um die Gesamtkosten einschließlich der Produktion eines Zuwachses abzüglich der Gesamtkosten ohne diesen Zuwachs; Long Run bezieht sich auf die Annahme, dass langfristig alle Inputs variabel sind (vgl. BROMWICH/VASS, 2002, Sp. 1684). In der Regel stellt man bei den Incremental Costs auf die einzelne Produkt- bzw. Dienstleistungseinheit ab, d. h., man teilt die Kosten des Inkrements durch den Umfang des Inkrements und erhält so die Average Long Run Incremental Costs.

LRIC lassen sich auf unterschiedliche Bezugsgrößen beziehen. Die Höhe der

Abbildung 1: Prozess der kostenorientierten Entgeltfestsetzung

LRIC hängt unter anderem von der Größe des gewählten Inkrements im Hinblick auf den Output und vom zeitlichen Horizont ab (vgl. Abbildung 2). Wird ein infinitesimal kleines Inkrement zugrunde gelegt, so entsprechen die Incremental Costs den Grenzkosten. Wird dagegen als Inkrement der gesamte Output betrachtet, so entsprechen die Incremental Costs den Durchschnittskosten. Je langfristiger der Betrachtungshorizont gewählt wird, desto größer ist der Anteil der Kosten, der variabel ist und in die LRIC eingeht. Im Extremfall werden sämtliche Kosten als variabel unterstellt. LRIC bewegen sich damit je nach Inkrementgröße zwischen den Long Run Marginal Costs (LRMC) und den Long Run Average Costs (LRAC); je länger die Fristigkeit ist, desto höher liegen diese über den Short Run Marginal Costs (SRMC) beziehungsweise über den Short Run Average Costs (SRAC).

Betrachtet man eine einzelne Anlage als Bezugsgröße für das Inkrement, so erhält man die Total Element Long Run Incremental Costs (TELRIC), ein Konzept, das beispielsweise von der Federal Communications Commission (FCC) in den USA verwendet wird. Erweitert man das Inkrement auf eine komplette Dienstleistungsart, so ergeben sich die Total Service Long Run Incremental Costs (TSLRIC). Diese sind z.B. für die Entscheidung relevant, ob eine bestimmte Dienstleistung überhaupt entwickelt und/oder angeboten werden soll. Daneben können unter anderem die Nachfrage eines einzelnen Kunden oder ein einzelner Teilbetrieb Anwendung als Inkrement finden.

Stand Alone Costs

SAC sind diejenigen Kosten, die für die Erbringung einer Leistung völlig losgelöst von sämtlichen anderen Leistungen der Unternehmung anfallen würden. Würde der Abnehmer diese Leistung selbst erstellen, so müsste er die SAC tragen. Werden die Entgelte auf Basis der SAC berechnet, so partizipieren die Abnehmer nicht an etwaigen Größen- und Verbundvorteilen, während sie bei den LRIC voll von diesen Vorteilen profitieren. Die LRIC, die beispielsweise zusätzlich durch die Deckung

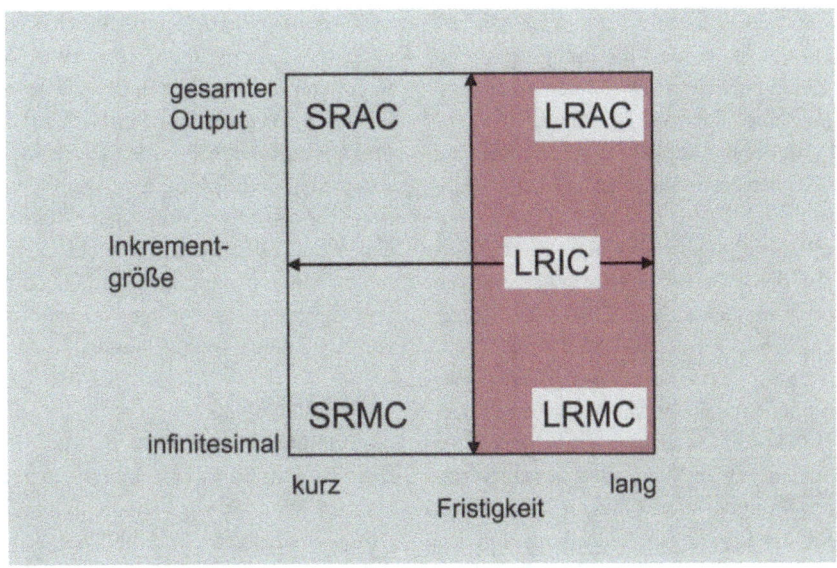

Abbildung 2: Long Run Incremental Costs

der Nachfrage eines bestimmten Kunden nach Übertragungskapazität für Daten zwischen zwei Städten entstehen, sind die zusätzlichen Kosten, die für eine um diese Übertragungskapazität größere Leitung anfallen. Die entsprechenden SAC sind die Kosten, die für den Bau einer zusätzlichen Leitung mit genau dieser Übertragungskapazität anfallen.

LRIC und SAC unterscheiden sich demnach durch den Umfang, in dem der regulierten Leistung Gemeinkosten zugerechnet werden (vgl. Abbildung 3). Die Wahl eines bestimmten Kostenansatzes innerhalb dieser Bandbreite ist nicht ohne Willkür möglich, da sich die Gemeinkosten *per definitionem* nicht verursachungsgerecht zurechnen lassen. Nur bei Kostenansätzen zwischen LRIC und SAC liegt keine Quersubventionierung zwischen den verschiedenen Leistungen vor (vgl. BAUMOL/SIDAK, 1994, S. 61 ff.). Die Prüfung, ob ein bestimmter Kostenansatz tatsächlich zwischen den LRIC und den SAC liegt, wird als ‚burden test' der Entgeltregulierung bezeichnet (vgl. CREW/KLEINDORFER, 2002, S. 10).

Während die SAC als obere Entgeltgrenze vor allem dem Schutz des Abnehmers der regulierten Leistung dienen, haben die LRIC als untere Entgeltgrenze in erster Linie die Funktion, potenziellen Wettbewerbern, die mindestens so effizient wie die etablierte Unternehmung

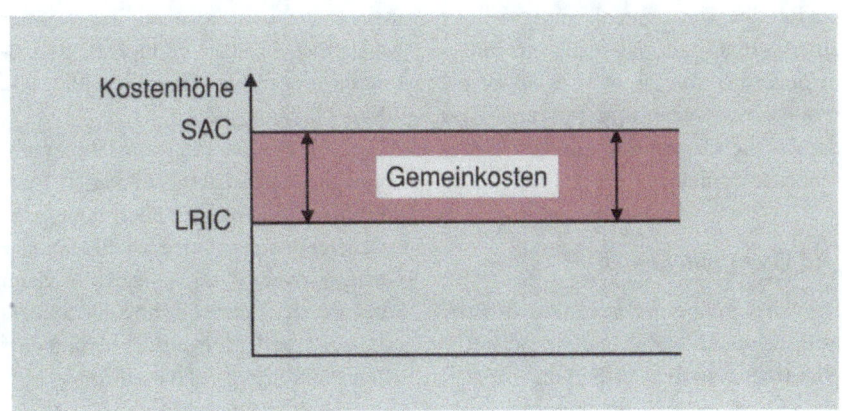

Abbildung 3: Bandbreite regulatorischer Kostenansätze

sind, den Markteintritt zu ermöglichen. Dies bedeutet, dass die zukünftigen, entscheidungsrelevanten Kosten zu bestimmen sind (Forward Looking LRIC).

In der Bandbreite zwischen LRIC und SAC bewegen sich auch die Kostenansätze nach § 3 Abs. 2 TEntgV (Telekommunikationsentgeltverordnung): „Die Kosten der effizienten Leistungsbereitstellung ergeben sich aus den langfristigen zusätzlichen Kosten der Leistungsbereitstellung und einem angemessenen Zuschlag für leistungsmengenneutrale Gemeinkosten, jeweils einschließlich einer angemessenen Verzinsung des eingesetzten Kapitals, soweit diese Kosten jeweils für die Leistungsbereitstellung notwendig sind." Für die Beurteilung der Effizienz der Leistungsbereitstellung werden nicht nur die Kostennachweise des regulierten Unternehmens, sondern nach § 35 Abs. 1 TKG auch Vergleichsunternehmen sowie Kostenmodelle herangezogen. Die zuletzt von der RegTP zum Dezember 2003 vorgenommene Absenkung der Zusammenschaltungsentgelte der DTAG um rund 9,5 % erfolgte beispielsweise auf Grundlage eines europäischen Preisvergleichs (vgl. FAZ, 29.11.03, S. 15).

Wenn das Unternehmen in der Folge im besten Fall seine tatsächlichen Kosten verdient, in den Fällen, in denen Vergleichsunternehmen effizienter operieren oder analytische Kostenmodelle niedrigere Kostenansätze liefern, jedoch weniger als seine Kosten verdient, dann ist es einem einseitigen Risiko nach unten ausgesetzt. Dieses ist aus Konsistenzgründen entsprechend zu kompensieren (vgl. die Ausführungen zur Festlegung der erlaubten Rendite weiter unten). Andernfalls ist zu erwarten, dass das regulierte Unternehmen im Durchschnitt weniger als seine Kosten erwirtschaftet und dass damit die Investitionsanreize eingeschränkt werden.

■ Operative Kosten

Die Bestimmung der operativen Kosten ist im Vergleich mit der im folgenden Abschnitt analysierten Bestimmung der sich aus Zinsen und Abschreibungen zusammensetzenden Kapitalkosten relativ unproblematisch und bietet deutlich weniger Anlass für Kontroversen zwischen Regulierer und regulierten Unternehmen. Dennoch gibt es auch im Hinblick auf die operativen Kosten – in der angelsächsischen Regulierungspraxis ist von Operating Expenditures (OPEX) die Rede – einige Diskussionspunkte. Hierzu gehören im Wesentlichen die Normalisierung von Zahlungen sowie die Verwendung von Kostenanpassungsklauseln.

■ Normalisierung von (Steuer-)Zahlungen

Die Normalisierung von Zahlungen über mehrere Perioden wird vor allem im Zusammenhang mit Steuerzahlungen diskutiert. Wird steuerlich ein degressives Abschreibungsverfahren verwendet, nach dem die Summe aus steuerwirksamen Abschreibungen und Zinsen zu Beginn der Nutzungsdauer eines Anlagegutes höher ist als gegen Ende der Nutzungsdauer, so werden *ceteris paribus* zu Beginn der Nutzungsdauer weniger Steuern gezahlt als am Ende der Nutzungsdauer. Falls die Entwicklung der Steuerzahlungen unmittelbar in die Entgelte weiter gegeben wird (tax flow-through), steigen die Entgelte im Zeitablauf, was im Vergleich zur Normalisierung der Steuerzahlungen über die Nutzungsdauer des Anlagegutes frühe Nutzergenerationen bevorzugt und relativ häufige Anpassungen erfordert. Da weiter in der Zukunft liegende Rückflüsse aus Sicht des regulierten Unternehmens mit höherer Unsicherheit verbunden sind und die Normalisierung in diesem Fall zu früheren Rückflüssen führt, schlägt sich die Normalisierung von Steuerzahlungen unter Umständen in einer geringeren Risikoprämie nieder (vgl. detailliert PEDELL, 2006, Abschnitt 4.2.2).

Die Normalisierung von Steuerzahlungen ist beispielsweise in den USA der dominierende Ansatz. Hier bildet das regulierte Unternehmen zu Beginn der Nutzungsdauer eines Anlagegutes einen Sonderposten für verschobene Steuerzahlungen; in der Entgeltkalkulation darf jedoch kein Ertrag auf diesen Sonderposten eingerechnet werden (vgl. HOUSTON ET AL., 1999, S. 15 f.).

■ Kostenanpassungsklauseln

Kostenanpassungsklauseln erlauben es dem regulierten Unternehmen, den Teil der Kosten, auf den sich die Klausel bezieht, direkt in die Entgelte weiterzureichen, ohne ein neues Entgeltfestsetzungsverfahren zu durchlaufen. Angewandt werden derartige Klauseln insbesondere für Kostenbestandteile, die von dem regulierten Unternehmen nicht beeinflusst werden können, wie z. B. Rohstoffkosten. Die Grundidee besteht darin, die Risikoprämie des regulierten Unternehmens zu senken, indem die Schwankungen dieser Kosten in die Entgelte weiterverrechnet werden und die damit verbundenen Risiken auf die Abnehmer der regulierten Leistung übertragen werden. Insbesondere in Zeiten starker Preissteigerungen würden Anpassungsverzögerungen bis zum nächsten Entgeltfestsetzungsverfahren (regulatory lag) dazu führen, dass die Entgelte den Kosten ‚hinterherhinken'. Dieses Risiko wird durch Kostenanpassungsklauseln beseitigt. Sind die Kosten tatsächlich nicht beeinflussbar, so besteht dabei kein Zielkonflikt mit der Setzung von Anreizen für effizientes Wirtschaften, wie es bei beeinflussbaren Kosten der Fall wäre. Allerdings werden für das regulierte Unternehmen die Anreize gesenkt, sich selbst gegen Kostenschwankungen abzusichern. Im unrealistischen Fall einer vollständigen und unverzögerten Anpassung der Entgelte würden diese Anreize komplett beseitigt.

■ Kapitalkosten

In den meisten Bereichen von TIME-Märkten, die von der regulierten Entgeltkalkulation betroffen sind, wie z. B. die Vermietung der Teilnehmeranschlussleitung im Local Loop des Festnetzes oder Interconnection-Entgelte, machen die Kapitalkosten den mit Abstand größten Kostenblock aus. Auf ihre Bestimmung richtet sich daher in erster Linie die Aufmerksamkeit. In der angelsächsischen Regulierungsliteratur spricht man dabei von Capital Expenditures (CAPEX). Zunächst wird die regulatorische Kapitalkostenbasis festgelegt. Sie enthält grundsätzlich die Investitionen, die getätigt wurden, um die regulierte Leistung bereitzustellen. Hinsichtlich Ansatz und Bewertung einzelner Investitionen gibt es jedoch unterschiedliche Methoden. Darüber hinaus ist festzulegen, zu welchem Zeitpunkt Investitionen in die regulatorische Kapitalkostenbasis aufgenommen werden sowie nach welchem Verfahren die Investitionen abgeschrieben werden. Danach ist die erlaubte Rendite auf die regulatorische Kapitalkostenbasis festzulegen. Diese basiert in der Regel auf dem risikoangepassten Kapitalkostensatz. Je nachdem, wie die regulatorische Kapitalkostenbasis festgelegt wird, sind aus Konsistenzgründen Anpassungen der erlaubten Rendite erforderlich, um Investitionsanreize aufrechtzuerhalten.

Umfang der Aufnahme von Investitionen in die Kapitalkostenbasis

Die Festlegung der regulatorischen Kapitalkostenbasis lässt sich grundsätzlich in die Frage nach dem Mengengerüst und die Frage nach dem zugehörigen Wertgerüst aufspalten (vgl. Abbildung 4). Für die Frage nach dem *Mengengerüst* gibt es als Extrempole zwei unterschiedliche Antworten. Der erste Ansatz verwendet als Mengengerüst die tatsächlich vorhandene, historisch bedingte Infrastruktur des regulierten Unternehmens. Diese wird in aller Regel aus heutiger Sicht aufgrund von unerwarteten Nachfrageverschiebungen und technologischem Fortschritt nicht mehr optimal sein. Gerade auf TIME-Märkten spielt der zweite Aspekt eine herausragende Rolle, da die benötigten Basistechnologien der Datenverarbeitung, -übertragung und -speicherung von schnellen und in ihren Auswirkungen erheblichen Innovationszyklen geprägt sind. Wenn das regulierte Unternehmen erwarten kann, eine angemessene Rendite auf seine sämtlichen Investitionen zu verdienen, so ist es einem relativ geringen Risiko ausgesetzt, gleichzeitig sind jedoch die Anreize für effiziente Investitionen relativ niedrig.

Aus diesem Grund weichen viele Regulierungsbehörden bei der Festlegung der regulatorischen Kapitalkostenbasis vom tatsächlichen Mengengerüst ab. Der zweite Ansatz geht von der heutigen Nachfrage aus und bildet die dafür notwendige Infrastruktur auf dem aktuellen Stand der Technik hypothetisch nach. Zu diesem Zweck werden ingenieurswissenschaftliche, analytische Kostenmodelle entwickelt, wie z. B. das Kostenmodell des Wissenschaftlichen Instituts für Kommunikationsdienste, kurz WIK-Modell, für die Deutsche Telekom AG. Im Extremfall optimieren diese Modelle die notwendige Infrastruktur in einem reinen „Grüne Wiese-Ansatz". Es sind jedoch auch Zwischenformen denkbar. Das WIK-Modell beispielsweise nimmt die vorhandenen Standorte als gegeben an, stattet diese jedoch mit der neuesten Technologie, so genannten Modern Equivalent Assets, aus.

Ebenfalls aus Anreizgesichtspunkten kann ein Regulierer sich die Möglichkeit vorbehalten, einzelne bereits getätigte Investitionen, die er nicht für effizient hält, nicht in die regulatorische Kapitalkostenbasis aufzunehmen. Die von der regulatorischen Kapitalkostenbasis ausgeschlossenen Investitionen werden als Disallowances bezeichnet. Für die Beurteilung darüber, ob eine Investition Eingang in die regulatorische Kapitalkostenbasis finden soll, lassen sich unterschiedliche Maßstäbe anlegen. In der US-amerikanischen Regulierung kommen vor allem zwei Ansätze zur Anwendung, die sich durch ihren zeitlichen Standpunkt unterscheiden: Beim so genannten Used and Useful Test prüft der Regulierer, ob eine in der Vergangenheit getätigte Investition heute tatsächlich sinnvoll genutzt wird; er legt also der Prüfung den heutigen Informationsstand zugrunde. Bei einem Prudence Review wird dagegen geprüft, ob die regulierte Unternehmung die Investition in der Vergangenheit auf Grundlage der zum damaligen Zeitpunkt zur Verfügung stehenden Informationen mit angemessener kaufmännischer Sorgfalt getätigt hat. Der Used and Useful Test ist somit das deutlich strengere Kriterium für die Aufnahme von Investitionen in die regulatorische Kapitalkostenbasis.

Sowohl die Nachbildung eines hypothetischen, verbesserten Mengengerüstes als auch der Ausschluss einzelner Investitionen aus der regulatorischen Kapitalkostenbasis laufen auf eine Art Mikromanagement des regulierten Unternehmens durch den Regulierer hinaus. Dies ist insofern problematisch, als der Regulierer in Investitionsentscheidungen eingreift und hierfür umfangreiche Informationen benötigt. Darüber hinaus werden die Konsequenzen dieser Eingriffe von den privaten Investoren des regulierten Unternehmens getragen (zur Kritik an analytischen Kostenmodellen vgl. HOHENADEL/REINERS, 2000, S. 163). Andererseits gibt eine Regulierung, welche die tatsächlichen Kosten eins zu eins erstattet, keine Anreize für effiziente Investitionen und effizienten Betrieb. Aus diesem Dilemma führt kein Königsweg heraus. Je nachdem, wie die Regulierung letztlich ausge-

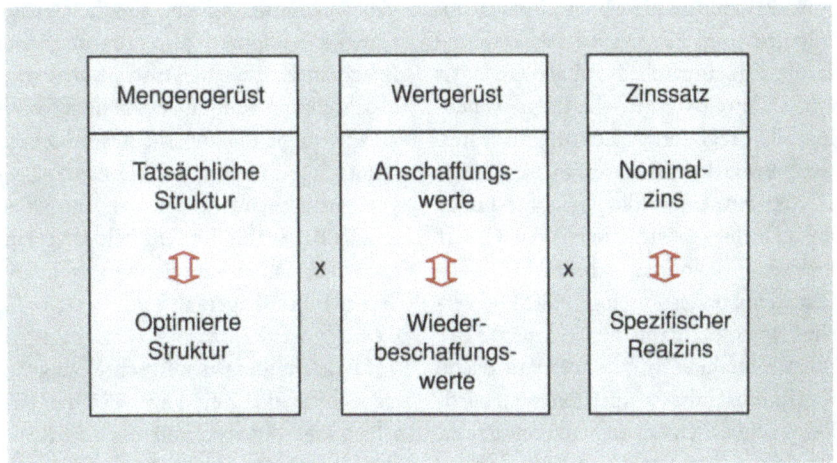

Abbildung 4: Regulatorische Kapitalkostenbasis

ÜBERGREIFENDE ANSÄTZE

staltet wird, unterliegt das regulierte Unternehmen unterschiedlichen Risken. Dies erfordert eine konsistente Festlegung der erlaubten Rendite, wie es weiter unten erläutert wird; andernfalls besteht die Gefahr, dass die Investitionsanreize beträchtlich reduziert werden.

Die unterschiedlichen Ansätze zur Bewertung des Mengengerüstes werden weiter unten im Zusammenhang mit regulatorischen Abschreibungsverfahren analysiert.

Zeitpunkt der Aufnahme von Investitionen in die Kapitalkostenbasis

Im Falle von Investitionen, bei denen bereits vor ihrer Inbetriebnahme Auszahlungen anfallen, stellt sich die Frage, zu welchem Zeitpunkt diese Investitionen in die regulatorische Kapitalkostenbasis aufgenommen werden. Dies betrifft die Investitionen von TIME-Unternehmen in großem Umfang, da der Aufbau von Telekommunikations- und Informationstechnikinfrastruktur längere Zeit erfordert. Übernimmt man die während dieser Bauphase getätigten Investitionen erst zum Zeitpunkt der Inbetriebnahme der Infrastruktur in die Kapitalkostenbasis, ohne dies anderweitig auszugleichen, so erhalten die Kapitalgeber letztlich eine Rendite, die unter der vom Regulierer erlaubten Rendite liegt, mit der die Kapitalkostenbasis multipliziert wird.

Es gibt zwei verschiedene Ansätze, um Investitionen vor der Inbetriebnahme angemessen zu berücksichtigen. Der Ansatz des Construction Work in Progress (CWIP) schließt diese Investitionen unmittelbar zum Zeitpunkt der Auszahlung in die regulatorische Kapitalkostenbasis ein. Dadurch werden allerdings Abnehmer der regulierten Leistung belastet, welche die Infrastruktur nicht nutzen. Der Ansatz einer Allowance for Funds Used During Construction (AFUDC) vermeidet dies, indem während der Bauphase ein Sonderposten gebildet und verzinst wird, der dann zum Zeitpunkt der Inbetriebnahme in die regulatorische Kapitalkostenbasis übernommen wird. Rein rechnerisch führen beide Ansätze zu demselben Barwert. Unter Unsicherheit über die zukünftige Ausgestaltung und Handhabung der Regulierung bevorzugen die Kapitalgeber des regulierten Unternehmens jedoch möglichst frühe Rückflüsse auf das von ihnen eingesetzte Kapital, so dass bei AFUDC eine höhere Risikoprämie zu erwarten ist als bei CWIP. Dies wird durch empirische Untersuchungen gestützt (vgl. beispielsweise PRAGER, 1989).

Regulatorisches Abschreibungsverfahren

Nach den Fragen, ob und zu welchem Zeitpunkt Investitionen in die regulatorische Kapitalkostenbasis aufgenommen werden, ist noch zu klären, welches *Abschreibungsverfahren* zur Anwendung kommt. Bestandteile eines Abschreibungsverfahrens sind die Ausgangsbasis, der zeitliche Verlauf sowie die Summe der Abschreibungsbeträge über die Nutzungsdauer eines Anlagegutes, welche größer, kleiner oder gleich der Anschaffungsauszahlung sein kann (vgl. KNIEPS/KÜPPER/LANGEN, 2001, S. 762). Grundsätzlich sind beliebige Kombinationen dieser drei Bestandteile möglich.

Für die Zwecke einer kostenorientierten Entgeltregulierung will man vermeiden, dass in den Kostenansätzen systematisch Über- oder Unterrenditen enthalten sind. Das bedeutet für Abschreibungsverfahren, dass der Barwert von Abschreibungen und Zinsen der Anschaffungsauszahlung entsprechen soll. Dies wird durch eine konsistente Wahl von Abschreibungsverfahren und Zinssatz erreicht, wobei prinzipiell auch hier noch beliebig viele Kombinationen möglich sind. Gängige Verfahren sind aufgrund ihrer Interpretierbarkeit die Anschaffungswertabschreibung kombiniert mit dem Nominalzins sowie die Tagesneuwertabschreibung kombiniert mit dem für das Anlagegut spezifischen Realzins (vgl. Abbildung 4). Die Barwertäquivalenz beider Verfahren wurde in der Regulierungsdiskussion bereits früh gezeigt (vgl. SWOBODA, 1973; GORDON, 1977).

Die Verteilung der Abschreibungsbeträge über die Zeit kann bei der Anschaffungswertabschreibung entsprechend dem Preinreich-Lücke-Theorem (vgl. PREINREICH, 1937; LÜCKE, 1955) beliebig gewählt werden, solange Nominalzinsen auf den jeweiligen Restbuchwert berechnet werden. Dies gilt auch für die Tagesgebrauchtwertabschreibung kombiniert mit dem Nominalzins. Bei diesem Verfahren stimmt die Summe der Abschreibungsbeträge mit der Anschaffungsauszahlung überein, die Verteilung der Abschreibungen über die Zeit orientiert sich jedoch an der Entwicklung des Wiederbeschaffungswertes. Die Summe aus Abschreibungen und Zinsen in jeder einzelnen Periode stimmt mit dem Verfahren der Tagesneuwertabschreibung kombiniert mit dem spezifischen Realzins überein, die Verteilung der Periodensumme auf Abschreibungen und Zinsen weicht jedoch voneinander ab, d. h., Tagesgebrauchtwertabschreibung und Tagesneuwertabschreibung führen bei konsistenter Wahl des Zinssatzes rechnerisch zu derselben Entwicklung der Entgelte über die Zeit (vgl. KÜPPER/PEDELL, 2005).

Den Freiheitsgrad hinsichtlich der zeitlichen Verteilung des Kapitaldienstes über die Nutzungsdauer eines Anlagegutes, kann der Regulierer zur Verfolgung anderer Ziele als der kapitaltheoretischen Erfolgsneutralität der Entgeltregulierung (vgl. KÜPPER, 2002, S. 47 f.) einsetzen. Er kann darüber beispielsweise die Verteilung der Belastung auf Nutzergenerationen oder die Anreize des regulierten Unternehmens für effizientes Investitionsverhalten (vgl. ROGERSON, 1992) steuern. Dies gilt jedoch nur für den Fall eines geschützten Monopols, in dem die unterschiedlichen zeitlichen Verteilungen der Kosten über zeitlich entsprechend gestaffelte Entgelte auf dem betroffenen TIME-Markt tatsächlich verdient werden können.

Wird der TIME-Markt von Anfang an oder zu einem späteren Zeitpunkt für den Wettbewerb geöffnet, so ist dies im Falle von Preissenkungen der Anlagegüter aufgrund von technologischem Fortschritt, wie sie insbesondere für die Telekommunikation und Informationstechnologie typisch sind, nicht mehr gewährleistet, wie Abbildung 5 veranschaulicht. Die mit $p_{aktuell}$ bezeichnete fallende Kurve gibt den zeitlichen Verlauf der Entgelte wieder, wenn diese den Preissenkungen der Anlagegüter folgen. Die mit $p_{konstant}$ bezeichnete konstante Entgeltfunktion ergibt sich dagegen, wenn man über die Nutzungsdauer der Anlagegüter eine Annuität aus Abschreibungen und Zinsen zugrunde legt. Im geschützten Monopol könnte man dieses Verfahren mit einer gleichmäßigen Verteilung der Kosten auf die Nutzergenerationen begründen.

Wird Wettbewerb auf dem TIME-Markt zugelassen, sind die daraus resultierenden Entgelte jedoch nicht über den gesamten Zeitraum durchsetzbar. Ein (potenzieller) Wettbewerber hat die Möglichkeit, die für die Erbringung der Leistung erforderlichen Anlagegüter zum Wiederbeschaffungswert zu erwerben; für ihn ist also die Kurve $p_{aktuell}$ maßgeblich. Setzt der Regulierer die Entgelte für das etablierte Unternehmen über die Nutzungsdauer konstant, so hat ein Wettbewerber ab t^* die Möglichkeit, die erforderlichen Anlagegüter zu beschaffen und die Entgelte des etablierten Unternehmens zu unterbieten. Die Kurve der für das etablierte Unternehmen realisierbaren Entgelte knickt daher in t^* nach unten ab. Über die gesamte Nutzungsdauer verdient es dann weniger als die für angemessen befundene Rendite. Anders ausgedrückt ist die mit konstanten Entgelten verbundene intertemporale Quersubventionierung unter Wettbewerb nicht durchsetzbar (vgl. CREW/KLEINDORFER, 1992). Die Zulassung von Wettbewerb erfordert bei Preissenkungen der Anlagegüter eine Orientierung des Entgeltverlaufs an diesen Preissenkungen (vgl. KNIEPS/KÜPPER/LANGEN, 2001, S. 761 f.); dies wird mit der Tagesgebrauchswertabschreibung kombiniert mit dem Nominalzins oder der Tagesneuwertabschreibung kombiniert mit dem spezifischen Realzins erreicht.

Auch im Falle von Preissteigerungen der Anlagegüter sollten sich die Entgelte an der Preisentwicklung orientieren, wenn der spätere Eintritt von Wettbewerbern gefördert werden soll. Würde ein konstanter Entgeltverlauf festgesetzt, so hätten Wettbewerber ab einem bestimmten Zeitpunkt keine Möglichkeit mehr, in den Markt einzutreten, da sie

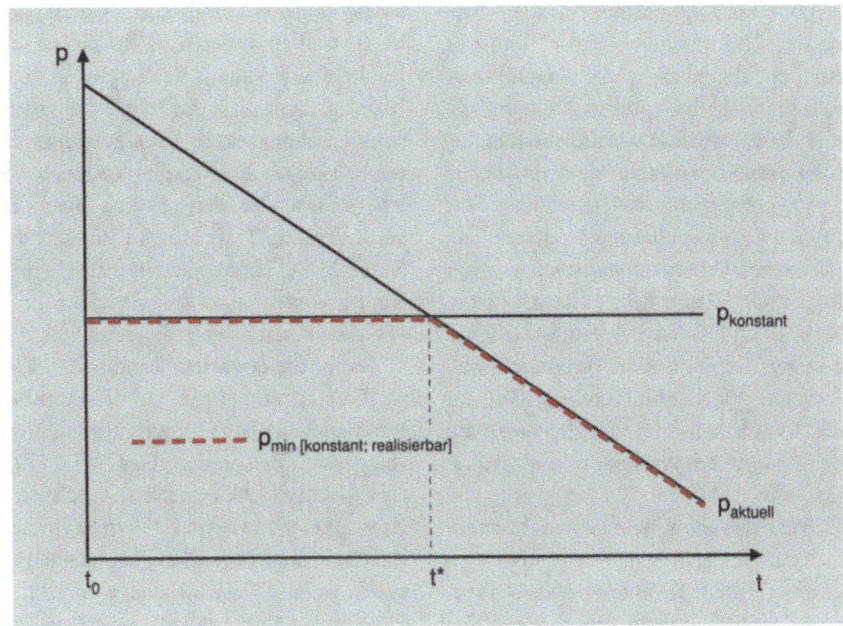

Abbildung 5: Abschreibungsverlauf bei technologischem Fortschritt und Wettbewerb

aufgrund der gestiegenen Preise für die erforderlichen Anlagegüter mit den regulierten Entgelten des etablierten Unternehmens nicht mehr konkurrieren können. Sowohl im Fall von Preissenkungen als auch im Fall von Preissteigerungen ist zu berücksichtigen, dass unter Unsicherheit über die zukünftige Regulierung die zeitliche Verteilung der Rückflüsse eine Rückwirkung auf die Risikoprämie hat (vgl. PEDELL, 2006, Abschnitt 4.2.3.2.5).

Festlegung der erlaubten Rendite

Nach der Bestimmung der regulatorischen Kapitalkostenbasis setzt der Regulierer die erlaubte Rendite fest, mit der die Kapitalkostenbasis multipliziert wird. Dabei ist zu beachten, dass die tatsächliche Rendite nicht notwendigerweise mit dieser erlaubten Rendite übereinstimmt. Die tatsächliche Rendite liegt beispielsweise unter der erlaubten Rendite, wenn Investitionen gar nicht oder mit Zeitverzögerung in die regulatorische Kapitalkostenbasis aufgenommen werden.

Private Kapitalgeber sind nur bereit, in das regulierte Unternehmen zu investieren, wenn sie eine angemessene Rendite auf das von ihnen eingesetzte Kapital erwarten können. Sie orientieren sich dabei an der Rendite, welche eine risikoäquivalente Anlage am Kapitalmarkt erbringt. Für die Bestimmung der erlaubten Rendite ist es daher erforderlich, den risikoangepassten Kapitalkostensatz des regulierten Unternehmens bzw. Unternehmensbereichs zu ermitteln. In der internationalen Regulierungspraxis greift man dabei regelmäßig auf kapitalmarktbasierte Ansätze zurück, um Ermessensspielräume einzuschränken. Die am weitesten verbreiteten Methoden zur Bestimmung des Eigenkapitalkostensatzes sind das Capital Asset Pricing Model und das Dividendenwachstumsmodell. Eine Diskussion der Methoden würde den Rahmen dieses Beitrags sprengen (zum Überblick über die in Regulierungsverfahren eingesetzten Methoden und zu den mit ihnen verbundenen Problemen vgl. detailliert PEDELL, 2004; zur Bestimmung der Parameter des CAPM, zu Fragen der Kapitalstruktur sowie zur Berücksichtigung von Steuern vgl. PEDELL, 2006, Kapitel 5).

Die Ausgestaltung und die Handhabung der Regulierung schlagen sich selbst im Risiko nieder, dem ein entgeltreguliertes Unternehmen ausgesetzt ist. Im unrealistischen Fall einer Regulierung, die glaubwürdig garantiert, dass ein reguliertes Unternehmen in jedem Zeitpunkt

ÜBERGREIFENDE ANSÄTZE

genau seine Kapitalkosten verdient, wäre das Unternehmen gegen sämtliche Risiken abgepuffert; die angemessene Rendite wäre dann der risikolose Zinssatz. In der Realität weicht jede Regulierung mehr oder weniger stark von diesem rein hypothetischen Referenzfall ab. Eine Price Cap-Regulierung puffert ein reguliertes Unternehmen gegen weniger Risiken ab als eine Rate of Return-Regulierung und ist daher tendenziell mit höheren Kapitalkosten verbunden (vgl. PEDELL, 2006, Abschnitt 4.1). Die für das Risiko maßgeblichen Eigenschaften eines Regulierungssystems sind grundsätzlich

- der Umfang, in dem Gewinnbestandteile von der Regulierung erfasst werden (je mehr Kosten- bzw. Gewinnbestandteile explizit von der Regulierung erfasst werden, desto geringer sind tendenziell die Schwankungen der sich ergebenden Rendite – vgl. auch obige Ausführungen zu Kostenanpassungsklauseln),
- die Dauer der Verzögerungen, die eintreten, bis Entgelte an geänderte Bedingungen angepasst werden, damit eng verbunden
- die Bandbreite, innerhalb welcher der Regulierer Schwankungen der Rendite toleriert, ohne Anpassungen der Entgelte vorzunehmen, sowie grundlegend
- das Ausmaß diskretionärer Handlungsspielräume des Regulierers.

Gesondert zu berücksichtigen sind ggf. asymmetrische Regulierungsrisiken (vgl. KOLBE/TYE/MYERS, 1993; PEDELL, 2006, Abschnitt 3.3.3). Diese liegen vor, wenn die Rendite eines regulierten Unternehmens bedingt durch die Regulierung von der als angemessen befundenen Rendite einseitig nach unten abweichen kann. Asymmetrische Risiken können bereits in der Ausgestaltung der Entgeltregulierung angelegt sein, bevor das regulierte Unternehmen investiert, oder sich erst nachträglich aus Änderungen der angekündigten Regulierung ergeben. Ein Beispiel hierfür sind die angesprochenen Disallowances. Akzeptiert der Regulierer im besten Fall die Übernahme sämtlicher Investitionen in die regulatorischen Kapitalkostenbasis, schließt jedoch in allen anderen Fällen einen Teil der Investitionen aus der Kapitalkostenbasis aus, so würde das regulierte Unternehmen ohne weitere Anpassung im besten Fall gerade seine Kapitalkosten, in allen anderen Fällen jedoch weniger verdienen. Im Durchschnitt können die Kapitalgeber dann nicht erwarten, ihre Kapitalkosten zu verdienen, und die Investitionsanreize werden reduziert.

Damit die erwartete Rendite den Kapitalkosten entspricht, ist die erlaubte Rendite nach oben zu korrigieren, wie an folgendem Beispiel gezeigt wird. Ein risikoneutrales Unternehmen mit einem Kapitalkostensatz von 10 % steht vor der Entscheidung, 100,– Euro in ein Anlagegut mit einer Nutzungsdauer von einer Periode zu investieren. Die Investition ist nur vorteilhaft, wenn der Erwartungswert der Rückflüsse aus der Investition am Ende der Periode mindestens 110,– Euro beträgt. Erwartet das Unternehmen, dass mit einer Wahrscheinlichkeit von 0,5 nur 95 % der Anschaffungsauszahlung in der regulatorischen Kapitalkostenbasis anerkannt werden, so bestimmt sich die notwendige erlaubte Rendite x auf die regulatorische Kapitalkostenbasis, bei welcher der Erwartungswert der Rendite gerade bei 10 % liegt, nach der Gleichung $0.5 \cdot 100 \cdot (1+x) + 0.5 \cdot (100-5) \cdot (1+x) = 100 \cdot (1+0.1)$. Die erlaubte Rendite müsste in diesem Fall also auf 12,82 % angehoben werden, um das asymmetrische Regulierungsrisiko auszugleichen.

Entsprechend erfordert auch die Zugrundelegung eines hypothetischen Mengengerüstes in der regulatorischen Kapitalkostenbasis eine Kompensation. Asymmetrische Regulierungsrisiken können bereits in dem verwendeten regulatorischen Kostenkonzept angelegt sein. Wird als Bezugspunkt nicht auf den Investitionszeitpunkt, sondern auf einen späteren Zeitpunkt abgestellt, an dem Effizienzsteigerungen realisiert wurden, so ergeben sich allein daraus schon Risiken asymmetrischer Abweichungen nach unten. Dies ist im Konzept der LRIC der Fall, wenn dabei auf die effizienteste verfügbare Technologie zurückgegriffen wird (vgl. HAUSMAN 1997). § 3 Abs. 2 TEntV verwendet z. B. explizit den Begriff der *effizienten* Leistungsbereitstellung. Die US-amerikanische Federal Communications Commission erkennt konsequenterweise an, dass die Verwendung von TELRIC eine Kompensation durch einen höheren Kapitalkostensatz verlangt, um dieses Risiko abzubilden, welches dem eines Marktes entspricht, auf dem Wettbewerb herrscht (vgl. FCC, 2003, S. 419, para. 680).

Festlegung der Kostenverteilungsbasis

Die vom Regulierer zugrunde gelegten Kapitalkosten des regulierten Unternehmens ergeben sich durch Multiplikation der regulatorischen Kapitalkostenbasis mit der erlaubten Rendite. Zusammen mit den operativen Kosten bilden sie die Obergrenze für die zulässigen Erlöse. Auf dieser Grundlage sind die regulierten Entgelte so festzusetzen, dass das Unternehmen gerade erwarten kann, diese zulässigen Erlöse zu verdienen. Im einfachsten Fall eines einstufigen Tarifs für eine einzige regulierte Leistung wird das Entgelt mittels Division der zulässigen Erlöse durch das Leistungsvolumen kalkuliert.

Dabei ist zu unterscheiden, ob die gesamte verfügbare Kapazität oder die tatsächlich ausgelastete bzw. vermarktete Kapazität als Kostenverteilungsbasis herangezogen wird. Werden die Kosten auf die tatsächlich vermarktete Kapazität verteilt, so verdient das Unternehmen unabhängig von der Auslastung die erlaubten Erlöse; das Auslastungsrisiko wird in diesem Fall von den Abnehmern der regulierten Leistung getragen. Wird dagegen die gesamte Kapazität als Kostenverteilungsbasis herangezogen, so ist das Entgelt unabhängig von der Auslastung, und das Auslastungsrisiko liegt beim regulierten Unternehmen.

Dabei ist zu berücksichtigen, dass die Kapazität von Anlagen auf TIME-Märkten in der Regel nicht (oder zumindest nur in Spitzenzeiten) vollständig ausgelastet ist. Dies kann allein schon dadurch bedingt sein, dass ein gewisser technischer Sicherheitspuffer vorgehalten wird.

Darüber hinaus werden viele Anlagen auf eine im Zeitablauf steigende Nachfrage ausgelegt; sie sind daher am Anfang ihrer Nutzungsdauer nicht vollständig ausgelastet. Das WIK-Modell berücksichtigt diese Umstände durch einen technischen und einen nachfragebedingten Reservefaktor. Würde die gesamte Kapazität oder zumindest mehr als die durchschnittlich ausgelastete Kapazität als Kostenverteilungsbasis herangezogen, so wäre das regulierte Unternehmen einem asymmetrischen Risiko nach unten ausgesetzt. Im besten Fall, d. h. bei vollständiger Kapazitätsauslastung kann sie gerade ihre Kosten decken, in allen anderen Fällen sind die Kosten nicht vollständig gedeckt. Das Unternehmen erwartet daher, im Durchschnitt seine Kosten nicht zu decken. Dieses asymmetrische Risiko kann entweder entsprechend dem oben diskutierten Ansatz durch eine konsistente Anpassung der erlaubten Rendite kompensiert werden, oder das regulierte Unternehmen erhält z. B. gesonderte Zahlungen für das Vorhalten von Reservekapazität (Capacity Payments). Die Frage, auf Grundlage welcher Kostenverteilungsbasis die Entgelte kalkuliert werden, hängt mit dem angewandten regulatorischen Kostenkonzept zusammen. Das TELRIC-Kostenkonzept impliziert beispielsweise vollständig ausgelastete Kapazitäten (vgl. HAUSMAN, 1997, S. 33), soweit ein hypothetisches Netz unterstellt wird, das für die aktuelle Nachfrage optimal ausgelegt ist. Dies unterstreicht die Notwendigkeit eines konsistenten Regulierungsansatzes über sämtliche Schritte des Prozesses der kostenorientierten Entgeltkalkulation hinweg.

Schlussfolgerungen

Die Analyse hat gezeigt, dass bei den verschiedenen Schritten zur Kalkulation kostenorientierter Entgelte jeweils unterschiedliche Ansätze angewandt werden können. Entscheidend für die Investitionsanreize zum Erhalt und Ausbau der Netze ist, dass dies in konsistenter Weise geschieht, so dass die Kapitalgeber unter dem Strich eine angemessene Rendite auf das von ihnen eingesetzte Kapital erwarten können.

Stellt das Kostenkonzept durch Vergleiche mit hypothetischen Kosten oder mit anderen Unternehmen auf eine gegenüber der tatsächlichen Kostenstruktur verbesserte Effizienz ab, so ergibt sich für das regulierte Unternehmen ein einseitiges Risiko nach unten, welches bei der erlaubten Rendite angemessen zu berücksichtigen ist. Die Bestimmung der operativen Kosten ist relativ unproblematisch. Die Normalisierung unregelmäßiger Auszahlungen sowie die Verwendung von Kostenanpassungsklauseln für bestimmte Kostenkomponenten haben unter Umständen Rückwirkungen auf die Risikoprämie. Wird bei der Festlegung der Kapitalkostenbasis ein hypothetisches Mengengerüst zugrunde gelegt oder werden einzelne Investitionen nicht in die regulatorische Kapitalkostenbasis übernommen, so ergibt sich hieraus ein asymmetrisches Risiko, welches über eine Erhöhung der erlaubten Rendite zu kompensieren ist.

Bei den regulatorischen Abschreibungsverfahren ist entweder die Anschaffungswertabschreibung zusammen mit dem Nominalzins, die Tagesgebrauchtwertabschreibung zusammen mit dem Nominalzins oder die Tagesneuwertabschreibung zusammen mit dem spezifischen Realzins konsistent. Die letzten beiden Verfahren ergeben dieselben Kosten in den einzelnen Perioden. Wird Wettbewerb zugelassen, so sind nicht mehr alle Abschreibungsverfahren durchsetzbar, d. h., der Regulierer verliert seinen Freiheitsgrad im Hinblick auf die intertemporale Quersubventionierung von Entgelten. In diesem Fall sollte sich der Kostenverlauf an der Entwicklung der Wiederbeschaffungswerte orientieren, was mit der Tagesgebrauchtwertabschreibung und mit der Tagesneuwertabschreibung erreicht wird. Die Wahl der Kostenverteilungsbasis entscheidet darüber, ob das regulierte Unternehmen oder die Abnehmer der regulierten Leistung das Auslastungsrisiko tragen, was entsprechende Rückwirkungen auf die Risikoprämie hat. Werden die Kosten auf mehr als die durchschnittlich ausgelastete Kapazität umgelegt, so entsteht wiederum ein asymmetrisches Risiko, welches durch Anpassung der erlaubten Rendite zu aufzufangen ist, wenn eine Beeinträchtigung der Investitionsanreize vermieden werden soll.

Literatur

BAUMOL, W. J./SIDAK, J. G. (1994): Toward Competition in Local Telephony, Cambridge/Mass./London/Washington 1994.

BROMWICH, M. (2004): Regulation and Competition Policy in Hi-Tech Growth Industries, Vortrag gehalten an der Ludwig-Maximilians-Universität München am 23. April 2004.

BROMWICH, M./VASS, P. (2002): Regulation and Accounting, in: KÜPPER, H.-U./WAGENHOFER, A. (Hrsg): Handwörterbuch Unternehmensrechnung und Controlling, 4. Aufl., Stuttgart 2002, Sp. 1677–1685.

CREW, M. A./KLEINDORFER, P. R. (1992): Economic Depreciation and the Regulated Firm under Competition and Technological Change, in: Journal of Regulatory Economics, Vol. 4 (1992), No. 1, S. 51–61.

CREW, M. A./KLEINDORFER, P. R. (2002): Regulatory Economics: Twenty Years of Progress?, in: Journal of Regulatory Economics, Vol. 21 (2002), No. 1, S. 5–22.

EU-KOMMISSION (2004): Missbrauchsverfahren führt zu Tarifsenkungen für Line-Sharing in Deutschland, Presseerklärung IP/04/281, Brüssel, 1. März 2004.

FAZ – FRANKFURTER ALLGEMEINE ZEITUNG, verschiedene Ausgaben.

FCC (2003): Triennial Review Order. Federal Communications Commission (FCC 03-36), Report and Order and Order on Remand and Further Notice of Proposed Rulemaking, Washington, released August 21, 2003.

GORDON, M. J. (1977): Comparison of Historical Cost and General Price Level Adjusted Cost Rate Base Regulation, in: Journal of Finance, Vol. 32 (1977), No. 5, S. 1501–1512.

HAUSMAN, J. A. (1997): Valuing the Effect of Regulation on New Services in Telecommunications, in: Brookings Papers on Economic Activity: Microeconomics, S. 1–38.

HOHENADEL, W./REINERS, F. (2000): Das Kalkulationssystem INTRA der Deutschen Telekom AG, in: Kostenrechnungspraxis, 44. Jg. (2000), Heft 3, S. 159–170.

HOUSTON, G./MAKHOLM, J./HERN, R./WHITFIELD, A. (1999): Taxation and the Cost of Capital: A Review of Overseas Experience. Final Report for ACCC. Prepared by NERA, Sydney, April 1999.

KNIEPS, G./KÜPPER, H.-U./LANGEN R. (2001): Abschreibungen bei fallenden Wiederbeschaffungspreisen in stationären und nicht-stationären Märkten, in: Zeitschrift für betriebswirtschaftliche Forschung, 53. Jg. (2001), Heft 8, S. 759–776.

KOLBE, A. L./TYE, W. B./MYERS, S. C. (1993): Regulatory Risk: Economic Principles and Applications to Natural Gas Pipelines and Other Industries. Boston/Dordrecht/London 1993.

KRUSE, J. (1999): Asymmetrische Regulierung durch vertikale Integration, in: OBERENDER, P. (Hrsg.): Die Dynamik der Telekommunikationsmärkte als Herausforderung an die Wettbewerbspolitik, Berlin 1999, S. 107–120.

KÜPPER, H.-U. (2002): Kostenorientierte Preisbestimmung für regulierte Märkte, in: Zeitschrift für betriebswirtschaftliche Forschung, Sonderheft 48, 2002, S. 27–55.

KÜPPER, H.-U./PEDELL, B. (2005): Gutachten zum Entwurf der Verordnung über die Entgelte für den Zugang zu Gasversorgungsnetzen (Gasnetzentgeltverordnung – GasNEV) vom 13. April 2005, insbesondere zur Saldierung von Abschreibungen und Reinvestitionen, München, April 2005.

LÜCKE, W. (1955): Investitionsrechnungen auf der Grundlage von Ausgaben oder Kosten, in: Zeitschrift für betriebswirtschaftliche Forschung, 7. Jg. (1955), S. 310–324.

PEDELL, B. (2004): Cost of Capital Assessment for Rate Regulated Utilities – A Critical Overview of Methods Used in Regulatory Hearings, in: PIEPENBROCK, H. J./SCHUSTER, F./RUHLE, E.-O. (Hrsg.): Regulation and Capital Market Evaluation in Telecommunications, Lohmar – Köln 2004, S. 51–99.

PEDELL, B. (2006): Regulatory Risk and the Cost of Capital for Rate-Regulated Firms, Habilitationsschrift, Berlin et al. 2006 (in Vorbereitung).

PRAGER, R. A. (1989): The Effects of Regulatory Policies on the Cost of Debt for Electric Utilities: An Empirical Investigation, in: Journal of Business, Vol. 62 (1989), No. 1, S. 33–53.

PREINREICH, G. A. D. (1937): Valuation and Amortization, in: The Accounting Review, Vol. 12 (1937), S. 209–226.

REGULIERUNGSBEHÖRDE FÜR TELEKOMMUNIKATION UND POST (2002): Price-Cap-Regulierung im Sprachtelefondienst, in: Amtsblatt der Regulierungsbehörde für Telekommunikation und Post, Nr. 2 vom 6. Februar 2002.

REGULIERUNGSBEHÖRDE FÜR TELEKOMMUNIKATION UND POST (2004): 12 Cent-Optionsangebot „enjoy Tarif" der Deutschen Telekom AG unter Auflagen genehmigt, Presserklärung der Regulierungsbehörde für Telekommunikation und Post vom 28. Juni 2004.

REGULIERUNGSBEHÖRDE FÜR TELEKOMMUNIKATION UND POST (2005): Jahresbericht 2004 gemäß § 122 Telekommunikationsgesetz, Bonn, 14. Februar 2005.

ROGERSON, W. P. (1992): Optimal Depreciation Schedules for Regulated Utilities, in: Journal of Regulatory Economics, Vol. 4 (1992), S. 5–33.

SWOBODA, P. (1973): Die Kostenbewertung in Kostenrechnungen, die der betrieblichen Preispolitik oder der staatlichen Preisfestsetzung dienen, in: Zeitschrift für betriebswirtschaftliche Forschung, 25. Jg. (1973), S. 353–367.

Controlling

Von praxiserprobten Konzepten profitieren

Optimale Prozessgestaltung legt den Grundstein für nachhaltigen Erfolg. Von der strategischen Positionierung über Transformationen bis zum Prozesscontrolling reicht der Prozessmanagementansatz von Horváth & Partners. Die wichtigsten Schritte:

- Prozesse analysieren
- Prozesskosten ermitteln
- Prozessbenchmarking betreiben
- Prozessverantwortung dauerhaft verankern

Eine Fallstudie untermauert, wie der Wandel von einem klassisch funktional ausgerichteten zu einem prozessorientierten Unternehmen gelingt.

Im Fokus: u. a. Innovation, Marketing, Vertrieb und Post Merger Integration

2005. VIII, 319 S. Geb., € 59,95
ISBN 3-7910-2377-2

SCHÄFFER POESCHEL

mehr wissen
mehr erreichen

Bestellung 4916

☐ Horváth & Partners (Hrsg.)
Prozessmanagement umsetzen
€ 59,95 (zzgl. Versandkosten)
ISBN 3-7910-2377-2

Firma, Funktion

Name, Vorname

Straße, Hausnummer

Datum, Unterschrift

PLZ, Ort

Sie haben ein gesetzliches Widerrufsrecht gem. § 2 FernAbsG, § 361a BGB.
Bei einem Warenwert unter € 40,– liegen die Kosten der Rücksendung bei Ihnen.

Telefon, e-mail

Schäffer-Poeschel Verlag für Wirtschaft · Steuern · Recht GmbH | Amtsgericht Stuttgart HRB 24814
Fax: (07 11) 21 94 -119 | info@schaeffer-poeschel.de | www.schaeffer-poeschel.de

ÜBERGREIFENDE ANSÄTZE

Controlling-Instrumente in der TIME-Branche – Anforderungen und Gestaltungsempfehlungen im Spannungsfeld von Effektivität, Komplexität und Effizienz

Frank Keuper / Gerrit Brösel

Unternehmen bzw. Netzwerke unterliegen insbesondere in der TIME-Branche einem komplexitätsbasierten Effektivitäts-Effizienz-Dilemma. Vor diesem Hintergrund werden Anforderungen und Gestaltungsempfehlungen für zweck- und zielorientierte Controlling-Instrumente generiert.

- Die TIME-Branche ist durch eine extrem hohe Produkt- und Leistungskomplexität, Unternehmenskomplexität, Netzwerkkomplexität sowie Branchenkomplexität gekennzeichnet.
- Um die langfristige Überlebensfähigkeit des Systems „Unternehmen" bzw. „Netzwerk" in der TIME-Branche zu sichern, sind die aus dem Zweck des sozio-technischen Systems abgeleiteten und dekomponierten Ziele „Effektivität" und „Effizienz" zweckgerichtet zu erfüllen, wobei die divergierenden Wünsche der verschiedenen Anspruchsgruppen zu berücksichtigen sind.
- Unternehmen bzw. Netzwerke befinden sich in einem komplexitätsbasierten Effektivitäts-Effizienz-Dilemma, das in der TIME-Branche auf Grund der hohen Branchen- sowie Unternehmens- bzw. Netzwerkkomplexität besonders ausgeprägt ist.
- Controlling-Instrumente zur Steuerung von Unternehmen bzw. Netzwerken in der TIME-Branche müssen der Nichtlinearität, dem rückgekoppelten Verhalten und der Selbstreferenz sowie der Emergenz und der Irreversibilität des Systemverhaltens äußerst komplexer Systeme Rechnung tragen.
- Entscheidungssituationen, in denen Controlling-Instrumente in der TIME-Branche eingesetzt werden, sind generell durch Zielsetzungs-, Wirkungs-, Bewertungs- und Lösungsdefekte sowie darüber hinaus durch Komplexitätshandhabungsdefekte gekennzeichnet.
- Controlling-Instrumente für die Unternehmenssteuerung in der TIME-Branche müssen auf Netzwerk-, auf Unternehmens- und auf Gruppenebene sowie auf der Ebene des Individuums ansetzen, um – unter Beachtung des Systemverhaltens äußerst komplexer Systeme und der damit einhergehenden Strukturdefekte der Entscheidungssituation – das Effektivitäts-Effizienz-Dilemma ganzheitlich auszubalancieren.

■ Problemstellung

Das Phänomen der *Konvergenz* (vgl. www.konvergenz-management.com und Brösel/Dintner/Keuper 2004, S. 13 ff.) induziert branchenübergreifende Veränderungen im Hinblick auf die Art und Weise der Beschaffung, der Leistungserstellung und der Vermarktung von Produkten (vgl. Sjurts 2000, S. 128 f.). Als Paradebeispiel eines konvergierenden Marktes lässt sich die sog. *TIME-Branche* (TIME = Telekommunikation, Informationstechnologie, Medien und Entertainment) anführen, welche durch Angebote integrierter Dienstleistungen und Technologien (Systemprodukte, wie

Prof. Dr. habil. Frank Keuper
Lehrstuhl für Betriebswirtschaft, insbesondere Konvergenz- und Medienmanagement
Steinbeis-Hochschule Berlin – Wissenschaftliche Hochschule für Unternehmensführung und Innovationen
Gürtelstr. 29 A/30
10247 Berlin

z. B. die Bereitstellung eines Inhalteangebotes über den Internet-Zugang eines Multimedia-PCs) gekennzeichnet ist. Während die *Telekommunikation* beispielsweise die Datenübertragung über verschiedene Netzsysteme, aber auch E-Mail und E-Commerce-Funktionen beinhaltet, zählen zur *Informationstechnologie* u. a. Personalcomputer, „Workstations", Internet-Technologien, Datenbanken, Software und Streaming-Technologien. Bei den ebenfalls von der Konvergenz tangierten *Medien*bausteinen sind vorrangig Fernseh-, Hörfunk- und Online-Formate sowie Zeitungen, Zeitschriften und Bücher zu nennen. Die Medienbranche ist mithin durch Unternehmen charakterisiert, die Medienprodukte erstellen und/oder auf Märkten absetzen, wobei Medien als Einrichtungen für die Vermittlung von Meinungen, Informationen oder Kulturgütern aufgefasst werden können (vgl. Beck 2002, S. 1). Im Gegensatz dazu umfasst die *Entertainment*-Branche u. a. die Bereiche „Filmtheater" und „Theater" sowie z. B. die Produkte „CDs", „DVDs" und „Computerspiele".

Vor dem Hintergrund der hohen Marktdynamik lässt die wachsende *Komplexität* der *Systemprodukte*, die sich u. a. in der Vielzahl unterschiedlicher Produktvarianten und der extrem kurzen Produkt- und Marktlebenszyklen widerspiegelt und beispielsweise aus den multioptionalen Präferenzen der Kunden resultiert, die *Komplexität des Zielsystems* eines von der Konvergenz betroffenen Unternehmens ansteigen. Da sämtliche Planungen, Produkte, Prozesse und Potenziale auf allen Unternehmensebenen und in allen funktionalen Unternehmensbereichen auf das Zielsystem des Unternehmens auszurichten sind, geht damit zwangsläufig ein Anstieg der *Unternehmenskomplexität* einher (vgl. Adam/Johannwille 1998, Keuper 1999, S. 1 ff.). Darüber hinaus kommt es zunehmend zu Kooperationen, Fusionen und Akquisitionen (vgl. Matschke/Brösel 2005) der von der Konvergenz betroffenen Unternehmen, weil – im Sinne des pfaddeterminierten ressourcenorientierten Strategieansatzes – der Aufbau und der Erhalt von Kernkompetenzen zeitlich nicht mit der Anforderungsdynamik der TIME-Branche positiv korreliert. Im Ergebnis führt dies zu *komplexen Unternehmensnetzwerken*, um durch Kombination unternehmensinhärenter Kernkompetenzen mit unternehmensexternen Kernkompetenzen die eigenen Kernkompetenzen synergetisch zu stärken und Kernkompetenzlücken zeitnah zu schließen. Insofern ist für die TIME-Branche eine extrem hohe Produkt- und Leistungskomplexität (Systemprodukte), Unternehmenskomplexität (u. a. mehrdimensionales Zielsystem), Netzwerkkomplexität (horizontal und vertikal konvergente Unternehmensnetzwerke) sowie Branchenkomplexität (emergierende und konvergierende sowie divergierende TIME-Branche) zu attestieren.

> **Kernaussage:**
> Die TIME-Branche ist durch eine extrem hohe Produkt- und Leistungskomplexität, Unternehmenskomplexität, Netzwerkkomplexität sowie Branchenkomplexität gekennzeichnet.

Im Sinne der *Systemtheorie und Kybernetik* sind Unternehmen bzw. Netzwerke der TIME-Branche als sozio-technische Systeme zu charakterisieren. *Systeme* stellen dabei eine Menge spezifischer Elemente dar, wobei zwischen den Elementen Relationen herstellbar sind (vgl. Probst 1981, S. 112). Die Verknüpfung von Elementen durch Relationen konfiguriert zwischen den Elementen einen Zusammenhang. Der Charakter der Beziehungen kann u. a. physischer, energetischer oder auch gesellschaftlich-kultureller Natur sein. Grundsätzlich können Systeme zweck- und/oder zielorientiert agieren (vgl. Bliss 2000, S. 131 f.). *Zweckorientierte Systeme*, für die das Umsystem ein Datum darstellt, streben einen an ihrem Zweck ausgerichteten Gleichgewichtszustand an. Damit liegt der oberste Sinn eines zweckorientierten Systems in der *Sicherung der langfristigen Überlebensfähigkeit* (vgl. Bliss 2000, S. 85). *Zielorientierte Systeme* können hingegen die relevanten Umsystemausschnitte selbst wählen und beurteilen die zulässigen Systemzustände bzw. Handlungsweisen anhand von *Kriterien*. Sie versuchen somit nicht nur zu überleben, sondern den *bestmöglichen Systemzustand* auszuwählen und damit das *bestmögliche Ergebnis* zu erzielen (vgl. Bliss 2000, S. 85).

Unternehmen bzw. Netzwerke der TIME-Branche sind somit vorrangig darauf ausgerichtet, die Bedürfnisse der Kunden/Rezipienten, der werbetreibenden Wirtschaft und – vor allem bei öffentlich-rechtlichen Unternehmen der TIME-Branche – des Staates bzw. der Gesellschaft dauerhaft zu erfüllen. Nur wenn die Produkte und Leistungen möglichst weitgehend den Präferenzen der Kunden entsprechen (z. B. polyphone Klingeltöne), möglichst zielgruppenspezifischer Werberaum (z. B. zielgruppenaffine Anzeigen in Special-Interest-Zeitschriften) offeriert wird und die Anforderungen des Staates,

Dr. Gerrit Brösel
Wissenschaftlicher Assistent und Habilitand, Technische Universität Ilmenau, Fakultät für Wirtschaftswissenschaften, Fachgebiet Rechnungswesen/Controlling,

Postfach 10 05 65, 98684 Ilmenau,
Tel. 03677/69-4064
E-Mail: gerrit.broesel@tu-ilmenau.de
Internet:
www.konvergenz-management.com

ÜBERGREIFENDE ANSÄTZE

der sich z. B. im Programmauftrag des öffentlich-rechtlichen Rundfunks expliziert, erfüllt werden, ist eine zielorientierte Sicherung der langfristigen Überlebensfähigkeit gewährleistet. Die Umsetzung dieser multianspruchsgruppenspezifischen Bedürfnisbefriedigung ist jedoch nur sinnvoll, wenn die Unternehmen bzw. Netzwerke der TIME-Branche eine möglichst optimale Allokation der knappen Ressourcen vornehmen. Vor diesem Hintergrund können Unternehmen bzw. Netzwerke der TIME-Branche als *zweck- und zielorientierte sozio-technische Systeme* charakterisiert werden, bei denen erst die interaktionistische Beziehung zwischen Technologien und Mitarbeitern zweck- und zielorientiertes Handeln ermöglicht.

Um die langfristige Überlebensfähigkeit zu sichern, wird in der TIME-Branche seitens der Unternehmen und der Netzwerke versucht, die aus dem Zweck des sozio-technischen Systems abgeleiteten und dekomponierten Ziele „Effektivität" und „Effizienz" zweckgerichtet zu erfüllen. Innerhalb dieser Ziele sind jedoch grundsätzlich die Wünsche und Präferenzen (und damit die Ziele) der im Umsystem eines Systems befindlichen Anspruchsgruppen, mit denen die Unternehmen bzw. Netzwerke der TIME-Branche schließlich in interdependenter Beziehung stehen, zu berücksichtigen. Insofern haben die *Ziele eines Unternehmens bzw. eines Netzwerkes* der TIME-Branche die Aufgabe, nicht nur dem Zweck des Systems und damit dem Zweck des Unternehmens bzw. des Netzwerkes dienlich zu sein, sondern gleichzeitig die Aufgabe, die *Ziele der Anspruchsgruppen* widerzuspiegeln, weil die systemseitig gewählten Ziele sonst ihre Zweck erfüllende Wirkung verlieren würden.

Kernaussage:
Um die langfristige Überlebensfähigkeit des Systems „Unternehmen" bzw. „Netzwerk" in der TIME-Branche zu sichern, sind die aus dem Zweck des sozio-technischen Systems abgeleiteten und dekomponierten Ziele „Effektivität" und „Effizienz" zweckgerichtet zu erfüllen, wobei die divergierenden Wünsche der verschiedenen Anspruchsgruppen zu berücksichtigen sind.

Insbesondere vor dem Hintergrund der verschiedenen Anspruchsgruppen, die divergierende Wünsche hinsichtlich der Ausgestaltung der Effektivität und der Effizienz von Unternehmen bzw. Netzwerken in der TIME-Branche haben, ist eine effektivitäts- und effizienzorientierte Zieldiskussion erforderlich. Hierzu werden – nach einer kurzen (inhaltlichen) Herleitung und Begriffsbestimmung der Effektivitäts- und Effizienzziele – die Charakteristika des komplexitätsbasierten Effektivitäts-Effizienz-Dilemmas in der TIME-Branche dargestellt. Darauf aufbauend werden Anforderungen an und schließlich Gestaltungsempfehlungen für Controlling-Instrumente formuliert, um eine Basis für die Konzeption von Planungs-, Kontroll- und Informationsversorgungsinstrumenten zu legen, die dem spezifischen Effektivitäts-Effizienz-Dilemma in der TIME-Branche gerecht werden.

Inhaltliche Einordnung von Effektivität und Effizienz in den Kontext der Unternehmensführung und -steuerung

Bei der Strategieformulierung sind zwei Betrachtungsweisen zu unterscheiden: Während bei der Formulierung einer Unternehmensgesamtstrategie die unternehmensbezogenen Potenziale fokussiert werden, beziehen sich Wettbewerbsstrategien auf das Zusammenspiel zwischen Produkt und Markt (vgl. Keuper/Hans 2003, S. 83 ff.). Unter der *Unternehmensgesamtstrategie* wird allgemein die globale Wegbeschreibung verstanden, die planmäßig festlegt, auf welche Weise strategische Erfolgspotenziale aufgebaut bzw. erhalten werden können. Dabei gilt es, die sich im Umfeld bietenden Chancen unter weitestgehender Abwendung der Risiken auszuschöpfen, wobei die obersten Unternehmensziele mit Hilfe strategischer Wettbewerbsvorteile – verifiziert durch strategische Erfolgsfaktoren – bestmöglich zu erreichen sind (vgl. Keuper 2002, S. 627). Inhaltlich werden deshalb die Geschäftsfelder und Märkte, in denen das Unternehmen tätig sein möchte, definiert und selektiert. Anschließend wird die Allokation der Ressourcen auf die verschiedenen Geschäftsfelder so vorgenommen, dass eine vorteilhafte Wettbewerbsposition eingenommen werden kann (vgl. Becker 1996, S. 134). Darüber hinaus verfolgt die Unternehmensgesamtstrategie die Sicherstellung der dynamischen evolutionären Entwicklung des Unternehmens (vgl. Keuper/Hans 2003, S. 83 f.).

Demgegenüber charakterisieren *Wettbewerbsstrategien* – die auch als Geschäftsfeldstrategien bezeichnet werden – die Art und Weise, mit der ein Unternehmen in einem bestimmten Geschäftsfeld mit den Wettbewerbern konkurriert (vgl. Steinmann/Schreyögg 2000, S. 156). Die Ausrichtung der Wettbewerbsstrategie erfolgt dabei anhand der spezifischen abnehmerbezogenen Anforderungen (Effektivitäts- und Effizienzanforderungen), die es zu bedienen gilt (vgl. Keuper/Hans 2003, S. 89). Durch den Abgleich der Effektivitäts- und Effizienzanforderungen mit dem Zweck des Systems „TIME-Unternehmen" bzw. „TIME-Netzwerk" kommt es – unter Berücksichtigung der zur Verfügung stehenden Ressourcen – zur Operationalisierung der Effektivitäts- und Effizienzziele aus Sicht des Systems.

Die Umsetzung dieser Anforderungen – also die Erfüllung der Effektivitäts- und Effizienzziele – erfolgt allgemein durch den Aufbau, die Erhaltung und die Nutzung strategischer Erfolgspotenziale. Dabei wird unter einem *Erfolgspotenzial* das Gefüge aller relevanten produktmarktspezifischen Voraussetzungen verstanden, die spätestens dann bestehen müssen, wenn es um die Erreichung unternehmens- und geschäftsfeldspezifischer Ziele geht (vgl. Gälweiler 1990, S. 24). Zum Beispiel expliziert sich die Wirkung der strategischen Erfolgspotenziale des öffentlich-rechtlichen Rundfunks u. a. in einer kostengünstigeren, qualitativ besseren und/oder schnelleren Erfüllung des Programmauftrages sowie der weitergehenden Ziele der Rezipienten und der werbetreibenden Wirtschaft. Konkret bedeutet dies aus Sicht der Rezipienten: sinkende Rundfunkgebühren im öffentlich-rechtlichen Rundfunk bei mindestens (subjektiv empfundener) gleichbleibender Qualität oder konstante Rundfunkgebühren bei einer (subjektiv empfundenen) verbesserten Programmqualität. So stellt beispielsweise bei aktuellen Geschehnissen eine schnellere Berichterstattung (als der Wettbewerber) einen strategischen Wettbewerbsvorteil dar, welcher u. a. auf dem strategischen Erfolgspotenzial „umfassendes Korrespondentennetz" basiert, weil die rasche Berichterstattung wiederum von den Rezipienten als eine Verbesserung der Programmqualität aufgefasst wird. Die Dimensionen dieser Aktivitäten – die *Kosten-*, die *Qualität-* sowie die *Zeitdimension* – und damit die spezifischen Charakteristika einer überlegenen Leistungserstellung werden als *unternehmensbezogene strategische Erfolgsfaktoren* bezeichnet und sind letztlich Ausprägungen von effektivem und effizientem Handeln (vgl. Keuper 2001, S. 12).

Begriffliche Einordnung von Effektivität und Effizienz in den Kontext der Unternehmensführung und -steuerung

In der betriebswirtschaftlichen Literatur ist für die Effektivität und Effizienz eine kaum zu überblickende *Begriffs- und Definitionsvielfalt* vorzufinden (vgl. Ahn 2003, S. 90 f.). Grundsätzlich können aber die vielfältigen Definitionsansätze zu *drei Konzepten* zusammengefasst werden (vgl. Ahn 1996, S. 26). Beim *ersten* (eher angloamerikanischen) *Konzept* dient Effektivität der Kennzeichnung der Erreichung langfristiger Ziele einer Organisation. Hingegen erfasst die Effizienz die Input-Output-Relationen und kann somit anhand rein ökonomischer Kennziffern (wie Produktivität oder Wirtschaftlichkeit) gemessen werden (vgl. Etzioni 1964, S. 8). Effizienz repräsentiert somit nur einen bestimmten Aspekt der Effektivität (vgl. Budäus/Dobler 1977, S. 62 f.). Insofern stellt die Effizienz eine Dimension des übergeordneten Merkmals „Effektivität" dar (vgl. Bünting 1995, S. 74).

Das *zweite Konzept,* das besonders im deutschen Sprachraum verbreitet ist, betrachtet Effektivität lediglich „als die grundsätzliche Eignung eines Mittels, ein Ziel mit Hilfe dieses Mittels zu erreichen" (Fessmann 1980, S. 30). Effizienz wird als Grad der Zielerreichung (vgl. Staehle/Grabatin 1979, S. 89) bzw. als Ziel-Mittel-Verhältnis (vgl. Fessmann 1979, S. 2) definiert. Auf eine begriffliche Unterscheidung von Effektivität und Effizienz wird häufig verzichtet und stattdessen nur noch der Begriff „Effizienz" verwendet (vgl. beispielsweise Frese 2000, S. 258 ff.).

Das *dritte Konzept,* welches besonders in neueren Quellen breite Zustimmung findet, definiert Effektivität als „to do the right things" und Effizienz als „to do things right" (vgl. Drucker 1974, S. 45). Unter Effektivität wird hiernach der Beitrag zur Verbesserung der Wettbewerbsfähigkeit verstanden. Die Effizienz wird durch das Verhältnis aus erbrachten Leistungen und den dafür eingesetzten Faktormengen ermittelt (vgl. Pedell 1985, S. 1082). Insofern spiegelt sich die Effizienz im ökonomischen Prinzip wider, das darauf abzielt, ein vorgegebenes und genau charakterisiertes Zielniveau mit minimalen Mitteln bzw. mit gegebenen Mitteln das maximale Ergebnis zu erreichen, wobei der Charakter des Ergebnisses wiederum exakt konkretisiert sein muss (vgl. Eichhorn 2000, S. 136).

Entsprechend stellt im Rahmen dieses dritten Konzepts der *strategische Erfolgsfaktor „Kosten"* ein Effizienzkriterium dar, wohingegen der *strategische Erfolgsfaktor „Qualität"* ein Repräsentant der Effektivität ist. Lediglich der *strategische Erfolgsfaktor „Zeit"* verkörpert einen hybriden Charakter, weil der Faktor „Zeit", der schließlich die Flexibilität umfasst, sowohl eine Effektivitäts- als auch eine Effizienzwirkung aufweist. So steigert eine kurze „time to market" für Spiele und Applikationen als Reaktion auf aktuelle Kino-Ereignisse, wie z. B. „Star Wars III", als Zusatznutzen einerseits die Qualität und damit die Effektivität des Entertainment-Unternehmens. Andererseits gehen mit einer Verkürzung der „time to market" positive und negative Kostenwirkungen einher, wodurch bei gegebener Marktleistung die Effizienz der Abläufe im Entertainment-Unternehmen steigen oder sinken kann (vgl. Bogaschewsky/Rollberg 1998, S. 10). Auch für Telekommunikations- und Informationstechnologieunternehmen stellt die Zeit einen hybriden Erfolgsfaktor dar. So generiert gerade der rasche Aufbau von Mobilfunknetzen durch die entsprechenden Telekommunikationsunternehmen dem UMTS-Nutzer positive Netzeffekte. Gleichwohl ist dies nur durch einen massiven Einsatz von Ressourcen möglich, wodurch die Effizienz wiederum negativ tangiert wird. Ähnlich sieht es bei Informationstechnologieunternehmen aus. So ist es für Unternehmen der Informationstechnologiebranche zwingend notwendig, eine hohe Innovationsrate zu generieren, um so dem Kunden ständig die aktuelle Technologie anbieten zu können. Die extrem steilen Diffusionskurven in der Informationstechnologiebranche stellen jedoch die Unternehmen vor immer größere Herausforderungen im Hinblick auf die Einhaltung der Effizienz (vgl. Seifert/Steiner 1995, S. 22).

In diesem Beitrag wird dem dritten Konzept gefolgt, Effektivität und Effizienz als voneinander getrennte, jedoch in interaktionistischer Beziehung stehende Inhalte zu betrachten, weil dies die duale Handlungsmöglichkeit im Rahmen der Führung und Steuerung von Unternehmen bzw. Netzwerken realistisch abbildet. Dementsprechend verlieren auch effektive Maßnahmen ihre Vorteilhaftigkeit im Hinblick auf den Erfolg eines Unternehmens bzw. Netzwerkes, wenn sie ineffizient durchgeführt werden. Umgekehrt sind effiziente Maßnahmen nutzlos, wenn sie ineffektiv – das heißt nicht zielgerichtet – umgesetzt werden (vgl. Rollberg 1996, S. 9 f.). Insofern wird unter Effektivität das „Tun der

ÜBERGREIFENDE ANSÄTZE

richtigen Dinge" verstanden, womit die Effektivität den Beitrag zu den Zielen des Unternehmens bzw. des Netzwerkes durch die Ausnutzung von Erfolgsopportunitäten mit Hilfe Erfolg versprechender Handlungen bemisst und damit im Rahmen der Zweck-Ziel-Relation zweckdienlich ist. Gleichberechtigt und in interaktionistischer Beziehung zur Effektivität, beinhaltet die Effizienz das *„richtige Tun der Dinge",* womit die Effizienz die Leistungsfähigkeit von Prozessen in Unternehmen bzw. Netzwerken bemisst und damit ebenfalls im Rahmen der Zweck-Ziel-Relation zweckdienlich ist. Insofern dient die Erfüllung der Effektivitäts- und der Effizienzziele – also das *„richtige Tun der richtigen Dinge"* – letztlich der Sicherung der langfristigen Überlebensfähigkeit des Unternehmens bzw. Netzwerkes.

Inhaltliche Einordnung des komplexitätsbasierten Effektivitäts-Effizienz-Dilemmas in den Kontext der Unternehmensführung und -steuerung

Die TIME-Branche kann ebenso wie die Unternehmen und die Unternehmensnetzwerke in dieser Branche allgemein als System bezeichnet werden (vgl. Ahrens 1998, S. 13). Da sich Komplexität zunächst – vereinfacht betrachtet (vgl. zu einer ganzheitlichen Komplexitätsdefinition Keuper 2004 b, S. 621 ff.) – in der Anzahl und Vielfalt der Elemente sowie der Beziehungen zwischen den Elementen ausdrückt (vgl. McFarland 1969, S. 16), sind Märkte, Unternehmen bzw. Netzwerke als komplex zu bezeichnen. Der Kategorie „komplexe Systeme" werden relativ komplexe und äußerst komplexe Systeme subsumiert (vgl. Großmann 1992, S. 19). Während relativ komplexe Systeme noch strukturell beschreibbar sind, ist dies bei äußerst komplexen Systemen nicht mehr möglich. Insofern sind das System „TIME-Branche" und die in ihr agierenden Systeme „Unternehmen" und „Netzwerke" den *äußerst komplexen Systemen* zu subsumieren.

Dabei stellt die TIME-Branche das Umsystem für das System „Unternehmen" bzw. „Netzwerk" dar, wobei zwischen Umsystem und System eine beidseitig offene Input-Output-Beziehung existiert. Auf Grund der Relation von Markt und Unternehmen bzw. Netzwerk besteht zwischen der Markt- und der Unternehmens- bzw. Netzwerkkomplexität zwangsläufig ein *Komplexitätsgefälle*, weil ein betrachtetes Unternehmen bzw. Netzwerk lediglich ein Bestandteil des Umsystems „Markt" (bzw. „Branche") ist (vgl. Grebel 2004, S. 72).

Aufgabe der Führung und des Controllings ist es folglich, dieses Komplexitätsgefälle so zu handhaben, dass die Anforderungen und Wirkungen der Marktkomplexität und ihre Entsprechung in der Unternehmens- bzw. Netzwerkkomplexität in angemessener Weise aufeinander abgestimmt werden, um die langfristige Überlebensfähigkeit des Unternehmens bzw. Netzwerkes zu gewährleisten. Hierdurch werden sowohl die von dem Unternehmen bzw. dem Netzwerk einbezogene Markt- als auch die Unternehmens- bzw. Netzwerkkomplexität selbst bestimmt. Die langfristige Überlebensfähigkeit kann jedoch nur sichergestellt werden, wenn mit der Festlegung der Unternehmens- bzw. Netzwerkkomplexität die Effektivität und die Effizienz determiniert werden, weil Effektivität und Effizienz die zwei Seiten des Erfolges widerspiegeln (vgl. Rollberg 1996, S. 9). Zwischen Markt- und Unternehmens- bzw. Netzwerkkomplexität besteht jedoch kein Über- oder Unterordnungsverhältnis (vgl. Etermad 2004, S. 5 ff.), sodass etwa einer bestimmten, durch die Führung und Steuerung festgelegten Marktkomplexität z. B. durch eine minimale Unternehmens- bzw. Netzwerkkomplexität zu entsprechen wäre (vgl. Reichwald/Erben 2005, S. 167 ff.). Hieraus resultiert, dass eine Differenzierung in ein Satisfaktionsziel (angemessene relevante Marktkomplexität) und ein Extremalziel (minimale Unternehmens- bzw. Netzwerkkomplexität) nicht zulässig ist. Vielmehr sind sowohl für die anzustrebende Marktkomplexität als auch für die anzustrebende Unternehmens- bzw. Netzwerkkomplexität Satisfaktionsziele zu formulieren (vgl. Spencer-Brown 1997, S. 3, Keuper 2004a, S. 3).

Problematisch ist bei der Abstimmung von Markt- und Unternehmens- bzw. Netzwerkkomplexität und damit bei der Ausgestaltung der angemessenen Effektivität und Effizienz, dass eine Vorgehensweise für die simultane Berücksichtigung der jeweiligen (beiden) Satisfaktionsziele bislang nicht existiert. Mit dem jeweils gewählten Satisfaktionsniveau für die Unternehmens- bzw. Netzwerkkomplexität gehen zudem vielfältige ambivalente Effektivitäts- und Effizienzwirkungen einher, welche die Gewinnlage eines Unternehmens bzw. Netzwerkes determinieren und zum *Effektivitäts-Effizienz-Dilemma* führen (vgl. zu diesem Dilemma im Hinblick auf den öffentlich-rechtlichen Rundfunk Keuper/Brösel 2005).

> **Kernaussage:**
> Unternehmen bzw. Netzwerke befinden sich in einem komplexitätsbasierten Effektivitäts-Effizienz-Dilemma, das in der TIME-Branche auf Grund der hohen Branchen- sowie Unternehmens- bzw. Netzwerkkomplexität besonders ausgeprägt ist.

Dieses Dilemma wird in der Abbildung 1 veranschaulicht (vgl. Keuper 2004a, S. 98, Keuper 2005, S. 134). Hierbei erfolgt keine Unterscheidung hinsichtlich der Lage der optimalen Unternehmens- bzw. Netzwerkgröße, weil hierzu ohne eine eingehende Analyse keine generischen Aussagen getroffen werden können. So kann bei „gleicher" Unternehmens- bzw. Netzwerkkomplexität das jeweilige „Effektivitäts-" oder „Effizienzoptimum" höher, aber auch niedriger ausfallen.

Im Allgemeinen kann das Verhältnis von Effektivität und Effizienz mit der treffenden Aussage, dass Kundennähe die Wirtschaftlichkeit belastet, charakterisiert werden (vgl. Weinhold-Stünzi 1994, S. 36). Dies spiegelt sich auch in

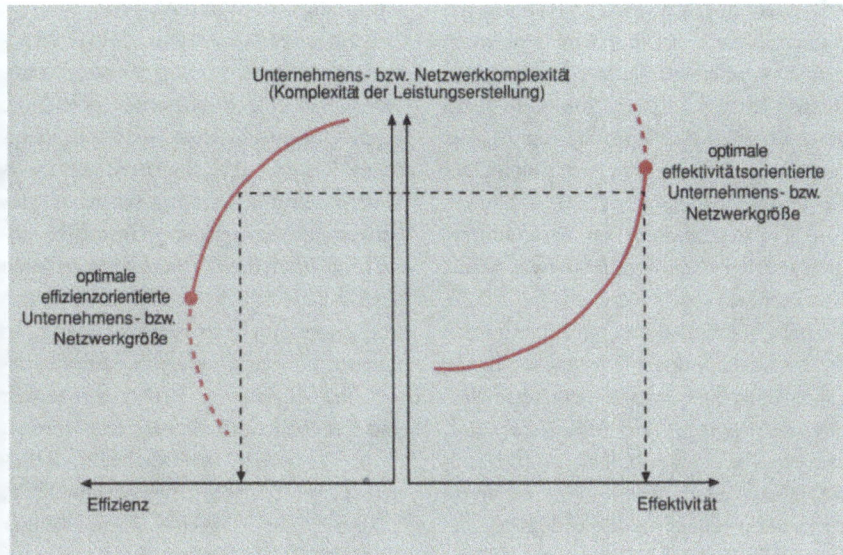

Abbildung 1: Effektivitäts-Effizienz-Dilemma

der *Alternativhypothese* von PORTER wider (vgl. Porter 1999, S. 64 ff.). Die grundlegende Aussage der Alternativhypothese ist, dass entweder der Preis der Sach- bzw. Dienstleistung bei gegebenem Nutzen niedriger *(Effizienzfokussierung)* oder aber der Nutzen bei gegebenem Preis höher sein muss als bei der Konkurrenz *(Effektivitätsorientierung)*. Die Begründung der Alternativhypothese findet sich in der Wirkungsweise der strukturellen Komplexität eines Unternehmens, die im weitesten Sinne ein Maß für die Anzahl potenzieller Zustände eines Systems ist.

Die *Effektivitätswirkung der Unternehmens- bzw. Netzwerkkomplexität* expliziert sich vorrangig durch Individualität, Vielfalt, Differenzierung und Variantenreichtum. Hohe Komplexität wirkt sich somit überwiegend positiv auf die Kundenorientierung und damit effektivitätssteigernd aus. Gleichwohl ist zu beachten, dass die Effektivität durch wachsende Systemkomplexität auch negativ beeinflusst werden kann. So führt eine Ausweitung der Unternehmens- bzw. Netzwerkkomplexität u. U. zu einer Verlängerung der Auftragsabwicklungszeiten, was die Zeit-Effektivität negativ tangiert. Entsprechend gibt es einen Komplexitätsgrad, bei dem die negativen Effektivitätswirkungen die positiven überlagern, sodass dann mit steigender Komplexität die Effektivität sinkt *(optimale effektivitätsorientierte Betriebsgröße)*.

Demgegenüber lässt sich im Hinblick auf die *Effizienzwirkung der Unternehmens- bzw. Netzwerkkomplexität* analysieren, dass sich eine steigende Unternehmenskomplexität überwiegend negativ auf die Effizienz auswirkt. Beispielsweise bedingt eine Verlängerung der Abwicklungszeiten oder eine Erhöhung des Koordinationsaufwandes auf Grund gestiegener Unternehmens- bzw. Netzwerkkomplexität auch einen Anstieg der Kosten für die Prozessabwicklung und Kapitalbindung, wodurch die Effizienz negativ tangiert wird. Gleichwohl existiert aus Sicht der Effizienz ein Komplexitätsgrad – allerdings in Form einer unteren Schranke – der nicht unterschritten werden darf, weil eine weitere Reduktion der Komplexität über diesen Punkt hinaus die Effizienz sinken ließe *(optimale effizienz-orientierte Betriebsgröße)*.

Insofern besteht die eigentliche *Herausforderung für das Controlling von Unternehmen bzw. Netzwerken in der TIME-Branche* in der zweck- und zielorientierten Steuerung der Effektivität und Effizienz sowie in der Konzeption von Controlling-Instrumenten, die dem Charakter und den Wirkungen komplexer Systeme gerecht werden sowie simultan die Effektivitäts- und Effizienzdimension des Effektivitäts-Effizienz-Dilemmas erfassen und analysieren.

Generische Charakterisierung der Entscheidungssituation für das Controlling des Effektivitäts-Effizienz-Dilemmas

Das vorangehend dargestellte *Effektivitäts-Effizienz-Dilemma* liegt in den *Eigenschaften komplexer Systeme,* wie sie die TIME-Branche respektive die in ihr agierenden Unternehmen bzw. Netzwerke darstellen, begründet. So sind komplexe Systeme u. a. durch nichtlineare Dynamik (vgl. Stacey 1997, S. 222), rückgekoppelte Verhaltensweisen (vgl. Probst 1981, S. 254 ff.), Selbstreferenz (vgl. Stacey 1997, S. 224), Irreversibilität (vgl. Cambel 1993, S. 54 ff.) und Emergenz (vgl. Probst 1981, S. 222 f.) gekennzeichnet (vgl. zu den nachfolgenden Ausführungen zu den Eigenschaften komplexer Systeme Keuper 2004a, S. 27 ff.).

Bei *nichtlinearer Dynamik* existieren rekursive Ursache-Wirkungs-Ursache-Beziehungen. Dabei legt das Umsystem, z. B. die TIME-Branche, die Ausgangsbedingungen für jede Handlung des Systems fest. Die autonomen Entscheidungen des Systems „Unternehmen" bzw. „Netzwerk" verändern jedoch wiederum das Umsystem, d. h. die TIME-Branche. Genau dies expliziert sich in der Konvergenz der TIME-Branche, wobei *Konvergenz* als ein Prozess der Interaktion zwischen der Unternehmensumwelt bzw. der Wettbewerbsstruktur und der Unternehmensgesamtstrategie verstanden werden kann, der zur strukturellen Verbindung bislang getrennter Märkte führt (vgl. Thielmann 2000, S. 9).

Rückkopplungsschleifen zeichnen sich hingegen dadurch aus, dass der Ursprungszustand eines Systems durch die Abfolge nachfolgender Systemzustände verändert wird. Negative Rückkopplungsschleifen führen zu einer neuen Systemstabilität, wohingegen positive Rückkopplungsschleifen zu einer sukzessiven oder kontinuierlichen Degeneration der

ÜBERGREIFENDE ANSÄTZE

Systemstabilität und damit aber auch zu einer Evolution des Systems führen, weil der ursprüngliche Zustand des Systems stark verändert wird. Ein Beispiel für eine positive Rückkopplung stellen Entscheidungen über die organisatorische horizontale oder vertikale Konvergenz des Unternehmens dar, weil diese dazu führen, dass vollkommen neue Strukturen geschaffen werden, wie z. B. die Schaffung virtueller Organisationen oder heterarchischer Netzwerke.

Rückgekoppelte Verhaltensweisen sind zudem die Basis für die *Selbstorganisation bzw. Selbstreferenz* komplexer Systeme. Selbstreferenz steht dabei für die Selbstbeobachtung komplexer Systeme, in der das System selbst entscheidet, auf welche Störung im Umsystem (z. B. Veränderung der Kundenpräferenzen) in welchem Umfang und mit welchen Mitteln systemseitig zu reagieren ist (z. B. Entwicklung und Vermarktung neuer Produkte, wie etwa mobiler Spielekonsolen).

Auf Grund der im Rahmen der Selbstorganisation und Selbstreferenz intensiven Interaktion zwischen den Elementen eines Systems – z. B. zwischen Mitarbeitern und Technologien oder zwischen Unternehmensführung und Controlling – entstehen häufig emergierende Verhaltensmuster, die wiederum die Basis für die *Irreversibilität* der Ergebnisse des Systemverhaltens sind.

Emergenz drückt sich schließlich darin aus, dass die lokalen Verhaltensmuster der vernetzten Elemente eines komplexen Systems zu globalen Verhaltensmustern des Gesamtsystems aufstreben. Dieses Systemverhalten begründet z. B. die Entwicklung von Trends in der TIME-Branche, aber auch die im Zeitablauf zunehmende Erstarrung von Strukturen in Unternehmen bzw. Netzwerken. Entsprechend kann eine bestimmte gegenwärtige Systemkonfiguration (z. B. Organisationsstruktur oder Produktionsprozesse) als Ergebnis der Emergenz nicht durch einfache lineare Umkehrung der Wirkungszusammenhänge, die den ursprünglichen in den gegenwärtigen Systemstatus transformiert haben, in den ursprünglichen Systemstatus zurück geführt werden. Diese Irreversibilität wird z. B. darin deutlich, dass im Rahmen des Kapazitätsaufbaus in einem Unternehmen bzw. in einem Netzwerk sprungfixe Kosten entstehen. Diese sind jedoch bei einer linearen Rückführung der Auslastung – wenn überhaupt – angesichts der Kostenremanenz nur begrenzt abbaubar.

Als Zwischenfazit ist festzuhalten, dass sich *komplexe Systeme,* wie sie die Unternehmen bzw. Netzwerke der TIME-Branche repräsentieren, und damit auch die *Entscheidungssituationen,* in denen Controlling-Instrumente eingesetzt werden, *nichtlinear, probabilistisch, z. T. chaotisch und irreversibel, emergierend sowie stabilisierend und destabilisierend* entwickeln. Gleiches gilt zudem für die Entwicklung der Effektivität und Effizienz komplexer Systeme, weil die Effektivität und Effizienz lediglich die betriebswirtschaftlichen Repräsentanten des systemtheoretisch-kybernetischen Systemverhaltens sind (vgl. Keuper 2004a, S. 105 ff.). Die gegenüber anderen Branchen extreme Veränderlichkeit der Elemente und Relationen innerhalb des Systems „TIME-Branche" führt z. T. zu *chaotischem Marktverhalten,* was sich u. a. in der Konvergenz der Märkte, den extrem kurzlebigen Trends und dem vagabundierenden Käuferverhalten sowie der ausgeprägten Wettbewerbsintensität und den vielfachen multidimensionalen coopetitiven Strukturen expliziert.

> **Kernaussage:**
> Controlling-Instrumente zur Steuerung von Unternehmen bzw. Netzwerken in der TIME-Branche müssen der Nichtlinearität, dem rückgekoppelten Verhalten und der Selbstreferenz sowie der Emergenz und der Irreversibilität des Systemverhaltens äußerst komplexer Systeme Rechnung tragen.

Die vielfältigen Freiheitsgrade bei der Ausgestaltung der Elemente und die Vielzahl an Möglichkeiten, Relationen zu relationieren, generieren u. a. unscharfe Marktstrukturen, heterogen-hybride besonders instabile Kundenpräferenzen und eine revolutionäre Veränderung von Wertschöpfungsketten und Marktstrukturen. Da zwischen Umsystem (TIME-Branche) und System (Unternehmen bzw. Netzwerk) eine offene interdependente Input-Output-Beziehung existiert, adaptieren Systeme das Umsystem und verändern damit gleichzeitig wiederum das Umsystemverhalten. Auf Grund des adaptiven Verhaltens der Unternehmen bzw. Netzwerke in der TIME-Branche sind diese auch extrem schwierig zu steuern. Für das *Controlling* müssen daher *Instrumente* zur Verfügung gestellt und gegebenenfalls entwickelt werden, die in besonders strukturdefekten Entscheidungssituationen (vgl. Adam 1996, S. 10 ff., Keuper 1999, S. 23 ff., Keuper 2004a, S. 21 ff.) einsetzbar sind.

Beispielsweise entstehen zu berücksichtigende *mehrdimensionale Zielsetzungsdefekte* u. a. durch die Notwendigkeit zum simultanen Controlling von Effektivität und Effizienz sowie durch die unterschiedlichen Anspruchsgruppen, denen Unternehmen bzw. Netzwerke der TIME-Branche gegenüberstehen (vgl. zu nachfolgenden Aussagen Keuper/Brösel 2005). Auf der *„Effektivitätsseite"* wünschen sich z. B. werbetreibende Unternehmen von öffentlich-rechtlichen Rundfunkunternehmen eine möglichst hohe zielgruppenspezifische Effektivität des Programms. Demgegenüber fordert der Staat – gemäß dem Sparsamkeitsprinzip – eine geringstmögliche Mindesteffektivität, mit dem der Programmauftrag durch öffentlich-rechtliche Rundfunkunternehmen zu erfüllen ist. Die Rezipienten hingegen fordern eine höchstmögliche individuelle Effektivität, um so ihre persönlichen Konsumpräferenzen bestmöglich zu befriedigen.

Ähnlich divergent (chaotisch) sieht es auf der *„Effizienzseite"* aus. Während die werbetreibende Wirtschaft höchstmögliche Effizienz im Sinne von geringstmöglichen Werbegrundpreisen fordert, wünscht sich der Staat gemäß dem Wirtschaftlichkeitsprinzip eine höchstmögliche Effizienz über alle Sender und Anstalten. Demgegenüber erwarten die Rezipienten individuelle geringstmögliche Gebühren und fordern somit indirekt eine höchstmögliche Effizienz.

Aus den Bezeichnungen „geringstmöglich" oder „höchstmöglich" wird deutlich, dass die Entscheidungssituationen, denen sich das Controlling in der TIME-Branche gegenübersieht, durch eine Vielzahl von *Bewertungsdefekten* gekennzeichnet sind. So ist z. B. auf Grund des nicht operationalisierten Programmauftrages eine eindeutige Charakterisierung der staatlicherseits geforderten Effektivität nicht möglich. Bewertungsdefekte liegen zudem dann vor, wenn Ziele oder Attribute nicht in eindeutige quantitative Aussagen transferiert werden können. So stellt etwa die Quantifizierung qualitativer Wahrnehmungen (wie Gefühle, Einschätzungen und Erfahrungen) und auch qualitativer Informationen (wie die Beurteilung der Qualifikation oder des Wissens der Mitarbeiter, der Kundenzufriedenheit oder von Reputationsrisiken durch misslungene Kooperationen oder gescheiterte Co-Branding-Projekte) ein bewertungsdefektes Problem dar. Insofern können auf Grund der bestehenden Bewertungsdefekte häufig nur Satisfaktionsziele in die Modellbildung einfließen.

Neben den Zielsetzungs- und Bewertungsdefekten besteht eine Vielzahl von *Wirkungsdefekten*, die letztlich das betriebswirtschaftlich-entscheidungstheoretische Ergebnis des Systemverhaltens komplexer Systeme darstellen. So existieren in komplexen Systemen, wie sie Unternehmen bzw. Netzwerke der TIME-Branche darstellen, viele nichtlineare rückgekoppelte Beziehungen. Beispielsweise ist ein hoher Cashflow nicht ausschließlich das Ergebnis einer hohen Kundenzufriedenheit, sondern vielmehr das Ergebnis vielfältiger interdependent wirkender Parameter. Darüber hinaus kann ein hoher Cashflow gleichzeitig Auswirkungen auf die Kundentreue haben, weil durch entsprechend verfügbare Mittel zusätzliche Kundenbindungsmaßnahmen getätigt werden können. Ein eindeutiger Zusammenhang zwischen Modellinput und Modelloutput kann somit i. d. R. nicht attestiert werden.

Zudem liegt in weiten Bereichen des Controllings in der TIME-Branche ein *Lösungsdefekt* vor. Dieser ist dadurch charakterisiert, dass entweder die mathematische Struktur des Entscheidungsproblems so schwach ist oder die Anzahl und die Wirkungsweise der Zielsetzungs-, Bewertungs- und Wirkungsdefekte so hoch und ausgeprägt sind, dass effiziente Optimierungsverfahren nicht eingesetzt werden können, wie beispielsweise bei der Bewertung von audiovisuellen Medienrechten (vgl. Brösel 2002).

Letztlich existiert auf Grund der Komplexität der Entscheidungssituationen in der TIME-Branche auch ein *Komplexitätshandhabungsdefekt* (vgl. Keuper 2004a, S. 23 f.) seitens des Beobachters. Der Umgang mit Komplexität bedeutet zwangsläufig Selektion bei der Modellbildung. Die interpersonell unterschiedliche Wahrnehmung von *Komplexität* sowie die begrenzten Komplexitätserfassungs- und -handhabungskapazitäten führen zu einer Lücke zwischen dem eigentlichen objektiven Problemlösungsbedarf auf der einen Seite sowie vorhandener subjektiver Problemlösungserkenntnis und -kompetenz sowie dem vorhandenen Problemlösungspotenzial auf der anderen Seite.

Entsprechend steht das Controlling in der TIME-Branche – mehr als in anderen Branchen – vor der Problematik, die Komplexität und ihre Wirkungen u. U. nicht hinreichend bzw. – aus Sicht eines Controllers – nur individuell „verzerrt" wahrnehmen zu können, weil die Komplexität zu komplex ist. Insofern besteht die Gefahr, dass Controlling-Instrumente den Komplexitätshandhabungsbedarf nicht hinreichend objektiv und ganzheitlich abbilden. Jedoch müssen bei der Konzeption von Controlling-Instrumenten für Unternehmen bzw. Netzwerke der TIME-Branche die systemtheoretisch-kybernetischen Komplexitätswirkungen Berücksichtigung finden und in die Modellbildung einfließen, weil nur so das Effektivitäts-Effizienz-Dilemma aktiv gesteuert werden kann.

> Kernaussage:
> Entscheidungssituationen, in denen Controlling-Instrumente in der TIME-Branche eingesetzt werden, sind generell durch Zielsetzungs-, Wirkungs-, Bewertungs- und Lösungsdefekte sowie darüber hinaus durch Komplexitätshandhabungsdefekte gekennzeichnet.

Generische Charakterisierung der Anforderungen an Controlling-Instrumente im Lichte des Effektivitäts-Effizienz-Dilemmas

Aus dem oben skizzierten Effektivitäts-Effizienz-Dilemma und den Eigenschaften komplexer Systeme, die das Effektivitäts-Effizienz-Dilemma originär begründen, sowie aus dem extrem strukturdefekten Charakter der Entscheidungssituationen, denen Unternehmen bzw. Netzwerke in der TIME-Branche gegenüberstehen, ergeben sich somit im Hinblick auf die Gestaltung von Planungs-, Kontroll- und Informationsversorgungsinstrumenten zusammengefasst folgende Anforderungen an Controlling-Instrumente, damit diese dem spezifischen Effektivitäts-Effizienz-Dilemma in der TIME-Branche gerecht werden:

1. Grundsätzlich müssen die Controlling-Instrumente eine *Handhabung des Komplexitätsgefälles* zwischen der Markt- bzw. Netzwerkkomplexität insoweit ermöglichen, dass die Anforderungen und Wirkungen der Marktkomplexität und ihre Entsprechung in der Unternehmens- bzw. Netzwerkkomplexität in angemessener Weise aufeinander abgestimmt werden können, um die langfristige Überlebensfähigkeit des Unternehmens bzw. Netzwerkes zu gewährleisten.

2. Da die eigentliche Herausforderung für das Controlling von Unternehmen bzw. Netzwerken in der TIME-Branche in der zweck- und zielorientierten Steuerung der Effektivität und Effizienz besteht, sind Controlling-Instrumente zu konzipieren, die dem Charakter und den *Wirkungen komplexer Systeme* gerecht werden sowie simultan die Effektivitäts- und Effizienzdi-

mension des *Effektivitäts-Effizienz-Dilemmas* erfassen und analysieren.
3. Controlling-Instrumente zur Steuerung von Unternehmen bzw. Netzwerken in der TIME-Branche müssen der *Nichtlinearität, dem rückgekoppelten Verhalten und der Selbstreferenz sowie der Emergenz und der Irreversibilität des Systemverhaltens* äußerst komplexer Systeme Rechnung tragen.
4. Entscheidungssituationen in der TIME-Branche sind generell durch *Zielsetzungs-, Wirkungs-, Bewertungs-* und *Lösungsdefekte* sowie darüber hinaus durch *Komplexitätshandhabungsdefekte* gekennzeichnet. Bei der Entwicklung von Controlling-Instrumenten für die TIME-Branche muss deshalb berücksichtigt werden, dass diese in extrem ausgeprägten strukturdefekten Entscheidungssituationen einzusetzen sind.

Controlling-Instrumente für die Unternehmenssteuerung in der TIME-Branche müssen schließlich auf *Netzwerk-*, auf *Unternehmens-* und auf *Gruppenebene* sowie auf der *Ebene des Individuums* ansetzen, um – unter Beachtung des Systemverhaltens äußerst komplexer Systeme und der damit einhergehenden Strukturdefekte der Entscheidungssituation – das Effektivitäts-Effizienz-Dilemma ganzheitlich auszubalancieren. Nachfolgend werden – ausgehend von den dargestellten Anforderungen – einige generische Gestaltungsempfehlungen für die Konzeption von Controlling-Instrumenten in der TIME-Branche abgeleitet (siehe auch Abbildung 2).

> **Kernaussage:**
> Controlling-Instrumente für die Unternehmenssteuerung in der TIME-Branche müssen auf Netzwerk-, auf Unternehmens- und auf Gruppenebene sowie auf der Ebene des Individuums ansetzen, um – unter Beachtung des Systemverhaltens äußerst komplexer Systeme und der damit einhergehenden Strukturdefekte der Entscheidungssituation – das komplexitätsbasierte Effektivitäts-Effizienz-Dilemma ganzheitlich auszubalancieren.

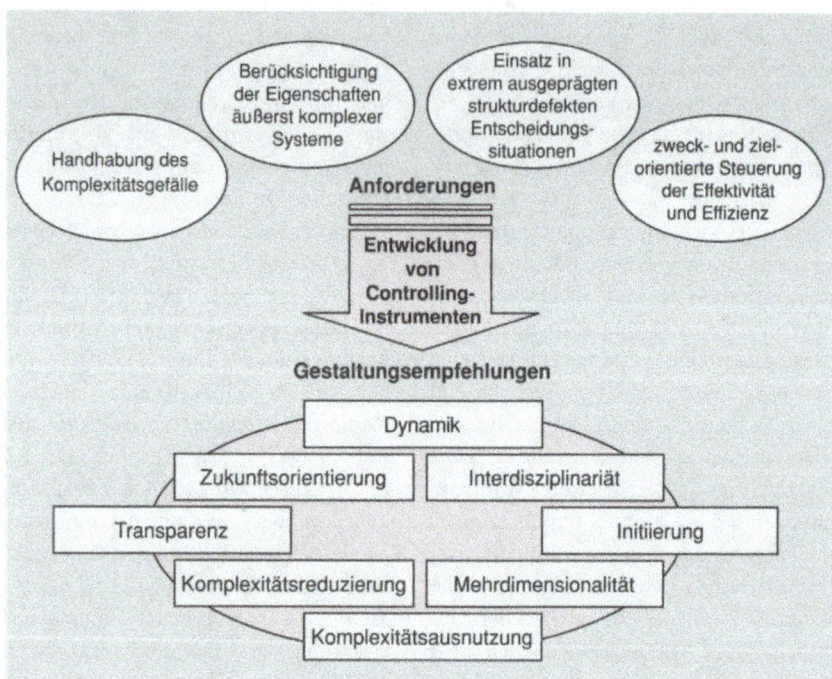

Abbildung 2: Anforderungen an Controlling-Instrumente in der TIME-Branche und Gestaltungsempfehlungen für deren Entwicklung

Generische Ableitung von Gestaltungsempfehlungen für Controlling-Instrumente im Lichte des Effektivitäts-Effizienz-Dilemmas

Dynamik

Das nichtlineare, rückgekoppelte, selbstreferenzierende, emergierende und irreversible Verhalten der TIME-Branche und der in ihr agierenden Unternehmen bzw. Netzwerke sowie die Strukturdefekte der Entscheidungssituation bedingen den Einsatz dynamischer und ganzheitlicher Instrumente. Statische Instrumente, wie z. B. das 5-Kräfte-Modell von PORTER, sind in der TIME-Branche als Controlling-Instrument nicht geeignet. Dynamische, extrem veränderliche, z. T. chaotische Entscheidungssituationen erfordern den Einsatz dynamischer, zumindest jedoch komparativ statischer Controlling-Instrumente. Wird der klassische „Controlling-Baukasten" näher analysiert, so wird deutlich, dass überwiegend statische Instrumente vorhanden sind. Der geringe Fit von extrem veränderlicher Entscheidungssituation und statischem Controlling-Instrument ist offensichtlich. Controlling-Instrumente auf Basis flexibler oder zumindest rollierender Planungsgrundlage sowie mathematisch-anspruchsvolle dynamische Instrumente sind statischen Instrumenten eindeutig überlegen.

Zukunftsorientierung

Bei der Konzeption von Controlling-Instrumenten ist zudem der Glaube, mit vergangenheitsorientierten Daten in chaotischen Planungssituationen zweck- und zielgerichtet steuern zu können, abzulegen. In komplexen Systemen kann auf Basis vergangener Systemstati nicht zwangsläufig auf den zukünftigen Systemstatus geschlossen werden. Die Nichtlinearität und das rückgekoppelte, selbstreferenzierende Verhalten schließen diese mechanistische Kausalität aus.

Daraus folgt, dass Frühindikatoren in einem ex-ante-orientierten Controlling zu berücksichtigen sind, mit denen vorausschauend Chancen und Risiken abgeschätzt, beurteilt und erfasst werden können. Vergangenheitsorientiertes Controlling muss zunehmend die Aufgabe übernehmen, die ihm zukommt: die Dokumentationsfunktion und die Ex-post-Analyse.

▌Transparenz

Die Abkehr von vergangenheitsorientierten Controlling-Konzepten erfordert gleichzeitig den Umgang mit immenser Unsicherheit und Unschärfe. Frühindikatoren sind in der Regel unscharf und mit hoher Unsicherheit – gerade in einer komplexen Entscheidungssituation – behaftet. Das Ziel des Controllings in der TIME-Branche muss somit sein, diese Unsicherheit und Unschärfe weitestgehend im Modell abzubilden und möglichst bis zur Entscheidungsphase beizubehalten. Nicht das Instrument entscheidet, sondern der Entscheider! Pseudodeterministische Daten und Ergebnisse klassischer Controlling-Instrumente täuschen dem Entscheider eine Sicherheit vor, die real nicht existiert. Eine Komprimierung der der Entscheidungssituation inhärenten Unsicherheit und Unschärfe auf Punktwerte geht mit einem z. T. immensen Informationsverlust und einer verminderten Entscheidungsunterstützung einher. Controlling-Instrumente, die in komplexen Systemen und Entscheidungssituationen die Unsicherheit und Unschärfe nicht explizieren, sind daher zurückzustellen. Ganzheitliche, die Unsicherheit und Unschärfe berücksichtigende Modellansätze sind hier dem Denken in pseudodeterministischen Partialmodellen den Vorzug zu geben. Zur Wahrung der Flexibilität der Unternehmen bzw. Netzwerke der TIME-Branche und im Hinblick auf Unsicherheit und Unschärfe sind die – in die rollierende Planung eingebundenen – Controlling-Instrumente durch Unsicherheit und Unschärfe offen legende Verfahren zu flankieren, die eine Entscheidungsfindung transparent unterstützen (vgl. Hering 2003, S. 308 ff.).

▌Komplexitätsreduktion

Die dargestellten Strukturdefekte und die hohe Komplexität verlangen zur Lösung der Entscheidungsprobleme umfangreiche heuristische Komplexitätsreduktionen. Im Rahmen des Controllings muss durch plausible Annahmen und Entscheidungen sowie durch – den eigentlichen Controlling-Instrumenten – vorgelagerte Verfahren versucht werden, die Komplexität und das offene Entscheidungsfeld künstlich und sukzessiv einzuengen. Die im Rahmen des Controllings einzusetzenden heuristischen Verfahren werden dabei „als Strukturierungsregel verstanden, mit deren Hilfe ein schlechtstrukturiertes, zunächst nicht lösbares Ausgangsproblem schrittweise in wohlstrukturierte und damit lösbare Ausgangsprobleme transformiert wird; diese Unterprobleme sind [...] dadurch charakterisiert, dass ihre Lösung eine als befriedigend angesehene Bewältigung des Ausgangsproblems verspricht" (Olbrich 1999, S. 81). Dennoch darf es aber nicht primäres Ziel des Controllings sein, strukturdefekte Situationen in wohlstrukturierte zu transformieren, um dann abermals simplifizierende Instrumente einsetzen zu können. Komplexe Situationen bedingen komplexe Instrumente, zumindest soweit dies auf Grund des Komplexitätshandhabungsdefektes möglich ist. Die „beratungslastige" Tendenz, einfache Antworten und z. T. triviale Instrumente, wie z. B. im Rahmen der Unternehmensbewertung (vgl. zur Kritik ausführlich Hering 1999, Matschke/Brösel 2005), zu geben bzw. anzuwenden, greift hier eindeutig zu kurz.

▌Komplexitätsausnutzung

Gleichwohl ist zu attestieren, dass ein ausschließlicher Einsatz mathematischer Controlling-Instrumente dem notwendigen Denken in Systemen und Systemverhalten nicht gerecht wird. Die Unternehmensführung und -steuerung kann nicht gänzlich algorithmisiert werden. Daher sind für das Controlling, neben betriebswirtschaftlichen Instrumenten, vor allem Instrumente des Komplexitäts-Controllings anzuwenden. Dies gilt insbesondere auch deswegen, weil die betriebswirtschaftlich erkennbaren Dimensionen die Ergebnisse des Verhaltens komplexer Systeme repräsentieren. So sind Feedbackdiagramme, Ansätze des Roadmapping oder Instrumente auf Basis vermaschter Regelkreise weiterzuentwickeln, um der Nichtlinearität des Systemverhaltens in der TIME-Branche gerecht zu werden.

▌Mehrdimensionalität

Die skizzierte Diskussion „mathematische versus nichtmathematische Modelle" verdeutlicht, dass es nicht die richtigen Controlling-Instrumente gibt. Da die TIME-Branche und die Unternehmen bzw. Netzwerke in der TIME-Branche sowie die sich dadurch ergebenen Entscheidungssituationen komplex sind, kann ausschließlich durch einen mehrdimensionalen Instrumenten-Mix eine ganzheitliche zweck- und zielgerichtete Unternehmenssteuerung erfolgen. Nur so können qualitative und quantitative Informationen vorausschauend mehrdimensional berücksichtigt werden. Die Mehrdimensionalität des Zielsystems eines Unternehmens bzw. Netzwerkes in der TIME-Branche erfordert zudem den Einsatz von Mehrziel-Optimierungsansätzen. Effektivität und Effizienz sind simultan zu steuern. Dabei ist zu beachten, dass die Controlling-Instrumente die variierenden Effektivitäts- und Effizienzauffassungen der Anspruchsgruppen erfassen und berücksichtigen. Insofern bedarf es nicht nur eines simultanen, die Anspruchsgruppen berücksichtigenden Effektivitäts- und Effizienz-Controllings, sondern die Idee der Erfassung mehrerer zu steuernder betriebswirtschaftlicher Dimensionen muss durch das Controlling in der TIME-Branche in alle Funktionsbereiche induziert werden. Somit ist z. B. ein integriertes Ertrags- und Risikomanagement erforderlich, das insbesondere um qualitative Aspekte zu bereichern ist, damit die Chancen und Gefahren adäquat beurteilt und gesteuert werden können. Das dynamische und ganzheitliche Effektivitäts- und Effizienz-Controlling ist insofern die zentrale Herausforderung zunehmend grenzenloser Unternehmen.

Initiierung

Regelmäßige Aufgabe des *klassischen Controllings* ist zudem, Gleichgewichtszustände zu generieren. So dient z. B. die budgetbasierte Steuerung dazu, abgestimmte Normalität zu erzeugen. Gleichwohl sind es insbesondere positive Rückkopplungen, die das System „Unternehmen" bzw. „Netzwerk" evolutorisch weiterentwickeln. Gerade in der konvergierenden TIME-Branche können nur die Unternehmen, die sich quasi ständig neu definieren, die langfristige Überlebensfähigkeit zielorientiert sichern. Insofern muss der Controller in der TIME-Branche Initiator für positive Rückkopplungen sein, indem z. B. mit Hilfe des Beyond Budgeting über eine Relativierung von Vorgaben und Budgets bewusst Veränderungsprozesse initiiert werden. Aufgabe des Controllings in der TIME-Branche darf es somit nicht ausschließlich sein, Gleichgewichtszustände zu manifestieren, sondern auch kreatives Chaos zu generieren, um so das „Unternehmen am Rande des Chaos" ständig auf neue Evolutionsstufen zu befördern.

Interdisziplinarität

Eine ganzheitliche Sichtweise und die hohe Bedeutung von Netzwerken in der TIME-Branche bedingen zudem, dass das Controlling und die entsprechenden Controlling-Instrumente auf der Ebene des Netzwerkes, des Unternehmens, der Gruppe und des Individuums anzusetzen haben (vgl. Hans 2005, S. 76 ff.). Auf allen diesen Ebenen sind betriebswirtschaftliche, komplexitätsorientierte und auf der Psychotherapie basierende Controlling-Instrumente einzusetzen. So sollten z. B. DISNEY-Kreativitätstechniken eingesetzt werden, weil hierdurch das eigene System aus der Sicht des Träumers, des Realisten und des Kritikers umfassend vor dem Hintergrund der Konvergenz der TIME-Branche durchleuchtet werden kann. Nur durch den interdisziplinären Einsatz von Instrumenten oder durch die Entwicklung und Anwendung interdisziplinärer Controlling-Konzepte kann ein Unternehmen den Anforderungen einer z. T. chaotischen TIME-Branche adäquate Steuerungsinstrumente entgegenstellen. Dabei geht es keinesfalls um eine Mystifizierung oder Psychologisierung des Controllings in der TIME-Branche. Dies wäre eine Fehlentwicklung für die Betriebswirtschaftslehre. Gleichwohl leben Unternehmen bzw. Netzwerke in der TIME-Branche überwiegend von der Kreativität der Mitarbeiter, sodass auch Kreativität controllingseitig geplant, gesteuert und kontrolliert werden muss.

Fazit

Unternehmen bzw. Netzwerke in der TIME-Branche stehen dem klassischen Effektivitäts-Effizienz-Dilemma gegenüber. Besondere Bedeutung erlangt dieses Dilemma nur deshalb, weil der Ursprung des Dilemmas in der Komplexität der TIME-Branche sowie in der Unternehmens- bzw. Netzwerkkomplexität begründet ist. Die TIME-Branche und die in ihr agierenden Unternehmen bzw. Netzwerke sind (äußerst) komplexe Systeme. Die systemtheoretisch-kybernetischen Verhaltensweisen komplexer Systeme bedingen die phänomenale Steuerungsproblematik von Unternehmen bzw. Netzwerken in der TIME-Branche. Eine simultane Steuerung von Effektivität und Effizienz erfordert eine Abkehr von tradierten Controlling-Instrumenten und einer Hinwendung zu einem interdisziplinären, komplexen, qualitativ und quantitativ ausgerichteten Instrumenten-Mix. Zudem gilt es, multidimensionale ganzheitliche Controlling-Instrumente zu entwickeln, die Frühindikatoren dynamisch erfassen und verarbeiten sowie die Unsicherheit und Unschärfe der damit einhergehenden Datensituation transparent offen legen. Darüber hinaus muss das Controlling in der TIME-Branche bewusster Initiator kreativen Chaos sein, womit eine vollkommen neue Denkweise in das bislang auf die Generierung von Gleichgewichtszuständen ausgerichtete Controlling einziehen muss.

Literatur

ADAM, D., Planung und Entscheidung, Wiesbaden 1996.
ADAM, D./JOHANNWILLE, U., Die Komplexitätsfalle, in: ADAM, D. (Hrsg.), Komplexitätsmanagement, Wiesbaden 1998, S. 5–28.
AHN, H., Optimierung von Produktentwicklungsprozessen, Wiesbaden 1996.
AHN, H., Effektivitäts- und Effizienzsicherung, Wien 2003.
AHRENS, V., Dezentrale Produktionsplanung und -steuerung, Düsseldorf 1998.
BECK, H., Medienökonomie, Berlin et al. 2002.
BECKER, A., Rationalität strategischer Entscheidungsprozesse, Wiesbaden 1996.
BLISS, C., Management von Komplexität, Wiesbaden 2000.
BOGASCHEWSKY, R./ROLLBERG, R., Prozeßorientiertes Management, Berlin 1998.
BRÖSEL, G., Medienrechtsbewertung, Wiesbaden 2002.
BRÖSEL, G./DINTNER, R./KEUPER, F., Quo vadis Unternehmensführung? – Über die nicht vorhandene Dichotomie von Sach- und Dienstleistungsunternehmen, in: BURKHARDT, T./KÖRNERT, J./WALTHER, U. (Hrsg.), Banken, Finanzierung und Unternehmensführung, Berlin, S. 11–28.
BUDÄUS, D./DOBLER, C., Theoretische Konzepte und Kriterien zur Beurteilung der Effektivität von Organisationen, in: Management International Review, 17. Jg. (1977), S. 61–75.
BÜNTING, H. F., Organisatorische Effektivität von Unternehmungen, Wiesbaden 1995.
CAMBEL, A. B., Apllied Chaos Theory, Boston et al. 1993.
DRUCKER, P. F., Management, London 1974.
EICHHORN, P., Das Prinzip Wirtschaftlichkeit, 2. Aufl., Wiesbaden 2000.
ETERMAD, H., International Entrepreneurship as a Dynamic Adaptive System: Towards a Grounded Theory, in: Journal of International Entrepreneurship, 2. Jg. (2004), Nr. 2, S. 5–59.
ETZIONI, A., Modern Organizations, Englewood Cliffs, N. J. 1964.
MCFARLAND, A., Power and Leadership in Pluralistic Systems, Stanford 1969.
FESSMANN, K.-D., Effizienz der Organisation, in: POTTHOFF, E. (Hrsg.), RKW-Handbuch Führungstechnik und Organisation, Bd. 1, Berlin 1979, S. 1–50.
FESSMANN, K.-D., Organisatorische Effizienz in Unternehmungen und Unternehmungsteilbereichen, Düsseldorf 1980.
FRESE, E., Grundlagen der Organisation, 8. Aufl., Wiesbaden 2000.
GÄLWEILER, A., Strategische Unternehmensführung, zusammengestellt, bearbeitet und ergänzt von M. SCHWANINGER, 2. Aufl., Frankfurt am Main et al. 1990.
GREBEL, T., Entrepreneurship – A New Perspective, London 2004.

GROSSMANN, C., Komplexitätsbewältigung im Management – Anleitungen, integrierte Methodik und Anwendungsbeispiele, Diss. Hochschule St. Gallen, St. Gallen 1992.

HANS, R., Netzwerkcontrolling in der TIME-Branche – Konzeptualisierung und Operationalisierung eines Handlungsrahmens aus systemtheoretisch-kybernetischer Sicht, unveröffentlichtes Manuskript, Hamburg 2005.

HERING, T., Finanzwirtschaftliche Unternehmensbewertung, Wiesbaden 1999.

HERING, T., Investitionstheorie, 2. Aufl., München et al. 2003.

KEUPER, F., Fuzzy-PPS-Systeme, Wiesbaden 1999.

KEUPER, F., Strategisches Management, München et al. 2001.

KEUPER, F., Convergence-based View – ein strategie-strukturationstheoretischer Ansatz zum Management der Konvergenz digitaler Erlebniswelten, in: KEUPER, F. (Hrsg.), Electronic Commerce und Mobil Commerce, Wiesbaden 2002, S. 603–654.

KEUPER, F., Kybernetische Simultaneitätsstrategie, Berlin 2004a.

KEUPER, F., Systemkomplexität, in: Die Betriebswirtschaft, 64. Jg. (2004b), S. 621 – 625.

KEUPER, F., Strategisches Effektivitäts- und Effizienzcontrolling im Lichte des integrierten Risiko- und Ertragsmanagements, in: KEUPER, F./ROESING, D./SCHOMANN, M. (Hrsg.), Integriertes Risiko- und Ertragsmanagement, Wiesbaden 2005, S. 131–161.

KEUPER, F./BRÖSEL, G., Zum Effektivitäts-Effizienz-Dilemma des öffentlich-rechtlichen Rundfunks, in: Zeitschrift für öffentliche und gemeinwirtschaftliche Unternehmen, 28. Jg. (2005), S. 1–18.

KEUPER, F./HANS, R., Multimedia-Management, Wiesbaden 2003.

MATSCHKE, M. J./BRÖSEL, G., Unternehmensbewertung, Wiesbaden 2005.

OLBRICH, M., Unternehmungskultur und Unternehmungswert, Wiesbaden 1999.

PEDELL, K. L., Analyse und Planung von Produktivitätsveränderungen, in: Schmalenbachs Zeitschrift für betriebswirtschaftliche Forschung, 37. Jg. (1985), S. 1078–1097.

PORTER, M. E., Wettbewerbsstrategie, 10. Aufl., Frankfurt am Main 1999.

PROBST, G. J. B., Kybernetische Gesetzeshypothesen als Basis für die Gestaltungs- und Lenkungsregeln im Management, Bern 1981.

REICHWALD, R./ERBEN, R. F., Chancen- und Risikomanagement in der grenzenlosen Unternehmung, in: KEUPER, F./ROESING, D./SCHOMANN, M. (Hrsg.), Integriertes Risiko- und Ertragsmanagement, Wiesbaden 2005, S. 163–193.

ROLLBERG, R., Lean Management und CIM aus Sicht der strategischen Unternehmensführung, Wiesbaden 1996.

SEIFERT, H./STEINER, M., F&E – Schneller, schneller, schneller, in: Harvard Business Manager, 17. Jg. (1995), Nr. 2, S. 16–22.

SJURTS, I., Chancen und Risiken im globalen Medienmarkt – Die Strategien der größten Medien-, Telekommunikations- und Informationstechnologien, in: HANS-BREDOW-INSTITUT (Hrsg.), Internationales Handbuch für Hörfunk und Fernsehen 2000/2001, Baden-Baden et al., S. 28–41.

SPENCER-BROWN, G., Law of Form – Gesetz der Form, Lübeck 1997.

STACEY, R., Unternehmen am Rande des Chaos, Stuttgart 1997.

STAEHLE, W. H./GRABATIN, G., Effizienz von Organisationen, in: Die Betriebswirtschaft, 34. Jg. (1979), S. 89–102.

STEINMANN, H./SCHREYÖGG, G., Management, 5. Aufl., Wiesbaden 2000.

THIELMANN, B., Strategisches Innovationsmanagement in konvergierenden Märkten, Wiesbaden 2000.

WEINHOLD-STÜNZI, H., Kundennähe, in: TOMCZAK, T./BELZ, C. (Hrsg.), Kundennähe realisieren, St. Gallen 1994, S. 31–51.

ÜBERGREIFENDE ANSÄTZE

Erlösrechnung für verbundene TIME-Produkte

Björn Ortelbach/Jan Eric Borchert/Svenja Hagenhoff

Verbundene Produkte zeichnen sich dadurch aus, dass sie aus zwei oder mehreren, oftmals komplementären Einzelleistungen bestehen (z. B. Endgerät zum Abspielen von Musik und Musikdateien). Die Erlöse, die mit dem Verkauf verbundener Produkte erzielt werden, lassen sich daher nicht unmittelbar den einzelnen Bestandteilen der verbundenen Produkte zurechnen. Der Beitrag beschreibt, wie diese Zurechnung erfolgen kann, damit ein adäquater Ausweis von Produkt- bzw. Bereichsergebnissen erfolgen kann.

Einleitung

Die TIME-Branchen – bestehend aus den vier Teilelementen Telekommunikation, Informationstechnologie, Medien und Entertainment – nehmen durch ihre hohe Innovationskraft und wachsende wirtschaftliche Bedeutung eine zentrale Rolle auf nationalen und internationalen Märkten ein. Die TIME-Branchen sind dadurch gekennzeichnet, dass Leistungen vielfach nicht mehr als separate Produkte, sondern in gebündelter Form angeboten werden. Als Beispiel für ein solches Produktbündel lässt sich der gekoppelte Verkauf eines Mobilfunkvertrags mit zugehörigem Endgerät anführen. Ein weiteres Charakteristikum dieser Branche sind Systemprodukte. Hierbei handelt es sich um komplexe Leistungsbündel, die aus einem Basissystem und ergänzenden Komponenten bestehen. Beispielhaft hierfür kann ein DVD-Player als Basissystem mit DVDs als ergänzende Komponenten genannt werden.

Sowohl Produktbündel als auch die Systemprodukte zeichnen sich durch eine Verbundenheit ihrer Erlöse aus. Bei Produktbündeln zahlt der Nachfrager einen Gesamtpreis für alle enthaltenen Teilleistungen. Bei Systemprodukten ist die Erlösverbundenheit nicht immer unmittelbar offensichtlich, sondern resultiert aus dem oftmals zu beobachtenden preispolitischen Ausgleich zwischen den einzelnen Komponenten. Häufig werden Basisprodukte sehr günstig angeboten, während für die ergänzenden Komponenten ein sehr hoher Preis verlangt wird. In beiden Fällen stellt sich die Frage, wie der Gesamterlös auf die Einzelprodukte verteilt wird. Die Zurechnung der Erlöse auf die Einzelprodukte ermöglicht einen adäquaten Ausweis von Produkt- bzw. Bereichsergebnissen, welcher eine wichtige Basis zur Steuerung der Bereiche darstellt.

Das Ziel der vorliegenden Untersuchung ist es, mögliche Methoden zur Lösung des skizzierten Verrechnungsproblems vorzustellen und zu diskutieren. Dazu werden im folgenden Abschnitt die notwendigen Grundlagen zur Erlösrechnung vorgestellt. Im dritten Abschnitt werden die Produktbündel und Systemprodukte in eine Gesamtsystematik der Produktverbundenheit eingeordnet und anschließend im Einzelnen betrachtet. Im

- Als spezielle verbundene Produkte werden Bündelprodukte sowie Systemgüter anhand von Fallstudien untersucht.
- Zur Zurechnung von Erlösen zu den Einzelbestandteilen verbundener Produkte werden die Methoden Schlüsselungs-, Resterlös-, nicht-analytische sowie kombinierte Methoden analysiert.
- Generell zeigt sich, dass der Komplexitätsgrad bei der Erlöszurechnung im Fall von gebündelten Produkten geringer ist als bei Systemprodukten.
- Als besonders geeignet für die Erlöszurechnung erweisen sich konkurrenzorientierte Verfahren, weil diese zum einen richtige Anreize schaffen können und zum anderen mit einem verhältnismäßig geringen Aufwand umsetzbar sind.
- Dagegen ist eine kostenorientierte Erlöszurechnung – ähnlich wie eine Kostenzurechnung nach dem Tragfähigkeitsprinzip – wenig geeignet, da sich falsche Anreizwirkungen ergeben.

Dipl.-Wirtsch.-Inf. Björn Ortelbach ist wissenschaftlicher Mitarbeiter am Institut für Wirtschaftsinformatik, Abteilung Wirtschaftsinformatik II der Georg-August-Universität Göttingen.
E-Mail: Bortelb2@uni-goettingen.de

vierten Abschnitt werden zunächst verschiedene Methoden zur Zurechnung von Gemeinerlösen auf die Einzelprodukte identifiziert. Diese werden anschließend anhand der Kriterien der grundsätzlichen Anwendbarkeit, der praktischen Einsetzbarkeit sowie der Anreizwirkung zum einen für die Produktbündel und zum anderen für die Systemprodukte anhand von Beispielen analysiert. Im Fazit werden die Ergebnisse der Untersuchung zusammengefasst.

Gemeinkosten	Gemeinerlöse
Kosten, die typischerweise nur dann wegfallen, wenn *sämtliche* der über diesen gemeinsamen Werteverzehr miteinander verbundenen Leistungen nicht erbracht werden.	Erlöse, die typischerweise bereits dann wegfallen, wenn *eine* der über diesen gemeinsamen Wertzuwachs miteinander verbundenen Leistungen nicht erbracht wird.
Primär durch *produktionswirtschaftliche* Leistungsverbundenheit bedingt.	Durch *absatzwirtschaftliche* Leistungsverbundenheit bedingt.
Als „Block" in einer Summe erfasste Kosten dürfen nicht aufgeschlüsselt werden *(Schlüsselungsproblematik)*.	Gemäß dem formellen Preisberechnungsmodell für einzelne Leistungen (i. w. S.) separat erfassbare, materiell jedoch miteinander verbundene (Teil-)Erlöse müssen aggregiert werden *(Aggregationsproblematik)*.

Abbildung 1: Vergleich zwischen Gemeinkosten und Gemeinerlösen (Schweitzer/Küpper 2003, S. 83)

Grundlagen der Erlösrechnung

Die Erlösrechnung als Teil des internen Rechnungswesens stellt das Gegenstück zur Kostenrechnung dar. Ihre Aufgabe liegt in der Dokumentation der erzielten Ist-Erlöse sowie in der Planung und Steuerung der verantwortlichen Bereiche (vgl. Laßmann 1998, S. 230).

Der Erlösbegriff, der der Erlösrechnung zugrunde liegt, ist in der Literatur umstritten (vgl. Engelhardt 1992, S. 656). Ebenso wie in der Kostenrechnung kann auch hier grundsätzlich zwischen einem pagatorischen und einem wertmäßigen Erlösbegriff unterschieden werden (vgl. Männel 1993, S. 563). Ersterer umfasst alle Einnahmen, die einem Unternehmen für am Markt abgesetzte Sachgüter und Dienstleistungen zufließen (vgl. Weißenberger 2002, Sp. 444). Der wertbezogene Erlösbegriff bezieht sich dagegen auf den gesamten Wertzuwachs, der durch Leistungserstellung entsteht, und enthält somit auch bewertete Eigenleistungen oder Opportunitätserlöse (kalkulatorische Erlöse) (vgl. Kolb 1978, S. 38 f.). Der Vorteil des wertmäßigen Erlösbegriffs ist darin zu sehen, dass er ein exaktes Spiegelbild des wertmäßigen Kostenbegriffs darstellt. Problematisch an dieser Begriffsdefinition ist es jedoch, dass sie mit dem herrschenden Sprachgebrauch der Betriebswirtschaftslehre nicht in Einklang steht (vgl. Männel 1993, S. 564). Welcher der beiden Begriffe im konkreten Fall geeigneter ist, richtet sich nach dem Rechnungszweck (vgl. Laßmann 1998, S. 202). Da bei den Verfahren, die im Weiteren vorgestellt werden, Umbewertung von Erlösgrößen vorgenommen werden, liegt der vorliegenden Untersuchung der wertmäßige Erlösbegriff zugrunde.

Zu differenzieren ist weiterhin zwischen Einzel- und Gemeinerlösen. Auch dieses Begriffspaar wird analog zur Kostenrechnung definiert: Einzelerlöse sind einem definierten Erlösträger direkt zurechenbar, während Gemeinerlöse nicht direkt zurechenbar sind (vgl. Weißenberger 2002, Sp. 448). Zwischen den Begriffen Gemeinkosten und Gemeinerlös ergeben sich jedoch auch Unterschiede in der Interpretation, wie in Abbildung 1 gezeigt wird.

In der Gliederung der Erlösrechnung wird dem Vorbild der Kostenrechnung gefolgt, sodass in der Regel in eine Erlösarten-, eine -stellen- und eine -trägerrechnung differenziert wird. Teilweise wird vorgeschlagen, diese drei Teilbereiche um eine Erlösquellenrechnung zu ergänzen. In der Literatur zeigen sich deutliche Unterschiede dahin gehend, worin die jeweils spezifischen Aufgaben der Teilgebiete bestehen und wie das Zusammenspiel zwischen diesen abläuft.

Eine ausführliche Diskussion über die Eignung verschiedener Erlösartenbegriffe finden sich bei Hänichen (1995, S. 475 – 486) und bei Nießen (1982, S. 107 – 128). Beide gelangen zu dem Ergebnis, dass unter Erlösarten die positiven und negativen Entgeltkomponenten eines verkauften Sachgutes oder einer verkauften Dienstleistung zu verstehen sind. Dieser Sichtweise wird auch im vorliegenden Beitrag gefolgt.

Weitgehende Einigkeit herrscht über die Definition des Erlösträgerbegriffs. Unter Erlösträgern sind die Absatzprodukte eines Unternehmens zu verstehen, die sich in der Regel aus verschiedenen materiellen und immateriellen Gütern zusammensetzen und absatzwirtschaftlich untrennbar miteinander verbunden sind (vgl. Kolb 1978; Nießen 1982, S. 197 f., S. 69; Engelhardt 1992, S. 664 f.; Schweitzer 2002, Sp. 475). Die Erlösträger entsprechen dabei i. d. R. den Kostenträgern. Die Erlösträgerrechnung dient insbesondere der Beurteilung der betrieblichen Leistungsstrukturen (z. B. in Form einer Stückdeckungsbeitragsrechnung).

In der Erlösstellenrechnung werden Erlöse nach Betriebsbereichen gegliedert, die die erlösverursachenden Sachgüter oder Dienstleistungen erbringen. Hiermit

Dipl.-Hdl. Jan Eric Borchert
ist wissenschaftlicher Mitarbeiter am Institut für Wirtschaftsinformatik, Abteilung Wirtschaftsinformatik II der Georg-August-Universität Göttingen.
E-Mail: Jborche1@uni-goettingen.de

wird das Ziel verfolgt, die Erlösbeiträge einzelner Betriebsbereiche zu bestimmen, um die Ermittlung von Erfolgsgrößen auch auf Basis kostenstellenidentischer Erlösstellen zu ermöglichen (vgl. Hänichen 1995, S. 494).

In der Erlösquellenrechnung werden Erlöse schließlich nach Kunden und Teilmärkten gegliedert (vgl. Männel 1992, S. 652 f.).

Verbundene Produkte

Systematisierung von Verbundeffekten und Abgrenzung des Untersuchungsbereichs

Verbundeffekte zwischen verschiedenen Produkten können grundsätzlich in vielfältiger Art vorliegen. In der Literatur finden sich unterschiedliche Ansätze zur Systematisierung (vgl. u. a. Krömmelbein 1967; Männel 1984; Weber 1996). Krömmelbein (1967) differenziert die Verbundformen, indem er die Phasen des Betriebsprozesses in Beziehung setzt und so sechs Typen identifiziert. Diese lassen sich in die drei Oberbegriffe beschaffungswirtschaftliche, produktionswirtschaftliche sowie absatzwirtschaftliche Verbundenheit gruppieren. Dieser grundsätzlichen Dreigliederung folgt u. a. auch Weber (1996). Während die beiden erstgenannten Verbundarten primär kostenseitige Wirkungen haben, sind im Bereich der absatzwirtschaftlichen Verbundenheit sowohl kosten- als auch erlösseitige Wirkungen festzustellen. Da sich der vorliegende Beitrag mit Problemen der Erlösrechnung befasst, werden die betrachteten Verbundeffekte im Folgenden auf den absatzwirtschaftlichen Bereich begrenzt. Die absatzwirtschaftlichen Verbundbeziehungen können sehr vielfältig sein. Männel (1984) differenziert hierbei

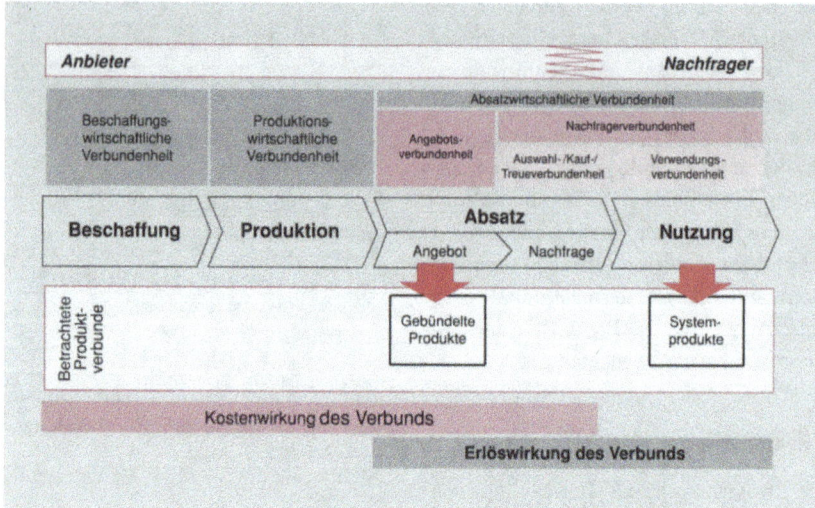

Abbildung 2: Systematisierung von Verbundeffekten und Abgrenzung der Problemstellung

in Angebots- und Nachfrageverbundenheit. Während erstere vom anbietenden Unternehmen bestimmt wird, ergibt sich letztere durch die Präferenzen bzw. das Verhalten der Nachfrager. Die Nachfrageverbundenheit kann weiter in Auswahl-, Kauf-, Treue- und Verwendungsverbundenheit differenziert werden (vgl. Weber 2004, S. 228). Im Rahmen dieses Spektrums absatzwirtschaftlicher Verbundarten wird die Betrachtung im Folgenden auf diejenigen Typen eingeschränkt, die in den TIME-Branchen von besonderer Bedeutung sind: Zum einen werden angebotsbedingte Verbundeffekte betrachtet, die aus dem gebündelten Verkauf von Produkten resultieren (vgl. Abschnitt 3.2). Zum anderen werden verwendungsbedingte Verbundeffekte betrachten, die aus so genannten indirekten Netzeffekten resultieren. Diese liegen insbesondere bei so genannten Systemprodukten vor (vgl. Abschnitt 3.3).

Nicht betrachtet werden dagegen Verbundeffekte auf Nachfragerseite, die nicht mit der Nutzung, sondern mit dem Kaufprozess in Verbindung stehen. In der Terminologie Webers (2004, S. 228) handelt es sich hierbei um Auswahl-, Kauf- und Treueverbundenheit, beispielsweise um Verbundeffekte zwischen den Artikeln im Sortiment eines Einzelhändlers zu realisieren. Die Ausgrenzung erfolgt, da diese Formen für die TIME-Branchen von eher untergeordneter Bedeutung sind.

Einen zusammenfassenden Überblick über die Systematisierung der Verbundeffekte zwischen Produkten sowie die Eingrenzung der Problemstellung des vorliegenden Beitrags wird in Abbildung 2 dargestellt.

Gebündelte Produkte

Eine Produktbündelung – weitere Synonyme in der Literatur sind die Termini Güterbündelung, Preisbündelung oder Packaging (vgl. Wübker 1998, S. 9 ff.) – liegt vor, wenn mehrere heterogene Produkte (z. B. Fernseher und Videorekorder)

Dr. Svenja Hagenhoff
ist wissenschaftliche Assistentin und Forschungsgruppenleiterin am Institut für Wirtschaftsinformatik, Abteilung Wirtschaftsinformatik II der Georg-August-Universität Göttingen.
E-Mail: Shagenh@uni-goettingen.de

zu einem Paket zusammengefasst und zu einem Bündelpreis angeboten werden. Werden mehrere homogene Produkte (z. B. mehrere Fernseher gleichen Typs) zu einem Bündel zusammengefasst, spricht man nicht von Preisbündelung sondern von nichtlinearer Preisbildung. Durch die Bündelung wird faktisch ein neues Produkt definiert, welches aus Sachgütern oder Dienstleistungen bestehen kann (vgl. Simon 1995, S. 134). Die Beziehungen zwischen den einzelnen Produkten können dabei komplementär, substitutiv oder auch indifferent sein. Für die Anbieter heterogener Produkte stellt sich somit die entscheidende Frage, ob sie die einzelnen Produkte mit separaten Preisen getrennt verkaufen oder diese Produkte zu einem Bündel zusammenfassen und zu einem Bündelpreis anbieten (vgl. Simon 1995, S. 132).

Die Produktbündelung stellt eine Form der Preisdifferenzierung für den Mehrproduktfall und damit ein Instrument des Preismanagements dar.

Die Ziele, die mit der Produktbündelung als absatzpolitisches Instrument verfolgt werden, sind vielfältig. An erster Stelle ist das Gewinnziel zu nennen. Unabhängig davon, dass alle anderen Ziele dem Oberziel der Gewinnmaximierung untergeordnet sind und aus diesem Grund in letzter Konsequenz mittelbar dem Gewinnziel dienen, erlaubt die Produktbündelung eine unmittelbare Gewinnsteigerung, indem sie es dem Anbieter ermöglicht, die Konsumentenrente bei heterogenen Nachfragern besser abzuschöpfen, als dies beim Verkauf der Einzelprodukte möglich ist (vgl. u. a. Stigler 1963; Adams/Yellen 1976). Dieses soll anhand eines vereinfachten Zahlenbeispiels exemplarisch verdeutlicht werden (vgl. hierzu im Folgenden Wübker 1998, S. 24 ff.). Die Ausgangsdaten hierfür werden in Abbildung 3 dargestellt.

In der Modellbetrachtung wird angenommen, dass ein Nachfrager entweder keine oder eine Mengeneinheit eines Produkts kauft und weiterhin, dass die Zahlungsbereitschaft für das Produktbündel der Summe der Zahlungsbereitschaften für die im Bündel enthaltenen Elemente

Zahlungsbreitschaft	Nachfrager 1	Nachfrager 2
für Produkt A	11,00 €	4,00 €
für Produkt B	5,00 €	13,00 €
für das Bündel A + B	16,00 €	17,00 €

Abbildung 3: Zahlungsbereitschaft von zwei Nachfragern für zwei einzelne Produkte und das entsprechende Bündel (in Anlehnung an Wübker 1998, S. 24)

entspricht. Aus Gründen der Vereinfachung wird von Grenzkosten in Höhe von null für beide Produkte ausgegangen, womit dass Gewinnmaximum mit dem Umsatzmaximum identisch ist. Würde man die Produkte einzeln verkaufen und wählt die jeweils minimale Zahlungsbereitschaft für das Einzelprodukt, können beide Produkte an alle Nachfrager abgesetzt werden. Es ergibt sich ein Gewinn von $G_{E*} = 2 \cdot 4,00\ € + 2 \cdot 5,00\ € = 18,00\ €$. Setzt man die Preise beim Einzelverkauf dagegen auf die jeweilige maximale Zahlungsbereitschaft, verdrängt man zwar einen Nachfrager pro Produkt, kann den Gewinn jedoch auf $G_E = 1 \cdot 11,00\ € + 1 \cdot 13,00\ € = 24,00\ €$ steigern. Würde man die Produkte gebündelt verkaufen, wäre $P_{A+B*} = 16,00\ €$ der gewinnmaximale Preis, bei dem sich ein Gewinn $G_{B*} = 2 \cdot 16,00\ € = 32,00\ €$ ergeben würde. Die Gewinnsteigerung ist darauf zurückzuführen, dass durch die Bündelung statt zwei jetzt vier Mengeneinheiten abgesetzt werden können. Dieses liegt darin begründet, dass bei Nachfrager 1 die Zahlungsbereitschaft von Produkt A auf Produkt B (bzw. bei Nachfrager 2 von B auf A) übertragen werden kann. Die Voraussetzung für die gewinnsteigernde Wirkung der Preisbündelung ist eine stark abweichende Zahlungsbereitschaft der Nachfrager für die Einzelprodukte kombiniert mit einer tendenziell gleich großen Zahlungsbereitschaft für das Bündel. Dieser Zusammenhang wird in Abbildung 4 noch einmal grafisch veranschaulicht.

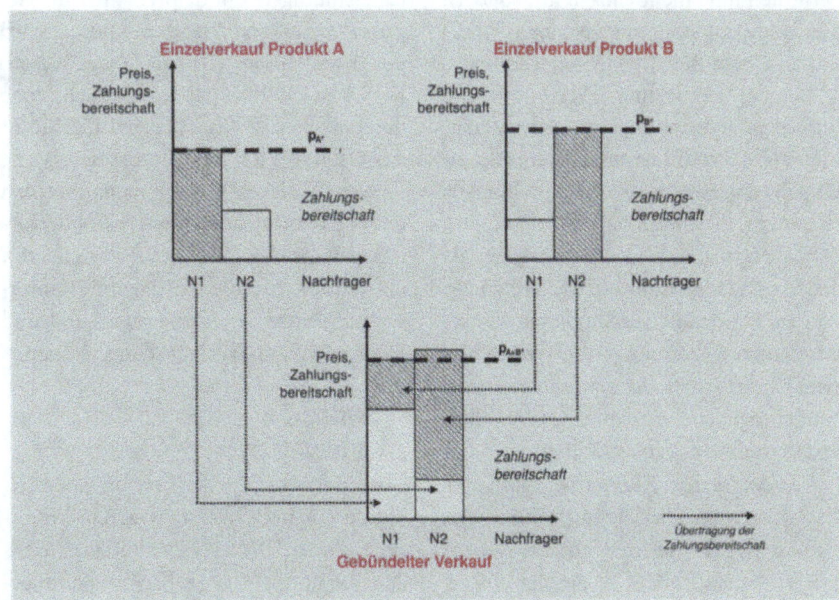

Abbildung 4: Übertragung der Preisbereitschaft zwischen Produkten bei gebündeltem Verkauf (in Anlehnung an Wübker 1998, S. 25)

> **ÜBERGREIFENDE ANSÄTZE**

Die Motivation eines Anbieters, seine Produkte gebündelt zu verkaufen, resultiert jedoch nicht ausschließlich aus der dargestellten ökonomischen Begründung der unmittelbaren Gewinnsteigerung, sondern kann auch auf andere Gründe zurückzuführen sein. Einen zusammenfassenden Überblick über mögliche Motive zur Bündelung findet sich in Abbildung 5.

Die Produktbündelung stellt eine Alternative gegenüber dem separaten Verkauf der Einzelleistungen dar. Es lassen sich unterschiedliche Formen der Produktbündelung ausmachen. In der Literatur werden verschiedene Grundformen und Sonderformen unterschieden (vgl. Guiltinan 1987, S. 75 ff.; Simon 1992, S. 1214 ff.; Wübker 1998, S. 28 ff.). Diese Formen werden im Folgenden dargestellt und anhand von Beispielen aus den TIME-Branchen verdeutlicht.

Die Grundformen bestehen aus der reinen und der gemischten Preisbündelung. Bei der reinen Preisbündelung (pure price bundling) bieten die Anbieter die Produkte ausschließlich als Bündel zu einem Gesamtpreis an. Der Nachfrager kann die Produkte nicht einzeln erwerben. Ein Beispiel aus dem Bereich Entertainment stellt die Blockbuchung dar. Dabei bietet ein Filmverleiher den Kinobetreibern die Filme nicht einzeln an, sondern bündelt hochklassige und weniger attraktive zu einem Block (vgl. Stigler 1963).

Bei der gemischten Preisbündelung (mixed price bundling) kann der Nachfrager die Produkte sowohl einzeln zu Einzelpreisen auch in Form eines Bündels zu einem Gesamtpreis erwerben. Der Bündelpreis ist dabei i. d. R. niedriger als die Summe der Einzelpreise. Abhängig von der Festlegung des Bündelpreises unterscheidet Guiltinan (1987) zwischen zwei Unterformen der gemischten Preisbündelung: dem mixed-leader bundling und dem mixed-joint bundling.

Bei der ersten Alternative zahlt der Nachfrager für das Hauptprodukt den regulären Preis und erhält auf das Nebenprodukt einen Rabatt. So erhalten bspw. Werbekunden bei der FAZ einen Rabatt für die Buchung von Anzeigen in der Sonntagszeitung (Nebenprodukt), wenn sie gleichzeitig auch eine Anzeige in der Samstagsausgabe (Hauptprodukt) schalten.

Die zweite Alternative, das mixed-joint-bundling, zeichnet sich durch einen eigenständigen Bündelpreis aus. Im Gegensatz zum mixed-leader bundling wird der Bündelpreis explizit ausgewiesen. Dieser ist i. d. R. niedriger als die Summe der Einzelpreise. Ein Beispiel hierfür ist das Office-Paket von Microsoft.

Neben diesen Grundformen werden in der Literatur noch weitere Sonderformen genannt (vgl. Wübker 1998, S. 28 ff.), die jedoch für die vorliegende Untersuchung nicht von Bedeutung sind und daher nicht explizit betrachtet werden.

Systemprodukte

Systemprodukte sind Leistungsbündel, die aus einem Basissystem (z. B. Betriebssystem oder DVD-Player) und ergänzenden Komponenten (z. B. Anwendungssystem oder DVD) bestehen (vgl. im Folgenden Hagenhoff 2003, S. 8 ff.; Zerdick et al. 2001, S. 157 ff.). Ein wesentliches Charakteristikum dieser Produkte ist es, dass sie neben dem originären auch einen derivativen Nutzen stiften, der in indirekten Netzeffekten begründet liegt. Bei Netzeffekten handelt es sich um eine spezielle Form externer Effekte. Diese liegen im Allgemeinen vor, wenn das Verhalten eines Wirtschaftssubjekts das Wohlergehen eines anderen positiv oder negativ beeinflusst und dieses nicht über den Preismechanismus des Marktes ausgeglichen wird (vgl. Schumann/Meyer/Ströbele 1999, S. 492). Netzeffekte stellen positive externe Effekte dar, die auftreten, wenn die Teilnahme einer Person an einem Netzwerk Auswirkungen auf die anderen Teilnehmer hat.

Der originäre Nutzen besteht darin, dass ein Systemprodukt unabhängig vom Vorhandensein weiterer gleichartiger Systemprodukte autonom genutzt werden kann. Der Derivativnutzen entsteht dadurch, dass sich der Wert eines Systemproduktes erhöht, je weiter die Diffusion dieses Produktes fortgeschritten ist. Je mehr Nutzer eines bestimmten Betrieb-

Ziel des Bündelanbieters	Begründung	Ausführliche Darstellung
Gewinnmaximierung	Durch Abschöpfen der Konsumentenrente bei Nachfragern mit heterogener Zahlungsbereitschaft	• Stigler 1963 • Adams/Yellen 1976
Umsatzmaximierung	Steigerung des Umsatzes durch „cross-selling" und Neukundenakquisition	• Guiltinan 1987
Kostenminimierung	Reduktion der Produktions- und Komplexitätskosten	• Eppen et al. 1991
	Economies of Scope	• Fürderer/Huchzermeier 1997
	Senkung von Transaktionskosten	• Adams/Yellen 1976
	Mehrdeckungsbeitrag des einen Produkts wirkt als Grenzkostenreduktion des anderen	• Simon 1992
Stärkung der Wettbewerbsposition	Erweiterung bestehender Monopolmacht von einem Produkt auf ein anderes	• Burstein 1960
	Aufbau von Markteintrittsschranken	• Porter 1986
	Kundenbindung durch Erhöhung der Wechselkosten	• Eppen et al. 1991
	Abschwöchung des Preiswettbewerbs	• Carbajo et al. 1990
Steigerung der Kundenzufriedenheit	Reduktion des Risikos für den Nachfrager	• Porter 1986
	Reduktion der Transaktionskosten Nachfrager (Bequemlichkeit)	• Yadav 1994 • Wieandt 1994
	Befriedigung des Bedürfnisses des Nachfragers nach Abwechslung	• Venkatesh/Mahajan 1993 • Eppen et al. 1991

Abbildung 5: Ziele eines Bündelanbieters und Begründung, warum diese durch Bündelung erreicht werden können (in Anlehnung an Wübker 1998, S. 21)

systems und einer bestimmten Anwendungssoftware vorhanden sind, desto besser lassen sich z. B. Dateien austauschen. Des Weiteren wird es bei einer großen Diffusion des Basissystems (z. B. DVD-Player) für Unternehmen attraktiv, Komponenten für das System (z. B. DVDs) anzubieten, was wiederum die Attraktivität des Basissystems erhöht.

Letzterer Punkt wird auch als Circulus Vitiosus der Systemattraktivität bezeichnet (Henne-Ei-Problem, vgl. Weiber 1992, S. 99). Beispielsweise ist die Diffusion des Betriebssystems Linux im unternehmerischen Bereich dadurch verzögert worden, dass es lange keine oder nur sehr spezielle Anwendungen für diese Basisarchitektur gegeben hat. Ein Wechsel von Windows auf Linux im täglichen Geschäftsleben war deswegen unattraktiv. Gleichzeitig war es für Anbieter von Anwendungssystemen uninteressant, diese Linux-kompatibel zu gestalten, solange es keine kritische Masse an Linux-Nutzern gab.

Weiterhin sind indirekte Netzeffekte die Basis für so genannte Lock-In-Effekte. Diese können erreicht werden, wenn für den Nutzer der Wechsel einer Systemtechnologie höhere Kosten als Nutzen verursacht. Bei den Kosten handelt im Wesentlichen um „Sunk Costs" in Form von Investitionen in komplementäre Produkte, die bei einem Systemwechsel wertlos würden. Als Beispiel hierfür können Videokassetten angeführt werden, die beim Umstieg auf DVD-Technologie nicht mehr genutzt werden können.

Die beschriebenen Phänomene haben erheblichen Einfluss auf den Wettbewerb. Steigt der Marktanteil einer Technologie bzw. eines Unternehmens, so steigt auch das Vertrauen der Kunden in diese Technologie bzw. das Unternehmen, was wiederum einen steigenden Marktanteil zur Folge hat. Umgekehrt kann sich diese Entwicklung auch negativ auswirken. Verliert ein Unternehmen Marktanteile, sinkt auch das Vertrauen in die entsprechende Technologie. Die geringere Attraktivität führt wiederum zu Marktanteilsverlusten. Dieser Effekt begründet die Tendenz zu natürlichen Monopolen in den TIME-Branchen. Es ist anzumerken, dass die Beurteilung eines Gutes mit Netzeffekten nicht nur von der tatsächlichen Entwicklung der Nutzerzahl, sondern in hohem Maße auch von deren Erwartungen über die zukünftige Entwicklung abhängt.

Verfahren zur Erlöszurechnung für verbundene TIME-Produkte
Problemspezifikation und Vorüberlegungen

Die beiden zuvor dargestellten Arten der Produktverbundenheit – gebündelte Produkte und Systemprodukte – weisen vor dem Hintergrund der vorliegenden Untersuchung eine Gemeinsamkeit auf: In beiden Fällen kann eine Verrechnung von Gemeinerlösen notwendig werden. Im Folgenden wird analysiert, wann eine solche Verrechnung notwendig ist.

In beiden Fällen ist die Preispolitik der Ausgangspunkt der Überlegung. Diese gestaltet die Preise so, dass das Gesamtergebnis des Unternehmens maximiert wird. Im Fall der Produktbündelung ist die Entstehung von Gemeinerlösen offensichtlich. Wird ein Produktbündel zu einem Zeitpunkt im Rahmen einer reinen Preisbündelung angeboten, so ist der Bündelerlös auf die einzelnen Bündelprodukte zu verteilen.

Bei komplementären Systemprodukten werden die Erlöse oftmals zeitlich versetzt generiert. Oftmals ist zu beobachten, dass die Basisprodukte zu einem sehr günstigen Preis und die ergänzenden Komponenten hingegen zu einem sehr hohen Preis angeboten werden. Dieses wird als preispolitischer Ausgleich bezeichnet (vgl. Meffert 2000, S. 561). Somit ergibt sich auch für diesen Fall die Notwendigkeit, die Erlöse analog zur Kostenrechnung verursachungsgerecht vom ausgleichsgebenden Verbrauchsprodukt zum ausgleichsnehmenden Basisprodukt zu verrechnen. Nur wenn ein solcher Ausgleich im Unternehmen vorgenommen wird, ist es möglich produkt- bzw. bereichsspezifische Erlöse – und somit auch Erfolgsgrößen – verursachungsgerecht zu ermitteln. Diese Informationen sind eine wichtige Basis zur Steuerung der Bereiche.

Ferner können die Informationen auch die Basis zur Ermittlung der erfolgsabhängigen Gehaltsbestandteile der in dem Bereich beschäftigten Mitarbeiter darstellen.

Es stellt sich nun die Frage, in welchen konkreten Konstellationen eine Aufsplittung der Erlöse verbundener Produkte notwendig ist. Zur Vereinfachung soll von einem Zweiproduktbündel ausgegangen werden. Dabei kann im Sinne einer Negativabgrenzung zunächst folgender Fall ausgeschlossen werden: Stellt das Unternehmen das eine Produkt des von ihm angebotenen Bündels selbst her und beschafft das andere Produkt fremd, so besteht i. d. R. keine Notwendigkeit, den Erlös für das Bündel auf die beiden Produkte aufzuteilen. Verkauft ein Hardwarehersteller (z. B. Dell) einen selbst hergestellten PC mit einem fremdbezogenen Softwarepaket (z. B. Microsoft Windows) zu einem Bündelpreis, stellt der wertmäßige Anteil des Softwarepaktes lediglich einen Teil der Selbstkosten des Bündels dar. Eine Notwendigkeit zur Bestimmung der Erlöse für dieses Produkt besteht nicht, weil es sich bei diesem Bündelelement nur um eine Kostenposition aus einer Abnehmer-Zulieferer-Beziehung handelt, die keinen eigenständigen Erfolgsbeitrag zu leisten hat. Wandelt man das genannte Beispiel derart ab, dass ein Unternehmen sowohl Hard- als auch Software herstellt und diese gebündelt verkauft (z. B. Apple Mac und Mac OS) und beide Elemente eigenständige Erlösträger sind, entsteht das zuvor dargestellte Zurechnungsproblem.

Als allgemeines Abgrenzungskriterium konnte somit herausgearbeitet werden, dass eine Zurechnung notwendig ist, wenn zwei (oder mehr) Produkte, die erlösseitig in Beziehung stehen, von unterschiedlichen, ergebnisverantwortlichen Bereichen eines Unternehmens zum Absatz bereit gestellt werden (vgl. Abbildung 6). Dabei ist es zunächst unerheblich, ob die Produkte zu einem Zeitpunkt oder zeitlich versetzt angeboten werden.

Im Rahmen dieser Vorüberlegungen wurden zwei Themenkomplexe angesprochen, deren Zusammenhang es kurz aufzuzeigen gilt: die Absatzpolitik und die Erlösrechnung. Die Festlegung der Pro-

ÜBERGREIFENDE ANSÄTZE

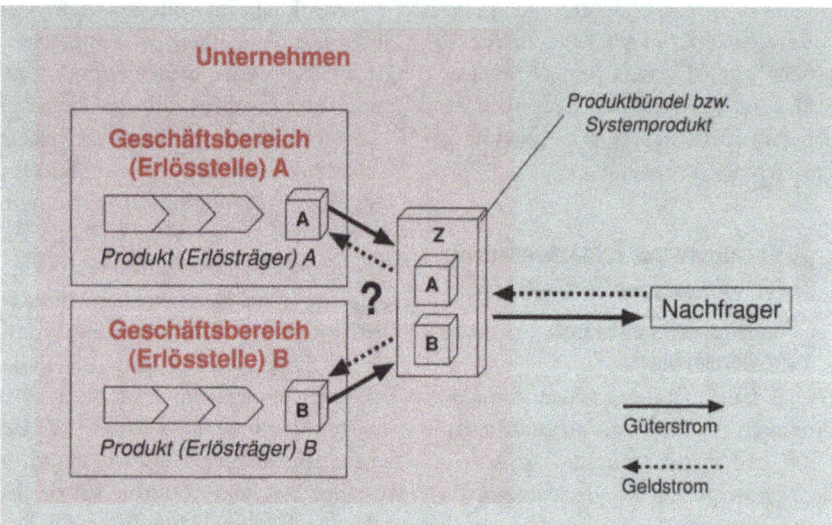

Abbildung 6: Modellierung des Erlöszurechnungsproblems

duktbündel und der Preise pro Bündelprodukt erfolgt erstmalig vor der Markteinführung und ist stark vom Marketing geprägt. Diese Entscheidungen werden folglich vor dem Verkauf getroffen. Die Erlöse selbst werden erst durch den Verkauf des Produktbündels oder des Systemprodukts generiert und ihre Höhe u. a. durch die zuvor festgelegten Preisstrategie determiniert. Die verursachungsgerechte Zurechnung der Erlöse auf die Produkte erfolgt erst nach dem Kauf und ist Aufgabe des internen Rechnungswesens. Gegenstand der folgenden Untersuchung ist ausschließlich die verursachungsgerechte Zurechnung der Gemeinerlöse. Obwohl zweifelsohne Interdependenzen zwischen Erlöszurechnung und dem absatzsatzpolitischen Instrumentarium, insbesondere der Preispolitik, bestehen, wird letztere nicht weiter betrachtet, da es sich hierbei in erster Linie um eine Problemstellung des Marketing handelt.

Methoden der Erlöszurechnung und Beurteilungskriterien

Zur Zurechnung von Erlösen sind verschiedene Ansätze denkbar, bei denen es sich im Wesentlichen um Analogien aus der Kostenrechnung handelt. Dabei lassen sich folgende grundsätzliche Zurechnungsverfahren unterscheiden:

1. *Schlüsselungsmethode:*
   Die Erlöse werden anhand geeigneter Schlüsselgrößen proportional auf die Erlösträger bzw. Erlösstellen verteilt.
2. *Resterlösmethode:*
   Die Erlöse werden den Erlösträgern bzw. Erlösstellen entsprechend einer bestimmten Rangfolge stufenweise zugerechnet.
3. *Nicht-analytische Methoden:*
   Die Verteilung der Erlöse auf Erlösträger bzw. Erlösstellen erfolgt durch Verhandlungen zwischen den verantwortlichen Einheiten oder wird durch das Top-Management festgelegt.

Zur Erlöszurechnung können die zuvor genannten Verfahren in verschiedener Weise kombiniert werden.

Zur Beurteilung der verschiedenen Ansätze im konkreten Fall können drei Kriterien herangezogen werden. Aufgrund der Vielschichtigkeit der Problemstellung ist zunächst zu fragen, ob ein bestimmtes Verfahren in einer konkreten Situation aufgrund der logischen Struktur grundsätzlich anwendbar ist. Ist dies der Fall stellt sich die Frage nach der Steuerungswirkung des Verfahrens. Ähnlich wie bei der Festlegung von Verrechnungspreisen ist auch bei der Erlöszurechnung die Motivations- und Anreizwirkung für die Bereiche zu berücksichtigen (vgl. zur Motivations- und Anreizfunktion von Verrechnungspreisen u. a.

Küpper (2001), S. 378 f.). Modellhaft kann zwischen dem Anreiz eines Bereichs zu kostensenkenden Maßnahmen und dem Anreiz zu Maßnahmen zur Erlössteigerung unterschieden werden (vgl. Lengsfeld/Schiller 2003, S. 6). Im Hinblick auf den Einsatz eines bestimmten Verfahrens in einem Unternehmen stellt sich schließlich die Frage der seiner praktischen Einsetzbarkeit. Vor dem Hintergrund des Gebots der Wirtschaftlichkeit, das auch an ein Steuerungssystem zu stellen ist, sollte insbesondere der mit der Anwendung des Verfahrens verbunden Aufwand zu berücksichtigen

Im Folgenden werden die skizzierten Methoden anhand von Fallbeispielen verdeutlicht und anhand der genannten Kriterien beurteilt. Betrachtet werden dabei zunächst Produktbündel und im Anschluss Systemprodukte. Unterstellt wird dabei, dass die Ergebnisse der Einzelprodukte des Bündels jeweils von eigenständigen Unternehmensbereichen (Erlösstellen) verantwortet werden.

Erlöszurechnung bei gebündelten Produkten
Beschreibung des Fallbeispiels

Im Folgenden wird die Zurechnung von Gemeinerlösen bei gebündelten Produkten anhand eines Fallbeispiels verdeutlicht. Ein Computer-Hersteller bietet ein Bündelprodukt bestehend aus den selbstgefertigten Einzelprodukten PC und Betriebssystem (OS) zu einem Bündelpreis von $p_{Bündel} = 1.000,00\,€$ an. Dabei liegt eine gemischte Produktbündelung vor, d. h. dass der Nachfrager den PC ebenfalls zu einem Einzelpreis von $p^E_{PC} = 900,00\,€$ und das Betriebssystem zu einem Einzelpreis von $p^E_{OS} = 300,00\,€$ erwerben kann. Ferner fallen für den PC Kosten in Höhe von $k_{PC} = 780,00\,€$ und für das Betriebssystem in Höhe von $k_{OS} = 20,00\,€$ an. In der betrachteten Periode wurden 1.000.000 einzelne PCs (x^E_{PC}) und 200.000 einzelne Betriebssysteme (x^E_{OS}) verkauft. Gemäß diesen Angaben wird im Folgenden der Bündelerlös bzw. Bündelpreis auf die einzelnen Produkte des Bündels verrechnet. Dazu werden die kalkulatorischen Erlöse vom PC

(p^B_{PC}) und vom Betriebssystem (p^B_{OS}) ermittelt.

Schlüsselungsmethode

Im Rahmen der Schlüsselungsmethode werden die Gemeinerlöse proportional zu den entsprechenden Schlüsselgrößen auf die Erlösträger aufgeteilt. Für die Erlöszurechnung von gebündelten Produkten können die folgenden Schlüssel in Betracht gezogen werden (vgl. Horngren/Foster/Datar 2000, S. 568 ff.):

- Einzelverkaufspreise für die Einzelprodukte
- Zahlungsbereitschaft des Kunden für ein Einzelprodukt
- Gesamterlöse aus dem Einzelverkauf pro Einzelprodukt
- Mengenmäßiger Anteil der Einzelprodukte am gesamten Produktbündel
- Kosten der einzelnen Produkte
- Marktpreise der Konkurrenzprodukte

Zunächst ist eine Verrechnung auf Basis der *Einzelverkaufspreise für die Einzelprodukte* möglich. Für obiges Beispiel ergeben sich folgende kalkulatorische Stückerlöse bzw. kalkulatorische Preise:

$$p^B_{PC} = p^E_{PC} / (p^E_{PC} + p^E_{OS}) \cdot p_{Bündel} = 900{,}00€ / (900{,}00€ + 300{,}00€) \cdot 1.000{,}00€ = 750{,}00€$$
$$p^B_{OS} = p^E_{OS} / (p^E_{PC} + p_{EOS}) \cdot p_{Bündel} = 300{,}00€ / (900{,}00€ + 300{,}00€) \cdot 1.000{,}00€ = 250{,}00€.$$

Dieser Schlüssel lässt sich bei der in diesem Beispiel unterstellten gemischten Preisbündelung einsetzen. Liegt hingegen eine reine Produktbündelung vor, d. h. werden die Bündelprodukte nicht einzeln verkauft, kann dieser Schlüssel wegen der fehlenden Einzelverkaufspreise nicht angewandt werden.

Für reine Produktbündel könnten die *Zahlungsbereitschaften des Kunden für ein Einzelprodukt* des Bündels erfragt und als Schlüssel genutzt werden. In der Praxis besteht jedoch das Problem der Messung der Zahlungsbereitschaft von Kunden, weshalb für diesen Schlüssel die praktische Einsetzbarkeit stark eingeschränkt ist (vgl. hierzu Simon 1992, S. 454 f.).

Bewertet man die Einzelverkaufspreise mit den Verkaufsmengen der einzeln verkauften Einheiten, so erhält man die *Gesamterlöse aus dem Einzelverkauf pro Einzelprodukt*. Legt man die oben angegebenen Verkaufspreise und -mengen zugrunde, werden die Gemeinerlöse wie folgt aufgeteilt:

$$p^B_{PC} = p^E_{PC} \cdot x^E_{PC} / (p^E_{PC} \cdot x^E_{PC} + p^E_{OS} \cdot x^E_{OS}) \cdot p_{Bündel}$$
$$= 900{,}00€ \cdot 1.000.000 / (900.000.000{,}00€ + 60.000.000{,}00€) \cdot 1.000{,}00€$$
$$= 937{,}50€$$
$$p^B_{OS} = p^E_{OS} \cdot x^E_{OS} / (p^E_{PC} \cdot x^E_{PC} + p^E_{OS} \cdot x^E_{OS}) \cdot p_{Bündel}$$
$$= 300{,}00€ \cdot 200.000 / (900.000.000{,}00€ + 60.000.000{,}00€) \cdot 1.000{,}00€$$
$$= 62{,}50€.$$

Im Unterschied zu den Einzelverkaufspreisen wird bei diesem Vorgehen die Bedeutung des Produkts durch die Absatzmenge berücksichtigt. Dies erscheint insofern gerechtfertigt, da sich aus der verkauften Menge schließen lässt, welches Produkt für den Verkauf des Bündels ausschlaggebend ist. Die Anwendung dieses Verfahrens setzt damit ebenfalls eine gemischte Produktbündelung voraus. Die Schlüssel „Einzelerlöse" und „Einzelverkaufspreise" haben den Vorteil, dass sie den Nutzen, den der Nachfrager dem Produkt beimisst, widerspiegeln. Eine solche Verrechnung ist prinzipiell als anreizkompatibel zu bezeichnen, da sich in der Erlöszurechnung in dieser Form die Wertschätzung der Komponenten durch die Kunden widerspiegelt. Da die notwendigen Daten – im Fall der gemischten Bündelung – zur unmittelbar Verfügung stehen, ist diese Verrechnungsmethode auch praktisch einsetzbar.

Die Gemeinerlöse können ferner anhand des *mengenmäßigen Anteils der Einzelprodukte* am gesamten Produktbündel verrechnet werden. Für den hier vorliegenden Zweiproduktfall ergibt sich folgende Rechnung:

$$p^B_{PC} = 1 / (\text{Anzahl der Einzelprodukte des Bündels}) \cdot p_{Bündel}$$
$$= 1 / (1 + 1) \cdot 1.000{,}00€ = 500{,}00€$$
$$p^B_{OS} = 1 / (\text{Anzahl der Einzelprodukte des Bündels}) \cdot p_{Bündel}$$
$$= 1 / (1 + 1) \cdot 1.000{,}00€ = 500{,}00€.$$

Dieser Schlüssel erscheint nur dann sinnvoll, wenn es sich bei den einzelnen Bündelgütern um relativ homogene Güter handelt, da hier eine Gleichgewichtung vorgenommen wird. Der Homogenitätsgrad kann beispielsweise anhand der Produktbeschaffenheit oder auch anhand des Wertes, d. h. bspw. der Herstellkosten ermittelt werden. Unter Berücksichtigung dieser Voraussetzung kann das Verfahren sowohl für reine als auch für gemischte Produktbündel herangezogen werden. In dem hier betrachteten Beispiel erscheint die Anwendung dieses Verfahrens nicht sinnvoll, da die Produkte zu inhomogen sind. Möglich wäre die Anwendung dieses Schlüssels beispielsweise beim Microsoft Office-Paket, das aus den (relativ homogenen) Produktkomponenten Word, Excel, Powerpoint und Access besteht. Von diesem Verfahren gehen keine positiven Anreize aus, da nur der mengenmäßige Anteil am Gesamtprodukt berücksichtigt wird.

ÜBERGREIFENDE ANSÄTZE

Im Folgenden wird die Verrechnung der Gemeinerlöse aufgrund der *Kosten der einzelnen Produkte* untersucht. Hiernach ergeben sich folgende Einzelerlöse pro Erlösträger:

$p^B_{PC} = k_{PC} / (k_{PC} + k_{OS}) \cdot p_{Bündel} = 780{,}00 € / (780{,}00 € + 20{,}00 €) \cdot 1.000{,}00 €$
$= 975{,}00 €$

$p^B_{OS} = k_{OS} / (k_{PC} + k_{OS}) \cdot p_{Bündel} = 20{,}00 € / (780{,}00 € + 20{,}00 €) \cdot 1.000{,}00 €$
$= 25{,}00 €.$

Der Schlüssel „Kosten" bietet zahlreiche Variationsmöglichkeiten. Um eine verursachungsgerechte Verrechnung der Gemeinerlöse zu gewährleisten sollten grundsätzlich die Kosten berücksichtigt werden, die zur Generierung der Gemeinerlöse angefallen sind. Nahe liegend erscheint es daher zunächst die Herstellkosten heranzuziehen. Die Herstellkosten können ggf. noch um die Vertriebs- und Marketingkosten oder gar um weitere Gemeinkosten ergänzt werden. Dabei gilt es zu berücksichtigen, dass die Marketingkosten vor allem bei dem Hauptprodukt, in diesem Beispiel beim PC, anfallen, da der PC letztendlich das ausschlaggebende Produkt ist, welches den Nutzer zum Kauf des Bündels bewegt. Aus diesem Grund erscheint für dieses Beispiel die Berücksichtigung zumindest der Marketingkosten sinnvoll.

Überlegungen dieser Art führen zu der grundsätzlichen Entscheidung darüber, ob Teil- oder Vollkosten angesetzt werden sollen (vgl. Schweitzer/Küpper 2003, S. 287 f.). Diese Entscheidung hängt vor allem vom betrachteten Zeithorizont ab. Da Fixkosten kurzfristig nicht beeinflussbar sind, sollten bei einer langfristig ausgelegten Gemeinerlösverrechnung tendenziell eher die Vollkosten angesetzt werden. Geht es darum Erlöse eher kurzfristig zu verteilen, erscheint der Rückgriff auf die Teilkosten angebracht.

Es zeigt sich, dass sich bei dem Kostenschlüssel erhebliche Gestaltungsspielräume ergeben, bezüglich derer zwischen den beteiligten Unternehmensbereichen ein Konsens zu erzielen ist. Die praktische Anwendbarkeit ist somit im hohen Maße vom Aufwand zur Beschaffung der benötigten Kostengrößen abhängig. Die kostenorientierte Schlüsselung ist sowohl für die reine als auch gemischte Produktbündelung anwendbar. Dieser Schlüssel impliziert allerdings, dass die kalkulatorischen Einzelerlöse mit steigenden Kosten des Einzelprodukts ebenfalls zunehmen. Dadurch werden negative Anreize erzeugt. Eine Methode, die diesen negativen Anreizen begegnet, wird im folgenden Abschnitt vorgestellt.

Schließlich können die Erlöse auch aufgrund der *Marktpreise der Konkurrenzprodukte* verteilt werden. Durch Marktbeobachtung können diese für die Einzelprodukte des Bündels ermittelt werden. Voraussetzung ist ein ähnlicher Leistungsumfang der Produkte. Verfolgen die Konkurrenzunternehmen eine vergleichbare Bündelungsstrategie, so ist die Aussagekraft dieses Ansatzes hingegen sehr beschränkt. Sowohl die Anreizwirkung als auch die praktische Einsetzbarkeit sind somit vom Vorhandensein geeigneter Vergleichsprodukte, die nicht im Bündel verkauft werden, abhängig.

Resterlösmethode

Neben der Verrechnung der Gemeinerlöse auf Basis von Schlüsseln können die Erlöse stufenweise im Sinne einer Resterlösmethode verrechnet werden. Auch dieses Verfahren ist der Kostenrechnung angelehnt. Es wird als Restwert- bzw. Subtraktionsmethode analog bei der Kostenzurechnung von Kuppelprodukten eingesetzt. Zur Verrechnung der Erlöse wird für die Einzelprodukte des Bündels eine Rangfolge festgelegt anhand derer die Gemeinerlöse auf die Produkte verteilt werden. Zur Ermittlung der Rangfolge können verschiedene Methoden herangezogen werden. Dazu können die Erlöse bzw. Mengen der Einzelverkäufe genutzt oder Kunden befragt werden. Ferner können die beteiligten Bereiche eine Rangfolge aushandeln. Ebenso kann das Top-Management eine Rangfolge festlegen. Anschließend wird der Bündelerlös anhand der Einzelverkaufspreise verteilt. Dies schränkt die Anwendbarkeit auf gemischte Produktbündel ein.

Anhand des obigen Beispiels gilt es, die 1.000,00 € Bündelerlös auf die Erlösträger PC und Betriebssystem aufzuteilen. Aufgrund der Einzelverkäufe wird der PC als das Hauptprodukt betrachtet (vgl. Abb. 7).

Dem PC als Produkt auf dem ersten Rang wird zunächst der gesamte Einzelverkaufspreis vom Bündelerlös zugeordnet, hier 900,00 €. Anschließend sind die noch zu verteilenden Einzelerlöse zu errechnen, in diesem Beispiel 1.000,00 € als zu verteilender Bündelerlös abzüglich 900,00 € für das Produkt auf dem ersten Rang, d. h. 100,00 €. Diese werden nun dem Produkt auf dem folgenden Rang, d. h. dem Betriebssystem zugerechnet. Diese Art der Aufteilung wird bei einem mehr als zwei Produkte umfassenden Bündel so lange durchlaufen, bis keine Bündelerlöse mehr zu verteilen sind.

Dieses Verfahren ist stark abhängig von der zu Beginn festzulegenden Reihenfolge. Hier liegt ein hohes Konfliktpotenzial, da unter Umständen Produkten auf den unteren Rängen keine Erlöse mehr zugeordnet werden. Die Anreizwirkung dieser Verrechnung ist in der Tendenz ähnlich wie bei der Schlüsselung auf Basis der Einzelverkaufspreise. Es ergeben sich jedoch Verzerrungen zugunsten der Produkte mit höherer Priorität.

Produkt	Verteilte Stückerlöse	Noch zu verteilende Stückerlöse (r_{ei})
Produkt auf Rang 1 PC	p^F_{PC} = 900,00 €	$r_{e1} = p_{Bündel} - p^F_{PC}$ = 1.000,00 € – 900,00 € = 100,00 €
Produkt auf Rang 2 Betriebssystem	min $\{r_{e1}, p^F_{OS}\}$ = 100,00 €	$r_{e2} = r_{e1} - \min \{r_{e1}, p^F_{OS}\}$ 100,00 € – 100,00 € = 0,00 €

Abbildung 7: Stufenweise Verrechnung der Erlöse bei gebündelten Produkten

Nicht-analytische Methoden

Neben den bisherigen Methoden können die Bündelerlöse auch durch *nicht-analytische Methoden* verteilt werden. Dies kann mittels Verhandlungen zwischen den beteiligten Unternehmensbereichen erfolgen. Hierzu legen die Verantwortlichen der beteiligten Bereiche – im obigen Beispiel der PC-Bereich sowie der Betriebssystembereich – einvernehmlich eine Aufteilung der Bündelerlöse vor. Die Gewichtung ist somit stark vom Verhandlungsgeschick der beteiligten Verantwortlichen, von der Stellung im Unternehmen oder auch von der Bedeutung des Bereichs für das Unternehmen abhängig. Mit diesem Verfahren ist oftmals ein hoher Abstimmungsaufwand verbunden.

Ist eine Verhandlung von der Unternehmensleitung nicht gewünscht oder führt diese zu keinem Ergebnis, können die Erlöse durch eine Entscheidung des Top-Managements ohne Beteiligung der Bereiche aufgeteilt werden. Sinnvoll erscheint dieses Vorgehen bspw. dann, wenn Mindesterlöse für strategisch bedeutende Bereiche garantiert werden sollen. Dieses Verfahren ist mit einem geringen Aufwand verbunden.

Die Anreizwirkung nicht-analytischer Methoden kann allgemein nicht beurteilt werden, da die Wirkung vom konkreten Ergebnis der Verhandlung bzw. Entscheidung abhängig ist.

Die zuvor dargestellten Methoden sind auch in Kombination einsetzbar. Beispielsweise können die Ergebnisse der analytischen Methoden als Basis für Verhandlungen dienen.

Erlöszurechnung bei Systemprodukten
Beschreibung des Fallbeispiels

Im Folgenden wird nun die Erlöszurechnung bei Systemprodukten betrachtet. Hierzu werden zwei Fallbeispiele entwickelt, anhand derer wiederum die zuvor dargestellten Methoden diskutiert werden. Bei dem ersten Beispiel handelt es sich um ein Unternehmen, das Tintenstrahldrucker und entsprechende Patronen herstellt und absetzt. Wiederum wird angenommen, dass die Entwicklung und Herstellung der beiden Produkte (Erlösträger) in zwei separaten, ergebnisverantwortlichen Bereichen (Erlösstellen) erfolgt. In der modellhaften Betrachtung wird davon ausgegangen, dass die Absatzmenge von Druckern x_D ausschließlich von deren Preis p_D abhängig ist. Die Absatzmenge von Tintenpatronen x_P ist dagegen zum einen von ihrem Preis (Stückerlös) p_P und zum anderen auch vom Preis der Druckers p_D abhängig. Dies ist vor dem Hintergrund erklärbar, dass ein geringer Preis für Drucker zu einer steigenden Absatzmenge von Druckern führt, was wiederum die Nachfrage nach Tintenpatronen verstärkt.[1] Es wird angenommen, dass maximal 20.000 Drucker dieses Typs und maximal 100.000 entsprechende Patronen absetzbar sind. Somit ergeben sich folgende Preis-Absatz-Funktionen:

$$x_D(p_D) = 20.000 - 100\, p_D$$
$$x_P(p_P, p_D) = 100.000 - 1.000\, p_P - 500\, p_D$$

Als Grenzkosten werden $k_D = 90{,}00\,€$ für den Drucker sowie $k_P = 10{,}00\,€$ für die Patrone angenommen; Fixkosten werden vernachlässigt.

Es bestehen nun die Alternativen, dass die beiden Bereiche ihre Preise autonom bestimmen, um hierdurch ihr Bereichsergebnis zu optimieren, oder dass eine übergeordnet koordinierte Preissetzung für beide Bereiche erfolgt. Für den Fall der isolierten Preissetzung wird angenommen, dass zunächst die Drucker-Sparte ihre Preise ergebnismaximierend setzt und die Patronen-Sparte den Preis für Drucker somit als extern gegebenen Parameter annimmt und auf dieser Basis ihrerseits den Preis für ihr Produkt gewinnmaximal festsetzt. Im anderen Fall erfolgt eine Optimierung der Gesamtgewinnfunktion unter simultaner Berücksichtigung beider Preise (vgl. für die Berechnung im Einzelnen Ortelbach/Borchert (2005)). Diese beiden Varianten werden in Abbildung 8 gegenüber gestellt.

Das Ergebnis des Vergleichs der beiden Alternativen ist, dass das Unternehmensergebnis durch koordinierte Preissetzung verbessert werden kann. Im Beispiel ergibt sich eine Verbesserung in Höhe von 127.604,16 € (33,66 %). Es zeigt sich, dass der Preis für den Drucker als Basisprodukt von 145,00 € auf 86,67 € sinkt, während sich der Preis für die Patronen als ergänzende Komponenten von 18,75 € auf 33,33 € ansteigt. Für die im vorliegenden Beitrag untersuchte Problemstellung ist jedoch die Verschiebung der Bereichsgewinne von zentraler Bedeutung. Während der Druckerbereich

		Isolierte Preissetzung	Koordinierte Preissetzung
Drucker	Stückerlös p_D	145,00 €	86,67 €
	Menge x_D	5.500	11.333
	Grenzkosten k_D	90,00 €	90,00 €
	Gesamterlös E_D	797.500,00 €	982.222,21 €
	Kosten K_D	495.000,00 €	1.020.000 €
	Gewinn G_D	302.500,00 €	– 37.777,84 €
Patrone	Stückerlös p_P	18,75 €	33,33 €
	Menge x_P	8.750	23.333
	Grenzkosten k_P	10,00 €	10,00 €
	Gesamterlös E_P	164.062,51 €	777.777,86 €
	Kosten K_P	87.500,00 €	233.333,36 €
	Gewinn G_P	76.562,50 €	544.444,50 €
Gesamt	Gesamterlös E_G	961.562,51 €	1.760.000,07 €
	Gewinn G_G	379.062,50 €	506.666,67 €

Abbildung 8: Isolierte und koordinierte Preisgestaltung im Vergleich (Beispiel Drucker und Patronen)

bei isolierter Preissetzung bei einem Umsatz von 797.500,00 € einen Gewinn von 302.500,00 € aufweisen könnte, zeigt sich im Fall der simultanen Optimierung bei einem Umsatz von 982.222,21 € ein Verlust von 37.777,84 €. Eine entgegengesetzte Wirkung ist für den Patronenbereich zu beobachten: der Gewinn kann hier von 76.562,50 € auf 544.444,50 €, der Umsatz von 164.062,51 € auf 777.777,86 € gesteigert werden. Somit stellt sich auch hier die Frage, wie die gesamtoptimalen pagatorischen Erlöse kalkulatorisch so zugerechnet werden können, dass eine Beurteilung der Leistung der Geschäftsbereiche möglich ist. Im Folgenden werden die zuvor dargestellten Ansätze für dieses Beispiel auf ihre Einsetzbarkeit hin untersucht.

Schlüsselungsmethode

Bezüglich der *Schlüsselungsmethoden* ist es offensichtlich, dass alle Verfahren, die sich an den Einzel- bzw. Gesamterlösen orientieren für die Problemstellung des Beispiels nicht geeignet sind, weil hierdurch keine ausgleichende, kalkulatorische Erlöszurechnung stattfindet und somit das Steuerungs- und Anreizproblem nicht lösen. Auch die Verrechnung auf Basis des mengenmäßigen Anteils ist nicht sinnvoll, da sich Basis- und Ergänzungskomponenten wertmäßig typischerweise stark unterscheiden.

Grundsätzlich anwendbar ist dagegen die kostenorientierte Erlöszurechnung.

E_D^{kalk} = 1.020.000,05 € / (1.020.000,05 € + 233.333,36 €) · 1.760.000,07 €
       = 1.432.340,47 €

E_P^{kalk} = 233.333,36 € / (1.020.000,05 € + 233.333,36 €) · 1.760.000,07 €
       = 327.659,60 €

Die hierzu notwendigen Daten liegen i.d.R. vor, weshalb die Praktikabilität der Methode als hoch einzuschätzen ist. Würde man die Gesamterlöse auf Basis der Bereichsgesamtkosten schlüsseln, ergäben sich folgende Werte:

Die Bereichsergebnisse würden 412.340,42 € für den Druckerbereich bzw. 94.326,25 € für den Patronenbereich betragen. Die Ergebnisse scheinen in einer Ex-Post-Betrachtung zu einer verursachungsgerechteren Verteilung der Erlöse bzw. Gewinne zu führen. Problematisch ist hieran jedoch, dass ein solches Steuerungssystem falsche Anreize setzen würde. Wäre die Zurechnungsmethodik den Bereichsverantwortlichen bereit ex-ante bekannt, würde diese Verrechnung den Anreiz schaffen, die eigenen Kosten zu steigern (anstatt sie zu senken), da hierdurch das Bereichsergebnis verbessert werden könnte. Aus dieser Erkenntnis ergibt sich die Anforderung, das System so zu modifizieren, dass solche falschen Anreizwirkungen ausgeschlossen werden.

Eine Möglichkeit, dieses Problem zu lösen, bietet der aus der Regulierung von Monopolmärkten bekannte RPI-X-Ansatz (vgl. Claassen/Horváth 2005, S. 60 ff.). Nach dieser Methode wird ein verhandlungsbasierter Preis für eine bestimmte Laufzeit (i. d. R. 3–5 Jahre) fixiert. Alle Effizienzsteigerungen in Form von Kostensenkung würden sich unmittelbar positiv auf das Ergebnis der verantwortlichen Einheiten auswirken. Bei der Fortschreibung der Preise während der Laufzeit der Vereinbarung werden zum einen ein Inflationsausgleich (Retail Price Index (RPI)) und zum anderen ein vorgegebener jährlicher Produktivitätsfortschritt (X) berücksichtigt. Diese Methode löst zwar das Anreizproblem, wirft jedoch andere Probleme auf. So gestaltet sich insbesondere die Festlegung des Ausgangspreises als schwierig. Als Orientierungspunkt könnten entsprechend des zuvor diskutieren Verfahrens die Ist-Kosten dienen. Durch die Integration beider Methoden werden sowohl das Problem der Fehlsteuerung (bei isolierter Anwendung der kostenbasierten Verrechnung) als auch das Problem der Offenheit der Verhandlung (bei isolierter Anwendung der RPI-X-orientierten Verrechnung) entschärft. Bestehen bleibt jedoch das Problem der Bestimmung des Soll-Produktivitätsfortschritts. Darüber hinaus besteht auch die Gefahr, dass in den Bereichen eine Zurückhaltung bei der Investitionsbereitschaft in langfristig wirksame Projekte gefördert wird, welches wiederum ein Fehlanreiz darstellen würde (vgl. Panteghini/Scarpa 2001). Auch ist der Aufwand einer RPI-X-orientierten Verrechnung bzw. eines kombinierten Verfahrens aufgrund der notwendigen Verhandlungen deutlich höher.

Resterlösmethode

Die *Resterlösmethode* ist für Systemprodukte in modifizierter Form anwendbar. Eine Zurechnung könnte wie folgt durchgeführt werden. Dem Druckbereich (als ausgleichnehmender Bereich) werden die Erlöse zugeschrieben, die er bei isolierter Preissetzung theoretisch erreichen könnte, in diesem Beispiel 797.500,00 €. Der Bereich würde hierdurch einen (kalkulatorischen) Verlust in Höhe von 222.500,04 € (797.500,00 € − 1.020.000,05 €) aufweisen. Der kalkulatorische Erlös für den Patronenbereich würde sich als Resterlös ergeben, im Beispiel somit 962.500,06 € (1.760.000,07 € − 797.500 €) betragen. Es würde sich für diesen Bereich ein Gewinn in Höhe von 729.166,71 € (962.500,06 € − 233.333,36 €) ergeben. Durch dieses Verfahren würde sich die preispolitisch bedingte Verzerrung sogar noch weiter verstärken. Dieses resultiert daraus, dass die verknüpften Erlöse und Kosten auf unterschiedlichen Mengengerüsten basieren. Während der Erlösseite kalkulatorisch 5.500 Einheiten zugrunde liegen, basiert die Kostenseite auf 11.333 Einheiten. Eine weitere Variante der stufenweisen Verrechnung ist es, den theoretisch erzielbaren Gewinn des ausgleichnehmenden Druckerbereichs kalkulatorisch zu fixieren. Im Beispiel würde der erzielbare Gewinn des Druckerbereichs in Höhe von 302.500,00 € als gegeben angenommen und alle weiteren Werte würden retrograd ermittelt werden. Der kalkulatorische Erlös dieses Bereichs würde somit 1.322.500,05 € (302.500,00 € + 1.020.000,05 €) betragen. Somit verbleiben für den ausgleichgebenden Patronenbereich bei einem kalkulatorischen Erlös von 437.500,03 € (1.760.000,07 € − 1.322.500,05 €) ein Bereichsgewinn von 204.166,67 € (437.500,03 € − 233.333,36 €). Die praktische Anwendbarkeit der vorgestellten Methode der stufenweisen Verrechnung ist in allen Fällen stark begrenzt, da in der Praxis – im Gegensatz zum theoretischen Modell – die exakte Preis-Absatz-Funktion i. d. R. nicht bekannt ist und die notwendigen Daten (die theoretische erzielbaren Erlöse bzw. Gewinne) somit nicht verfügbar sind. Jedoch zeigen sich neben den praxisbezogenen auch theoretische Probleme. Eine wesentliche Schwachstelle aller Varianten ist ihre Anreizinkompatibilität. In allen dargestellten Varianten besitzt der ausgleichnehmende Bereich keinen Anreiz, sein Produkt zu verbessern, da die Erlöse festgeschrieben sind. Während er im ersten Fall der Erlösfixierung zumindest noch den Anreiz hat, seine Kosten zu reduzieren, entfällt in der zweiten Variante sogar dieser Anreiz. Auf Seiten des ausgleichgebenden Bereichs wäre dagegen sowohl kosten- als auch erlösseitig eine Anreizwirkung vorhanden.

Bei der Erlöszurechnung auf Basis von Konkurrenzprodukten ist zunächst zu fragen, für welche Produkte sinnvolle Vergleichspreise am Markt existieren. Im Beispiel des Marktes für Druckerhersteller ist davon auszugehen, dass alle Anbieter Preisstrategien verfolgen, die auf einem preispolitischen Ausgleich beruhen. Aus diesem Grund kann angenommen werden, dass Preise von Druckern und Patronen anderer Hersteller in ähnlicher Relation stehen. Deshalb führen Verrechnungen auf dieser Basis zu Ergebnissen, die den tatsächlichen Erlösen sehr ähnlich sind, und somit kann der gewünschte kalkulatorische Ausgleich nicht erreicht werden. Einen Orientierungspunkt könnten jedoch die Preise für Patronen anderer Hersteller (die selbst keine Drucker anbieten) sein. Für das betrachtete Beispiel wird angenommen, dass ein fremdes Unternehmen Patronen für das betrachtete Druckermodell für 18,00 € anbietet. Dem Patronenbereich könnten auf dieser Basis kalkulatorische Erlöse in Höhe von 420.000,05 € (23.333 · 18,00 €) zugerechnet werden. Es würde sich ein kalkulatorisches Bereichsergebnis von 186.666,69 € (420.000,05 € − 233.333,36 €) ergeben. Die Erlöse für den Druckerbereich können wie im Rahmen der Resterlösmethode ermittelt werden. Es würde sich hier bei einem kalkulatorischen Bereichserlös von 1.340.000,02 € (1.760.000,07 − 420.000,05 €) ein Bereichsergebnis von 319.999,98 € (1.340.000,02 € − 1.020.000,05 €) ergeben. Dieser Steuerungsmechanismus zeichnet sich durch eine bessere Anreizkompatibilität aus als die zuvor diskutierte Variante der Resterlösmethode. Eine Kostensenkung in einem Bereich kommt dem jeweiligen Bereich unmittelbar ergebniswirksam zugute. Gleiches gilt für (isolierte) Erlössteigerungen, die z. B. durch Produktinnovationen erreicht werden. Eine Interdependenz zeigt sich lediglich bei einer Veränderung des Konkurrenzpreises. Würde beispielsweise der Konkurrenzpreis für die Patrone sinken, hätte dies eine Umverteilung der internen Erlöse vom Patronen- zum Druckerbereich zur Folge. Dass der Patronenbereich durch eine solche Marktentwicklung „bestraft" wird, ist als richtiger Anreiz zu bewerten, da zu erwarten ist, dass hierdurch auch der Druck auf den Preis des eigenen Produkts steigt und somit die Notwendigkeit einer Kostenreduktion zu erwarten ist. Die spiegelbildliche Wirkung – nämlich dass der Druckerbereich für sinkende Preise der fremden Patronen „belohnt" wird – ist anreiztheoretisch nicht ideal, weil hier das Ergebnis durch externe Effekte beeinflusst wird. Dies stellt jedoch praktisch kein Problem dar, da keine falschen Anreize geschaffen werden. Darüber hinaus zeichnet sich eine konkurrenzorientierte Verrechnung gegenüber dem RPI-X-orientierten Ansatz durch einen geringeren Aufwand aus, da keine Verhandlungen notwendig sind. Problematisch könnte es möglicherweise sein, einen geeigneten Referenzpreis zu ermitteln. Hierzu sind ggf. Mittelwerte verschiedener Anbieter heranzuziehen.

Nicht-analytische Methoden

Die beiden nicht-analytischen Methoden – eine Verrechnung auf Basis von Verhandlungen sowie eine Festlegung durch das Top-Management – sind auch in diesem Beispiel grundsätzlich anwendbar. Die zuvor genannten Kritikpunkte treffen ebenfalls für diesen Fall zu.

Modifikation des Fallbeispiels

Einen sehr ähnlichen Fall stellt das Beispiel eines Unternehmens dar, das Musiktitel zum Download und gleichzeitig einen entsprechenden mobilen Player anbietet (vgl. für eine ausführliche Darstellung des Fallbeispiels Ortelbach/ Borchert (2005)). In diesem Fall soll davon ausgegangen werden, dass die herunter geladenen Songs mobil ausschließlich über den Player des entsprechenden Unternehmens abgespielt werden können (die Möglichkeit, dass technische Schutzmaßnahmen von Nutzern auf verschiedensten Wegen umgangen werden können, soll im Folgenden vernachlässigt werden). Hierdurch entsteht eine ähnliche Interdependenz zwischen den beiden Komponenten wie im vorhergehenden Beispiel. Der Unterschied besteht jedoch darin, dass in diesem Fall die ergänzende Komponente (die Musik) als „Lockvogel" für das Basisprodukt (den Player) dient. Dies ist durch die zuvor genannte Annahme zu begründen: Da der Player notwendig ist, um die herunter geladene Musik auch mobil zu nutzen, bietet es sich an, die Musikstücke billig anzubieten, um hierdurch die Nachfrage nach dem Player zu steigern.

Unterschiede zum vorhergehenden Fallbeispiel ergeben sich in Hinsicht. Zunächst verläuft der kalkulatorische Ausgleich in diesem Fall von der ergänzenden Komponente des Systemprodukts (Musiktitel) zum Basissystem (Player). Weiterhin ist zu berücksichtigen, dass für die ergänzenden Komponenten Grenzkosten in Höhe von null anfallen. Dieses ist durch die Annahme zu begründen, dass der Betreiber des Musikportals für die Vertriebsrechte an den Musikstücken

ÜBERGREIFENDE ANSÄTZE

eine pauschale Lizenzgebühr an die Inhaber der Urheber- bzw. Verwertungsrechte bezahlt. Schließlich kann in diesem Beispiel für beide Produktkomponenten ein sinnvoller Konkurrenzpreis ermittelt werden, weil es für beide Produkte Konkurrenten gibt, die nicht als Verbundanbieter auftreten. Es finden sich sowohl Unternehmen, die lediglich mobile Player anbieten, als auch solche, die lediglich einen Musikdownloaddienst betreiben.

Die Aussagen bezüglich der Schlüsselungsmethode des vorgehenden Beispiels sind grundsätzlich übertragbar.

Im Vergleich zum vorhergehenden Beispiel zeigt sich bei den Varianten der Resterlösmethode eine geringfügige Veränderung. Beide Varianten (Erlös- bzw. Ergebnisfixierung des ausgleichnehmenden Bereichs) führen aufgrund der Grenzkosten in Höhe von null im vorliegenden Beispiel zu identischen Ergebnissen.

In dem Fall einer konkurrenzorientierten Verrechnung ergibt sich jedoch ein Unterschied zum vorhergehenden Beispiel, sofern für beide Produkte effektive Konkurrenzpreise ermittelt werden können. Hierdurch können fiktive Erlöswerte (Konkurrenzpreise multipliziert mit Ist-Menge) bestimmt werden, die dann zur Schlüsselung des tatsächlichen Gesamterlöses verwendet werden. Da in diesem Fall sogar für beide Seiten Referenzpreise einbezogen werden, induziert der vom Markt kommende Preisdruck hier für beide Bereiche einen Kostendruck, wodurch die Anreizwirkung höher als im vorhergehenden Fall zu bewerten ist.

Bei den nicht-analytischen Methoden ergeben sich hingegen keine grundsätzlichen Unterschiede zum vorhergehenden Beispiel.

■ Fazit

Das Ziel der vorliegenden Untersuchung war es, mögliche Methoden zur Lösung des Problems der Zurechnung von Erlösen für verbundene Produkte vorzustellen und zu diskutieren. Aus der Vielzahl der Verbundenheiten zwischen Produkten wurden gebündelte Produkte und Systemprodukte als spezielle Untersuchungsgegenstände herausgestellt, da sich diese zum einen durch eine Erlösverbundenheit auszeichnen und zum anderen für die TIME-Branchen von besonderer Relevanz sind.

Zur Erlöszurechnung wurden verschiedene Methoden vorgestellt. Grundsätzlich lassen sich Schlüsselungs-, Resterlös-, nicht-analytische sowie kombinierte Methoden unterscheiden. Diese Methoden wurden auf ihre grundsätzliche Anwendbarkeit, ihre Anreizkompatibilität sowie ihre praktische Einsetzbarkeit hin untersucht. Die Ergebnisse dieser Untersuchung werden in Abbildung 9 zusammengefasst.

Generell zeigt sich, dass der Komplexitätsgrad bei der Erlöszurechnung im Fall von gebündelten Produkten geringer ist als bei Systemprodukten. Dies resultiert daraus, dass – sofern ein preispolitischer Ausgleich zum Einsatz kommt – eine Verteilung der Erlöse auf Basis der Einzelprei-

	Methode	Gebündelte Produkte			Systemprodukte		
		Anwendbarkeit	Anreizkompatibilität	Praktische Einsetzbarkeit	Anwendbarkeit	Anreizkompatibilität	Praktische Einsetzbarkeit
Schlüsselungsmethode	Einzelverkaufspreis	bei gemischter Bündelung	ja	ja	nein	(entfällt)	(entfällt)
	Gesamterlöse aus dem Einzelverkauf	bei gemischter Bündelung	ja	ja	nein	(entfällt)	(entfällt)
	Zahlungsbereitschaft	bei gemischter Bündelung	ja	Datenermittlung problematisch	nein	(entfällt)	(entfällt)
	Mengenmäßiger Anteil	ja	nein	nur bei homogenen Komponenten	nein	(entfällt)	(entfällt)
	Kosten des Einzelprodukts	ja	nein	ja	ja	nein (kann durch RPI-X erreicht werden)	ja (bei RPI-x erhöhter Aufwand)
	Konkurrenzpreis	sofern Anbieter am Markt, die die produkte ungebündelt anbieten	ja	ja	falls für alle Elemente Referenzpreise vorhanden	ja	ja
					falls nur für best. Elemente Referenzpreise vorhanden: in Kombination mit Resterlösmethode	ja	ja
Resterlösmethode		ja (bei gemischter Bündelung)	ja	ja	ja	nicht für ausgleichsnehmenden Bereich	Datenermittlung problematisch
Nicht-analytische Methoden	Verhandlungen	ja	allgemein nicht bewertbar	hoher Aufwand	ja	allgemein nicht bewertbar	hoher Aufwand
	Festlegung durch Top-Mangement	ja	allgemein nicht bewertbar	ja	ja	allgemein nicht bewertbar	ja

Abbildung 9: Übersicht der Verfahren zur Erlöszurechnung für verbundene TIME-Produkte

se, Zahlungsbereitschaften oder Produkterlösen aus dem Einzelverkauf bei Systemprodukten nicht anwendbar ist. Ein weiteres zentrales Ergebnis ist, dass eine kostenorientierte Erlöszurechnung – ähnlich wie eine Kostenzurechnung nach dem Tragfähigkeitsprinzip – eine falsche Anreizwirkung erreicht. Als besonders geeignet erweisen sich dagegen konkurrenzorientierte Verfahren, weil diese zum einen richtige Anreize schaffen können und zum anderen mit einem verhältnismäßig geringen Aufwand umsetzbar sind.

Da die Problemstellung in dieser Form bislang in der Wissenschaft noch nicht untersucht wurde, bieten sich mehrere Richtung zur weiteren Forschungsarbeit auf diesem Gebiet an. In einem ersten Schritt erscheint es sinnvoll, die hier vorgestellten Überlegungen mit dem verwandten Forschungsgebiet der Transferpreise in Verbindung zu bringen. Weiterhin ist es wünschenswert, die hier eher qualitativ vorgenommene Beurteilung der Ansätze im Rahmen formaler Modelle durch quantitative Analysen zu ergänzen. Schließlich ist es nahe liegend – z. B. in Form von Fallstudien – zu untersuchen, wie dieses Problem in der Praxis behandelt wird.

Anmerkung

1 In der Realität existiert – neben einer Vielzahl anderer Einflüsse – auch eine Rückwirkung des Patronenpreises auf die Absatzmenge der Drucker. Diese resultiert daraus, dass Kunden beim Kauf eines Druckers auch die laufenden Kosten in ihr Kalkül miteinbeziehen. Dieser Effekt soll im Folgenden aus Gründen der Nachvollziehbarkeit des Beispiels vernachlässigt werden.

Literatur

ADAMS, W. J./YELLEN, J. L.: Commodity Bundling and the Burden of Monopoly, in: Quarterly Journal of Economics, 90. Jg. (1976), S. 475 – 498.
BURSTEIN, M. L.: The Economics of Tie-In-Sales, in: Review of Economics and Statistics, 42. Jg. (1960), S. 68 – 73.
CARBAJO, J./DE MEZA, D./SEIMANN, D. J.: A Strategic Motivation for Commodity Bundling, in: The Journal of Industrial Economics, 38. Jg. (1990), S. 283 – 298.
CLAASEN, U./HORVÁTH, P.: EnBW – Sanierung eines Energiekonzerns, in: Controlling, 17. Jg. (2005), Heft 1, S. 57 – 62.
ENGELHARDT, W. H.: Erlösplanung und Erlöskontrolle, in: MÄNNEL, W. (Hrsg.): Handbuch Kostenrechnung, Wiesbaden 1992, S. 656 – 670.
EPPEN, G. D./HANSON, W. A./MARTIN, K. R.: Bundling – New Products, New Markets, Low Risk, in: Sloan Management Review, 32. Jg. (1991), S. 7 – 14.
GUILTINAN, J. P.: The price bundling of services: a normative framework, in: Journal of Marketing, 51. Jg. (1987), Heft 2, S. 74 – 85.
FÜRDERER, R./HUCHZERMEIER, A.: Optimale Preisbündelung unter Unsicherheit, in: Zeitschrift für Betriebswirtschaft, o. Jg. (1997), Ergänzungsheft 1, S. 117 – 133.
HAGENHOFF, S.: Innovationsmanagement im TIME-Bereich: Forschungsbegründung und State of the Art in der Literatur, Arbeitsberichte der Abt. Wirtschaftsinformatik II, Universität Göttingen, Nr. 11, Göttingen, 2003.
HÄNICHEN, T.: Die Erlösentstehung im Industriebetrieb und ihre Abbildung im internen Rechnungswesen: Anforderungen an die Gestaltung einer Planerlösrechnung und theoriegeleitete Vorschläge zu ihrer Umsetzung, Berlin 1995.
HORNGREN, C. T./FOSTER, G./DATAR, S. M.: Cost Accounting: A managerial emphasis. 10. Aufl., Upper Saddle River 2000.
KOLB, J.: Industrielle Erlösrechnung: Grundlagen und Anwendung, Wiesbaden 1978.
KRÖMMELBEIN, G.: Leistungsverbundenheit im Verkehrsbetrieb, Berlin 1967.
KÜPPER, H.-U.: Controlling: Konzeption, Aufgaben und Instrumente, Stuttgart 2001.
LAßMANN, G.: Erlösrechnung, IN: BUSSE VON COLBE, W. (HRSG.): Lexikon des Rechnungswesens: Handbuch der Bilanzierung und Prüfung, der Erlös-, Finanz-, Investitions- und Kostenrechnung, 4. Aufl., München 1998, S. 229 – 232.
LENGSFELD, S./SCHILLER, U.: Transfer Pricing Based on Actual versus Standard Costs, Tübinger Diskussionsbeiträge Nr. 272, Wirtschaftswissenschaftliche Fakultät, Eberhard-Karls-Universität Tübingen, Tübingen 2003.
MÄNNEL, W.: Verbundwirtschaft, in: KERN, W. (Hrsg.): Handwörterbuch der Produktionswirtschaft, Stuttgart 1984.
MÄNNEL, W.: Bedeutung der Erlösrechnung für die Ergebnisrechnung, in: MÄNNEL, W. (Hrsg.): Handbuch Kostenrechnung, Wiesbaden 1992, S. 631 – 655.
MÄNNEL, W.: Erlösrechnung, in: CHMIELEWICZ, K. (Hrsg.): Handwörterbuch des Rechnungswesens, 3. Aufl., Stuttgart 1993, S. 562 – 579.
MEFFERT, H.: Marketing: Grundlagen marktorientierter Unternehmensführung, 9. Aufl., Wiesbaden 2000.
NIEßEN, W.: Erlösrechnungssysteme und deren Eignung als Planungs- und Kontrollinstrumente, Essen 1982.
ORTELBACH, B./BORCHERT, J.: Grundsätzliche Überlegungen zur Erlösrechnung bei verbundenen Produkten, Arbeitsberichte der Abt. Wirtschaftsinformatik II, Universität Göttingen, Nr. 14, Göttingen, 2005.
PANTEGHINI, P. M./SCARPA, C.: Incentives to (irreversible) investments under different regulatory regimes, CESifo working paper series, No. 417, Center for Economic Studies, München 2001.
PORTER, M. E.: Wettbewerbsvorteile: Spitzenleistung erreichen und behaupten, Frankfurt 1986.
SCHUMANN, J./MEYER, U./STRÖBELE, W.: Grundzüge der mikroökonomischen Theorie, 7. Aufl., Berlin u. a. 1999.
SCHWEITZER, M.: Erlösträgerrechnung, in: KÜPPER, H.-U. (Hrsg.): Handwörterbuch Unternehmensrechnung und Controlling, 4. Aufl., Stuttgart 2002, Sp. 475 – 484.
SCHWEITZER, M./KÜPPER, H.-U.: Systeme der Kosten- und Erlösrechnung, 8. Aufl., München 2003.
SIMON, H.: Preisbündelung, in: Zeitschrift für Betriebswirtschaft, 62. Jg. (1992), Heft 11, S. 1213 – 1235.
SIMON, H.: Preismanagement: Analyse – Strategie – Umsetzung. 2. Aufl., Wiesbaden 1992.
SIMON, H.: Preismanagement kompakt: Probleme und Methoden des modernen pricing, Wiesbaden 1995.
STIGLER, G. J.: United States vs. Loew's Inc.: A Note on Block-Booking, in: The Supreme Court Review, 1963, S. 152 – 157.
VENKATESH, R./MAHAJAN, V.: A Probalistiv Approach to Pricing a Bundle of Products or Services, in: Journal of Marketing Research, 30. Jg. (1993), S. 494 – 508.
WEBER, H. K.: Verbundwirtschaft, in: KERN, W./SCHRÖDER, H.-H./WEBER, J. (Hrsg.): Handwörterbuch der Produktionswirtschaft, 2. Aufl. Stuttgart 1996.
WEIBER, R.: Diffusion von Telekommunikation, Wiesbaden 1992.
WEIßENBERGER, B.: Erlösartenrechnung, in: KÜPPER, H.-U. (Hrsg.): Handwörterbuch Unternehmensrechnung und Controlling, 4. Aufl., Stuttgart 2002, Sp. 444 – 452.
WIEANDT, A.: Die Entwicklung von Märkten durch Innovationen: Ein Analyserahmen für unternehmenspolitische Entscheidungen zur Sicherung des Fortbestandes von Kundenbeziehungen im Innovationswettbewerb, in: Zeitschrift für betriebswirtschaftliche Forschung, 46. Jg. (1994), S. 852 – 870.
WÜBKER, G.: Preisbündelung: Formen, Theorie, Messung und Umsetzung, Wiesbaden 1998.
YADEV, M. S.: How Buyers Evaluate Product Bundles: A Model of Anchoring and Adjustment, in: Journal of Consumer Research, 21. Jg. (1994), S. 342 – 353.
ZERDICK, A. ET AL.: Die Internet-Ökonomie: Strategien für die digitale Wirtschaft, 3. Aufl., Berlin u. a. 2001.

BRANCHENSPEZIFISCHE ANSÄTZE

Der Portfolio-Ansatz in den Medienindustrien – Ein strategisches Werkzeug mit unterschätztem Wert?

Leona Achtenhagen/Robert G. Picard

Aufgrund tiefgreifender Veränderungen der Medienindustrien sehen sich Medienunternehmen gezwungen, ihre traditionellen Einproduktstrategien zugunsten von Produktportfolios aufzugeben.

Der Portfolio-Ansatz als Antwort auf aktuelle Herausforderungen in Medienindustrien

Sobald ein Unternehmen mehr als ein Produkt am Markt anbietet, führt es ein Produktportfolio. Produktportfolios stellen neue Herausforderungen an das Management: Anpassungen oder grundlegende Veränderungen der Unternehmensstrategie und -organisation sowie der einzelnen Funktionsbereiche wie Produktentwicklung, Marketing, Logistik und Kundenservice werden notwendig.

Während viele Unternehmen in herstellenden Industrien häufig in frühen Lebensphasen beginnen, ganze Produktpaletten anzubieten, waren Medienunternehmen traditionell auf das Angebot nur eines Produktes fokussiert. So produzierte zum Beispiel ein Zeitungsunternehmen typischerweise nur eine Zeitung oder ein Radiounternehmen eben genau das Programm für einen Kanal. Die angebotene Produktpalette wurde dann häufig erweitert, indem das gleiche ursprüngliche Produkt repliziert wurde: Das Zeitungsunternehmen gründete oder erwarb eine weitere Zeitung, zum Beispiel in einer anderen Stadt, und das Radiounternehmen entwickelte das Angebot für einen weiteren Radiokanal.

Diese Situation hat sich in den letzten Jahren stark verändert. Medienunternehmen entwickeln nun in zunehmendem Maße breitere Produktportfolios, um den Veränderungen des Marktes gerecht zu werden. Diese Veränderungen zeichnen sich beispielsweise durch Marktkonvergenz, Branchenkonsolidierung sowie die daraus folgende Notwendigkeit der Erzielung von Skaleneffekten und Verbundvorteilen aus. Medienproduktportfolios sind in allen Medienindustrien im Entstehen. Zeitschriftenunternehmen bieten nun hunderte verschiedener Titel an, Rundfunkanstalten betreiben eine Viel-

- Die traditionellen Strategien der Medienunternehmen werden durch neue elektronische und digitale Medien einem Veränderungsdruck unterworfen.
- Ziele von Produktportfolios sind die Senkung des Geschäftsrisikos, das Management von Produktlebenszyklen, das Ausschöpfen von Marktpotenzialen, die Ausweitung der angebotenen Dienstleistungen sowie Effizienzgründe.
- Medienübergreifende Produktportfolios werden immer häufiger.
- Ein erfolgreiches Portfoliomanagement erfordert eine Reihe von Veränderungen im Bereich der Organisation und stellt neue Herausforderungen an das Management.
- Wichtig ist es, darauf zu achten, dass zwischen den einzelnen Produkten eines Portfolios Synergien genutzt und bereichsübergreifende Kernkompetenzen aufgebaut werden können.

Dr. Leona Achtenhagen
Associate Professor für Strategie und Organisation an der Jönköping International Business School und Mitarbeiterin am Media Management and Transformation Centre.

Robert G. Picard, PhD
Hamrin Professor of Media Economics und Direktor des Media Management and Transformation Centres an der Jönköping International Business School.

zahl von Kanälen, und Zeitungsfirmen produzieren unterschiedliche Zeitungen.

Auch medienübergreifende Portfolios treten immer häufiger auf. So sind jetzt einige Zeitungsunternehmen im Fernsehgeschäft aktiv, und Fernsehsender haben ihre Aktivitäten in die Filmproduktion ausgedehnt. Viele vormals nur auf dem nationalen Markt tätige Unternehmen haben ihre Angebotspalette internationalisiert. Je nach Organisationsstruktur dieser Unternehmen besitzen und führen diese nun Medienproduktportfolios oder Portfolios von Medienunternehmen. Eine aktuelle Studie der sechs größten Medienunternehmen verdeutlicht zum Beispiel, dass diese allesamt breit aufgestellte Unternehmen sind, die selbst Inhalte entwickeln und diese über unterschiedliche Plattformen und Medien anbieten (Albarran/Moellinger 2002).

Die aus den Veränderungen folgenden Herausforderungen an Medienunternehmen liegen nun u. a. darin, dass Manager mit Erfahrungen aus einem Medienbereich nun Verantwortungen in Medienbereichen mit völlig anderen ökonomischen, finanziellen und operativen Charakteristika übernehmen sollen – oder eben für mehrere Produkte anstelle eines einzelnen Produktes zuständig sind. Diese Herausforderungen stellen sich oftmals als problematisch dar, da Manager in Medienunternehmen häufig ohne einschlägige Managementausbildung Karriere gemacht haben und daher oft ein recht begrenztes Verständnis von Strategischem Management haben, in dessen Bereich das Portfoliomanagement fällt. Auch die vorhandene Literatur zum Medienmanagement ignoriert diesen Bereich weitgehend und diskutiert hauptsächlich Medienunternehmen, die nur einzelne Produkte in nur einer Medienindustrie anbieten. Picard (2005) versucht mit seinem neuen Buch, diese Lücke zu schließen.

Das Management von Produktportfolios in Medienunternehmen ist keine triviale Angelegenheit und erfordert ein gutes Verständnis der Grundprinzipien von Portfolios. Diese sollen im vorliegendem Beitrag erläutert werden. Kurz zusammengefasst ist das Ziel von Produktportfoliomanagement, eine Balance im Portfolio zu erzielen, die nicht nur den Portfoliowert optimiert, sondern auch den strategischen Zielsetzungen gerecht wird.

Ziele von Produktportfolios

In der Literatur werden unterschiedliche Begründungen für die Logik von Produktportfolios gegeben, zum Beispiel die Verminderung des Geschäftsrisikos, das Management von Produktlebenszyklen, die Ausschöpfung von Marktpotenzialen, die Ausweitung der angebotenen Dienstleistungen oder Effizienzgründe. Diese sollen im Folgenden näher beleuchtet werden.

Verminderung des Geschäftsrisikos

Der Aufbau von Produktportfolios wird häufig mit einer Verringerung des Geschäftsrisikos in Verbindung gebracht. So soll ein Portfolio verschiedener Produkte helfen, das Risiko abzufangen, dass einzelne Produkte vom Markt nicht angenommen werden, sich die Nachfrage reduziert oder aber Geschäftszyklen oder Produktion und Distribution unvorhersehbar unterbrochen oder gestört werden. Dieses Risiko wird dann als verstärkt angesehen, wenn der Unternehmenserfolg stark von einem einzelnen Produkt oder geographischen Markt abhängt. Verlags- und Rundfunkunternehmen waren traditionell nur in einem Medienbereich tätig, haben aber in den vergangenen drei Jahrzehnten zunehmend ihr Produktangebot in andere Medienbereiche diversifiziert, um ihr Geschäftsrisiko zu reduzieren. Gleichermaßen benutzen Film- und Fernsehproduzenten Portfolios, um die schwierige Prognose kreativer Produktqualität, Kundennachfrage und dem daraus folgenden finanziellen Erfolg abzufedern. Einer ähnlichen Logik folgt das Absichern der Unternehmensfinanzen während der Veränderungen von Geschäftszyklen. So diversifizierten eine Reihe von traditionellen Druckmedien-Firmen in andere Medienbereiche, da die Umsätze im Druckmedienbereich viel stärker von Rezessionen beeinflusst werden als beispielsweise im Rundfunkbereich (Picard 2001).

Management von Produktlebenszyklen

Die Furcht vor aktuellen und potenziellen Marktveränderungen und deren Auswirkungen auf das eigene Hauptprodukt kann ebenfalls zur Entscheidung der Entwicklung von Produktportfolios führen.

Wenn man von der Annahme ausgeht, dass Produkte individuellen Lebenszyklen folgen, stellt ein Portfolio von Produkten, die sich in unterschiedlichen Lebenszyklusphasen befinden, ein Mittel dar, Unternehmensumsätze zu stabilisieren. Seit Mitte der 90er-Jahre begannen viele europäische und nordamerikanische Zeitungshäuser damit, internet-basierte Angebote zu entwickeln, um damit auf die technologischen und Markt-Veränderungen zu reagieren, die die Niedergangsphase des seit 300 Jahren währenden Produktlebenszyklus' von Zeitungen eingeläutet zu haben scheinen. Der Erfolg der Umsetzung dieser Strategie hing stark davon ab, wie hoch das Risiko für die Zukunft der Zeitung eingestuft wurde. Saksena und Hollified (2002) haben gezeigt, dass in denjenigen Zeitungshäusern, die das Internet als eine zerstörerische Technologie einstuften, Internetangebote in einem viel systematischeren und umfassenderen Prozess eingeführt wurden, als in solchen, die das Internet als weniger Existenz bedrohend ansahen. Eine Reihe von Musikunternehmen gehen momentan Joint Ventures zum Online-Vertrieb von Liedern ein, um die Störung im Lebenszyklus für physische Tonträger durch digitale Produkte abzufangen.

Ausschöpfen von Marktpotenzialen und Unternehmenswachstum

Manche Produktportfolios entstehen auch dadurch, dass Manager Marktmöglich-

---

Kontaktadresse: Media Management and Transformation Centre, Jönköping International Business School, PO Box 1026, 55111 Jönköping, Schweden, www.ihh.hj.se/mmt/

keiten erkennen und die Strategie verfolgen, das Unternehmen expandieren zu lassen. In den 70er- und 80er-Jahren begannen beispielsweise einige europäische und nordamerikanische Zeitungshäuser, Zeitungs- und Anzeigenblätter gratis zu verteilen, um einen Teil des Anzeigenmarktes für sich zu gewinnen, der nicht über normale Tageszeitungen abzudecken war. Für viele Zeitungshäuser stellte dies den Übergang vom Einproduktunternehmen zum Portfoliounternehmen dar. Seit einigen Jahren dehnen immer mehr traditionelle Zeitungshäuser ihre Portfolios von bezahlten Zeitungen auf Gratisblätter aus – nicht nur, um ihre Marktstellung zu verteidigen, sondern auch, um ein Leserschaftssegment zu erreichen, das kein Interesse hat, für das Zeitungsangebot zu zahlen. Wird dieses Segment für ein Gratisblatt gewonnen, kann der Zeitungsumsatz durch die erzielten Werbeeinnahmen erhöht werden. Diese Strategie führt nicht nur zu einer Erhöhung der Einnahmen, sondern auch zur Möglichkeit einer breiteren Verwendung bereits erstellter redaktioneller Inhalte. Gleichermaßen nutzen eine Reihe von europäischen Rundfunkanstalten die Möglichkeit, ein Portfolio an Kanälen in unterschiedlichen europäischen Märkten aufzubauen. So hat beispielsweise die zur Modern Times Group gehörende Viasat ihr Fernsehgeschäft auf neun Länder ausgedehnt; das Radiounternehmen NRJ unterhält ebenfalls Radiostationen und Netzwerke in neun Ländern. Im Fernsehbereich hat der Übergang von analogem auf digitales Fernsehen die Möglichkeit geschaffen, zusätzliche Kanäle anzubieten.

Allerdings ist das systematische Suchen neuer Marktpotenziale für die meisten Medienunternehmen nach wie vor ein recht neues Phänomen. Dementsprechend sind formale Prozesse und Strukturen für das Management von Produktentwicklungsinitiativen kaum vorhanden. Derartige Prozesse und Strukturen können jedoch die Erfolgsaussichten neuer Produkte signifikant erhöhen. Diejenigen Medienunternehmen, in denen unternehmerisches Denken und Handeln wichtiger wird und die zunehmend auf die Entwicklung neuer Produkte und Dienstleistungen setzen, sehen der Herausforderung entgegen, strukturierte Ideenfindungs-, Produktentwicklungs- und Potenzialabschätzungsprozesse einzuführen, die vorher in derartigen Unternehmen kaum anzutreffen waren.

Häufig ist allerdings bei Medienunternehmen auch ein Nachahmerverhalten zu beobachten. Manche Unternehmen bauen ein Portfolio von Produkten auf, weil Wettbewerber ähnliche Produkte ins Angebot genommen haben. Zeitungshäuser, die auf einmal auch im Bereich von Gratisblättern konkurrieren, sind hier ein gutes Beispiel. Die Ausweitung vom Produktportfolio kann also manchmal relativ ungeplant und außerhalb der eigentlichen strategischen Zielsetzungen eines Unternehmens erfolgen. Hier ist es besonders wichtig, die finanziellen und strategischen Auswirkungen im Auge zu behalten.

Medienunternehmen unterliegen nach wie vor relativ starken staatlichen Regulierungen. Aus politischen und kulturellen Gründen ist in vielen Ländern die Möglichkeit eines Portfolioaufbaus durch spezielle Mediengesetze und Kartellbestimmungen begrenzt. So dürfen beispielsweise in manchen Ländern nur eine begrenzte Anzahl Fernsehkanäle betrieben werden, und in Großbritannien dürfen Zeitungshäuser, die mehr als 15 % der nationalen Zeitungsauflage vertreiben, keine terrestrischen Fernsehkanäle betreiben.

Ausweitung der angebotenen Dienstleistungen

Eine Reihe von Medienunternehmen schenken engeren Kundenkontakten und einer Erhöhung des Dienstleistungsangebotes zunehmend mehr Aufmerksamkeit. Durch eine Angebotspalette unterschiedlicher Dienstleistungen für Kunden soll die Loyalität und Kundenbindung verstärkt werden. Die internationale Kabelfernsehanstalt Cable News Network (CNN) hat beispielsweise ein Dienstleistungsportfolio entwickelt, das sich von einem einzelnen Kabelnetzwerk über u. a. Fernsehangebote an Flughäfen auf ergänzende Internet- und Mobiltelefonie- Angebote ausgedehnt wurde, auf denen zusätzliche Informationen und aufdatierte Nachrichten bereitgestellt werden.

In einigen Ländern gehen Zeitungshäuser Joint Ventures mit Radio- und Fernsehkanälen ein, um die Frequenz ihrer Marktkontakte mit Kunden zu erhöhen. Da Zeitungen normalerweise nur von 20–30 Minuten Lesezeit, d. h. Kundenaufmerksamkeit, am Tag ausgehen können, können derartige Kooperationen die Position einer Zeitung als lokale Hauptnachrichtenquelle festigen.

Effizienzgründe

Produktportfolios können darüber hinaus eine wichtige Rolle dabei spielen, Effizienz und Skalenerträge zu erzielen. Wenn ein Portfolio ähnlicher Medienprodukte geschaffen wird, beispielsweise ein Portfolio unterschiedlicher Zeitschriftentitel, können durch die horizontale Integration dieser Aktivitäten Kosten gespart und Skalenerträge gewonnen werden. Skalenerträge sind häufig produktspezifisch und beziehen sich auf Kostenersparnisse sowie Ressourcen- und Kapazitätsausnutzungen in einer bestimmten Produktionsanlage (Teece 1980; 1982). Sie können aber auch an unterschiedlichen Orten auftreten, wenn einige Aktivitäten kombiniert werden, um den durchschnittlichen Produktionspreis zu senken. Doyle (2000) zeigte in seiner Studie, dass Medienfirmen durch Portfolios gleichartiger Produkte Skalenerträge erzielen können. Verbundvorteile können außerdem dann erreicht werden, wenn vorhandene Ressourcen und Kompetenzen auf unterschiedliche Weise im Unternehmen genutzt werden können, zum Beispiel für die Erstellung mehrerer Produkte eines Portfolios (Markides/Williamson 1996). Im Verlag einer Zeitschrift, die nur einmal monatlich erscheint, ist die Vertriebsabteilung wohl kaum den ganzen Monat ausreichend beschäftigt. Diese überschüssige Kapazität kann durch die Herausgabe weiterer Titel besser genutzt werden.

Kosten können außerdem reduziert werden, indem die gesamte Wertschöpfungskette von Medienunternehmen effizienter gestaltet wird. So hat in den letzten

Jahren eine zunehmende horizontale Integration von operativen Abläufen, die in räumlicher Nähe voneinander erfolgten, stattgefunden, um die Effizienz von Zeitungshäusern, Rundfunkanstalten und Kabelfernsehanbietern zu erhöhen (Ekelund/Ford/Koufsky 2000; Lacy/Simon 1997; Martin 2003; Parsons 2003). Zum Beispiel kann in einem derartigen räumlichen Cluster eine Rundfunkanstalt mehr als einen Radiokanal aus einer Niederlassung betreiben, in der die Produktionsaktivitäten zusammengefasst sind, sodass auch unterstützende Funktionen und Personal von den Kanälen gemeinsam genutzt werden können.

Herausforderungen an ein Portfoliomanagement

Ein erfolgreiches Portfoliomanagement erfordert, dass Unternehmen regelmäßig ihre Portfolios analysieren und Portfolioentscheidungen überdenken. Portfolios müssen veränderten Marktbedingungen angepasst werden. Mit Portfolios entsteht im Unternehmen Komplexität, die in Einproduktunternehmen in dieser Form gar nicht existiert – mit dieser Komplexität muss erfolgreich umgegangen werden, um Nutzen aus dem Portfolio ziehen zu können.

Die erste Herausforderung, die sich durch den Aufbau eines Medienproduktportfolios ergibt, hängt mit der Ressourcenverteilung auf die unterschiedlichen Produktbereiche zusammen. Nicht nur finanzielle Ressourcen, sondern auch Managementkapazität, Mitarbeitende in unterschiedlichen Funktionsbereichen und Betriebsanlagen müssen zur Verfügung stehen und auf die einzelnen Produktbereiche verteilt werden. Da Ressourcen aus verschiedenen Bereichen zusammengezogen werden, ist ein adäquates Controlling der entstehenden Kosten wichtig, um den Leistungsbeitrag der einzelnen Portfolioeinheiten überblicken und strategische Entscheidungen bezüglich der einzelnen Portfolioprodukte treffen zu können (Allen 2002; South/Oliver 1998). Ein derartiges Controlling setzt voraus, dass eine Unternehmensorganisation besteht, die die Evaluierung von einzelnen Produktkategorien erlaubt (Nevaer/Deck 1988).

Der Portfolio-Ansatz wurde ursprünglich aus der Finanzwirtschaft übernommen, wo er zur Analyse von Investitionsentscheidungen herangezogen wird. Als Produktportfolio-Ansatz erlaubt er, den Stellenwert und die Attraktivität von den unterschiedlichen Produkten in einem Portfolio zu ermitteln (Leong/Lim 1991). Der Ansatz basiert auf einer Risiko/Rendite-Abschätzung der einzelnen Produkte, um Entscheidungen bezüglich Kapitalinvestitionen, Ressourcenzuteilung, Desinvestitionen und strategischer Bedeutung zu erleichtern. Verfechter des Portfolio-Ansatzes argumentieren, dass sowohl Risiko- als auch Renditeerwägungen ausschlaggebend für die Entscheidung seien, das Produktportfolio auszubauen oder zu straffen (Cardozo/Wind 1985).

Nur selten haben alle Produkte eines Portfolios für ein Unternehmen die gleiche strategische Bedeutung. Daher ist es äußerst wichtig, dass das Management sich über die Bedeutung jedes einzelnen Produktes sowie über die Implikationen einer Umstufung eines Produktes innerhalb der bestehenden Portfolios im Klaren ist. Es gibt unterschiedliche Methoden zum Finden einer Balance zwischen Produktalternativen in einem Portfolio. Eines der populärsten Modelle zur Portfolio-Analyse ist die von der Boston Consulting Group entwickelte Wachstum/Marktanteil-Matrix (vgl. Stern/Stalk 1998). Diese Matrix erlaubt es, die Rolle von Produkten basierend auf deren momentanen Marktanteilen und erwartetem Wachstum des entsprechenden Marktes strategisch zu analysieren, um sowohl Ressourcen als auch Managementkapazität auf diejenigen Produkte zu setzen, die mit der Unternehmensstrategie am besten übereinstimmen. Die Grundannahme der Matrix besteht darin, dass erfolgreiche Unternehmen ein Portfolio an Produkten mit unterschiedlichen Wachs-

---

Portfolios innerhalb von Portfolios: Fallbeispiel GEO Magazin

Das GEO Magazin ist eine der weltweit führenden Zeitschriften für Wissenschaft, Natur und Kultur. Es ist vor allem für seine qualitativ hochwertigen Fotos und Reportagen bekannt. Nach der äußerst erfolgreichen Markteinführung in Deutschland begann der Herausgeber nach Möglichkeiten zu suchen, die vorhandenen Stärken zu kapitalisieren und durch den Aufbau eines Portfolios zusätzlicher, mit dem ursprünglichen Titel verwandter Produkte die Einnahmen zu erhöhen. Die neuen Produkte umfassten beispielsweise das Reisemagazin GEO Saison, das Wissenschaftsmagazin GEO Wissen und das Kindermagazin GEOlino. Das Portfolio beinhaltet darüber hinaus den Vertrieb von Inhalten, die auf dem Markennamen der gedruckten Produkte aufbauen, wie den Internetauftritt GEO Online, DVDs und CDs sowie weitere Produkte wie Kalender und Bücher mit den besten Fotografien aus dem GEO Magazin. Es wurde außerdem begonnen, das Portfolio international zu vertreiben: Das GEO Magazin wird jetzt zum Beispiel in Frankreich, Spanien, Südkorea und Russland herausgegeben.

Wenn man einen Blick darauf wirft, wer eigentlich hinter dem GEO Magazin und dem dazugehörigen Portfolio steht, wird klar, dass das Portfolio ein Teil des von Gruner + Jahr in den Unternehmensbereichen Zeitschriften Deutschland, Zeitschriften International, Zeitschriften Frankreich und USA verlegten Zeitschriftenportfolios ist. Diese Unternehmensbereiche geben ein Portfolio von 120 Zeitschriftentiteln in 10 Ländern heraus, darunter Zeitschriften über Wirtschaftsfragen, Mode und Sport. Gruner + Jahr ist zwar Europas größter Zeitschriftenverlag mit einem Umsatz von 2,4 Mrd. Euro (Geschäftsjahr 2004), geht aber als Unternehmen selbst wiederum in ein Portfolio von Medienfirmen ein, nämlich das der Bertelsmann AG, die 75 % an Gruner + Jahr hält.

BRANCHENSPEZIFISCHE ANSÄTZE

tumsraten und Marktanteilen haben sollten. Für die Entscheidung über die Zusammensetzung des Portfolios ist also die Balance zwischen Cashflows aus den einzelnen Produkten wichtig. Die Matrix besteht aus vier Quadranten, die die beschönigenden Namen Sterne (stars), Milchkühe (cash cows), Arme Hunde (dogs) und Fragezeichen (question marks) tragen. ‚Sterne' sind Produkte in stark wachsenden Märkten, die viel Geld einbringen, aber auch relativ hohe Investitionen zum weiteren Ausbau oder Halten des Marktanteils erfordern. ‚Milchkühe' bringen zwar viel Geld in die Kassen, ohne selbst große Investitionen zu erfordern, haben aber ein geringes Wachstumspotenzial. Die Einkünfte aus diesen Produkten werden oftmals dazu genutzt, die Marktposition anderer Produkte zu verbessern. ‚Fragezeichen' erfordern eine hohe Aufmerksamkeit durch das Management und große Investitionen, um einen angemessenen Marktanteil zu erreichen. Es handelt sich hier häufig um neue Produkte, die im Markt noch unbekannt und deren Zukunftsaussichten dementsprechend unsicher sind. Bei ‚Hunden' handelt es sich um Produkte, die im Markt wenig erfolgreich sind und für die auch keine Besserung erwartet wird. Häufig entscheiden sich Unternehmen, diese Produkte nicht im Portfolio zu behalten, sondern einzustellen oder an eine andere Firma zu veräußern. Vor einer derartigen Entscheidung ist es jedoch wichtig zu untersuchen, welche Wechselwirkungen zwischen diesem Produkt und den restlichen Produkten im Portfolio bestehen. Denn häufig spielen die ‚Hunde' zur Komplettierung einer Produktpalette eine wichtige Rolle.

Momentan stellen für viele Medienunternehmen mit Produktportfolios gedruckte Medienprodukte ‚Milchkühe' dar – vor allem etablierte Zeitungen und Zeitschriften, mit denen die ‚Fragezeichen' im Online-Bereich, im mobilen Bereich oder anderen neuen Medien finanziert werden (Picard 2003). Gleichermaßen stellten in den letzten zehn Jahren Kabel- und Satellitenfernsehen für eine Reihe von Medienfirmen ‚Sterne' dar.

Der Portfolio-Ansatz hat sich seit mehreren Jahrzehnten hauptsächlich in Großunternehmen durchgesetzt. Er ist, in seinen unterschiedlichen Formen, jedoch auch stark kritisiert worden. So wird argumentiert, dass es schwierig sei, die Position eines Produktes auf den Achsen ‚niedrig'-‚hoch' einzuordnen. Durch den Fokus auf die finanzielle Bedeutung der Produkte wird der Einfluss des Faktors Mensch für den Erfolg von Produkten völlig vernachlässigt. So kann auch das Abstoßen von Produkten, die als ‚Hunde' eingestuft werden, die Stimmung im Unternehmen erheblich beeinträchtigen, wenn Mitarbeitende genau an dieses Produkt emotional gebunden sind.

Um die Bedeutung eines Produktes für ein Portfolio zu ermitteln, sollten nicht nur die zu erwartenden Einnahmen, sondern auch die Unternehmensstrategie und die zur Verfügung stehenden Ressourcen eine große Rolle spielen. So wird in vielen erfolgreichen Unternehmen auch der Kritik am ursprünglichen Portfolioansatz entsprochen und Portfolioentscheidungen weniger aufgrund lediglich finanzieller Analysen, sondern mehr unter strategischen Gesichtspunkten getroffen (Cooper/Edgett/Kleinschmidt 1999). Nicht-quantitative (bzw. -quantifizierbare) Kriterien können für die Bestimmung der strategischen Bedeutung eines Produktes entscheidend sein – für das Management und Controlling dieser Produkte müssen dann ebenfalls andere Kriterien verwendet werden (South/Oliver 1998). So kann es notwendig sein, ein unprofitables oder wenig profitables Produkt im Portfolio zu behalten, weil es wesentlich zum Erfolg anderer im Portfolio enthaltener Produkte beiträgt, zum Beispiel weil es das Basisprodukt ist, um das herum eine tragende Marke aufgebaut wurde. Es ist möglich, dass eine Zeitung nicht besonders hohe Einnahmen erwirtschaftet, aber die Redaktion für das Schreiben von Artikeln zuständig ist, die nicht nur in der Online-Version erscheinen, sondern auch an einen Nachrichtendienst verkauft werden. Genauso kann es sein, dass die Druckerei nicht mit dem Zeitungsdruck, sondern mit anderen gewerblichen Druckaufträgen den größten Umsatz macht. Der Möglichkeit, Synergien zwischen den einzelnen Produktbereichen zu erzielen und bereichsübergreifende Kernkompetenzen aufzubauen, sollte also beim Portfoliomanagement starke Aufmerksamkeit gezollt werden. (De Wit/Meyer 1998). Darüber hinaus ist es wichtig zu beachten, dass für die Beurteilung einzelner Produkte im Portfolio nicht die erwartete zukünftige Entwicklung zugunsten einer historischen Betrachtung der bisher mit einem Produkt erzielten Umsätze vernachlässigt wird.

Im Portfoliomanagement wird außerdem der Aspekt von Marken und Markenbildung immer wichtiger. Die Entscheidung, ob neue Produkte unter demselben Markennamen vertrieben werden sollen, der bereits im Markt etabliert ist, ist eine strategische. Das Management von Marken wird immer wichtiger für den Unternehmenserfolg. In allen Arten von Medienunternehmen wird Unternehmenswachstum vom Bekanntheitsgrad und der Akzeptanz der Marken eines Portfolios abhängig (Galbi 2001). Markennamen sind nicht nur im Marketing von Zeitungen und verwandten Produkten wichtig (Wilkinson 1998), sondern auch für Portfolios von Fernsehkanälen (Todreas 1999). So scheinen (Kabel-)Fernsehkanäle ihre Produkterweiterung ins Internet hauptsächlich zu nutzen, um Informationen bereit zu stellen sowie, um ihren Markennamen und die entsprechende Markenloyalität der Kundengruppen zu festigen, während die Nutzung neuer Marktchancen weniger Bedeutung zu haben scheint (Ha 2002). Das Übertragen von Marken spielt eine zentrale Rolle, wenn Fernsehkanäle ihre Internetauftritte entwickeln (Chan-Olmsted/Jung 2001); es ist ebenfalls ein wichtiger Faktor, wenn Finanznachrichten über unterschiedliche Plattformen angeboten werden sollen (Arrese/Medina 2003). Beim Versuch, etablierte Marken auch auf andere Produkte zu übertragen und diesen zum Durchbruch zu verhelfen, ist es äußerst wichtig, genau darauf zu achten, dass die Markenerweiterungen mit dem Kerninhalt der Markenidentität verbunden bleiben, da anderenfalls das Produkt, auf dem die Marke ursprünglich aufbaut, Schaden erleiden kann.

Für ein Portfoliomanagement erforderliche Veränderungen der Organisation

Während bei einer Ausweitung des Produktportfolios auf neue Aktivitäten in räumlicher Nähe oder im gleichen Land die Integration in die bestehenden Unternehmensaktivitäten häufig ist, werden für eine internationale Expansion oft andere Organisationsformen gefunden. So werden bekannte Zeitschriftentitel – wie etwa Elle, Playboy oder Cosmopolitan – in vielen Ländern als lokale Ausgaben vertrieben. Viele Unternehmen entscheiden sich hier, diese selbstständig oder zumindest relativ selbstständig in Form von Joint Ventures oder durch Lizenzverträge zu vermarkten. Die internationale Expansion europäischer Zeitschriftenverlage in die USA wurde von gesättigten Heimmärkten vorangetrieben sowie durch den Versuch, sich Verfahren und Technologien anzueignen, die sich in Europa noch nicht durchgesetzt hatten (Bennett 1999). So zeigen unterschiedliche Studien, dass die Ausnutzung von Marktpotenzialen und Produktinnovationen für die Internationalisierung von Medienfirmen von entscheidender Bedeutung sind (Gershon 1997; Holtz-Bacha 1997; van Kranenburg/Cloodt/Haagedorn 2001). Die Internationalisierung von Produktaktivitäten erhöht die Komplexität von Organisationsstrukturen und Managementprozessen. Diese Komplexität ist umso größer, je stärker die Integration der Aktivitäten über die Länder hinweg bei gleichzeitiger Notwendigkeit der Anpassung des Produktangebotes an lokale Gegebenheiten ist. Basierend auf den grundlegenden Ideen von Bartlett und Ghoshal (1989) charakterisiert Gershon (1997) die Organisationsform, die diesen Anforderungen gerecht wird, als transnationales Medienunternehmen.

Aufgrund der Veränderungen in den Medienmärkten wird das Planen von zukünftigen Medienprodukten immer wichtiger. Viele Medienunternehmen versuchen, Wettbewerbsvorteile und Kostenersparnisse zu erzielen, indem sie ihre verschiedenen Produkt-Aktivitäten über die Bereiche hinweg integrieren, was allerdings den Koordinationsaufwand stark erhöht. Es wird außerdem entschieden schwieriger, eine für alle beteiligten Bereiche gerechte Zurechnung des Erfolges – aber auch der Risiken – zu erreichen, was das Konfliktpotenzial im Unternehmen erhöhen kann. Die Zusammenarbeit über mehrere Funktionen und Bereiche hinweg erhöht außerdem die Notwendigkeit projektbasierten Arbeitens. Hierbei ist es wichtig, auf die qualitative Zusammensetzung von Projektteams zu achten und deren Aufhängung in der Organisation deutlich zu kommunizieren; ansonsten besteht die Gefahr, dass die vom Team geleisteten Beiträge im Unternehmen weitgehend ignoriert werden und nur geringe Unterstützung vom Topmanagement erhalten (Barczak/Wilemon 2003). Diese Art der Zusammenarbeit birgt Konfliktpotenzial beispielsweise durch die Notwendigkeit der Abstimmung unterschiedlicher Zielvorstellungen und die aufeinander treffenden unterschiedlichen Kulturen von Kreativen und Nicht-Kreativen (vgl. Gobeli/Koenig/Bechinger 1998). Kulturelle Unterschiede stellen auch dann ein Konfliktpotenzial dar, wenn traditionelle Medienunternehmen Aktivitäten aus dem Bereich neuer Medien in ihr Portfolio aufnehmen. Probleme können auch auftreten, wenn sich Mitarbeitende eines Bereiches zu wenig in die Entscheidungsfindungsprozesse eingebunden fühlen (Lacy/Sohn/Wicks 1993). Medienunternehmen werden also verstärkt ihre Manager und Mitarbeitenden auf die neuen Herausforderungen vorbereiten müssen, wenn sie mit ihrem Portfoliomanagement Erfolg haben wollen.

Literatur

ALBARRAN, A./MOELLINGER, T: The top six communication industry firms: structure, performance, and strategy. In PICARD, R.G. (Hrsg.): Media firms: Structures, operations, and performance, Mahwah/NJ 2002, S. 103–122.
ALLEN, T.: Are your products profitable?, in: Strategic Finance, 83. Jg. (2002), Heft 9, S. 32–38.
ARRESE, A./MEDINA, M.: Competition between new and old media in economic and financial news markets. In: R.G. PICARD (Hrsg.): Media firms: Structures, operations, and performance, Mahwah/NJ 2002, S. 59–75.
BARCZAK, G./WILEMON, D.: Team member experiences in new product development: Views from the trenches, in: R&D Management, 33. Jg. (2003), Heft 5, S. 463.
BARTLETT, C.A./GHOSHAL, S.: Managing across borders: The transnational solution, Boston 1989.
BENNETT, J.: Discovering America again, in: Folio: Magazine for Magazine Management, 18. Jg. (1999), 30. September, S. 53–59.
CARDOZO, R.N./WIND, J.: Risk return approach to product portfolio strategy, in: Long Range Planning, 18. Jg. (1985), Heft 2, S. 77–86.
CHAN-OLMSTED, S.M./JUNG, J.: Strategizing the net business: How the US television networks diversify, brand, and compete in the intenet age, in: JMM-International Journal on Media Management, 3. Jg. (2001), Heft 4, S. 213–225.
COOPER, R.G./KLEINSCHMIDT, E.J.: Benchmarking the firm's critical success factors in new product development, in: The Journal of Product Innovation Management, 12. Jg. (1995), Heft 5, S. 374–391.
DE WIT, B./MEYER, R.: Strategy. Process, content, context – An international perspective, 2. Auflage, London 1998.
DOYLE, G.: The economics of monomedia and cross-media expansion: A study of the case favouring deregulation of TV and newspaper ownership in the UK, in: Journal of Cultural Economics, 24. Jg. (2000), Heft 1, S. 1–26.
EKELUND jr., R.B./FORD, G.S./KOUFSKY, T.: Market power in radio markets: An empirical analysis of local and national concentration, in: Journal of Law and Economics, 43. Jg. (2000), Heft 1, S. 157–184.
GALBI, D.: The new business significance of branding, in: JMM-International Journal on Media Management, 3. Jg. (2001), Heft 4, S. 192–198.
GERSHON, R.: The transnational media corporation, Mahwah/NJ 1997.
GOBELI, D./KOENIG, H./BECHINGER, I.: Managing conflict in software development teams: A multilevel analysis, in: The Journal of Product Innovation Management, 15. Jg. (1998), S. 423–435.
HA, L.: Enhanced television strategy models: A study of TV web sites, in: Internet Research, 12. Jg. (2002), Heft 3, S. 235–248.
HOLTZ-BACHA, C.: Development of the German media market: Opportunities and challenges for US media firms, in: Journal of Media Economics, 13. Jg. (1997), Heft 2, S. 81–101.
LACY, S./SOHN, A.B./WICKS, J.L.: Media management: A casebook approach, Hillsdale/NJ 1993.

State-of-the-Art der Unternehmensbewertung

Manfred Jürgen Matschke/
Gerrit Brösel
Unternehmensbewertung
Funktionen – Methoden – Grundsätze
2005. XXXII, 713 S.
Geb. EUR 44,90
ISBN 3-8349-0012-5

Umfassend, kompetent und aktuell präsentiert dieses neue Lehrbuch den State-of-the-Art der funktionalen Unternehmensbewertung. Alle wichtigen Bewertungsmethoden werden auf ihre Eignung geprüft und der relevanten Funktion der Unternehmensbewertung zugeordnet.

Nach einer Einführung in die theoretischen Grundlagen werden Haupt- und Nebenfunktionen der Unternehmensbewertung ausführlich und systematisch dargestellt. Um die Transparenz der Unternehmenswertermittlung zu erhöhen, wird der Bewertungsprozess in drei Schritte zerlegt: Datenbeschaffung, Datentransformation in den gesuchten Wert und Verwendung des Wertes. In diesem Zusammenhang werden alle wesentlichen Bewertungsverfahren und ihre Einsatzbereiche vorgestellt. Unternehmensbewertung wird dabei nicht nur aus Käufer- sondern explizit auch aus Verkäufersicht analysiert. Abschließend leiten die Autoren Grundsätze funktionsgemäßer Unternehmensbewertung ab. Didaktisch unterstützt wird der Wissenstransfer durch klar formulierte Lernziele sowie ausgewählte Kontrollaufgaben. Aufgrund des systematischen Konzepts eignet sich das Buch auch sehr gut zum Selbststudium.

www.gabler.de

Änderungen vorbehalten. Erhältlich im Buchhandel oder beim Verlag.

Abraham-Lincoln-Str. 46 · 65189 Wiesbaden · Tel: 06 11.78 78-626

LACY, S./SIMON, T. F.: Intercountry group ownership of daily newspapers and the decline of competition for readers, in: Journalism and Mass Communication Quarterly, 74. Jg. (1997), Heft 4, S. 814–425.

LEONG, S./LIM, K.: Extending financial portfolio theory for product management, in: Decision Science, 22. Jg. (1991), Heft 1, S. 181–193.

MARKIDES, C. C./WILLIAMSON, P. J.: Corporate diversification and organisational structure: A resource-based view, in: Academy of Management Journal, 39. Jg. (1996), Heft 2, S. 340–368.

MARTIN, H. J.: Clustered newspapers operate more efficiently, in: Newspaper Research Journal, 24. Jg. (2003), Heft 4, S. 6–21.

NEVAER, L./DECK, S.: The Management of Corporate Business Units: Portfolios Strategies, Quorum Books, 1988.

PARSONS, P. R.: Horizontal integration in the cable television industry: History and context, in: Journal of Media Economics, 16. Jg. (2003), S. 23–40.

PICARD, R. G.: Effects of recessions on advertising expenditures: An exploratory study of economic downturns in nine developed nations, in: Journal of Media Economics, 14. Jg. (2001), Heft 1, S. 1–14.

PICARD, R. G.: Cash cows or entrecôte: publishing companies and new technologies, in: Trends in Communication, 11. Jg. (2003), Heft 2, S. 127–136.

PICARD, R. G. (HRSG.): Media Product Portfolios: Issues in Management of Multiple Products and Services, Mahwah/NJ 2005.

SAKSENA, S./HOLLIFIELD, C. A.: US newspapers and the development of online editions, in: JMM-International Journal on Media Management, 4. Jg. (2002), Heft 2, S. 75–84.

SOUTH, J. B./OLIVER, J. E.: What is a Profitable Product? In: Industrial Marketing Management, 27. Jg. (1998), Heft 3, S. 187–196.

STERN, C. W./STALK jr., G. (Hrsg.): Perspectives on strategy from the Boston Consulting Group, New York et al. 1998.

TEECE, D. J.: Economics of scope and the scope of the enterprise, in: Journal of Economic Behavior and Organization, 1. Jg. (1980), Heft 3, S. 223–247.

TEECE, D. J.: Towards an economic theory of the multiproduct firm, in: Journal of Economic Behavior and Organization, 3. Jg. (1982), Heft 1, S. 39–63.

TODREAS, T. M.: Value creation and branding in television's digital age. New York 1999.

VON KRANENBURG, H. L./CLOODT, M./HAGEDOORN, J.: An explanatory study of recent trends in diversification of Dutch publishing companies in multimedia and information industries, in: International Studies of Management and Organization, 31. Jg. (2001), Heft 1, S. 64–86.

WILKINSON, E. J.: Branding and the newspaper consumer, Dallas 1998.

BRANCHENSPEZIFISCHE ANSÄTZE

Instrumente für die Quantifizierung von Mehrfachnutzungsstrategien

Patricia Böning-Spohr

Die Digitalisierung von Inhalten, Technologien und Medien ruft tiefgreifende Umbrüche in der Medienbranche hervor. Zu den wichtigsten gehört die Mehrfachnutzung von Inhalten, die auch das Controlling vor neue Herausforderungen stellt.

■ Einführung

Die Medienbranche sieht sich seit Mitte der neunziger Jahre mit einer zunehmenden Digitalisierung von Medientechnologien, Inhalten und deren Trägermedien konfrontiert. Als Antwort sind eine ganze Reihe neuer Geschäftsmodelltypen entstanden, die vom Angebot das klassische Print- und Rundfunkangebot ergänzender Inhalte im Internet, über das Angebot originär für das Internet erstellter Inhalte, das Angebot gebündelter Inhalte bis hin z. B. zum Angebot von Inhalteadressen als Suchhilfen im Internet reichen. Hinter diesen Geschäftsmodelltypen stehen sog. Inhalteanbieter im Internet.

Dabei sind die mit der Entwicklung des Online-Marktes für mediale Inhalte verbundenen wirtschaftlichen Herausforderungen, aber auch deren Chancen, enorm (vgl. Zerdick u. a. 2001, Wirtz 2001): Eine äußerst dynamische Entwicklung der zugrunde liegenden Informations- und Kommunikationstechnologien, kurze Produktlebenszyklen und eine sich durch schnelle Marktein- und -austritte, Unternehmensübernahmen und -zusammenschlüsse ständig verändernde Wettbewerbslandschaft stehen den für Medienunternehmen charakteristischen hohen Fixkosten gegenüber und erfordern insgesamt einen effizienten Ressourceneinsatz, d. h. eine streng am wirtschaftlichen Ergebnis orientierte Steuerung.

Vor diesem Hintergrund gilt die Mehrfachnutzung von Inhalten als vielversprechendes Konzept in der Medienbranche (vgl. z. B. Hess/Schulze 2004). Hierunter fallen zum einen Ansätze der mehrfachen unternehmensinternen Verwendung einmal erstellter Inhalte und zum anderen deren marktseitige mehrfache Verwertung über verschiedene Vertriebskanäle. Bezogen auf den Leistungserstellungsprozess von Medienunternehmen bezieht sich die *Mehrfachverwendung* von Inhalten mit den bekannten Varianten Versioning und Individualisierung auf die Stufe der Inhaltebündelung, während die *Mehrfachverwertung* auf die Stufe der Distribution angewendet wird. Varianten des Vertriebs von Inhalten über mehrere Kanäle an den Kunden sind Windowing und Cross-Media-Publishing.

Ausgehend von diesen zwei Teilkonzepten der Mehrfachnutzung von Inhalten stellen sich für das Controlling die folgenden Fragen: Wie sind die Wirkungen zwischen mehreren Vertriebskanälen zu erfassen und zu bewerten? Wie lassen sich bei der mehrfachen Nutzung von Inhaltemodulen (z. B. Texte, Bilder) Verrechnungspreise kalkulieren? Für diese Problemstellungen liegen bislang keine elaborierten Instrumente vor. Ziel des Beitrags ist es, Gestaltungsmöglichkeiten solcher Instrumente vorzustellen.

Als Grundlage hierfür bietet es sich an, zunächst den Leistungserstellungsprozess in Medienunternehmen zu strukturieren und seine relevanten Charakteristika in Bezug auf die Mehrfachnutzung

---

● Mit der Digitalisierung von Inhalten, Technologien und Medien stellt die Mehrfachnutzung von Inhalten ein erfolgversprechendes Konzept der Medienbranche dar, das auf unterschiedlichen Stufen im medialen Leistungserstellungsprozess ansetzt. Dazu gehört auf der Distributionsstufe die Mehrfachverwertung von Inhalten über mehrere Vertriebskanäle und auf der Stufe der Inhaltebündelung die Mehrfachverwendung von Inhaltemodulen.

● Zur Bewertung der Mehrfachnutzungsstrategien sind die Wirkungen der Mehrfachverwertung über mehrere Vertriebskanälen zu quantifizieren und Verrechnungspreise der Mehrfachnutzung von Inhaltemodulen zu kalkulieren. Bisher liegen für diese Problemstellungen keine Instrumente vor.

● Im Beitrag werden die Wirkungskettenanalyse als Instrument zur Analyse und Quantifizierung von intermedialen Wirkungen vorgestellt sowie Gestaltungsvarianten für Verrechnungspreise aufgezeigt.

Dr. Patricia Böning-Spohr
ehemalige wissenschaftliche Mitarbeiterin am Institut für Wirtschaftsinformatik der Universität Göttingen, seit 2003 beim ZDF tätig.
E-Mail: Patricia.Boening-Spohr@web.de

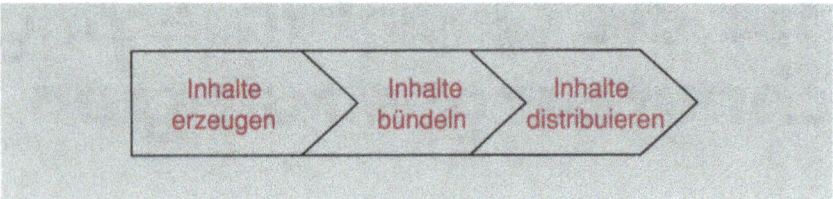

Abbildung 1: Generische Produktionsstufen in Medienunternehmen

von Inhalten herauszuarbeiten. Der Leistungserstellungsprozess von Medienprodukten erfolgt idealtypisch in drei Stufen (vgl. Abbildung 1). Auf der ersten Stufe werden Inhalte erzeugt und auf der zweiten Stufe über mehrere Schritte zu einem Angebot gebündelt, das auf der dritten Stufe über das jeweilige Medium distribuiert wird. Am Beispiel eines Verlages lassen sich diese generischen Stufen verdeutlichen: Auf der ersten Stufe recherchieren und erstellen Redakteure Texte, Fotografen machen Aufnahmen. Beides wird dann über mehrere Stufen zu einem Artikel und – kombiniert mit Werbung und anderen Artikeln – zu einer Zeitungsausgabe gebündelt und schließlich auf der letzten Stufe über Druck und Zeitungszusteller, Kioske usw. distribuiert.

Der Inhalt wird auf den ersten beiden Stufen als Unikat erstellt und gebündelt und wird erst auf der Stufe der Distribution zu einem Massenprodukt. Dabei ist der Faktoreinsatz beim Erzeugen und Bündeln der Inhalte kurzfristig unabhängig von der Ausbringungsmenge, d. h. der Inhalt wird unabhängig von der Anzahl der Konsumenten nur einmal hergestellt und zu einem Angebot zusammengefasst. Erst langfristig besteht ein Zusammenhang zwischen dem Einsatz an Produktionsfaktoren und der Anzahl an Rezipienten. Der Faktoreinsatz in den ersten beiden Wertschöpfungsstufen von Medienunternehmen kann daher als sprungfix bezeichnet werden.

Im Gegensatz zu den ersten beiden Produktionsstufen ist für die Distribution die Abhängigkeit des Faktoreinsatz von der Ausbringungsmenge nach dem jeweiligen Medium differenziert zu betrachten. Während bei Printprodukten und Speichermedien teilweise der Faktoreinsatz von der Ausbringungsmenge abhängt, ist der Einsatz an Produktionsfaktoren für Rundfunk und Online kurzfristig unabhängig von der Anzahl der Rezipienten; erst langfristig sind die Übertragungswege der Inanspruchnahme anzupassen.

In der Kostenbetrachtung lassen sich mit der Bewertung des Faktoreinsatzes mit Faktorpreisen zur Faktormengenbetrachtung analoge Schlussfolgerungen ziehen. Die Kosten auf den ersten beiden Wertschöpfungsstufen, dem Erzeugen und Bündeln von Inhalten, sind weitgehend fix und werden als sog. *First-Copy-Costs* (vgl. Altmeppen 1996, S. 265) bezeichnet. Die Grenzkosten für die Herstellung einer zweiten Kopie sind vernachlässigbar gering. Erst auf der dritten Stufe, der Inhaltedistribution, fallen dann – je nach Medium in unterschiedlicher Abhängigkeit von der Ausbringungsmenge – variable Kosten an. Im Ergebnis kann der Anteil variabler Kosten an den Gesamtkosten je nach Medium erheblich divergieren. Z. B. liegt bei Printprodukten der Anteil der variablen Kosten aufgrund relativ hoher Druck- und Vertriebskostenanteile zwischen 30 und 50 % (vgl. Ludwig 1996, S. 93), während bei CD, Rundfunksendungen und Online-Angeboten die anteilsmäßig geringen Vervielfältigungs- und Vertriebskosten von etwa unter 10 % mit einem sehr geringen Anteil der variablen Kosten korreliert (vgl. Zerdick et al. 2001, S. 165–166). Das bedeutet, dass bei elektronischen Medien auch auf der Stufe der Distribution weitgehend fixe Kosten für die Bereitstellung der Inhalte anfallen.

Die Stückkostenwirkung des First-Copy-Cost-Effekts beeinflusst dabei grundsätzlich die Mehrfachnutzung von Inhalten. Auf der Stufe der *Inhaltebündelung* tritt das Konzept der Mehrfachnutzung von Inhalten als Mehr*fachverwendung einzelner Inhalteelemente und/oder -bündel* auf, wie z. B. das Bündeln eines einmal erstelltes Fotos in mehreren Artikeln. Die Mehrfachverwendung wird mit der digitalen Form der Inhalte effizienter. So ermöglicht sie etwa des Versioning, nach dem Medienprodukte dem Rezipienten in unterschiedlichen Versionen angeboten werden (vgl. Shapiro/Varian 1999, S. 53–81). Als Differenzierungsmerkmale werden z. B. Aktualität, Lesbarkeit und Leistungsumfang genutzt. Der Rezipient kann aus diesem Spektrum die Version mit dem für ihn höchsten Nutzen auswählen, während der Anbieter die Zahlungsbereitschaft der Rezipienten abschöpfen kann.

Auf der Distributionsstufe ist das Konzept der *Mehrfachverwertung* einmal erstellter Inhalte hervorzuheben (vgl. Vizjak/Ringlstetter 2001). Unter diesem Konzept wird das *Windowing* und das *Cross-Media-Publishing* verstanden (vgl. Hess/Schulze 2004, S. 57). Im Windowing werden Medienprodukte über verschiedene Vertriebswege zu unterschiedlichen Zeitpunkten distribuiert (vgl. Zerdick et al. 2001, S. 70–71). Als Beispiele lassen sich Verwertungsketten im Buch- und Filmbereich anführen. Ein einmal produzierter Inhalt wird beispielsweise für einen Roman zunächst als gebundenes Buch und anschließend als Taschenbuch veröffentlicht und ein Film zuerst im Kino, dann im Pay TV und anschließend bei Sendern des Free TV ausgestrahlt.

Ökonomischer Hintergrund ist dabei, dass je Vertriebsweg idealtypisch keine zusätzlichen Produktionskosten, sondern nur vertriebswegespezifische Distributionskosten anfallen, denen auf jedem Vertriebsweg Erlöse gegenüber stehen. Die Reihenfolge der Vertriebswege richtet sich nach deren Erlöspotenzial. Beim Cross-Media-Publishing erfolgt keine zeitlich versetzte Verbreitung von Inhalten, sondern über mehrere Vertriebskanäle werden Inhalte simultan verbreitet (Hess/Schulze 2004, S. 58–60). Charakteristisch für den Konsum von Inhalten ist eine geringe Rivalität, d. h. ein Gut kann konsumiert werden, ohne dass dabei der

Nutzen für andere deutlich vermindert wird. Dies bedeutet für Inhalte, dass sich diese nicht im Konsum abnutzen, sondern z. T. nur deren Trägermedium. Auch diese Eigenschaft von Inhalten begünstigt deren mehrfache Nutzung.

Wirkungsketten zur Analyse von Mehrkanalstrategien

Viele Verlage und Sender bieten dem Rezipienten einmal erstellte Inhalte über mehrere Vertriebskanäle, z. B. als Zeitschrift, als ergänzendes Angebot im Internet (Produktergänzung) oder als CD, an. Können dabei die Investitionen in den Vertriebskanal des Internet meist nicht durch unmittelbare Erlöse gedeckt werden, greift eine allein auf den unmittelbaren Erfolg des Internetangebots fokussierte Analyse zu kurz. Erforderlich ist vielmehr eine Untersuchung der Wirkungen zwischen den Vertriebskanälen, wie sie beispielhaft in Abbildung 2 verdeutlicht ist.

In der folgenden Betrachtung wird eine Richtung der Wechselwirkungen exemplarisch herausgegriffen. Als Teil einer umfassenden Wirtschaftlichkeitsbetrachtung eines Inhalteangebots im Internet wird die Wirkung dieses Angebots auf das klassische Angebot untersucht. Idee ist dabei, diese Wirkungen verursachungsgerecht dem Inhalteangebot im Internet zuzurechnen. Bisher liegen keine Instrumente vor, die die Abschätzung derartiger Wechselwirkungen zwischen Vertriebskanälen unterstützen.

Die Wirkungen des Inhalteangebots im Internet auf das klassische Inhalteangebot lassen sich auch als Nutzeffekte bezeichnen, welche in der betrieblichen Informationsverarbeitung (IV) beobachtet und dort im Rahmen von erweiterten Wirtschaftlichkeitsbeurteilungen von IV-Systemen verwendet werden (vgl. Schumann 1992).

Kategorien von Nutzeffekten

Nutzeffekte von Inhalteangeboten und vor allem die der Wechselwirkungen zwischen den Vertriebskanälen eines Inhalteanbieters werden im Folgenden in bezug auf die Wirkungsrichtung, die numerische und monetäre Bewertbarkeit und die Wirkungsebene spezifiziert (vgl. Abbildung 4).

Nach der *Wirkungsrichtung* werden Nutzeffekte des Inhalteangebots in positive und negative Nutzeffekte unterschieden, die letztlich an ihren positiven bzw. negativen Änderungen der Zielgröße, z. B. des Unternehmenswerts, festgemacht werden.

Nach dem Kriterium der *numerischen Bewertbarkeit* lassen sich Nutzeffekte in qualitative und quantitative Effekte gliedern. Qualitative Nutzeffekte sind ordinalskaliert, wie z. B. der Imagegewinn, welcher als Zu- oder Abnahme gemessen werden kann. Quantitative Nutzeffekte sind meist metrisch auf einer Intervall- oder Ratio-Skala skaliert. Ein Beispiel für quantitative Nutzeffekte sind Kundenzahlenveränderungen, die dann mit der Anzahl gewonnener bzw. verlorener Kunden gemessen werden. Die monetäre Bewertbarkeit ist eine Sonderform der quantitativen Bewertbarkeit. Es werden monetäre oder nichtmonetäre Nutzeffekte unterschieden, wobei das Ausmaß von Nutzeffekten auf einer speziellen Ratio-Skala (in Geldeinheiten) abgetragen wird.

Wirkungsebenen der Nutzeffekte von Inhalteangeboten im Internet lassen sich analog zu klassischen IV-Wirkungsebenen bilden. IV-Wirkungsebenen werden in arbeitsplatz-, abteilungs-/gruppen- und unternehmensbezogene Ebenen differenziert (vgl. Schumann 1992, S. 64–65). Übertragen auf Inhalteangebote im Internet lassen sich drei Wirkungsebenen differenzieren:

(1) die Ebene des Inhalteangebots im Internet als *„intramediale"* Wirkungsebene,
(2) die Ebene des klassischen Angebots (z. B. Printangebote oder Rundfunksendungen) als *„intermediale"* Wirkungsebene, und
(3) die Ebene des Unternehmens (z. B. Verlag oder Sender) als *„unternehmensbezogene"* Wirkungsebene.

Den Ebenen entsprechend werden die Nutzeffekte von Inhalteangeboten im Internet als intramediale, intermediale und unternehmensbezogene Nutzeffekte bezeichnet.

Intramediale Nutzeffekte des Inhalteangebots im Internet beziehen sich direkt auf das Online-Geschäft und umfassen die direkten Wirkungen (z. B. als unmittelbare Erlöse und Kosten) auf die Zielgröße des Inhalteangebots im Internet. Neben diesen direkten Nutzeffekten sind mit dem Inhalteangebot im Internet i. d. R. indirekte Nutzeffekte auf den Erfolg des klassischen Angebots des Medienunternehmens oder des Medienunternehmens selber verbunden.

Die indirekten Wirkungen des Inhalteangebots im Internet auf den Erfolg des klassischen Inhalteangebots bzw. der klassischen Vertriebskanäle sind der intermedialen Wirkungsebene zuzuordnen und bezeichnen die *intermedialen* Nutzeffekte. Wesentliche Aussagen in der Literatur zu intermedialen Nutzeffekten am Beispiel von Verlagen beziehen sich z. B. auf das Kleinanzeigengeschäft von Zeitungen, auf die Kundenbindung und die Abonnentenzahlen (vgl. z. B. Kogeler/Müffelmann 1999, Schreiber 1999).

Daneben ist es aber auch denkbar, dass das Inhalteangebot im Internet medienübergreifende Nutzeffekte auf einer nächst höheren Ebene, der Ebene des Verlags oder Senders, nach sich zieht.

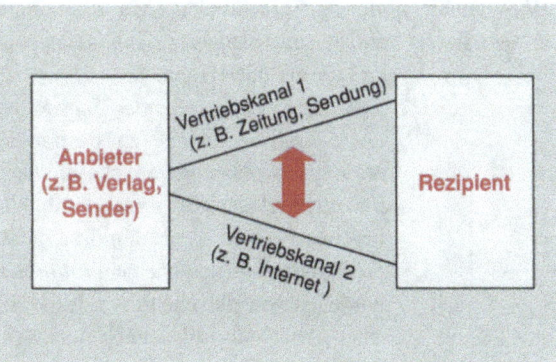

Abbildung 2: Wechselwirkungen zwischen Vertriebskanälen eines Anbieters

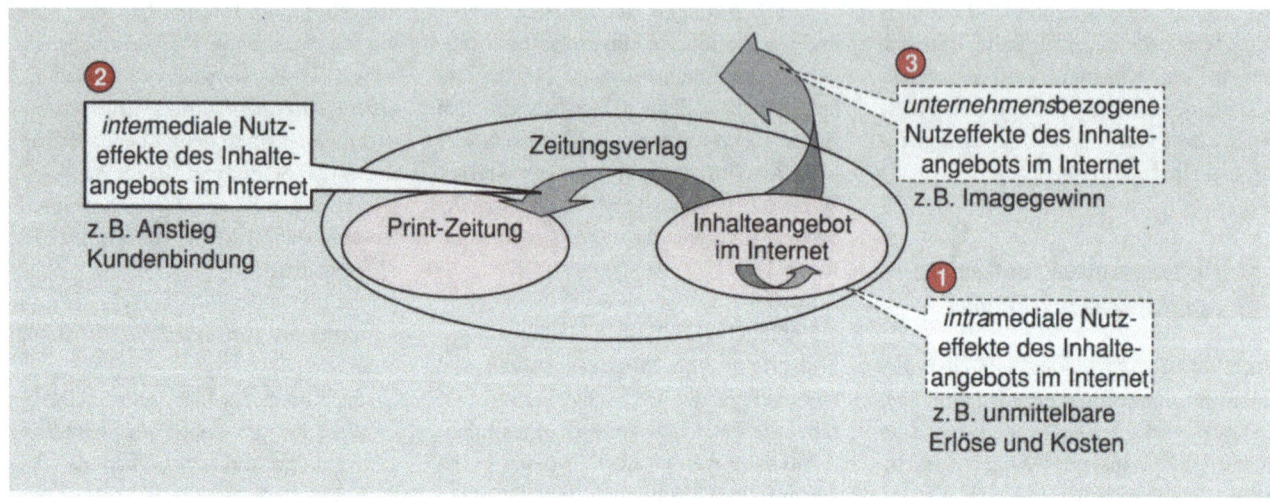

Abbildung 3: Wirkungsebenen am Beispiel eines Zeitungsverlags (vgl. Böning-Spohr/Hess 2002, S. 104)

Imagegewinn oder Sicherung des Markteintritts sind Beispiele für solche *unternehmensbezogenen* Nutzeffekte des Inhalteangebots im Internet.

Die beschriebenen drei Wirkungsebenen zeigt Abbildung 3 am Beispiel eines Zeitungsverlags.

Intermediale Wirkungen lassen sich wie folgt in das vorgestellte Beschreibungsraster einordnen: Die Wirkungsrichtung kann sowohl positiv als auch negativ sein, wobei bei Medienangeboten in diesem Zusammenhang auch von komplementären bzw. substitutiven Angeboten gesprochen wird. Intermediale Nutzeffekte, wie z. B. die Erhöhung der Kundenbindung und die Steigerung der Attraktivität für Kleinanzeigen, sind in ihrer numerischen Bewertbarkeit meist qualitativ und nicht direkt monetär bewertbar. In der Abbildung 4 sind entsprechende Merkmalsausprägungen intermedialer Nutzeffekte hervorgehoben.

Wirkungskettenanalysen intermedialer Nutzeffekte

Die Auswahl geeigneter Verfahren zu Beurteilung der Wirtschaftlichkeit des Inhalteangebots im Internet ist durch die dargestellten Eigenschaften intermedialer Nutzeffekte stark eingeschränkt. Das Erfassen und noch mehr das Bewerten intermedialer Nutzeffekte ist mit zahlreichen Schwierigkeiten verbunden, insbesondere von *qualitativen* Nutzeffekten. Darüber hinaus ist vor allem die kausale Zurechenbarkeit von Wirkungen zum Inhalteangebot im Internet nicht immer eindeutig. Bei ex ante-Betrachtungen kommt die Unsicherheit bzw. die Ungewissheit der Daten hinzu. Ein Verfahren zum Erfassen und Bewerten von Nutzeffekten sollte diese Problembereiche zumindest zum Teil berücksichtigen.

Im Rahmen erweiterter Wirtschaftlichkeitsbeurteilungen von IV-Systemen wurden bereits Anfang der neunziger Jahre Verfahren entwickelt, die das Erfassen indirekter, oft qualitativer Nutzeffekte von IV-Systemen unterstützen (vgl. z. B. Schumann 1992). Das wichtigste Verfahren zum Erfassen der indirekten Nutzeffekte auf mehreren Wirkungsebenen ist die Wirkungskettenanalyse. Diese sieht im Kern vor, zum einen die oft mehrstufigen Ursache-Wirkungsbeziehungen möglichst vollständig zu erfassen und zum anderen möglichst viele Faktoren monetär zu bewerten. Dazu wird der Versuch unternommen, sowohl quantitative als auch qualitative Wirkungen entlang einer systematisch hergeleiteten Wirkungskette mithilfe von Preisen in monetäre Größen zu transformieren.

Das Vorgehen der Wirkungskettenanalyse von IV-Systemen (vgl. nachfolgend Schumann 1992, S. 215–217) lässt sich mit entsprechenden Modifizierungen und Spezifizierungen auf Inhalteangebote im Internet übertragen.

Zunächst sind im *ersten Schritt* relevante Analysebereiche zu bestimmen. Als solche werden wesentliche *Zielbereiche intermedialer Wirkungen* des Inhalteangebots im Internet definiert. Diese Zielbereiche werden in einem *top-down*-Vorgehen von der Zielgröße des klassischen Angebots abgeleitet und in entsprechende Teilbereiche differenziert. Wird angenommen, dass z. B. mit der Distribution einer Zeitschrift als ökono-

Wirkungsrichtung	positiv		negativ
Numerische Bewertbarkeit	qualitativ		quantitativ
Monetäre Bewertbarkeit	monetär		nicht-monetär
Wirkungsebene	intramedial	intermedial	unternehmensbezogen

Abbildung 4: Merkmale von intermedialen Nutzeffekten

misches Ziel die Gewinnmaximierung verfolgt wird, so kann der Gewinn in Komponenten zerlegt werden. Beispielsweise können im Fall eines Zeitschriftenverlags weitergehend Vertriebserlöse aus Abonnements und Einzelverkäufen, Werbeerlöse und Papier- und Herstellungskosten, Redaktions-, Vertriebs-, Anzeigen-, Leitungs- und Verwaltungskosten unterschieden werden (vgl. Wirtz 2001, S. 129). Auf dieser Grundlage ist für die definierten Zielbereiche durch Abschätzen eine Trennung in wichtige und unwichtige Bereiche vorzunehmen, wobei i. d. R. die Einschätzungen von Mitarbeitern und des Management maßgeblich sind (vgl. Schumann 1992, S. 216).

Für die wichtigen Zielbereiche ist im *zweiten Schritt* der *benötigte Informationsbedarf festzulegen*. Im Bereich der Abonnementerlöse gehören dazu z. B. die Anzahl der Abonnenten und die durchschnittliche Dauer eines Abonnements.

Für die identifizierten Bereiche sind im *dritten Schritt Wirkungsketten aufzustellen*. Bei der Bildung der Wirkungskette(n) in den Zielbereichen wird versucht, nun im *bottom-up-Vorgehen* die meist qualitativen Ursachen bzw. Wirkungen in quantitative Wirkungen zu überführen und schließlich schrittweise indirekt zu monetarisieren. Eine Wirkungskette besteht dabei aus Knoten und gerichteten Kanten. Die Knoten sind die Merkmale, während die eingehenden Kanten die Wirkungsrichtung auf die Merkmale bzw. die ausgehenden Kanten die Wirkungsrichtung von den Merkmalen verdeutlichen. Das Ende der Wirkungsketten in den einzelnen Zielbereichen bildet dann idealerweise die jeweilige Zielgröße des Zielbereichs (d. h. beispielsweise Abonnementerlöse, Anzeigenerlöse). Abbildung 5 illustriert dieses Vorgehen in einem generischen Muster. Als Zielbereich sind in der Abbildung exemplarisch Abonnementerlöse ausgewählt. Als Grundlage der Bestimmung von Wirkungsketten sollten i. d. R. Befragungen verantwortlicher Mitarbeiter in den Bereichen sowie des Management vorgenommen werden. Sind bereits entsprechende Erfahrungen vorhanden, können diese durch Analogieschlüsse ggf. übertragen werden. Darüber hinaus bietet sich die relevante Fachliteratur zum Ableiten von Wirkungsketten an.

Werden Wirkungsketten ohne Beteiligung von betroffenen Mitarbeitern aufgestellt, sind diese im *vierten Schritt* mit deren Hilfe zu *validieren*. Dabei sind zugleich solche Wirkungsketten zu selektieren, die zu bedeutenden Veränderungen in den Zielbereichen führen. Diese sind durch den Vergleich zur Situation vor der Einführung des Inhalteangebots im Internet zu bestimmen, um ihre Bedeutung einschätzen zu können.

Für bedeutende Wirkungsketten sollten nun in einem *fünften Schritt* so weit wie möglich *Bewertungen* mit Mengen- und Wertgrößen und Aggregationen von monetären Einzeleffekten vorgenommen werden. Jene indirekt nicht monetarisierbaren Einzeleffekte können zusätzlich in Argumentenbilanzen erfasst werden. Erfolgt die Wirkungskettenanalyse im Rahmen von Planungen, so sind die Beurtei-

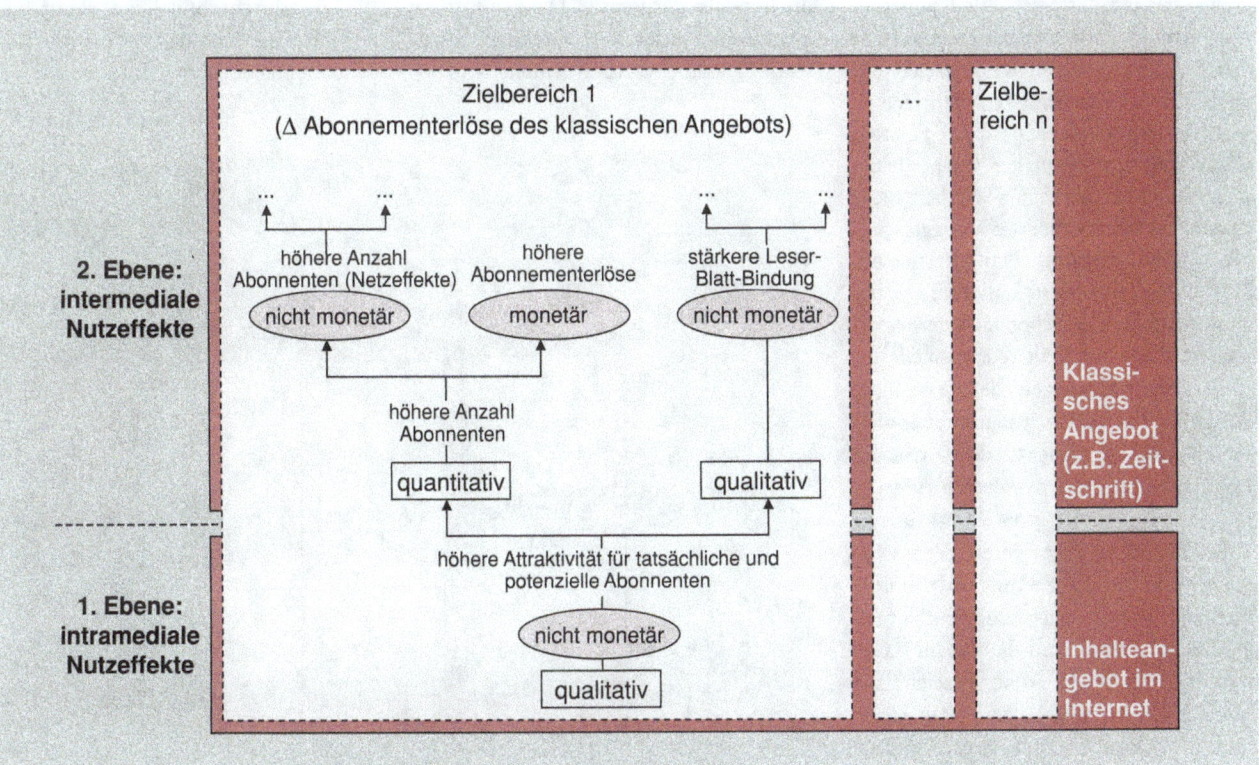

Abbildung 5: Muster zum Aufstellen von Wirkungsketten (vgl. Böning-Spohr/Hess 2002, S. 106)

lungen der Veränderungen sowie die Bewertungen mit Mengen über Prognosen mit üblichen Schwankungsbreiten zu schätzen. Die Schätzungen bilden dann die Grundlage von Kontrollen im Rahmen von ex post-Betrachtungen.

Schließlich bleibt festzuhalten, dass die Bewertungen der indirekten Nutzeffekte für jede Periode des Betrachtungszeitraums vorzunehmen sind. Zur Verdichtung bietet sich an, die mittels der Wirkungskettenanalyse erfassten und bewerteten indirekten Nutzeffekte in eine mehrperiodige „erweiterte" Wirtschaftlichkeitsbetrachtung des Inhalteangebots im Internet einzubeziehen, in welcher unmittelbare Erlöse bzw. Kosten durch mittelbare Erlöse bzw. Kosten als indirekte Nutzeffekte ergänzt werden. Wird dazu die Kapitalwertmethode genutzt, ist das Ergebnis dieser Rechnung dementsprechend ein „erweiterter" Kapitalwert des Inhalteangebots im Internet.

Das Verfahren der Wirkungskettenanalyse wurde in einem Fallbeispiel angewendet, um die Wechselwirkungen zwischen Print-Angebot und dem Inhalteangebot im Internet eines Zeitungsverlags zu erfassen. Als Kooperationspartner diente eine mittelständische Verlagsgruppe, deren Kernbereich das Erstellen und Distribuieren mehrerer regionaler Tageszeitungen ist. Die Position des Verlags im regionalen Markt gleicht der eines Monopolisten. Seit Mitte der neunziger Jahre bietet der Verlag ergänzende Inhalteangebote im Internet an. Dabei wird jede der regionalen Tageszeitungen um ein Angebot im Internet erweitert. Dieses enthält redaktionelle Inhalte, Rubrikanzeigen der jeweiligen Ausgaben der Tageszeitungen sowie weitergehende Zusatzdienste. Die Anzeigen können online gelesen und auch aufgegeben werden, wobei von Privatkunden aufgegebene Anzeigen integriert im Internet und in der Zeitung distribuiert werden. Typische Zusatzservices mit regionalem Bezug sind Fahrpläne, Geschäfts- und Gastronomieverzeichnisse sowie Veranstaltungskalender mit Suchfunktion. Darüber hinaus ergänzen Providerdienste, Chat, Online-Spiele oder Online-Grußkarten das Angebot.

Als wesentliche Gründe für die Einrichtung des Inhalteangebots im Internet wurden die Sicherung des Markteintritts und die Steigerung des Verlagsimages genannt. Diese Wirkungen lassen sich auf der unternehmensbezogenen Ebene einordnen, können zugleich aber nur schwer oder gar nicht in quantitative Effekte überführt werden, sodass sie aus diesem Grund nicht weiter betrachtet werden sollen. Der Fokus liegt hier vielmehr in der Analyse der Wirkungen des Inhalteangebots im Internet auf die klassischen Tageszeitungen, d. h. den *intermedialen* Nutzeffekten. Da das Inhalteangebot im Internet bereits existiert, enthält die Anwendung der Wirkungskettenanalyse sowohl ex post- als auch ex ante-Komponenten. Die hergeleiteten Ursache-Wirkungsketten zeigen damit bereits eingetretene, aber auch noch zukünftig erwartete Nutzeffekte.

Intermediale Auswirkungen des Inhalteangebots im Internet wurden in diesem Fall in drei wesentliche Zielbereiche aufgeteilt: die Vertriebserlöse, die Anzeigenerlöse und die Verwaltungskosten der Tageszeitung. In Abbildung 6 sind die Bereiche dargestellt. Die den Erlösen unmittelbar gegenüberstehenden Kosten (z. B. Kosten pro Abonnement) wurden hier nicht betrachtet. Die relevante Zielbereiche auf der intermedialen Ebene wurden in ihre wesentlichen Komponenten weiter unterteilt. So wurden Vertriebserlöse in Einzelverkaufs- und Abonnementerlöse gegliedert sowie Anzeigenerlöse in Format- und Rubrikanzeigenerlöse. Relevante Verwaltungskosten sind in diesem Fall Personalkosten für die Pflege der Abonnenten. Für die Zielbereiche war dann im zweiten Schritt der Informationsbedarf zu bestimmen und zu erheben. Dazu gehörte z. B. aus dem Bereich der Vertriebserlöse die Anzahl der Einzelverkäufe und der Preis einer Zeitung.

Auf Basis dieser Komponenten konnten im dritten Schritt die Wirkungsketten in den Zielbereichen aufgestellt und im vierten Schritt überprüft sowie die Stärke der Veränderungen in den Wirkungsketten durch das Management geschätzt werden. Nachfolgend wird das Ergebnis beider Schritte dargestellt. Hinsichtlich der *Vertriebserlöse* zeigten sich insbesondere im Bereich der Abonnementerlöse positive Wirkungen des Angebots im Internet auf das Print-Angebot.

Die durchschnittliche Rezipientenstruktur des Inhalteangebots im Internet unterscheidet sich i. d. R. von der de

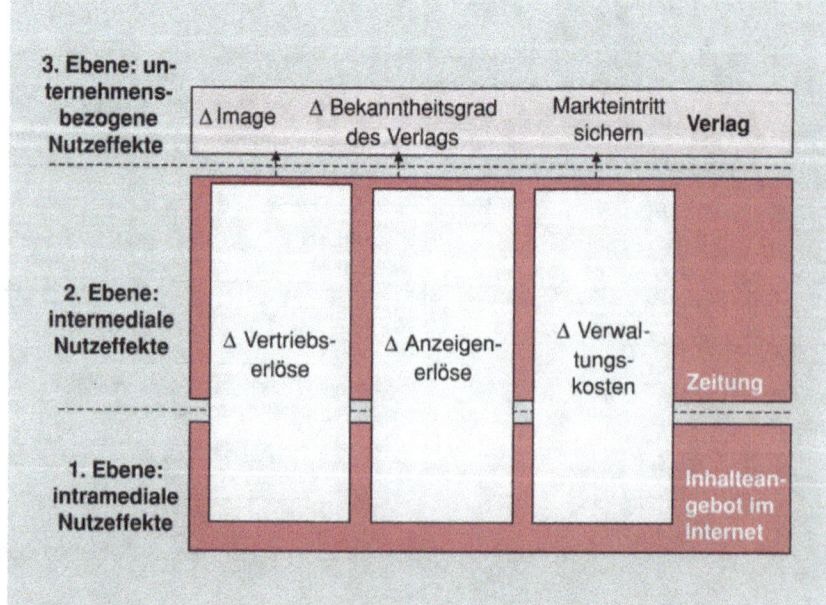

Abbildung 6: Zielbereiche intermedialer Nutzeffekte des Inhalteangebots im Internet

Print-Angebots. Beispielsweise liegt das Durchschnittsalter der Rezipienten des Inhalteangebots im Internet unter demjenigen der konventionellen Zeitungsleser. Es kann also davon ausgegangen werden, dass das Angebot im Internet zu einer steigenden Attraktivität der Zeitung für neue Lesergruppen und somit zur Erschließung neuer Marktsegmente führt. So konnten mit der Ansprache einer neuen Zielgruppe neue Abonnenten gewonnen werden. Für bestehende Abonnenten bietet das Angebot im Internet einen Mehrwert gegenüber der konventionellen Print-Ausgabe. Dazu gehören Hintergrundinformationen oder Vergünstigungen für die Nutzung von gebührenpflichtigen Leistungen des ergänzenden Inhalteangebots im Internet (z. B. Providerleistungen). Dabei wird davon ausgegangen, dass mittels einer steigenden Attraktivität der Zeitung eine höhere Leser-Blatt-Bindung erreicht und auf diese Weise mit dem Internetangebot die Dauer eines durchschnittlichen Abonnements gesteigert wird.

Beide Einzelwirkungen, die Veränderung der durchschnittlichen Abonnentendauer und die Veränderung der Anzahl der Abonnenten, führen schließlich zu einer Erhöhung der Abonnenten- und damit auch der Vertriebserlöse. In der Summe sind bei den untersuchten Beispielen diese Einzelwirkungen auf die Vertriebserlöse positiv. Weniger betroffen ist im Fallbeispiel eine Veränderung der Anzahl der Einzelkäufer der Tageszeitung, der linke Ast in der Abbildung 7 ist daher mit einer gestrichelten Linie dargestellt.

Im Bereich der *Anzeigenerlöse* zeigte sich, dass intermediale Nutzeffekte des Inhalteangebots im Internet mehr Rubrik- als Formatanzeigen der Zeitung betreffen. Die Rubrikanzeigen wurden in der Zeitung und im Internetangebot gekoppelt publiziert, sodass ein Verlust aus dem Rubrikanzeigengeschäft auf diesem Weg reduziert werden konnte. Auf die Formatanzeigen der Zeitung konnten keine Wirkungen des Angebots im Internet beobachtet werden. Diese haben i. d. R. auch keinen Bezug zum Angebot im Internet.

Zum Zeitpunkt des Fallbeispiels konnten keine wesentlichen Wirkungen auf die Verwaltungskosten der Zeitung beobachtet werden. Aufgrund der Möglichkeiten, bestimmte Funktionen im Zusammenhang mit Abonnements über das Internet abzuwickeln, ist es allerdings denkbar, dass der mit der administrativen Abwicklung und Betreuung von Abonnements verbundene Personalaufwand reduziert werden kann.

Auf Basis der Wirkungsketten ließe sich nun im fünften Schritt die folgende Berechnung durchführen, wobei beispielhaft der Bereich der Abonnementerlöse herausgegriffen sei und die folgenden Daten zugrunde gelegt werden. Die Anzahl an Abonnenten der regionalen Tageszeitungen des Verlags beträgt 300.000 und der Preis für ein Abonnement beträgt 210 Euro pro Jahr. Die Dauer eines Abonnements wird mit durchschnittlich drei Jahren angesetzt. Es wird geschätzt, dass durch das Inhalteangebot im Internet im ersten Jahr die Abonnentenzahl sowie die Bindungsdauer um 1 % steigen. Das bedeutet, dass 3.000 zusätzliche Abonnements abgesetzt werden können und die durchschnittliche Bindungsdauer auf 3,03 Jahre steigt. Beide Effekte führen zu einem Anstieg der Abonnementerlöse. Bewertet mit dem Preis für ein Abonnement können damit zusätzliche Abonnementerlöse in Höhe von etwa 1,26 Millionen Euro erzielt werden.

Ergänzend sei noch erwähnt, dass die betrachteten Zielbereiche (Vertriebs-, Anzeigenerlöse) nicht unabhängig voneinander sind, sondern vielmehr durch Wechselwirkungen der sog. Anzeigen-Auflagen-Spirale (vgl. Heinrich 2001, S. 240–241) verbunden sind. Allerdings sind diese Effekte nicht von primärer Bedeutung, sodass dieser Zusammenhang hier vernachlässigt wird.

Das Fallbeispiel hat die praktische Anwendbarkeit der Wirkungskettenanalyse dargestellt und zugleich ihre Grenzen aufgezeigt. Mit dem Instrument wird das Erfassen und Bewerten qualitativer Nutzeffekte zwischen Vertriebskanälen möglich. Dennoch gelingt die Bewertung qualitativer Nutzeffekte auf übergeordneter Unternehmensebene (z. B. Imagegewinn) auch mit diesem Verfahren nicht vollständig. Ebenso wenig bietet das Verfahren eine Lösung von Bewertungsproblemen, wenn qualitative Wirkungen nicht entlang von Wirkungsketten in quantitative Effekte transformiert werden können. Schließlich stellt sich in Anbetracht der zum Zwecke von Befragungen einbezogenen Managementkapazität die Frage nach dem Kosten-Nutzen-Verhältnis des

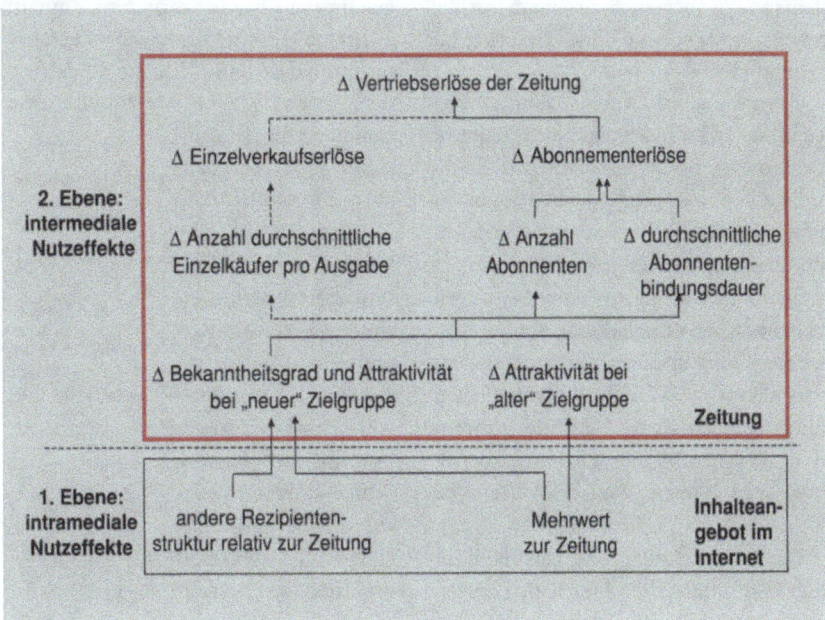

Abbildung 7: Wirkungskette im Zielbereich der Vertriebswege

Verfahrens, die jedoch nur einzelfallspezifisch zu beantworten ist und beispielsweise von der Anzahl der wesentlichen Zielbereiche und der involvierten Mitarbeiter abhängt.

Kalkulation der Mehrfachverwendung von Inhalten
Medienspezifische Problemstellung

Eine spezielle Problemstellung ergibt sich für die Kalkulation von mehrfach verwendbaren Inhalten. Bei vollständig digitalen Inhalten vereinfacht sich die Mehrfachverwendung: Inhaltebündel sind durch die digitale Form problemlos entbündelbar und können wieder neu gebündelt werden (vgl. Vizjak/Ringlstetter 2001, S. 11). Digitale Inhalte lassen sich aufgrund dieser Eigenschaft als Module auffassen, welche zu geringen Grenzkosten beliebig oft kombiniert und mehrfach verwendet werden können. Für Medienunternehmen besteht der Anreiz zur mehrfachen Verwendung von Inhalten in der als First-Copy-Cost-Effect beschriebenen Möglichkeit zum Erzielen von Skalenerträgen. Mehrfachverwendung bezeichnet die Nutzung von einmal erstellten Inhaltemodulen in verschiedenen Produkten. Inhaltemodule können einzelne Texte, Bilder und Audios („Inhalteelemente"), aber auch zu einem Artikel gebündelte Texte und Bilder, die sog. „Inhaltebündel" sein.

Basis einer effizienten Mehrfachverwendung vollständig digitaler Inhalte ist idealerweise der Einsatz von IuK-Technologien. Solche Technologien lösen Inhalte und Layout voneinander und unterstützen damit die Mehrfachverwendung *innerhalb* von Mediengattungen (z. B. zwischen verschiedenen Online-Angeboten) oder speichern Inhalte medienneutral (wie z. B. XML) und ermöglichen damit eine effiziente Mehrfachverwendung *zwischen* Mediengattungen, so z. B. Print und Internet (vgl. Hess/Rawolle 2000).

Die Kosten für das Erzeugen und Bündeln der Inhalte, die First-Copy-Costs, sind wie erwähnt kurzfristig unabhängig von der Anzahl der Verwendungen. Im Rahmen der Kalkulation stellt sich dabei die Frage, wie die Kosten für mehrfach verwendbare bzw. verwendete Inhalteelemente und Inhaltebündel in der Kalkulation der jeweiligen Verwendungen (d. h. den Inhaltebündeln oder -einheiten) zu berücksichtigen bzw. wie (Verrechnungs) Preise (VP_i) für die mehrfachen Verwendungen (nämlich n) von Inhaltemodulen zu bilden sind. Erschwerend kommt hinzu, dass die Anzahl der gesamten Verwendungen zum Zeitpunkt der ersten Verwendung meist nicht bekannt ist. Abbildung 8 illustriert diese spezielle Problemstellung und betrachtet dabei die Verteilung der Kosten K_A, die für das Erstellen des Inhaltebündels A angefallen sind, auf n Inhalteeinheiten. Die Kosten K_A ergeben sich dabei beispielsweise aus einer prozessorientierten Kalkulation (vgl. Böning-Spohr 2003, S. 92–97).

Verrechnungspreise werden für den unternehmensinternen Austausch von Leistungen zwischen Kostenstellen, zwischen abgeschlossenen Geschäftseinheiten und zwischen rechtlich selbständigen Konzernunternehmen eingesetzt und dienen der Erfolgszuweisung, Planung und Lenkung (vgl. Ewert/Wagenhofer 2000, S. 587–593, Coenenberg 1999, S. 523–528). Die Mehrfachverwendung von Inhalten kann zwischen allen drei genannten organisatorischen Einheiten auftreten. Die Erfolgszuweisungsfunktion impliziert dabei für die Redakteure den Anreiz, brauchbare Inhalte zu erstellen. Die Bestimmung von Verrechnungspreisen kann an Marktpreisen oder an Kosten ausgerichtet sein. Für kostenorientierte Verrechnungspreise sind der zeitliche Bezug (Ist-, Normal-, Plankosten), der Umfang der Kosten (Voll-, Teilkosten) sowie die Berücksichtigung von Gewinnansprüchen zu bestimmen (vgl. Coenenberg 1999, S. 534–559).

Ähnliche Problemstellungen

Die Mehrfachverwendung von Modulen zu vernachlässigbaren Grenzkosten findet sich auch in anderen Bereichen, wie z. B.
- in der Softwarebranche mit der mehrfachen Verwendung von Modulen eines Softwarepakets (vgl. Schmitz 2001, S. 243–244)
- in der Medienbranche mit dem Mantel regionaler Tageszeitungen (vgl. BDZV 1986, S. 143–145) oder mehrfach ausgestrahlten Sendungen wie z. B. Nachrichtensendungen (mit kurzfristigem Ausstrahlungshorizont) oder Spielfilme (mit längerfristigem Ausstrahlungshorizont) (vgl. Kayser 1993, S. 327).

Als praktikable „Hilfslösung" werden z. B. bei der mehrfachen Verwendung von Softwaremodulen die Kosten zunächst der ersten Verwendung zugerechnet, und aufgrund der hohen Unsicherheit wird auf eine Verrechnung der Kosten auf die weiteren Verwendungen zunächst verzichtet, dann aber ex post korrigiert (vgl. Schmitz 2001, S. 243-244). Das erste Projekt trägt dabei zunächst die Kosten und damit das Risiko, wird dann aber ex post entlastet und kann dann sogar Deckungsbeitrag erwirtschaften.

Zum Verteilen der Kosten für den Zeitungsmantel ist nach dem BDZV zu unterscheiden, ob die Ausgaben, in denen der Mantel eingesetzt wird, gleichrangig sind oder ob eine Hauptausgabe dominiert (vgl. BDZV 1986, S. 143–145).

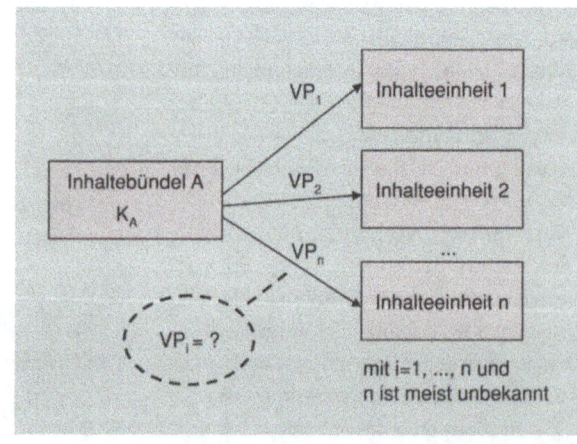

Abbildung 8: Problemstellung der Kalkulation der Mehrfachverwendung

Dabei bleibt unklar, an welchem Maßstab die Bedeutungsdifferenzierung der Ausgaben gemessen wird. Bei „gleichrangigen" Zeitungsausgaben wird empfohlen, die Kosten den Ausgaben entsprechend den Auflagenanteilen vollständig zuzurechnen. Dominiert eine Ausgabe, so sollen dieser die Mantelkosten vollständig angelastet und nur die zusätzlich für die mehrfache Verwendung anfallenden Kosten den Nebenausgaben zugerechnet werden. In der Kostenrechnung entspricht die Zurechnung über gleichrangige Ausgaben dem Durchschnittsprinzip, die Zurechnung auf eine dominierende Ausgabe dem Tragfähigkeitsprinzip. Wird der Mantel an Dritte verkauft, sind die zusätzlich entstehenden Kosten zu erfassen und zu verrechnen.

Im Rundfunkbereich empfiehlt Kayser zunächst Produktions- und Sendungskostenträger zu trennen und über Verrechnungspreise die Kosten der Produktionskostenträger dann auf die Sendungskostenträger (z. B. ein Sendeplatz) zu verrechnen, um so auch den Erfolg von Produktionen messen zu können (vgl. hierzu Kayser 1993, S 328–329). Auf diese Weise können auch mehrfache Verwendungen der Produktionen in Sendeplätzen berücksichtigt werden, ohne dabei Kostenträger auf verschiedenen Stufen zu vermischen. Dabei ist es nach Kayser nicht sinnvoll, alle Produktionskosten der Erstausstrahlung anzulasten und Wiederholungen keine Kosten zuzurechnen, da die Möglichkeit der Wiederholung von Produktionen von seinem Inhalt und damit auch von den dafür angefallenen Kosten abhänge. Wird daher ein Inhalt als mehrfach einsetzbar eingestuft, sind die Produktionskosten nicht allein der Erstausstrahlung anzulasten, sondern in geringerem Umfang als für einen einmal verwendbaren Inhalt.

Lösungsmöglichkeiten

Diese Verrechnungsansätze sollen nun auch für die mehrfache Verwendung von Inhalteelementen und -bündeln der Inhalteanbieter im Internet aufgegriffen werden. Der Ansatz aus der Softwarebranche, die Verrechnung nur ex post durchzuführen, soll für Inhalteanbieter für solche Fälle übernommen werden, in denen die Kosten für den mehrfach verwendbaren Inhalt zu gering sind und den Rechenaufwand nicht rechtfertigen. Andernfalls sind Verrechnungspreise zu bilden und dazu – ähnlich wie die Differenzierung zwischen Produktions- und Sendungskostenträgern – Kostenträger auf den unterschiedlichen Stufen des Leistungsprozesses zu unterscheiden. Für die nachfolgenden Lösungsvorschläge zur Bildung von Verrechnungspreisen für mehrfach verwendbare Inhaltemodule (Inhalteelemente bzw. -bündel) wird die in Abbildung 8 dargestellte Ausgangssituation gewählt. Das Inhaltebündel A wird in n Inhalteeinheiten, die im Beispiel als Inhalteangebote auftreten, eingesetzt. Zum Zeitpunkt t ist n noch unbekannt; in t ist nur die Verwendung des Inhaltebündels A in Inhalteangebot 1 und 2 bekannt. Ziel ist die Bestimmung der Verrechnungspreise VP_i. Die Kosten für das Erstellen des Inhaltebündels A betragen K_A und es wird angenommen, dass diese unabhängig von der Anzahl der n Verwendungen sind. Es können aber für die mehrfache Verwendung zusätzliche Kosten K_M entstehen. Diese sind vor allem Konvertierungskosten, die für die Überführung von einem medienspezifischen Format in ein anderes anfallen, und Kosten für die medienspezifische Neugestaltung der Inhalte (vgl. Rawolle 2002, S. 163). Die Kosten der Mehrfachverwendung hängen vom Ausmaß der technischen Unterstützung sowie vom jeweiligen Vertriebskanal (z. B. Internet, Print) ab und können idealerweise sogar entfallen. Dies ist z. B. bei der auf XML basierenden verwendungsneutralen Herstellung von Inhalten und ihrer mehrfachen Verwendung im Online-Medium möglich. Des Weiteren können Kosten für inhaltliche Änderungen anfallen.

Der Verrechnungspreis für das Inhaltebündel sollte an Marktpreisen ausgerichtet werden. *Marktpreisorientierte* Verrechnungspreise erfordern aber, dass ein externer Markt für das Inhaltebündel bzw. für ein substituierbares Inhaltebündel existiert, die Unternehmensbereiche den Marktpreis nicht unmittelbar beeinflussen können und der Marktpreis eindeutig feststellbar ist (vgl. Ewert/Wagenhofer 2000, S. 596–597). Diese Bedingungen finden sich in der Praxis nicht, man verwendet daher Näherungslösungen. Als nächstes ist zu untersuchen, ob Näherungslösungen für Marktpreise für Inhalteelemente bzw. Inhaltebündel ermittelbar sind. Unterschieden werden dazu „Spezialinhalte" und „Allgemeininhalte". Es wird angenommen, dass für Allgemeininhalte (z. B. von Pressediensten wie dpa) Marktpreise näherungsweise ermittelbar sind, nicht jedoch für Spezialinhalte (z. B. regionale Inhalte). Der Vorteil von Marktpreisen ist die geringe Manipulierbarkeit, sie eignen sich daher vor allem zur Erfolgsermittlung (vgl. Ewert/Wagenhofer 2000, S. 597).

Für eine *kostenorientierte* Preisbestimmung ist zu klären, in welchem Umfang die Kosten auf die Produkte zu verrechnen sind. Eingangs wurde herausgestellt, dass die Kosten der mehrfach verwendbaren Inhalte unabhängig von den Verwendungen anfallen und diesen nicht direkt zurechenbar sind (fixe Gemeinkosten). Vor diesem Hintergrund würde im Teilkostenansatz nur ein sehr geringer Anteil der Kosten verrechnet (nämlich nur K_M). Der Teilkostenansatz ist daher weniger aussagekräftig. Demgegenüber steht die Problematik der Verrechnung der fixen Gemeinkosten (also K_A) auf die Verwendungen. Als Verteilungsprinzip der fixen Gemeinkosten bietet sich das Durchschnittsprinzip an, das die Kosten K_A gleichmäßig über die Anzahl der Verwendungen umlegt. Alternativ lassen sich die Inhaltekosten abgestuft nach der zeitlichen Reihenfolge der Verwendungen verteilen (z. B. bei drei Verwendungen zu 50 %, 30 %, 20 %). Denkbar, aber nicht für Erfolgsermittlungs- und Steuerungszwecke aussagekräftig, wäre noch das Tragfähigkeitsprinzip als schwächstes Verteilungsprinzip, das die Kosten K_A entsprechend der Tragfähigkeit der Inhalteangebote verteilt. Basis könnte der jeweilige Istumsatz sein oder der mit dem Inhalt geschätzte erzielbare Umsatz (z. B. durch zusätzliche Rezipientenkontakte), wobei dem das Prognoseproblem entge-

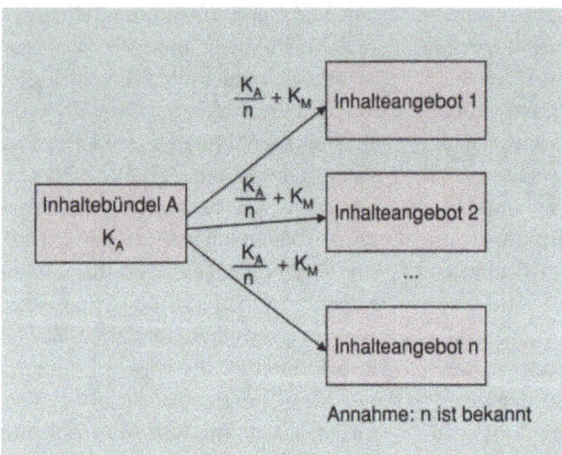

Abbildung 9: Verrechnung der Inhaltekosten auf sämtliche Verwendungen

gensteht. Die zusätzlich für die Mehrfachverwendung anfallenden Kosten, d. h. K_M, fallen für meist mit der einzelnen mehrfachen Verwendung verbundenen Tätigkeiten an und sind längerfristig variable Gemeinkosten. Eine Zurechnung auf die Produkte erscheint mit Prozesskostensätzen geeignet. Zusätzlich zu den verrechneten Kosten des mehrfach verwendbaren Inhalts kann nach dem Kosten-Plus-Ansatz in den Verrechnungspreisen auch ein Gewinnanteil einbezogen werden. Der Abnehmer wird dabei wie ein externer Kunde behandelt. Problematisch ist dabei vor allem die Festlegung eines adäquaten Gewinnaufschlags, der immer nur willkürlich sein kann.

Der Zeitbezug dieser Rechnung ergibt sich aus der Problembeschreibung: die prospektiven Verrechnungspreise werden als Plan- oder als Normalpreise bestimmt. Kontrollrechnungen gehen von Istkosten aus und geben ex-post die für die Deckung der Kosten exakten Verrechnungspreise an (vgl. Ewert/Wagenhofer 2000, S. 605). Problematisch ist beim Bestimmen von prospektiven Verrechnungspreisen, dass im Regelfall die Anzahl der Verwendungen zum Zeitpunkt der ersten Verwendung und damit zum Zeitpunkt der Ermittlung des Verrechnungspreises nicht bekannt ist. Eine Ausnahme besteht dann, wenn die Kosten K_A für Lizenzen mit einer festgelegten Anzahl von Verwendungen anfallen. In dem Fall lassen sich die Lizenzkosten unter der Annahme, dass die Kapazität der Lizenzen ausgeschöpft wird, durchschnittlich oder anteilsmäßig abgestuft auf die Verwendungen verteilen.

Nachfolgend werden drei Lösungsansätze zum Ermitteln von prospektiven Verrechnungspreisen vorgestellt. Als Verteilungsprinzip wird dabei das Durchschnittsprinzip gewählt. Der erste *Lösungsansatz* besteht im Versuch, die Anzahl der Verwendungen n zu prognostizieren und die verwendungsunabhängigen Kosten K_A dann auf diese n Verwendungen gleichmäßig zu verteilen (vgl. Abbildung 9). Zusätzlich werden die Kosten der Mehrfachverwendung K_M erfasst und als verwendungsabhängige Kosten zugeordnet. Die Grenzen dieses Ansatzes liegen v. a. in der Prognose der Anzahl der n Verwendungen. Die Prognose der Anzahl der Verwendungen kann dabei z. B. an – soweit vorhandenen – Erfahrungs- oder Vergleichswerten ansetzen.

Der zweite Lösungsansatz setzt bei den Prognoseproblemen an und verrechnet die verwendungsunahängigen Kosten K_A auf die zum Zeitpunkt der Ermittlung bekannten Verwendungen (vgl. Abbildung 10). Das Beispiel geht von zwei bekannten und n-2 (noch) unbekannten Verwendungen aus. Für die noch unbekannten Verwendungen werden dann nur die Kosten der Mehrfachverwendung angesetzt bzw. sofern diese nicht anfallen, werden reine Erlöse generiert. In den Kontrollrechnungen lassen sich dann ex-post die „richtigen" Verrechnungspreise ermitteln.

Beide Lösungsansätze sollen kurz beurteilt werden. Vorteilhaft am ersten Lösungsansatz sind die relativ geringen Preise, die auf die Kostendegression zurückzuführen sind. Nachteilig wirken die Kosten und die Unsicherheit der Prognose der Anzahl der Verwendungen. Zudem besteht ein relativ hohes Risiko, bei Überschätzung der Anzahl der Verwendungen, die Kosten nicht zu decken. Im Gegensatz dazu ergeben sich im zweiten Lösungsansatz mit der Verrechnung der Inhaltekosten nur auf die bekannten Verwendungen höhere Verrechnungspreise, die unter Umständen nicht wettbewerbsfähig sind, jedoch bereits mit den bekannten Verwendungen die Kosten abdecken und damit unter kaufmännischem Aspekt weniger risikobehaftet sind. Die Entscheidung für eine Variante ist im Einzelfall zu treffen, wesentliche Entscheidungsfaktoren sind dabei die Prognosegüte, die relative Höhe und damit die Bedeutung der zu verrechnenden Kosten sowie die Risikoeinstellung der Verantwortungsbereiche.

Bisher wurde davon ausgegangen, dass die Inhalterechte für den mehrfach verwendbaren Inhalt beim Autor bleiben. Ein *dritter Lösungsansatz* geht von der Übertragung unbegrenzter Nutzungsrechte an die Bereiche der in t bekannten Verwendungen aus. Diese tragen die Kos-

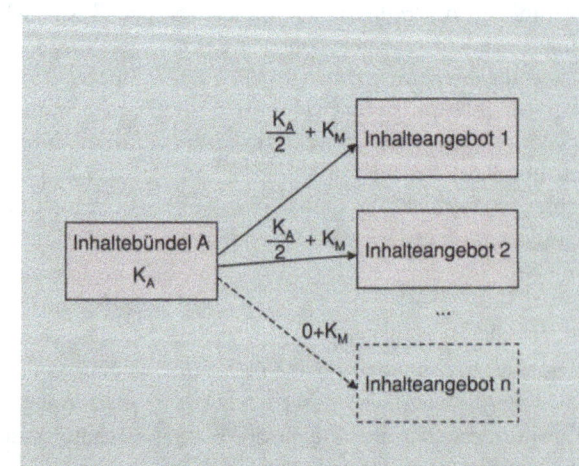

Abbildung 10: Verrechnung der Inhaltekosten auf bekannte Verwendungen

ten in vollem Umfang, ggf. zuzüglich einem Gewinnaufschlag (K'_A) und haben das Recht, das Inhaltebündel A für weitere n-2 Inhalteangebote gegen das Erheben von Verrechnungspreisen (VP_n) zu verwenden. Dabei wird der Autor des Inhaltebündels A zu einem vorher festgesetzten Prozentsatz (x %) an den Verkaufserlösen des Inhaltebündels A beteiligt (vgl. Abbildung 11). Diese Variante ist für unternehmensexterne Nachfrager der Inhalte und weniger für die interne Verwendung interessant.

Zusammenfassend ist festzuhalten, dass die Kosten für mehrfach verwendbare Inhalte unabhängig von der Anzahl der Verwendungen anfallen und die Anzahl der Verwendungen zu Beginn meist unbekannt sind. Bevor eine Verrechnung dieser Kosten vorgenommen wird, ist zunächst die Größenordnung der Kosten des mehrfach verwendbaren Inhalts zu beurteilen. Sind die Kosten sehr gering, würde der Aufwand einer Verrechnung den Nutzen übersteigen, sodass Verrechnungspreise für mehrfach verwendete Inhalte nur ex post zu bilden sind und ex ante nur die zusätzlichen Kosten der mehrfachen Verwendung berücksichtigt werden. Ist die Höhe der Kosten des mehrfach verwendbaren Inhalts jedoch nicht zu vernachlässigen, sind Verrechnungspreise anzusetzen. Kann dazu nicht auf Marktpreise zurückgegriffen werden, bestehen für kostenorientierte Verrechnungspreise im Kern die Möglichkeiten: entweder die Kosten des mehrfach verwendbaren Inhalts allen geschätzten Verwendungen anzulasten, die Kosten „nur" auf die bekannten Verwendungen zu verteilen, oder bei Übertragung der Nutzungsrechte auf die die Inhalte verwendenden Bereiche die Kosten mindestens in vollem Umfang zu verteilen und dabei bei erneuter Weiterverwertung zu einem festgesetzten Prozentsatz an den Erlösen zu partizipieren. Für die Wahl eines der skizzierten Lösungsvorschläge ist im Einzelfall das Kosten-Nutzen-Verhältnis zu schätzen.

■ Fazit und Ausblick

Die voranschreitende medientechnologische Entwicklung und insbesondere die in den letzten Jahren zunehmende Digitalisierung von Inhalten und Trägermedien haben dem Konzept der Mehrfachnutzung von Inhalten in der Medienindustrie erheblichen Auftrieb gegeben. Dies hat nicht nur Rückwirkungen auf die Geschäftsmodelle der Medienindustrie, sondern auch auf das Controlling. Die Mehrfachnutzung bringt neue, bislang kaum zu Tage getretene Problemstellungen für das Controlling mit sich, auf die Antworten gefunden werden müssen. Dazu zählen die Analyse von intermedialen Wechselwirkungen sowie die Bestimmung von Verrechnungspreisen bei der Mehrfachverwendung von Inhalten.

Als ein neues, an die erhöhten Anforderungen an das Controllinginstrumentarium angepasstes Instrument, um intermediale und meist qualitative Wechselwirkungen relativ vollständig zu erfassen, übersichtlich abzubilden und damit eine erweiterte Informationsgrundlage bereitzustellen, wurde die Wirkungskettenanalyse vorgestellt.

Für die Bestimmung von Verrechnungspreisen hat sich gezeigt, dass oft nicht von Marktpreisen ausgegangen werden kann und die Höhe der Kosten der mehrfach verwendbaren Inhalte nicht zu vernachlässigen ist. Deshalb stellen sich für kostenorientierte Verrechnungspreise folgende Alternativen: Für den Fall gut prognostizierbarer Verwendungen sind die Kosten auf sämtliche Verwendungen zu verteilen oder – sofern die Prognose nicht möglich ist – sind die Kosten zunächst auf die zum Planungszeitpunkt bekannten Verwendungen zu verteilen und ex post zu korrigieren. Eine dritte Alternative geht von der Übertragung der Rechte an den mehrfach verwendbaren Inhalten aus und verteilt die Kosten mindestens in vollem Umfang auf die entsprechenden Geschäftsbereiche, die dann bei weiterer Verwendung der Inhalte einen bestimmten Prozentsatz an den ursprünglichen Inhalteersteller abführen.

Insgesamt zeigen die in diesem Beitrag angestellten Überlegungen, dass mit der wachsenden Verbreitung digitaler Technologien in der Medienbranche neue Wege und Möglichkeiten der Effizienzsteigerung durch Kostensenkungs- und/oder Erlössteigerungspotenziale einhergehen. Das Controlling kann mit Hilfe medienspezifisch weiterentwickelter Controllinginstrumente Hinweise darauf geben, wie diese Potenziale erschlossen werden können.

Literatur

ALTMEPPEN, K.-D.: Märkte der Medienkommunikation: Publizistische und ökonomische Aspekte von Medienmärkten und Medienhandeln, in: ALTMEPPEN, K.-D. (Hrsg.): Ökonomie der Medien und des Mediensystems – Grundlagen, Ergebnisse und Perspektiven medienökonomischer Forschung, Opladen 1996, S. 25–52.
BDZV – BUNDESVERBAND DEUTSCHER ZEITUNGSVERLEGER E. V. (Hrsg.): Kostenrechnung für Zeitungsverlage: BDZV-Richtlinien zur Kosten- und Ergebnisrechnung, Bonn 1986.
BÖNING-SPOHR, P.: Controlling für Medienunternehmen im Online-Markt, Gestaltung ausgewählter Controllinginstrumente, Göttingen 2003.
BÖNING-SPOHR, P./HESS, T.: Analyse der Wechselwirkungen zwischen Print- und Online-Angeboten mittels Wirkungskettenanalysen, in: ALTOBELLI, C. F. (Hrsg.): Print contra Online? Verlage im Internetzeitalter, München 2002, S. 103–112.

Abbildung 11: Verrechnung der Inhaltekosten bei Übertragung der Inhalterechte

Mit Lösungsansätzen und EDV-technologischer Basis

Frank Keuper/Dirk Roesing/
Marc Schomann (Hrsg.)
Integriertes Risiko- und Ertragsmanagement
Kunden- und Unternehmenswert
zwischen Risiko und Ertrag
2005. XIV, 545 S. Geb. EUR 79,90
ISBN 3-409-12646-5

Risikomanagement und Ertrags- oder Valuemanagement können nicht isoliert betrachtet werden. Renommierte Autoren präsentieren die gegenwärtige und zukünftige Bedeutung eines integrierten Credit Risk-, Customer Value-, Fraud- und Ordermanagement. Sie stellen integrierte Lösungsansätze vor und beziehen die EDV-technologische Basis mit ein. Case Studies wie z.B. der SAP und der SHS Informationssysteme AG sorgen für Aktualität.

Die Herausgeber:
PD Dr. Frank Keuper ist Privatdozent am Institut für Industriebetriebslehre, an der Universität Hamburg. Weiterhin ist er Dozent an der Hamburg Media School, an der Steinbeis-Hochschule Berlin, an der Akademie Deutscher Genossenschaften in Montabaur sowie an der Wirtschaftsakademie Hamburg.
Dirk Roesing ist Vorstandsvorsitzender der SHS Informationssysteme AG.
Dr. Marc Schomann ist Partner bei Esprit Consulting AG, Bereich Strategie, Controlling und Risikomanagement.

www.gabler.de

Änderungen vorbehalten. Erhältlich im Buchhandel oder beim Verlag.
Abraham-Lincoln-Str. 46 · 65189 Wiesbaden · Tel: 06 11.78 78-626

COENENBERG, A. G.: Kostenrechnung und Kostenanalyse, 4. Auflage, Landsberg/Lech 1999.
EWERT, R./WAGENHOFER, A.: Interne Unternehmensrechnung, 4. Auflage, Berlin u. a. 2000.
HEINRICH, J.: Medienökonomie, Band 1: Mediensystem, Zeitung, Zeitschrift, Anzeigenblatt, 2. Auflage, Opladen, Wiesbaden 2001.
HESS, T./RAWOLLE, J.: Redaktionssysteme für klassische und digitale Medien, in: HMD – Praxis der Wirtschaftsinformatik, Jg. 37 (2000) Heft 211, S. 53–65.
HESS, T./SCHULZE, B.: Mehrfachnutzung von Inhalten in der Medienindustrie. Grundlagen, Varianten und Herausforderungen, in: ALTMEPPEN, K.-D./KARMASIN, M. (Hrsg.): Medien und Ökonomie, Band II, Wiesbaden 2004, S. 41–62.
KAYSER, H. J.: Controlling für Rundfunkanstalten, Baden-Baden 1993.
KOGELER, R./MÜFFELMANN, J.: Multimedia und die Zukunft der Printmedien, in: SCHUMANN, M./HESS, T. (Hrsg.): Medienunternehmen im digitalen Zeitalter, Neue Technologien – Neue Märkte – Neue Geschäftsansätze, Wiesbaden 1999, S. 217–232.
LUDWIG, J.: Kosten, Preise und Gewinne – Zur Betriebswirtschaft von Medienunternehmen, Das Beispiel Der Spiegel, in: ALTMEPPEN, K.-D. (Hrsg.): Ökonomie der Medien und des Mediensystems – Grundlagen, Ergebnisse und Perspektiven medienökonomischer Forschung, Opladen 1996, S. 81–99.
RAWOLLE, J.: Content Management integrierter Medienprodukte: Ein XML-basierter Ansatz, Wiesbaden 2002.
SCHMITZ, H.: Marktbezogene Kostenvorgaben für die Softwareerstellung, in: SEICHT, G. (Hrsg.): Jahrbuch für Controlling und Rechnungswesen, Wien 2001, S. 225–247.
SCHREIBER, G. A.: New Media im Süddeutschen Verlag, in: SCHUMANN, M./HESS, T. (Hrsg.): Medienunternehmen im digitalen Zeitalter, Neue Technologien – Neue Märkte – Neue Geschäftsansätze, Wiesbaden 1999, S. 233–247.
SCHUMANN, M.: Betriebliche Nutzeffekte und Strategiebeiträge der großintegrierten Informationsverarbeitung, Berlin u. a. 1992.
SHAPIRO, C./VARIAN, H. R.: Information Rules: A Strategic Guide to the Network Economy, Boston, Massachusetts 1999.
VIZJAK, A../RINGLSTETTER, M.: Content entscheidet über Wachstum und Profitabilität in der Medienbranche, in: VIZJAK, A./RINGLSTETTER, M. (Hrsg.): Medienmanagement: Content gewinnbringend nutzen, Wiesbaden 2001, S. 9–16.
WIRTZ, B. W.: Medien- und Internetmanagement, 2. Auflage, Wiesbaden 2001.
ZERDICK, A./PICOT, A./SCHRAPE, K./ARTOPÉ, A./GOLDHAMMER, K./HEGER, D. K./LANGE, U. T./VIERKANT, K. E./LÓPEZ-ESCOBAR, E./SILVERSTONE, R.: Die Internet-Ökonomie – Strategien für die digitale Wirtschaft, 3. Auflage, Berlin u. a. 2001.

Erfolgscontrolling im Buchverlag – ein inhaltsbezogener Ansatz

Thomas Klinkhardt

Zur Mehrfachverwertung von Inhalten ist das richtige Betrachtungsobjekt für das Controlling nicht mehr der einzelne Titel, sondern die übergeordnete Hierarchiestufe: der Inhalt mit seinen diversen Trägermedien in Summe.

■ These

Die Systeme, die Verlage üblicherweise im operativen Controlling (in der Kostenträgerrechnung) einsetzen, gehen in einigen wichtigen Fällen an der wirtschaftlichen Realität vorbei. Die Hauptursache dafür ist, dass vor allem die teueren Inhalte in Form mehrerer, unterschiedlicher Produkte verwertet und vermarktet werden – z. B. als Hardcover, Taschenbuch, Hörbuch und als eBook.

Für das operative Controlling ist dann nicht mehr das einzelne Buch (oder sogar die einzelne Druckauflage) das angemessene Betrachtungsobjekt sondern der Inhalt mit den aus ihm erstellten Produkten. Außerdem müssen bei der Bestandsbewertung Inhalte getrennt von den Produkten bewertet werden.

■ Operatives Controlling im Verlag

Das operative Controlling soll die im Geschäftssystem notwendigen Entscheidungen durch Information unterstützen und benötigt dafür Systeme, die die wirtschaftliche Situation des Unternehmens realitätsnah darstellen.

Zum Geschäftssystem Verlag hier eine kurze Darstellung der Wertschöpfungskette, anhand der erläutert werden soll, welche operativen Entscheidungen in einem Verlag getroffen werden müssen.

Die Wertschöpfungskette lässt sich in vier Schritten darstellen:

Im ersten Schritt, der *Entwicklung*, entscheidet sich der Verlag für einen Inhalt (z. B. das Thema Apfelessig oder der Roman eines bestimmten Autors), der gekauft oder bearbeitet werden soll. Häufig werden die Veröffentlichungsrechte auch über Rechteagenturen angeboten – vor allem im Bereich der Belletristik veranstalten die Agenturen gerade bei teueren Rechten Auktionen, in denen das Recht unter den Verlagen versteigern wird. Die Verantwortung für diesen ersten Schritt der Kette liegt im Allgemeinen beim Lektorat (bzw. der Redaktion), das sich mit dem Vertrieb bzgl. der Absatzchancen auseinandersetzt und in einer Art Investitionsrechnung die Wirtschaftlichkeit des Inhalts belegen muss. Dabei muss schon eine Vorstellung vorhanden sein, in welchem Produktbündel (z. B. Hardcover, Taschenbuch, Hörbuch, …) der Inhalt vermarktet werden soll.

Im zweiten Schritt, der *Herstellung*, wird der Inhalt in konkrete Produkte umgesetzt. Typische Arbeiten sind Satz, Reproduktion und Druck, die meist an Dienstleister vergeben werden. In dieser Phase geht die Steuerung vom Lektorat zum Hersteller über. Neben der Lieferantenwahl ist in dieser Phase die Bestimmung der Auflagenhöhe eine wichtige Entscheidung. Die dazu erforderliche Schätzung der zukünftigen Absätze wird meist zwischen Vertrieb und Lektorat abgestimmt. Am Ende dieses Schrittes steht das fertige physische Produkt.

Im dritten Schritt arbeiten *Marketing und Vertrieb* daran, das Produkt in den Markt zu bringen, geeignete Vertriebskanäle zu bestimmen und zu bewerben. Bei den Publikumsverlagen (den literarischen Verlagen und den Sachbuchverlagen) gibt es im Hardcover eine Frühjahrssaison und eine Herbstsaison, in deren Vorfeld Vertreter Buchhandlungen besuchen, Vorschauen erstellt werden und in denen

---

● Das Verlagsgeschäft hat sich geändert, Inhalte werden immer häufiger mehrfach verwertet.
● Die Controlling-Systeme vieler Verlage haben sich darauf noch nicht eingestellt.
● Die auflagenbezogene Erfolgsrechnung wird oft nur mit Hilfskonstruktionen am Leben gehalten.
● Bei mehrfach verwertbaren Inhalten sollte sich das Controlling weniger mit den Betrachtungsebenen Titel oder Auflage befassen, sondern sich auf die Ebene der Inhalte konzentrieren.
● Problematisch bleibt aber grundsätzlich die Bewertung von Verwertungsrechten und damit die angemessene Abbildung des „Verbrauchs" von Inhalten.

Thomas Klinkhardt
Diplom Mathematiker, Bereichsleiter Controlling der Klett Gruppe,
E-Mail: t.klinkhardt@klett.de,
Telefon 07 11/66 72 11 02

Abbildung 1: Wertschöpfungskette

die wichtigsten Titel erscheinen. Taschenbücher werden dagegen in einer konstanteren Folge monatlich in den Markt gebracht. Vor allem im Hardcover gibt es ein ausgeprägtes Sommerloch, in dem die Remissionen (der Buchhandel hat meist ein Rückgaberecht) die Umsätze übertreffen können und in der Position Umsatz eine negative Zahl ausgewiesen wird. Das Controlling verfolgt mit den Methoden des Marketingcontrollings die Effektivität von Werbemaßnahmen.

Gegen Ende des Lebenszyklusses eines Produktes steht das Unternehmen vor der Entscheidung, ob es das Produkt noch im Verlagsprogramm belässt, es „verramscht" (d. h. mit Preisabschlägen nach Aufhebung der Ladenpreisbindung verkauft) oder ob es das Produkt makuliert (d. h. wegwirft). Durch die Erlöse der Verramschung können oft noch die Kosten der Herstellung gedeckt werden.

Schließlich geht es im letzten Schritt der Wertschöpfungskette um *Logistik und Abrechnung*, wobei die Logistik (die Verlagsauslieferung) bei den meisten Verlagen outgesourct ist.

In dieser Wertschöpfungskette arbeiten die einzelnen Abteilungen des Verlages zunehmend verzahnt miteinander, so dass vertriebliche Aspekte bereits bei der Entwicklung berücksichtigt werden und das Lektorat auch in die Vermarktung der Produkte eingebunden ist. So entscheidet das Lektorat meist über die Cover-Gestaltung und verfasst auch den Text auf der vierten Umschlagseite.

Eine der wesentlichen Aufgaben des operativen Controllings ist es, den wirtschaftlichen Erfolg des Verlages nach Sparten periodengerecht zu beurteilen. In erster Linie geht es dabei um den Erfolg der Produkte – daneben muss natürlich auch die Höhe der Strukturkosten im Auge behalten werden. Die Produkte haben im Allgemeinen am Ende der Periode ihren Lebenszyklus noch nicht beendet – d. h. es liegen Bestände auf Lager. Außerdem hat das Unternehmen Verbreitungsrechte (für Inhalte), die schon in Produkten genutzt werden, die aber immer noch Vermarktungspotenzial haben. Am Ende einer Periode müssen also die Aktiva bewertet werden: Welchen Wert haben insbesondere die Rechte und das Lager? Bei der Lagerbewertung geht es vor allem darum, die Gesamtherstellungskosten den Perioden möglichst angemessen zuzuordnen (über die Gesamtlebenszeit eines Produktes werden immer 100 % der Kosten eingesetzt).

Beim Thema Rechte stellt sich bei einer Mehrfachverwertung von Inhalten außerdem die Frage, mit welchem Verfahren die Rechtekosten den einzelnen Produkten zugeordnet werden sollen.

Gliederung des Verlagsprogramms

Betrachtet man einen Verlag von der Produktseite, so muss man zunächst eine geeignete Gliederung des Verlagsprogramms finden. Üblicherweise führt das Rechnungswesen die einzelnen Auflagen eines Titels jeweils als eigenständigen Kostenträger, der über eine Kostenträgerhierarchie seinem Titel zugeordnet ist, welcher wiederum zu einer Reihe zählt.

Wo soll das Controlling ansetzen? In den meisten Verlagen ist der einzelne Titel das dominierende Betrachtungsobjekt. Solange Inhalte nicht mehrfach verwertet werden, ist das angemessen: Aus einem Inhalt wird ein Buch gemacht, das sich – für sich allein – „rechnen" muss.

Es gibt aber immer mehr Fälle, in denen Inhalte mehrfach verwertet werden – Beispiel Publikumsverlage: Mit dem Aufkommen des Taschenbuchs entstand eine zusätzliche Verwertungsmöglichkeit für einen Inhalt. Aus einem Text wurden

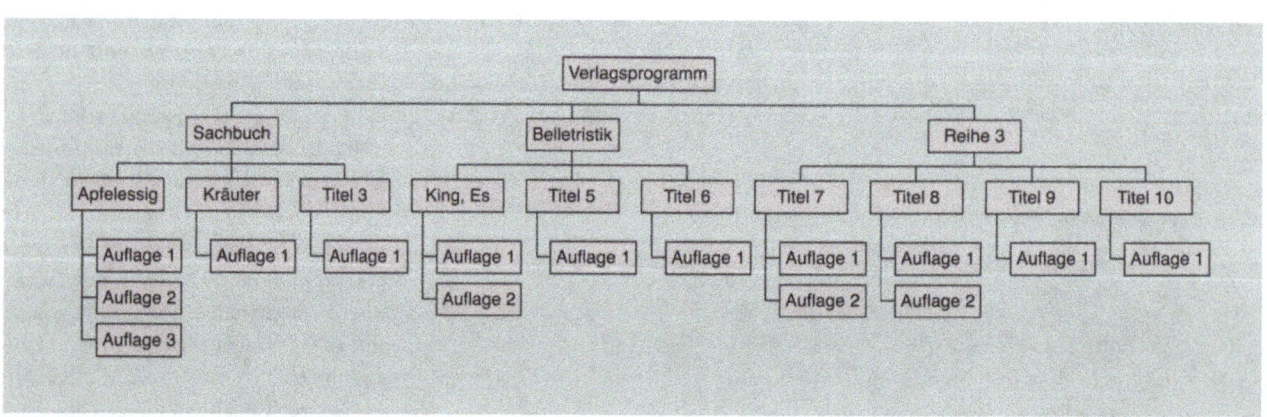

Abbildung 2: Verlagsprogramm Beispiel

zwei Bücher, die in ihrem Erfolg und in ihrer Kostenstruktur voneinander abhängen. Der Markterfolg eines Hardcovers bringt auch dem Taschenbuch höhere Absätze, weshalb z. B. die Kosten der Hardcover-Werbung auch dem Taschenbuch zugerechnet werden müssen. Auch in der Herstellung können Satz und Reproduktion im Taschenbuch meist wiederverwendet werden, weshalb auch diese Kosten aufgeteilt werden sollten.

Solange Hardcover und Taschenbuch in unterschiedlichen Verlagen erscheinen, sind diese Kostenaufteilungen durch Vereinbarungen geregelt und für die Erfolgsrechnung ohne Problem. Ein Verlag (z. B. der Hardcoververlag) kauft das komplette Verbreitungsrecht und vergibt ein Nebenrecht (Verreitung des Taschenbuchs) an einen anderen Verlag (z. B. Taschenbuchverlag). Dazu wird häufig eine Aufteilung der Werbe- und der Satzkosten vereinbart. Im Zuge der Konzentration der Verlagsbranche verwertet aber immer häufiger ein Verlag Hardcover und Taschenbuch im eigenen Programm. Außerdem ist meist bei zwei Erscheinungsformen noch nicht Schluss: Manche Inhalte sind gleichzeitig in den unterschiedlichsten Produktformaten auf dem Markt: Als Hardcover, Taschenbuch, Sonderausgabe, Aktionstitel, Hörbuch oder als eBook.

Die traditionellen Systeme der Erfolgsrechnung gelangen aufgrund dieser Entwicklung immer mehr an ihre Grenzen und weichen oft erheblich von der wirtschaftlichen Realität ab. Einwände der Steuer- oder Wirtschaftsprüfer müssen dann im Rechnungswesen häufig mit Hilfskonstruktionen berücksichtigt werden, was fehleranfällige Systeme und unübersichtliche Regelwerke hervorbringt.

Gliederung der Herstellungskosten

Bei den Herstellungskosten unterscheidet man zwischen mengenabhängigen und fixen Kosten, wobei man die fixen Kosten noch weiter unterscheiden muss. Dadurch entsteht folgende Gliederung:

- *Content-fixe Kosten*; Kosten, die bei der Erstellung oder dem Kauf eines Contents verursacht werden (z. B. Pauschalhonorare, Übersetzung).
- *Titel-fixe Kosten*; Kosten, die bei der Umsetzung des Contents in ein konkretes Medium entstehen (z. B. Satz, Repro, Druckplatten).
- *Auflagen-fixe Kosten*; Kosten, die bei der Produktion einmalig entstehen – im Wesentlichen die Einrichtekosten der Druckerei.
- *Mengen-abhängige Kosten*; Kosten, die bei der Produktion der Auflage in Abhängigkeit von der produzierten Menge entstehen. Bei Büchern sind das die sogenannten Fortdruckkosten. Durch Trennung von Auflagen-fixen und Mengen-abhängigen Kosten lassen sich die Mehrkosten darstellen, die durch die Aufspaltung der Gesamtauflage in mehrere Druckauflagen verursacht werden.

Etwas problematisch ist die Zuordnung von Garantiehonoraren: Das Garantiehonorar ist eine Art unverfallbare Vorauszahlung für den Autor, die durch umsatzabhängige Honoraransprüche aus dem Verkauf „verbraucht" wird. Ein Beispiel: Bei einem Garantiehonorar von 1.000 € und einem Honorar von 1 € pro verkauftem Exemplar, werden die Honoraransprüche aus den ersten 1.000 Verkäufen auf das Garantiehonorar angerechnet – der Autor bekommt erst ab dem 1.001 ten Exemplar wieder Honorar ausgezahlt. Dieses System hat sich jedoch in vielen Fällen verselbstständigt: Es werden Garantiehonorare vereinbart, die bei weitem nicht mehr durch das Honorar nach Verkauf eingespielt werden können. Bei teuren Rechten hat sich der Charakter des Garantiehonorars damit von einer umsatzabhängigen Kostenart in eine Content-fixe Kostenart gewandelt.

Neben den durch Rechnung belegten externen Kosten entsteht bei der Herstellung auch interner Aufwand in den Verlagsabteilungen Lektorat und Herstellung.

Titelbezogene Erfolgsrechnung (nicht periodisiert)

Um die Controlling-Probleme am konkreten Objekt zu zeigen, soll im folgenden Beispiel ein Hardcover-Buch über seinen gesamten Lebenszyklus gezeigt werden. Es wird im Jahr 1 produziert, ab dem Jahr 2 verkauft und im Jahr 3 aus dem Programm genommen. Der Inhalt wird in diesem Fall vom Verlag nur in Form des Hardcover-Buches verwertet, gleichzeitig wird eine Taschenbuchlizenz für 6.000 € vergeben.

Die durchschnittlichen Einnahmen pro Stück betragen zunächst 4,46 € – bei einem Ladenpreis von 7,95 €, nach Abzug der Umsatzsteuer und des durchschnittlichen Buchhandelsrabattes. Die Restauflage wird im Jahr 3 noch für 1 € pro Exemplar verramscht.

Das Autorenhonorar ist in diesem Beispiel als Garantiehonorar vereinbart, das aber durch die umsatzabhängigen Ho-

Hardcoverbuch	1. Jahr	2. Jahr	3. Jahr
Absatz (Stück)		5.000	10.000
Einnahmen		26.760	37.680
Nebenrechtserlöse			6.000
Garantiehonorar	15.000		
Titel-fixe Kosten	2.000		
Auflagen-fixe Kosten		1.000	500
Mengen-abhängige Kosten		7.000	1.000
Umsatzabhängige Kosten		2.676	3.768
Interne Kosten (Lektorat, …)	2.000		
Saldo	-19.000	16.084	38.412
Saldo kumuliert	-19.000	-2.916	35.496
Einnahmen kumuliert		26.760	70.440

Abbildung 3: Titelbezogene Erfolgsrechnung

norare nicht aufgezehrt wurde und daher wie ein Pauschalhonorar behandelt werden kann.

Die Content-fixen Kosten (das Garantiehonorar) liegen bei 15.000 €, die Titel-fixen Kosten bei 2.000 €, die Einrichtekosten der Druckerei bei 500 € und schließlich die Fortdruckkosten bei 0,50 € pro Exemplar.

Die Gebühren der Auslieferung und die Provision der Vertreter sind meist umsatzabhängig und in diesem Beispiel mit pauschalen 10 % dargestellt. Die Vertreter erhalten dabei im Allgemeinen Abschlagszahlungen, die Gebühren der Auslieferung werden zeitnah erhoben – beide Positionen werden in der gleichen Periode wie die Umsätze ausgewiesen.

Außerdem werden die internen Kosten der Abteilungen Lektorat und Herstellung den einzelnen Titeln zugeordnet (meist pauschal, selten über Stundenaufschriebe).

Eine Titel-bezogene Erfolgsrechnung zeigt Abb. 3.

Um zu einer Aussage über die Wirtschaftlichkeit zu kommen, genügt der Saldo aus Einnahmen und Ausgaben allerdings nicht.

Theoretisch müsste man zunächst die zeitliche Komponente mittels Barwertbetrachtung berücksichtigen, da im ersten Jahr nur Ausgaben anfallen und erst ab dem zweiten Jahr Einnahmen fließen. Da die zeitliche Verzögerung hier nicht ins Gewicht fällt, soll auf den Barwert nicht weiter eingegangen werden.

Berücksichtigt werden in dieser Rechnung nur die direkt zurechenbaren Einnahmen und Ausgaben (entsprechend dem Deckungsbeitrag). Aus dem Saldo von Einnahmen und Ausgaben müssen aber auch die Strukturkosten des Verlages gedeckt werden. Dieses Problem wird im Allgemeinen durch einen pauschalen Zielwert gelöst: In unserem Beispiel soll für die Relation „Saldo kumuliert" zu „Einnahmen kumuliert" ein Zielwert von 45 % gelten.

Diese beträgt in unserem Beispiel 35.496 / 70.440 = 50 %, womit das Produkt grundsätzlich schon einmal den Zielen des Verlages entspricht und sich „gerechnet" hat.

Problem der auflagenbezogenen Erfolgsrechnung

In den Systemen des Rechnungswesens werden die einzelnen Auflagen eines Titels als eigenständige Kostenträger geführt. Auf die erste Auflage werden im Allgemeinen alle bis dahin angefallenen Kosten gebucht – also auch die Content- und die Titel-fixen Kosten (vgl. Abb. 4).

Die Rechnung für die erste Auflage weist somit ein negatives Ergebnis aus: Unter Einbeziehung der umsatzabhängigen Kosten (10 % vom Umsatz: 0,45 €) verursacht jedes verkaufte Exemplar (Stückerlös 4,46 €) der ersten Auflage in der Ergebnisrechnung ein Minus von 4,46 – 0,45 – 4,88 = 0,87 €. Der Verkauf der ersten Auflage bringt also rechnerisch ein Minus von 0,87 € * 4.000 = 3.480 €. Vor allem die zweite Auflage liefert dagegen einen hohen Deckungsbeitrag ab – der Deckungsbeitrag der letzten Auflage wird durch die Verramschung der Restauflage geschmälert.

In der Rückschau handelt es sich beim Minus der ersten Auflage aber natürlich nur um ein rechnerisches Minus, das durch die Zurechnung der Content-fixen Kosten verursacht wird, und nicht der wirtschaftlichen Realität entspricht.

An dieser Stelle kann festgehalten werden, dass die Zurechnung der Content- und der Titel-fixen Kosten auf die erste Auflage (in der Rückschau) die wirtschaftliche Realität nicht angemessen abbildet. Betrachtet man einen Titel über seinen gesamten Lebenszyklus, so wäre eine gleichmäßige Verteilung der fixen Kosten über die Gesamtauflage angemessener.

Betont wird durch die Belastung der ersten Auflage das Vorsichtsprinzip: Wenn der Verlag aus Marktgründen keine weiteren Auflagen mehr verkaufen kann (was in der Belletristik durchaus passieren kann und nicht unbedingt vorhersehbar ist), besteht bei dieser Vorgehensweise in Zukunft kein Abwertungsbedarf mehr.

Hardcoverbuch	1. Auflage	2. Auflage	3. Auflage
Content-fixe Kosten in €	15.000		
Titel-fixe Kosten in €	2.000		
Auflagen-fixe Kosten in €	500	500	500
Mengen-abhängige Kosten in €	2.000	5.000	1.000
Menge (Exemplare)	4.000	10.000	2.000
Stückkosten in €	4,88	0,55	0,75
Stückerlöse in €	4,46	4,46	1,00

Abbildung 4: Beispiel Auflagen

System-Modifikationen durch Nachaktivierung

Vor allem bei Titeln mit sehr hohen Garantiehonoraren (es geht teilweise um Millionenbeträge) wird das Zuordnungsproblem der Content-fixen Kosten deutlich – das Erscheinen der ersten Auflage könnte bei der beschriebenen Auflagen-bezogenen Methode zu rechnerischen Verlusten von einigen 100.000 EURO führen. Das hängt auch damit zusammen, dass sich bei diesen Bestsellern die Höhe der ersten Auflage nicht am erwarteten Gesamtabsatz bemisst, sondern eher von der Höhe der Erstauslieferung, der Liquidität und der Kapazität des Lagers abhängt – ab einer gewissen Auflagenhöhe fällt auch die Einsparung der Auflagen-fixen Kosten nicht mehr ins Gewicht.

Von Seiten der Finanzverwaltung kam daher die Forderung, das Erscheinen weiterer Auflagen durch „Nachaktivierung" des nur teilweise „verbrauchten" Rechtes zu berücksichtigen. Die Höhe der Nachaktivierung wird in separaten Listen errechnet und über die Bestandsveränderung in den Jahresabschluss gebucht – das System wird dadurch allerdings ein Stück unübersichtlicher.

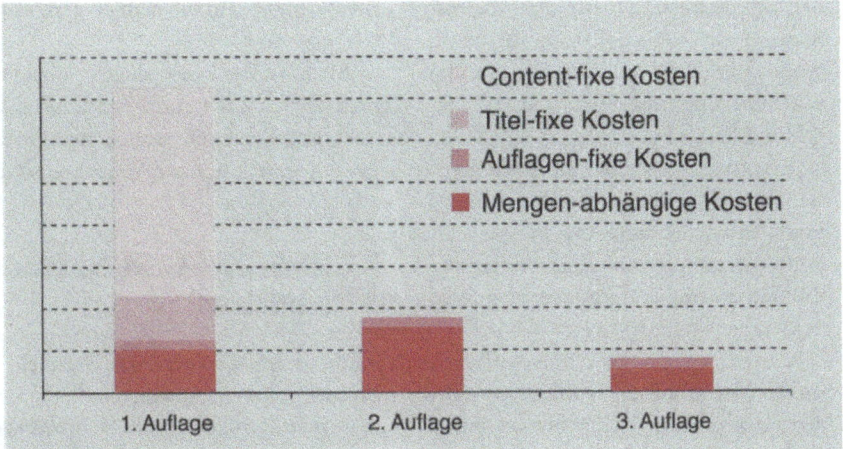

Abbildung 5: Kosten pro Auflage

Die Nachaktivierung ist ein erster Schritt zur separaten Betrachtung der Rechte.

Bewertung

Auch bei der Lagerbewertung muss man das Problem lösen, wie die fixen Kosten in die Bestandsbewertung der Produkte einbezogen werden sollen.

Es soll in diesem Absatz nur um die Bewertung fertiger Produkte gehen, da die Bewertung der unfertigen einfacher ist. Im Allgemeinen werden bei den Unfertigen lediglich die externen Rechnungen (zzgl. einem reduzierten Fertigungsgemeinkostenzuschlag) aktiviert. Wenn allerdings absehbar ist, dass das spätere fertige Produkt keinen Deckungsbeitrag erwirtschaften wird, muss abgeschrieben oder eine Drohverlustrückstellung gebildet werden.

Der Wert eines im Lager liegenden Buches besteht – wirtschaftlich betrachtet – in den Kosten, die zu seiner Wiederherstellung benötigt werden. Bei der in Verlagen üblichen Bewertung nach HGB müssen dafür die Herstellungskosten angesetzt werden.

Daneben wird der Wert eines Buches durch die Summe der Deckungsbeiträge begrenzt, die bei seinem Verkauf erzielt werden können – die Ergebnisauswirkung einer zu teuren Produktion, eines zu geringen Preises oder einer veränderten Vermarktbarkeit muss sich über die Bewertung sofort in der Bilanz des Unternehmens widerspiegeln (verlustfreie Bewertung und Gängigkeitsabwertung).

Herstellungskosten: Im ersten Schritt setzt die Bewertung also bei den durch externe Rechnungen belegten Kosten pro Exemplar an (Stückkosten). In vielen Systemen werden dabei die Content-fixen Kosten wie die anderen Kosten auch behandelt und auf die erste Auflage gebucht. Diese externen Kosten werden meist mittels Pauschalsatz um die Lieferantenskonti vermindert, da Skonti selten dem einzelnen Kostenträger zugeordnet werden.

Im nächsten Schritt werden die internen Kosten des Verlages mittels Zuschlägen berücksichtigt. Die Fertigungsgemeinkosten decken die internen Arbeiten ab, die unmittelbar mit dem Herstellungsprozess zu tun haben – d.h. vor allem der Aufwand der Abteilungen Lektorat und Herstellung.

Im Allgemeinen geschieht das über einen pauschalen Fertigungsgemeinkostenzuschlag, der meist nur auf erste Auflagen angewendet wird. Daneben gibt es Bewertungsmethoden, die die aus der Kostenstellenrechnung ermittelten exakten internen Herstellungskosten der Periode als Fertigungsgemeinkosten ansetzen. Über die Fertigungsgemeinkosten hinaus können auch Verwaltungsgemeinkosten den Stückkosten zugeschlagen werden (deren Ansatz ist im HGB und in der Steuerbilanz ein Wahlrecht) – diese werden auf den gesamten Bestand angewendet.

Probleme pauschaler Zuschlagssätze sind, dass sie durch den Hebeleffekt die Prognostizierbarkeit der Bestandsbewertung erschweren und dass sie Ergebnismanipulationen der Profit-Center-Verantwortlichen ermöglichen: Hohe Bestände zum Jahresende werden belohnt, da die Zuschläge über die Bestandsveränderung das Ergebnis erhöhen. Der Effekt hoher Zuschläge wird allerdings meist durch die verlustfreie Bewertung gebremst.

Vor allem die Prognosesicherheit ist aber aus Controllingsicht eine wichtige Anforderung an ein Bewertungssystem: Aus dem Thema Bewertung ergaben sich schon bei manchem Unternehmen überraschende Ergebnisveränderungen im Rahmen des Jahresabschlusses.

Zukünftige Deckungsbeiträge: Mit der „verlustfreien" Bewertung (auch retrograden Bewertung) und der Gängigkeitsabwertung soll verhindert werden, dass das lagernde Produkt das Ergebnis zukünftiger Perioden belastet. Die verlustfreie Bewertung korrigiert dabei den Bilanzwert, wenn die Herstellungskosten und der Preis nicht im richtigen Verhältnis zueinander stehen, die Gängigkeitsabwertung, wenn die hergestellte Menge die absetzbare Menge übertrifft.

Verlustfreie Bewertung: Wenn erkannt wird, dass die vom Produkt durchschnittlich erzielten Erlöse den mittels der bezuschlagten Kosten errechneten Bestandswert nicht decken, wird abgewertet. Eine Obergrenze der Bewertung sind also die durchschnittlichen Stückerlöse des Produktes vermindert um die umsatzabhängigen Kosten (z.B. Vertrieb und Distribution) sowie um einen Vertriebsgemeinkostenabschlag.

Gängigkeitsabwertung: Schließlich wird die Gefahr, Produkte aufgrund geringer Marktgängigkeit unter Preis verkaufen zu müssen, mittels einer Gängigkeitsabwertung berücksichtigt. Wenn der Lagerbestand vorraussichtlich nicht mehr vollständig (und zum vollen Preis) verkauft werden kann, muss abgewertet werden. Die Gängigkeit der Produkte kann dabei auf vielerlei Art ermittelt werden. Häufig werden Normalkurven des Absatzes bestimmt und diese zur Extrapolation der bisherigen Absätze verwendet.

Damit ist das Bewertungsverfahren grundsätzlich skizziert, wobei aber noch einige Grundsätze zu beachten sind:

Da Verlage häufig mehrere Tausend Titel in ihrem Verlagsprogramm führen, darf auf die Bewertung des einzelnen Titels nicht viel Zeit aufgewendet werden. Dies wird umso wichtiger, je mehr sich Unternehmen auch mit unterjährigen Abschlüssen beschäftigen müssen – für den Großteil des Bestands benötigt man ein automatisiertes Verfahren. Dabei muss einem bewusst sein, dass jedes automatisierte Verfahren in Einzelfällen an der Realität vorbeigehen kann.

Ein Verlag wird im Allgemeinen nicht mit unterschiedlichen Bewertungssystemen arbeiten. Das Controlling muss sich daher mit dem Rechnungswesen und den gesetzlichen Anforderungen (aus HGB oder IFRS) sowie den steuerlichen Anforderungen auseinandersetzen.

Bestandsbewertung auf Auflagenebene

Zurück zu unserem Beispiel: Wendet man nun diese Bewertungsmethode auflagenbezogen auf unser Beispiel an, so ergeben sich bei der ersten Auflage erhebliche Abwertungen:

Die erste Auflage setzt bei 4,88 € Stückkosten pro Exemplar an. Vermindert um die Lieferantenskonti (im Beispiel 2 %) ergeben sich 4,78 €, die sich durch Zuschläge (im Beispiel Fertigungsgemeinkosten 50 % und Verwaltungsgemeinkosten 10 %) auf 7,89 € erhöhen.

In der verlustfreien Bewertung werden vom durchschnittlichen Verkaufserlös 4,46 €, die umsatzabhängigen Kosten (im Beispiel 10 %) und der Vertriebsgemeinkostenabschlag (im Beispiel 10 %) abgezogen, wodurch sich eine Wertobergrenze von 3,61 € errechnet.

Die Abwertung beträgt also 4,28 € pro Exemplar gegenüber dem bezuschlagten Wert bzw. 1,27 € gegenüber den Stückkosten. Müsste man die erste Auflage gleich nach Erscheinen bewerten, so ergäbe sich eine Ergebnisverschlechterung in Höhe von 1,27 € x 4.000 = 5.080 €.

Ein wichtiger Faktor in dieser Rechnung ist die Höhe der ersten Auflage. Hätte man in unserem Beispiel alle 16.000 Exemplare in einer Auflage gedruckt, so wäre keine Abwertung erforderlich gewesen.

Die Frage nach der ersten Auflage ist für die Bewertung der Produktarten Software oder CD-ROM noch wesentlich problematischer. Dort gibt es im Allgemeinen gar keine „echte" erste Auflage mehr, sodass man nicht so einfach eine Menge findet, auf die man die fixen Kosten verteilen kann.

Auch bei der Bewertung ist also festzustellen, dass die auflagenbezogene Betrachtung die fixen Kosten nicht angemessen verteilt und zu Problemen führt.

Inhaltsbezogene Erfolgsrechnung (periodisiert)

Modifizieren wir jetzt das Beispiel: Es wird keine Lizenz an einen anderen Verlag vergeben, auch das Taschenbuch wird vom eigenen Haus erstellt und vertrieben. Außerdem wurde auch ein Hörbuch hergestellt. Dadurch entfallen zwar die

	1. Jahr	2. Jahr	3. Jahr	4. Jahr	5. Jahr	6. Jahr
Absatz Hardcover			6.000	10.000		
Absatz Taschenbuch			5.000	10.000	10.000	5.000
Absatz Hörbuch			1.000	1.000	1.000	1.000
Umsatz Hardcover			26.760	37.680		
Umsatz Taschenbuch			7.000	14.000	14.000	5.000
Umsatz Hörbuch			3.080	3.080	3.080	3.080
Garantiehonorar	15.000					
Titel-fixe Kosten HC	2.000					
Titel-fixe Kosten TB			500			
Titel-fixe Kosten HÖB			3.000			
Auflagen-fixe Kosten Hardcover		1.000	500			
Auflagen-fixe Kosten Taschenbuch			500		500	
Auflagen-fixe Kosten Hörbuch			500			
Mengen-abhängige Hardcover		7.000	1.000			
Mengen-abhängige Taschenbuch			4.500		4.500	
Mengen-abhängige Hörbuch			300	300	300	
Vertrieb und Distribution		2.676	5.468	1.708	1.708	808
Interne Kosten (Lektorat, ...)	2.000	1.500				
Saldo	-19.000	14.584	38.412	15.072	10.072	7.272
Saldo kumuliert	-19.000	-4.416	33.996	49.068	59.140	66.412
Barwert		26.760	59.140	89.600	108.680	116.760

Abbildung 6: Erfolgsrechnung

Nebenrechtserlöse, gleichzeitig entstehen aber zusätzliche Titelerlöse und Kosten. Abb. 6 zeigt die Zahlen aus der Rückschauperspektive.

Betrachtet man hier das Hardcover isoliert, so rechnet sich es nicht mehr, da die Erlöse aus der Lizenzvergabe fehlen. In Summe hat sich aber die Rendite leicht verbessert: 66.412 / 116.760 = 57 %. Die isolierte Betrachtung des Hardcovers ist nicht mehr sinnvoll – man muss es im Zusammenhang mit der nächsten Verwertungsstufe Taschenbuch und anderen Vermarktungsmöglichkeiten des Inhalts wie dem Hörbuch sehen.

Man kann das „alte" System der Titelbezogenen Betrachtung noch retten, indem man weitere Modifikationen durchführt; z. B. kann man dem Taschenbuch grundsätzlich einen festen Anteil der Content-Kosten zurechnen. Sinnvoller ist es aber, von vornherein den Inhalt mit allen seinen aus ihm erstellten Produkten in Summe zu betrachten.

Bestandsbewertung von Inhalten

Bei der Bestandsbewertung müssen die einzelnen Produkte des Verlages getrennt bewertet werden. Schwierig ist es allerdings, die Content-fixen Kosten den Produkten zuzuordnen. Nach Ende des Content-Lebenszyklus gäbe es in der Rückschau zwar geeignete Verteilungsschlüssel (z. B. nach Tragfähigkeit), in der jeweils aktuellen Situation sind jedoch möglicherweise noch nicht einmal alle Produkte konzeptioniert.

Sinnvoller ist es daher, mehrfachverwertbare Inhalte von vornherein separat zu bewerten, zumal sie anderen Alterungsprozessen unterliegen als die aus ihnen erstellten Produkte. Während ein Hardcover schon aus dem Buchhandel verschwunden sein kann, erreicht möglicherweise gerade das Taschenbuch einen Absatzrekord. Bei diesen Content-fixen Kosten ist es allerdings nicht einfach, den Werteverbrauch angemessen abzubilden. Ihr Wert bestimmt sich vor allem aus der Höhe der in Zukunft erzielbaren Deckungsbeiträge. Während man bei Produkten meist in der Vergangenheit Anhalte für ihre Vermarktbarkeit findet, gibt es beim Inhalt meist nur die Einschätzung der Programmverantwortlichen. Diese kann aber aus Gründen der Effizienz nur für einige wenige wichtige Rechte abgefragt werden – für die übrigen gilt es, ein vereinfachtes Verfahren zu finden.

Bei Garantiehonoraren wird meist der Verbrauch durch das umsatzabhängige Honorar angesetzt – darüber lässt sich diskutieren, da das Verbreitungsrecht auch einen Wert an sich darstellt (insbesondere bei Bestsellern). Gerade bei den teuren Garantiehonoraren hatten wir oben gezeigt, dass sich deren Charakter häufig in ein Pauschalhonorar gewandelt hat – sie müssten daher auch dementsprechend bewertet werden.

Fazit

Wenn Inhalte mehrfach verwertet werden, ist das richtige Betrachtungsobjekt für das Controlling nicht mehr der einzelne Titel sondern die übergeordnete Hierarchiestufe der Inhalt mit seinen diversen Trägermedien in Summe.

Anstatt bei der Bestandsbewertung nach Schlüsseln zu suchen, die die Content-fixen Kosten auf die einzelnen Titel (oder Auflagen) verteilen, sollte man den Inhalt von vornherein getrennt von den Produkten halten (d. h. nicht auf die Auflagen buchen) und als eigenes Objekt bewerten. Dabei liegt das größte Problem in der realitätsnahen Verteilung des Werteverzehrs auf die Perioden.

BRANCHENSPEZIFISCHE ANSÄTZE

Interview mit Prof. Klaus Keil

■ Zur Person:

Seit April 2004 ist Klaus Keil Geschäftsführer und Direktor des Erich Pommer Institutes in Potsdam-Babelsberg. Seit Gründung 1994 der Filmboard Berlin-Brandenburg GmbH (heute Medienboard) war er Geschäftsführer und Intendant der gemeinsamen Filmförderung der Länder Berlin und Brandenburg.

Klaus Keil ist der Film- und Fernsehwirtschaft seit über 30 Jahren eng verbunden, zunächst als Regieassistent (u. a. für Volker Schlöndorff), später als Produktions- sowie Herstellungsleiter und Producer deutscher und internationaler Film- und Fernsehproduktionen (u. a. mit den Regisseuren Fred Zinnemann, Carl Schenkel, Bernhard Sinkel), als Prokurist der Constantin TV und stellvertretender Gesamt-Herstellungsleiter der Bavaria Film.

1989 wurde Klaus Keil zum geschäftsführenden Professor der Abteilung Produktion und Medienwirtschaft der Münchner Hochschule für Fernsehen und Film (HFF) berufen, wo er den ersten deutschen Produzentenstudiengang erfolgreich etablierte.

Er ist Mitglied verschiedener Kommissionen, u. a. Gründungsvorstand des „Bundesverbandes Produktion", Kuratoriumsmitglied der dffb (Deutsche Film- und Fernsehakademie Berlin), u. v. m. Seit 1997 gehört er als Honorar-Professor dem Lehrkörper der Hochschule für Film und Fernsehen ‚Konrad Wolf' in Potsdam-Babelsberg an.

1. Wie gestaltet sich der Ablauf einer Soap-Produktion?

Soaps sind mit Fließbandproduktionen, z. B. in der Automobilindustrie, vergleichbar – dort allerdings wird Hardware, hier Software hergestellt.

Weit im Vorfeld der industriellen Fertigung von Soaps wird die *Bibel,* der „Stammbaum" der Vielzahl der handelnden Personen in den Verzweigungen von Familie, Sippen, Clans, Hausgemeinschaften, Wohnvierteln, ... sowie – quasi als Generalplan – Konflikte, Liebesbeziehungen oder Geburten und Sterbefälle festgelegt.

Bis zu 30, 35 Autoren schreiben an den Drehbüchern, von denen fünf pro Woche in so genannten Blöcken von mehreren Regisseuren und Kameraleuten nach festem Rhythmus vorbereitet, gedreht (außen Original, innen Studio) und endgefertigt werden. Sehr genau, bis in Details hinein sind Produktionsvorgaben, wie z. B. Einstellungsgrößen, Kamerabewegungen, Zeiten für Proben, Drehs, Kostümumzüge oder Maskenarbeiten, zu beachten. Nur wenn diese durchrationalisierten Produktionsblöcke parallel, penibel und fristgerecht hergestellt werden, können fünf Folgen Woche für Woche, Jahr für Jahr geliefert werden.

Wegen der Dimension, der Präzision und des speziellen Know-hows beherrschen in Deutschland nur eine Handvoll Unternehmen Kunst und Handwerk der kontinuierlichen Soap-Produktion.

2. Welchen Stellenwert hat Controlling dabei und welche Risikofaktoren müssen besonders beobachtet werden?

Bei der geschilderten, zeitlich nahezu unbegrenzten Produktionsmethode hat das Controlling als Planungs-, Informations- und Steuerungsmittel einen *sehr* hohen Stellenwert. Jederzeit die Kostenentwicklung im Blick zu haben, ist prioritär – sind diese Zahlen doch Woche für Woche erneut Grundlage für Planung und Disposition. Die Soll-Ist-Analyse identifiziert auch kleine Kostenabweichungen, die sich in der „endlosen" Produktionszeit zu enormen Fehlbeträgen summieren können: z. B. nur 1.000,– € Abweichung pro Folge ergeben für 250 Folgen (1 Jahr) 250.000,– €. Wenn das in nur 10 verschiedenen Bereichen passiert, ergibt sich eine Summe von 2,5 Mio. € pro Jahr!

Als höchster Risikofaktor für das Unternehmen gilt das Auftragsrisiko, bedingt durch Markt und Quoten. Hier muss frühzeitig Programmcontrolling mit Kostencontrolling Hand in Hand arbeiten (ständige Marktanalyse). Für die Produktion selbst ist es das Ausfallrisiko, sowohl bei Darstellern, kreativem Stab als auch von Technik oder Motiven / Studio wegen der minutiös durchgeplanten Produktionsabläufe. Zum allgemeinen Kostenrisiko kommt ein spezielles hinzu, nämlich steigende, nicht an den Sender weiterzugebende Kosten wie Development oder production value.

Prof. Klaus Keil
Erich Pommer Institut gGmbH a. d.
Universität Potsdam,
Försterweg 2,
D-14482 Potsdam-Babelsberg,

Tel + 49 (0) 331-721 28 80,
Fax + 49 (0) 331-721 28 81
mail@epi-medieninstitut.de,
www.epi-medieninstitut.de

3. Was unterscheidet das Controlling einer Soap-Produktion von dem anderer industrialisierter Produktionen?

Bei industrialisierter Dramaproduktion gibt es keine nennenswerten Unterschiede außer etwa, dass eine Soap nicht auf ein Ende hin geplant ist, eine Telenovela z. B. durchaus. Der Unterschied zum Einzelstück, wie z. B. TV-Movie, ist gravierend: hier bedeutet jedes neue Stück eine neue Chance – bei der Soap-Produktion sind kostentreibende Faktoren, Entscheidungen, Fehlentscheidungen nur schwer zu korrigieren. Unterschiede im kreativen Umsetzen liegen in der Natur von Soaps.

4. Wie sehen bei einer Soap-Produktion die Erfolgsprognose und das Berichtswesen aus?

Ein ausgefeiltes Planungs- und Berichtswesen in der Kombination mit der Diskussion der wöchentlichen Kostenstände sowie der monatlichen, Quartals-, halbjährlichen Auswertungen ergeben bei funktionierendem Controlling eine genaue Erfolgskontrolle bezüglich der Kostenentwicklung. Bezüglich der Qualitätsentwicklung von Story, look und Umsetzung ist engster Austausch des kreativen Stabs mit der Senderredaktion notwendig.

5. Wer nimmt in der Regel die Controlling-Aufgaben wahr?

Eine Soap stellt im Prinzip ein ganzes Unternehmen dar, sodass insbesondere der Produktionsleitung die Hauptverantwortung für das Controlling in enger Zusammenarbeit mit Filmgeschäftsführung, Producer und (wo vorhanden) mit der Controlling-Abteilung obliegt. Wie die Produktionsleitung im Tages- und Wochengeschäft plant und steuert, ist ein gesondertes Thema.

6. Welchen Trend sehen Sie für das Controlling bei Soap-Produktionen?

Der Kostendruck durch die auftraggebenden Sender wird eine weitere Verfeinerung des Controlling-Instrumentariums mit sich bringen, ebenso wie die Sensibilisierung für die „kleinen Kosten", also von nicht mehr der „1.000,- €-Marke", sondern von der „100,- €-Marke", also z. B. Kunstblumen statt echter. Diese kleinen Veränderungen ergeben jedoch in der Summe eine andere Qualität, einen anderen look ... Die Qualitätsansprüche der Sender jedoch steigen bei knapper werdenden Budgets. Daher wird es Aufgabe des Controlling und des Producers werden, „die durch Kostenoptimierung erwirtschafteten Mittel zielgerichtet an den für die Qualität bedeutsamen Stellen einzusetzen" (Nils Marquardt). Wie Kostenoptimierung erfolgen kann, ist ebenfalls ein gesondertes und breites Thema.

Bei der Vorbereitung zu diesem Interview habe ich Input erhalten: Mein Dank gilt insbesondere Thorsten Degen und Nils Marquardt von Grundy UFA, Hansjörg Füting von der neuen deutschen filmgesellschaft (ndf) sowie Jan Kaiser von der Bavaria Film GmbH.

Das Interview führten:
Prof. Dr. Thomas Hess
Dipl.-Kfm. Michael Samtleben

BRANCHENSPEZIFISCHE ANSÄTZE

Marketing-Controlling von Abonnements im Verlagsgeschäft

Uwe Henning/Meinhard Weizmann/Michel Clement/Ute Schaedel

Abonnements sind für viele Verlage eine zentrale Erlösquelle. Daher ist eine Erfolgskontrolle der Werbemaßnahmen notwendig. Es werden Zielgrößen und Erfolgskennziffern des Abo-Controllings aus der Praxis dargelegt.

Zum Stellenwert des Abonnements für Verlage

Zeitungs- und Zeitschriftenverlage haben ein Geschäftsmodell, das auf zwei Säulen basiert. Zum einen erzielen sie Erlöse aus dem Verkauf von redaktionellen Inhalten in Form von Zeitschriften und zum anderen werden Erlöse aus dem Verkauf von Werbeplätzen erzielt. Beide Formen stellen dabei (theoretische) Endpunkte eines Kontinuums dar (Stahmer 1995, S. 158). So existieren einerseits Zeitungen, die nur Werbeerlöse erzielen und kostenlos abgegeben werden (zum Beispiel wöchentliche Anzeigenblätter) während andererseits auch Modelle denkbar sind, in denen keine Werbung enthalten ist und sich das Medium ausschließlich durch Verkaufserlöse finanziert (zum Beispiel Der Platowbrief). In der Regel sind Mischformen im Markt vertreten, in denen Vertriebserlöse von Käufern und Abonnenten und Werbeerlöse durch Werbetreibende generiert werden.

Ein Zeitschriftenverlag adressiert mit seinem redaktionellen Produkt zunächst Käufer (Auflage), die dann mehrere (Mit-) Leser und so Reichweite generieren. Diese Leser sind nun aber wiederum Zielgruppe für die werbende Industrie, die Werbeplätze bucht. Somit ist ein Verlag nicht nur an einer hohen Reichweite, sondern auch an der „Qualität" seiner Leser interessiert. Hierbei bestehen erhebliche Interdependenzen, denn je teurer eine Zeitschrift ist, desto geringer ist – aufgrund der negativen Preiselastizität – die werberelevante Reichweite. Allerdings führen höhere Preise zu einem Selektionseffekt, indem vor allem einkommensstarke Leser verbleiben, die häufig besonders die Zielgruppe der werbetreibenden Industrie sind (Kalita und Ducoffe 1995; Danaher 2002). Die Reichweite eines Mediums innerhalb einer bestimmten Zielgruppe ist daher zentral für das Geschäftsmodell, denn sie generiert Verkaufserlöse und Werbeeinnahmen.

Den Zusammenhang zwischen Lesern (die als Leserschaft die Reichweite darstellen), Käufern im Zeitschriftenhandel und Abonnenten im Direktgeschäft wird mit dem Zwiebelschalenmodell des Vertriebsmarktes beschrieben (Abbildung 1). Ein Abonnement ist die fortlaufende Abnahme eines periodischen Presseerzeugnisses auf Basis einer Bestellung. Die besondere Leser-Blatt-Bindung und das Vertrauen in die zukünftige redaktionelle

- Abonnements erscheinen aufgrund von Auflagensicherheit, entfallenden Remissionen und geringerer Rabatte im Verlagsgeschäft zunächst ökonomisch vorteilhaft.
- Bei der Gewinnung neuer Abonnenten werden eine Reihe von Werbeformen und Werbewegen alternativ eingesetzt, bei denen unterschiedlich hohe Kosten der Kundenwerbung anfallen.
- Verlagshäuser kontrollieren das Abonnenten-Marketing über spezielle Zielgrößen und konkrete Erfolgskennziffern.
- Mit Hilfe eines Regelkreises aus (1) Controlling und Planung, (2) dem Mix aus Werbekanälen und Angeboten und (3) Full Run und Tests wird das Abo-Marketing laufend optimiert.
- Das Database-Marketing eröffnet den Verlagen zusätzlich die Perspektive des kundenorientierten Cross-Selling.

Leistung münden in ein Dauerschuldverhältnis gegenüber dem Verlag bzw. in eine Lieferverpflichtung des Verlages gegenüber dem Abonnenten. Aus dieser

Uwe Henning
Leiter Direktkundenmarketing im Fachbereich Vertrieb, Gruner+Jahr AG & Co KG, Am Baumwall 11, 20444 Hamburg,
henning.uwe@vertrieb.guj.de

Meinhard Weizmann
Director Business & Strategy, G+J International Magazines, Gruner+Jahr AG & Co KG, Am Baumwall 11, 20444 Hamburg, weizmann.meinhard@guj.de

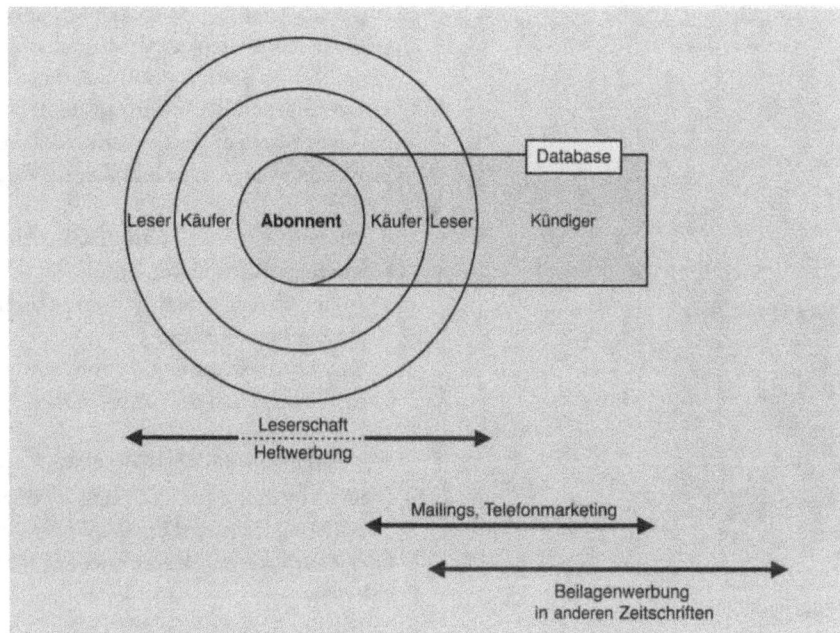

Abbildung 1: Das Zwiebelschalenmodell des Zeitschriftenvertriebs

vertraglichen Bindung entsteht eine planbare Auflagensicherheit für den Verlag (Streng 1996, S. 224).

Die Abonnenten sind gleichzeitig die Stammkäufer und treuesten Leser einer Zeitschrift und stellen daher den Kern dar. Zu den Abonnenten kommen noch die Käufer der Zeitschrift. Da eine Zeitschrift wie z. B. Geo zumeist nicht nur vom Käufer bzw. Abonnenten gelesen wird, ist die Leserschaft breiter zu definieren. Prinzipiell kann die gesamte Leserschaft mittels Heftwerbung adressiert werden, um so Leser bzw. Käufer zu Abonnenten zu wandeln. Eine direkte Ansprache über Mailings oder Telefonmarketing ist nur dann möglich, wenn die Adressinformationen vorliegen. Dies ist typischerweise bei den aktiven und ehemaligen Abonnenten der Fall. Ehemalige Abonnenten stellen hierbei die Kündiger dar. Diese können durch direkte Ansprache eventuell zu einem neuen Abonnement bewegt werden. Neben Werbung im eigenen (Geo-)Heft oder der direkten Ansprache über Mailings etc. können neue Abonnenten durch Beilagenwerbung in anderen Zeitschriften gewonnen werden.

Der Stellenwert des Abo-Marketings im Vergleich zum Einzelverkaufs-Marketing ist dabei abhängig vom Charakter (General Interest versus Special Interest, Erscheinungsweise, Titel-Anmutung etc.), der Zielgruppe und dem redaktionellen Konzept einer Zeitschrift. So existieren im Zeitschriften-Vertriebsmarkt Einzelverkauf-orientierte und Abonnementorientierte Zeitschriftentypen. Beispielsweise beträgt der mittlere Abo-Anteil an der verkauften Auflage bei Fachzeitschriften in etwa 71%, bei Wochenzeitungen 81% und bei Tageszeitungen ca. 64 %, während Publikumszeitschriften durchschnittlich nur über eine Abonnement-Quote von 45 % verfügen (IVW IV/2004). Zudem gibt es international deutliche Unterschiede bei der Akzeptanz von Abonnements. Während in den skandinavischen Ländern der Abo-Anteil traditionell meist über 70 % der verkauften Auflage liegt, erreicht deren Anteil in Südeuropa kaum 10 % (Harrie 2003, OJD 2005). In Deutschland gibt es eine ganze Reihe von Publikumszeitschriften (zum Beispiel Selbst ist der Mann, Reader's Digest Das Beste, TV Digital, Spotlight, Gong, ART, Geo oder GEOlino), bei denen die Aboauflage dominiert. Bei diesen Titeln entscheidet das Abo-Marketing über den wirtschaftlichen Erfolg (Abbildung 2). Das Abo-Marketing und die daraus generierte Abonnentendatei ist die Grundlage für das spätere Database-Marketing, mit dessen Hilfe die Verlage Zusatzerlöse (z. B. durch Cross-Selling) erzielen können.

Abonnements weisen gegenüber dem Einzelverkauf mehrere Vorteile auf. Im Gegensatz zum Einzelverkauf, bei dem ein hoher Gesamtrabatt (34–50 %) für Großhandel und Einzelhandel zu gewähren ist, sind die Rabatte für Abonnements deutlich geringer (maximal 15 %). Des Weiteren fallen die Remissionen, die 25 % bis 50 % der Liefermenge ausmachen können, bei Abonnements nicht an. Allerdings sind teilweise sehr hohe Werbeinvestitionen in Form von Prämien, Zugaben, Rabatten für Probe-Abonnements oder Provisionen für die Kundengewinnung notwendig. Daher bedarf es einer Kontrolle der Erfolgswirksamkeit der Maßnahmen, die im Abo-Marketing

Dr. Michel Clement
Lehrstuhl für Innovation, Neue Medien und Marketing, Institut für Innovationsforschung, Christian-Albrechts-Universität zu Kiel, Westring 425, 24098 Kiel, michel@michelclement.com

Ute Schaedel
Arbeitsgebiet Medienökonomie, Hamburg Media School, Finkenau 35, 22081 Hamburg, u.schaedel@hamburgmediaschool.com

BRANCHENSPEZIFISCHE ANSÄTZE

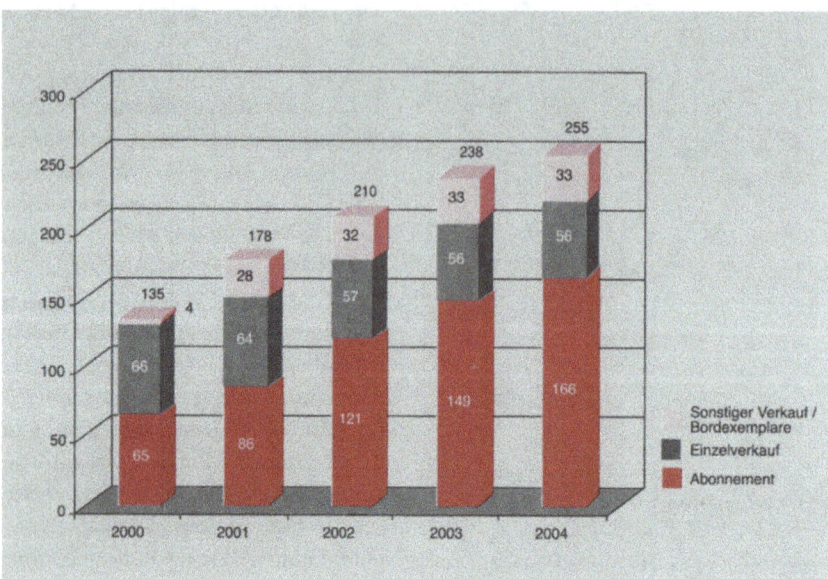

Abbildung 2: Verkaufzahlen von GEOlino in Tausend Exemplaren (IVW)

eingesetzt werden. Die Abonnement-Werbung ist ein gutes Beispiel für den Regelkreis der laufenden Optimierung im Direkt-Marketing, bestehend aus Planung, Tests, Full Run (die Durchführung der tatsächlichen Aktion) und Controlling. Da die Werbeaktionen inhaltlich, zeitlich, kostenseitig und produktionsseitig abgrenzbar sind, kann eine sehr effiziente Werbeerfolgskontrolle erfolgen, die der laufenden Optimierung und Steuerung des Abo-Marketings dient. Genau dieser Erfolgskontrolle widmet sich der vorliegende Aufsatz, indem Zielgrößen und konkrete Erfolgskennziffern dargelegt werden, die sich in der Praxis bewährt haben. Die Literatur weist hierbei substanzielle Lücken auf. Zwar wurde das Verlagsgeschäft bereits mehrfach strategisch beleuchtet (z. B. Schulte-Hillen, Ganz und Althans 2001; Streng 1996; Sjurts 2002; Chyi und Lasora 2002; van Kranenburg 2001), jedoch kommt dem operativen Management nur sehr geringe Aufmerksamkeit zu (Krishnan und Soley 1987; Malthouse und Calder 2002; Whelan 2004). Aspekte des Controllings des Abo-Marketings wurden dabei vollkommen ignoriert.

Daher adressieren wir in diesem Aufsatz zunächst die Zielgrößen des Marketing-Mix im Abo-Marketing (Abschnitt 2), um dann konkret auf die Erfolgskennziffern des Abo-Marketings einzugehen (Abschnitt 3). Es folgt im Abschnitt 4 eine Darstellung der operativen Umsetzung eines solchen Controlling-Systems, insbesondere des kontinuierlichen Abgleichs von Planung, Tests, Full Run und Evaluierung. Zum Abschluss geben wir einen Ausblick auf die Möglichkeiten und Chancen einer verstärkten Kundenorientierung, die sich durch einen zunehmenden Einsatz des Database-Marketings ergeben.

Zielgrößen des Marketing-Mix im Abo-Marketing

Ziele des Abo-Marketings

Das Abo-Marketing verfolgt sowohl quantitative als auch qualitative Ziele. Zunächst einmal sollen durch die Marketing-Maßnahmen neue Abonnenten gewonnen werden, um so den bestehenden Kundenstamm der Abonnenten zu erweitern. Hierbei ist zwischen der *Gewinnung von Neukunden* und der *Rückgewinnung von Kündigern* zu unterscheiden. Neben der Gewinnung weiterer Kunden wird der Fokus auf die *Steigerung des Kundenwerts* gelegt. Hierbei wird typischerweise auf die Dauer der Kundenbeziehung (Haltbarkeit) und das Cross-Selling-Potenzial der Kunden abgestellt. Die Bedarfsvolumina und die Preise sind durch die Vertragsmodalitäten eines Abonnements fixiert und daher hier nicht weiter relevant (Krafft 2002, S. 33 ff.).

Die zentralen Erfolgsgrößen des Abo-Marketings zielen daher auf die
- Neukunden-Gewinnung bzw. Kündiger-Rückgewinnung und
- Kundenwertsteigerung in Form der Kundenbindung und des Cross-Sellings.

Instrumente des Abo-Marketings

Die Instrumente zur Erreichung der oben diskutierten Ziele, auf die das Abo-Marketing zurückgreift, lassen sich wie folgt aufteilen:

Bei der *Preispolitik* gilt es zunächst einmal die preisliche Gestaltung eines Abonnements zu definieren. So kann der Preis für ein Abonnement (je Heft) im Vergleich zum Copypreis (Verkaufspreis im Handel) größer, kleiner oder gleich sein. Ein höherer Abo-Preis ist häufig bei der Programmpresse (Hörzu, TV Spielfilm) zu beobachten, wohingegen bei Special-Interest-Titeln (z. B. GEO) meist der Copypreis höher ist als der Abo-Preis. Damit ist der Preisnachlass bei Abonnements nicht die Regel. Selbst bekannte Zeitschriften wie der SPIEGEL oder die BUNTE geben keine Rabatte an die Abonnenten, sodass der Copy-Preis gleich dem Abo-Preis ist. Für den Abonnenten ergibt sich allerdings generell der Vorteil einer Lieferung frei Haus.

Des Weiteren werden Probe-Abonnements eingesetzt, die einen maximalen Preisnachlass von 35 % für einen zeitlich begrenzten Probezeitraum (maximal 3 Monate) gewähren. Hierauf haben sich die Verlage in den Wettbewerbsrichtlinien des Verbands deutscher Zeitschriftenverleger (VDZ) verständigt.

Die *kommunikationspolitischen Maßnahmen* beinhalten die Wahl des Kanals, über den der Leser angesprochen werden soll sowie die Wahl des Werbemittels. So können Käufer und Leser über Werbemaßnahmen im Heft, über den Online-Auftritt des Titels (Whelan 2004), Werbemaßnahmen in Fremdmedien (die gegebenenfalls im selben Verlag erscheinen) und (in Einzelfällen) über Direct Response TV angesprochen werden. Hierbei werden typischerweise Couponanzeigen, Beihefter, Bestellkarten, Beilagen oder Spots eingesetzt. Immer mehr in den Fokus rücken personalisierte Direkt Marketing Instrumente wie Mailings oder Outbound-Telefonmarketing.

Die *angebotspolitischen Maßnahmen* beziehen sich auf die Angebotsform des Abonnements. Bei der Gestaltung und dem Inhalt eines Werbemittels kann zwischen Titelorientierung – und damit vorrangiger Orientierung an redaktionellen Inhalten des Titels – und der Angebotsorientierung unterschieden werden. Die angebotsorientierte Sicht stellt vor allem auf die Marketing-Instrumente (z. B. Prämien, Preisvorteile etc.) ab. Neben den inhaltlichen Aspekten können auch die Angebotsformen des Abonnements unterteilt werden. Allerdings sind die einzelnen Abo-Formen, die von Normal-Abos, Prämien-Abos und Geschenk-Abos bis zu Probeheftangeboten und Probe-Abos reichen, unterschiedlich zu bewerten – wenngleich sie alle sehr wichtig für die Wirtschaftlichkeit eines Verlags sein können (Abbildung 3). Da gerade die Angebotsvielfalt ausschöpfungsoptimal wirkt, kommt es in der Heftwerbung auf eine optimale Kombination der Angebotsformen an. So verdeutlicht das angeführte Beispiel, dass eine Special-Interest-Zeitschrift, die durch eine Heftwerbung mit vier parallel geschalteten Angeboten 1.000 Neu-Abos generiert, eine verkaufte Auflage von ca. 46.200 Exemplaren in den Folgejahren erreicht. Dies unterstreicht die Relevanz des Abo-Marketings einerseits und erfordert eine genaue Erfolgskontrolle andererseits.

Abo-Form	Anzahl Neu-Abos (Beispiel)	Mittlere Abo-Haltbarkeit (in Jahren)	Erscheinungsweise	Verkaufte Exemplare über die Auftragdauer
Normal-Abo	400	5,5	12 x jährlich	26.400
Geschenk-Abo	400	2,0	12 x jährlich	9.600
Probe-Abo	100	4,5	12 x jährlich	5.400
Prämien-Abo	100	4,0	12 x jährlich	4.800
	1.000			Summe: 46.200

Abbildung 3: Abo-Ausschöpfung in der Heftwerbung

Erfolgskontrolle des Abo-Marketings

Im Folgenden werden die zentralen Erfolgskennziffern dargestellt, mit denen die Effizienz des Abo-Marketings im praktischen Verlagsgeschäft kontrolliert werden kann. Hierbei ist allerdings hervorzuheben, dass sich die Kennzahlen auf Auftragsebene und nicht auf Kundenebene beziehen. Eine kundenorientierte Sichtweise ist Gegenstand des Abschnitts 5.

- *Response:* Der Response gibt den Anteil der verwertbaren Antworten (= Interessenten) im Verhältnis zu der belegten Auflage einer Werbeaktion wieder

$$\text{Response (in ‰)} = \frac{\text{Interessenten} * 1000}{\text{Belegte Auflage}}$$

Die Höhe des Responses ist ein erster Anhaltspunkt für die Attraktivität des Angebots in Kombination mit dem Werbeträger und dem Response-Element. Der Response ist daher besonders im Zusammenhang mit Angeboten, die dem Interessenten ausdrücklich die Möglichkeit der „Negativen Option" (Absage) einräumen (z. B. Probeheftangebot, Probe-Abo) eine wichtige Analysekennziffer. Die Response-Größen hängen von dem gewählten Werbeträger ab und variieren daher erheblich (Abbildung 4).

Die Vorteile der responsestarken Werbeträger relativieren sich teilweise durch sehr viel höhere Werbeträgerkosten und durch eine in der Regel ungünstigere Umwandlung.

- *Umwandlung:* Die Umwandlung gibt den Anteil der umgewandelten Abos (= Zahler) im Verhältnis zum Response (= Interessenten) wieder. Im Verlagsgeschäft gilt ein Abonnement nach vier Monaten der ununterbrochenen Bezahlung im Folge-Abo als umgewandelt.

$$\text{Umwandlung (in \%)} = \frac{\text{Abos} * 100}{\text{Interessenten}}$$

Die Höhe der Umwandlung gibt Aufschluss über die Zufriedenheit der Interessenten mit der Zeitschrift und dem Resell-Angebot. Während die Umwandlung von Geschenk-Abos und Prämien-Abos bei 85 % liegt, müssen sich Probeaboangebote mit 15 % – 25 % begnügen. Probeheftangebote (zum Beispiel ein bis drei Hefte kostenlos zum Start der Belieferung) liegen häufig nur bei 10 – 15 % Umwandlung. Dafür können Probeabo-

	Response-Spanne (in ‰)	
	von	bis
Coupon-Anzeige	1	3
Bestellkarte	2	5
Beilage in Fremdmedien	5	8
Mailing	8	35
Telefonmarketing	30	110

Abbildung 4: Response-Spannen bei unterschiedlichen Werbemitteln bzw. -kanälen

BRANCHENSPEZIFISCHE ANSÄTZE

angebote und Probeheftangebote häufig besonders hohe Response-Werte erzielen, sodass Response und Umwandlung oft in einem konträren Verhältnis zueinander stehen.

- *Ausschöpfung:* Die Ausschöpfung weist den Anteil umgewandelter Abos im Verhältnis zu der belegten Auflage einer Werbeaktion aus (Netto-Response).

$$\text{Ausschöpfung (in ‰)} = \frac{\text{Abos} * 1000}{\text{Belegte Auflage}}$$

Die Ausschöpfung ist eine Kennziffer der Effektivität einer Werbeaktion. Bei Werbeaktionen im eigenen Heft kann die Ausschöpfung auch in Bezug auf die verkaufte Auflage errechnet werden.
Die Kennzahlen zu Response, Umwandlung und Ausschöpfung liefern keine Aussage über die Wirtschaftlichkeit einer Werbeaktion, da sie keine Kostenkomponenten enthalten. Diese werden in den folgenden Kennziffern einbezogen:

- *Cost per Order (CPO):* Die Kosten für ein Abonnement (CPO) stellen sich als ein Gesamtbetrag dar, der zur Gewinnung eines Abos innerhalb einer Werbeaktion angefallen ist.

$$\text{CPO (€)} = \frac{\text{Gesamtkosten einer Werbeaktion}}{\text{Anzahl Abos (= Zahler)}}$$

Typischerweise fallen folgende Kosten bei einer Werbeaktion an: Druck- und Papierkosten des Werbemittels, Schaltkosten bzw. Listkosten, Porto und Fulfillment (Mailings), Resell-Kosten in Abhängigkeit von der Umwandlungsquote sowie eventuelle Erlöse aus der Fakturierung von Probe-Abos und Prämien-Zuzahlungen.

- *Investment per Order (IPO):* Der IPO weist den maximalen Investitionsbetrag aus, der für die Gewinnung eines Abonnements investiert werden darf, damit der Barwert des Deckungsbeitrags aus dem Abonnement nicht negativ ist:

$$\text{IPO (in €)} = \text{Jahres DB} * \frac{(1+i)^n - 1}{i * (1+i)^n}$$

mit:
Jahres DB = Abo-Deckungsbeitrag (€)

n = Durchschnittliche Haltbarkeit einer Gewinnungsform (Jahre)
i = Kalkulatorische Verzinsung (%).

- *Haltbarkeit:* Eine Kernvariable zur Modellierung der Kundenstammentwicklung ist die Bindungsquote (retention rate) – oder auch Haltbarkeit der Abonnenten in der Geschäftsbeziehung (Berger und Nasr 1998; Blattberg und Deighton 1996). Aufgrund von Kündigungen kommt es zu einem Abschmelzen des Abo-Kundenstamms über die Zeit. In der Praxis wird die Haltbarkeit aufgrund eines Sicherheitsabschlags nur auf Basis der ersten 10 Jahre der Belieferung betrachtet. Ab dem 11. Jahr wird dann der Abo-Bestand rechnerisch auf Null gesetzt. Hierbei ist hervorzuheben, dass es sich um eine auftragsorientierte und nicht um eine kundenorientierte Sicht handelt.

$$\text{Haltbarkeit (in Jahren)} = \frac{\text{Summe der durchschnittlichen Bestandsquote der Jahre 1 bis 10}}{100}$$

Die Haltbarkeit wird beispielhaft an Kündigungsquoten einer Zeitschrift in Abbildung 5 dargestellt.
Diese Kennzahlen dienen dem Management bei der Optimierung ihrer Marketingmaßnahmen zur Erreichung der definierten Zielsetzungen. Diese Optimierung ist Teil eines steten Regelkreises, in dem neue Marketing-Maßnahmen auf ihre Erfolgswirksamkeit geprüft werden.

Regelkreis der laufenden Optimierung im Abo-Marketing

Ein erfolgreiches Abo-Marketing erfordert ein stetes Kontrollieren der laufenden Marketing-Maßnahmen, um so schnell Anpassungen vornehmen zu können. Typischerweise durchläuft dieser Prozess einen Regelkreis aus (1) Controlling und Planung, (2) der Zusammenstellung des Mix der Werbekanäle und Angebote und (3) dem Test und Ausrollen (Full Run) der Maßnahmen.

Der Regelkreis beginnt mit einer umfangreichen Analyse der vergangenen Aktionen und stellt so die Basis der Planungen für die Zukunft dar. Es gilt zunächst eine Bestandsaufnahme vorzunehmen, in der zum einen der Grad der Ausschöpfung und zum anderen der CPO je Werbekanal ermittelt wird. Zur Errechnung des CPO muss eine detaillierte Analyse der wesentlichen Kostenstrukturen je Werbeform vorliegen (für die Planung sind hierbei etwaige zu erwartende Veränderungen mit einzubeziehen). Hierfür ist eine genaue Abgrenzung einer Werbeaktion notwendig, denn nur so kann durch eine Aktionsnummer eine Werbeaktion eindeutig definiert werden. Diese Aktionsnummer ermöglicht dann die Zuordnung von Response-, Umwandlungs- und CPO-Daten zu der jeweiligen Aktion. Auch sind die Kosten einer Werbeaktion – die als eine in sich geschlossene Maßnahme zur Abonnentengewinnung definiert und als eine einmalige Kombination aus Angebot, Werbeweg, Werbemittel, Response-Element (z. B. Postkarten), Schaltterminen etc. anzusehen ist – genau zu ermitteln.

Zentral für die schnelle, laufende Kontrolle der Erfolgswirksamkeit der einzelnen Werbeaktion ist die Zeitspanne,

Jahr	Durchschnittliche Kündigungsquote zum Vorjahr	Durchschnittliche Bestandsquote / Jahr
1	11%	89%
2	61%	35%
3	30%	24%
4	15%	21%
5	13%	18%
6	13%	16%
7	11%	14%
8	11%	12%
9	9%	11%
10	11%	10%
Summe Haltbarkeit		250 250/100 = 2,5 Jahre

Abbildung 5: Beispiel zur Berechnung der Haltbarkeit (in Jahren)

die zwischen Start einer Werbeaktion und Auswertung liegt. Je schneller der Response ermittelt werden kann, desto schneller kann gegebenenfalls korrigierend eingegriffen werden. So wird zum Beispiel eine Werbeaktion (z. B. ein Probe-Abonnement für die Zeitschrift ART) in einer Tageszeitung wie der Süddeutschen Zeitung einen schnelleren Response aufweisen als dieselbe Aktion in einer Special-Interest-Zeitschrift wie Geo-Spezial, da deren Information nicht so schnell veraltet und sie daher auch nicht unbedingt zeitnah nach dem Kauf gelesen wird.

Aus diesen Daten lassen sich dann vom Controlling Sollwerte für Response, Umwandlung und CPO pro Aktion vorgeben. Mit Hilfe von Response- und Umwandlungsfunktionen, deren Parameter sich aus Vergangenheitsdaten – zum Beispiel per Regressionsanalyse – schätzen lassen, kann so eine Hochrechnung vorgenommen werden. Als Daten gehen dabei die Response- und Umwandlungsgeschwindigkeiten einzelner Zeitschriften bei bestimmten Kombinationen aus Angebotsform und Werbemittel ein. Über einen Soll-Ist-Vergleich kann dann die Erfolgswirksamkeit der Aktion ermittelt werden.

Der zweite Schritt des Regelkreises ist die Zusammenstellung der Werbekanäle. Die Werbekanäle weisen in Bezug auf die Erfolgskennziffern und ihre Produktivität unterschiedliche Charakteristika auf.

Heftwerbung: Die Abonnementwerbung im eigenen Heft ist der wichtigste Weg zur Gewinnung von Neukunden. Im Durchschnitt werden knapp 50 % der Abonnenten im Heft geworben. Die Neukunden sind zwar überwiegend Einzelkäufer, aber auch aus der Abonnement-Auflage lassen sich Geschenk-Abos und Prämien-Abos (Leser werben Leser) generieren. Ein Titel wirbt für sich zumeist parallel mit verschiedenen Angeboten, um verschiedene Segmente zu erreichen und so eine hohe Ausschöpfung zu erzielen. Mit Ausnahme der Prämienangebote liegen die CPO aufgrund „harter Angebote" und guter Umwandlungen im unteren Bereich. Die Heftwerbung ist aber durch die Erscheinungsweise des Titels limitiert.

Internetwerbung: Hier steht die Gewinnung neuer Print-Abonnenten über die Website des eigenen Titels im Vordergrund (beispielsweise STERN-Abonnements über stern.de). Der Titel wirbt mit einem Angebotsbasar, also dem Parallelangebot aller üblichen Angebotsformen. Aufgrund der niedrigen Werbemittelkosten im Online-Bereich und hoher Response-Quoten ist der Werbeweg Internet mittlerweile der preiswerteste und für viele Titel zweitwichtigste Werbeweg für Abonnements.

Beilagenwerbung in Fremdmedien: Üblicherweise produzieren die Verlage kleine Prospekte (6 – 12 Seiten), die anderen Titeln des Hauses oder des Marktes beigelegt werden. Durch hohe Papier-, Druck- und Schaltkosten sowie für den Verlag teure Angebote (z. B. Probeabo mit Zugabe) sind Beilagen meist der teuerste Werbeweg. Titel mit einer geringfügigen Einzelverkaufsauflage nutzen diesen Werbeweg bei hoher Zielgruppenüberschneidung.

Mailings: Durch die personalisierte Ansprache und das Einsetzen von Scoring-Verfahren zur Auswertung des – meist internen – Adressbestandes erzielt das teure Werbemittel Brief (Papier-, Druck- und Portokosten) meist sehr hohe Response-Quoten bei akzeptablen Umwandlungen. Das Mailing-Potenzial hängt entscheidend von der Größe der Database und von der Güte der eingesetzten Scoring-Modelle ab (Abschnitt 5).

Outbound-Telefonmarketing: Als zweiter wichtiger personalisierter Werbeweg gewinnt das Telefonmarketing zunehmend an Bedeutung. Die höchsten „Werbemittelkosten" pro Empfänger werden durch die hohen Response-Quoten eines direkten Verkaufsgespräches meist ausgeglichen. Der Einsatz von Outbound-Telefonmarketing wird limitiert durch das Wettbewerbsrecht, das die Einwilligung des Kunden zur Kontaktaufnahme erfordert.

Nachdem die CPO für die einzelnen Werbekanäle ermittelt sind, ist der Zusammenhang mit dem IPO herzustellen. Je größer die Differenz zwischen CPO und IPO, desto wirtschaftlicher sind die geworbenen Abonnements. So gilt es erst einmal die Werbekanäle mit dem günstigsten CPO/IPO-Verhältnis so weit auszuschöpfen bis das CPO/IPO-Verhältnis der nächsthöheren Angebotsform erreicht ist. Eine wichtige Determinante für den IPO ist die Haltbarkeit. Allerdings variiert die Haltbarkeit der Abonnements je Angebotsform erheblich. Normal-

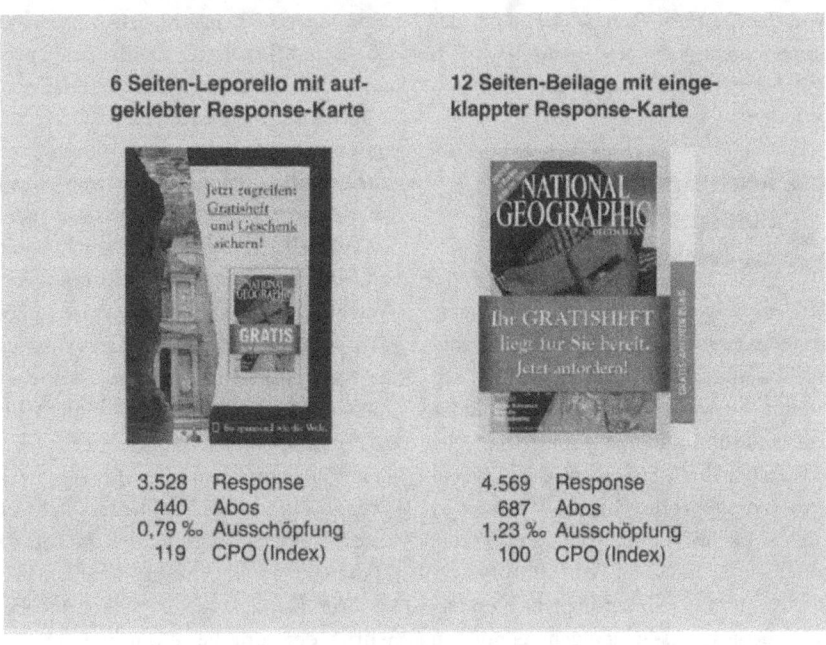

Abbildung 6: Beispiel eines NATIONAL GEOGRAPHIC-Kreativtest

BRANCHENSPEZIFISCHE ANSÄTZE

Abonnements weisen hierbei die höchste Haltbarkeit auf, wohingegen zum Beispiel Geschenk-Abonnements deutlich geringere Haltbarkeit haben.

Der dritte und letzte Schritt des Regelkreises sind die Tests und der Full Run. Die Wahl des optimalen Werbemittels für das Abonnenten-Marketing kann quasi nur durch experimentelle Bedingungen in der Marktforschung gestützt werden. Durch ein stetes Testen von alternativen Angeboten, die der Zielgruppe in verschiedenen Versionen und kreativen Anmutungen über einen oder mehrere Kanäle bereitgestellt werden, kann die Wirkung ermittelt werden (Abbildung 6). Hierfür sind umfangreiche Testpläne notwendig, in denen die einzelnen Ausprägungen systematisch variiert werden.

Die Testzellen laufen typischerweise immer neben dem Full Run mit. So wird ein bestimmter Anteil einer Kampagne für Marktforschung genutzt. Da die Ergebnisse der Testgruppen sehr unterschiedlich sind, erreichen Testzellen meist keine optimale Ausschöpfung. Daher sollte nur ein begrenzter Teil von Aktionen innerhalb einer Kampagne für Tests genutzt werden. Auf der anderen Seite sind Tests aber notwendig, um ein langfristig erfolgreiches Abo-Marketing zu betreiben. Daher stellt sich immer die Frage nach dem optimalen Verhältnis von Test zu Full Run, wobei auch den unterschiedlichen Testbedingungen je Werbekanal Rechnung zu tragen ist.

Kundenorientierung neben Auftragsorientierung – ein Ausblick

Die bisherigen Ausführungen zeigen, dass das Controlling des Abo-Marketings sich bislang vorrangig am „Auftrag" orientiert. So weisen die Kennzahlen keine Fokussierung auf den Kunden auf. Jedoch ist auch die Steigerung des Kundenwertes ein zentrales Ziel im Abo-Marketing – insbesondere, wenn ein Verlag aufgrund seines Titel-Portfolio über erhebliche Cross-Selling-Möglichkeiten verfügt. Beim Cross-Selling geht es um den Verkauf eines zweiten Abonnements an den Erstabonnenten beziehungsweise um den gezielten Absatz von redaktionsnahen Produkten (Büchern, DVDs oder Lexika) oder redaktionsferneren Produkten (Handyverträge, Lotterie, Reisen).

Daher rückt das Management von Kundenbeziehungen (Customer Relationship Management, CRM), das den Aufbau und Erhalt langfristiger Beziehungen auf individueller Ebene umfasst, immer mehr in den Mittelpunkt (Reinartz und Kumar 2003).

Von zentraler Bedeutung ist es dabei, aus Analysen des individuellen Kaufverhaltens die Kundenbindung sowie den Kundenwert bzw. den Kundenlebenszeitwert über die Dauer einer Abonnementsbeziehung zu ermitteln und zu prognostizieren (Krafft 2002; Reinartz, Thomas und Kumar 2005). Daraus lassen sich Maßnahmen zum Cross-Selling und zur Schaffung von Kundenbindung sowie Ansätze zur Maximierung der Kundenprofitabilität ableiten.

Es existieren zahlreiche Veröffentlichungen, die sich mit der Kundenorientierung und -nähe sowie der Messung und Steuerung von Kundenzufriedenheit, Kundenbindung und insbesondere dem Kundenwert bzw. der Kundenprofitabilität auseinandersetzen (Reinartz, Krafft und Hoyer 2004). Die Studien adressieren vorrangig die Messung von Kundenbindung und Kundenlebenszeitwert sowie deren Beziehung zueinander. In diesem Zusammenhang sind Modelle zur Analyse und Prognose des Kaufverhaltens von hoher Relevanz, da sie den Input zur Bestimmung der kundenwertbezogenen Merkmale leisten. Für Verlage eignen sich RFMR-Modelle (Recency, Frequency, Monetary Ratio), die ursprünglich im Versandhandel entwickelt wurden. Bei den verlagsspezifischen Weiterentwicklungen ist die Kaufhäufigkeit (Frequency) um das Merkmal (Auftrags-)Haltbarkeit zu ergänzen, die, im Gegensatz zur (Wieder-)Kaufhäufigkeit bei Einzelbestellprognosen, im Abonnementgeschäft ein entscheidendes Merkmal ist. Neben der Haltbarkeit sind die Angebotsform, mit der der Kunde ursprünglich geworben wurde, der kumulierte Umsatz, die Häufigkeit seiner Reaktionen bzw. Nichtreaktionen auf Angebote und der Zeitpunkt des letzten Kontaktes entscheidende Prognosefaktoren (Neumann 2002). Diese Prognosemodelle arbeiten im Wesentlichen mit den internen Kundendaten. Sofern dem Verlag das Alter seiner Kunden vorliegt, ist dies ein weiterer wichtiger Prognosefaktor. Andere soziodemografischen Daten, die extern anmietbar sind, stellten sich bisher selten als erfolgsverstärkend im Scoring für Verlagsprodukte heraus. Grundsätzlich sind interne Kundenmerkmale zum Abonnement die stärksten Prädiktoren.

Vor diesem Hintergrund stellt sich das Database-Marketing von Verlagen drei wesentlichen Herausforderungen:

Alle Kundendaten und -Transaktionen sind in einer zentralen Kundendatenbank zusammenzufassen und pro Kunde durch eine (laufende) *Auftragszusammenführung* in seiner Kundenhistorie zu sammeln. Dies gilt gleichermaßen für aktive Abonnenten (in Belieferung befindlich) oder inaktive Kunden (Kündiger), die durch eine umfangreiche Kundenhistorie häufig ein gutes Potenzial für Marketing-Ansprachen bieten. Neben den Abonnements sind auch Merchandising- und Zusatzkäufe der Kunden in die Database zu integrieren. Gerade Einzelkäufe von redaktionsnahen Produkten (Kalender, Lexika, Bücher) oder redaktionsferneren Produkten (Handyverträge, Lotterie, Reisen etc.) akzentuieren den Kunden und geben wichtige Hinweise auf seine Interessengebiete. Das Zusatzgeschäft in Form von Zweitabonnements oder Produkten ist eine win-win-Situation für die Verlage. Es werden gleichzeitig Deckungsbeiträge und wichtige zusätzliche Kundendaten für das Database-Marketing generiert.

Beim Aufbau von Prognosemodellen für Verlage, speziell für das Cross-Selling, gilt es mit umfangreichen Datamining-Ansätzen die richtige *Merkmals-Gewichtung* innerhalb der Ausprägung eines Merkmals, aber auch im Verhältnis zwischen den Merkmalen, zu bestimmen. Diese Gewichtung wird in Form von Punkten (Scores) vorgenommen.

Da nicht nur das positiv zu zählende Kaufverhalten eine Rolle spielt, sondern auch die – mit geringen oder negativen

Gewichtung zu versehende – Nichtreaktion auf personalisierte Werbeansprachen, gilt es für das Database-Marketing eine *Kontaktdokumentation* aufzubauen, welches nicht nur die Inbound-Kontakte (Bestellungen, Kündigungen etc.) sondern auch die Outbound-Kontakte des Verlages (Mailings, Telefonmarketing) mit dem Kunden festhält.

Das Scoring kumuliert die positiven und eventuell negativen Werte zu einem Prognosewert, der eine Cross-Selling-Wahrscheinlichkeit ausdrückt. Diese Berechnung wird bei allen Kunden durchgeführt. Zum Abschluss entsteht eine Kunden-Rangreihe anhand der individuellen Kunden-Scores. Entweder wird nach Erreichen der Grenze der Werbeinvestition die so entstandene Liste bei der entsprechenden Adressmenge „abgeschnitten" oder ein Abbruch in der Prognosewertkurve signalisiert eine sinnvolle Grenze des Adresseinsatzes.

Wie gezeigt wurde, weisen die personalisierten Werbewege Mailing und Outbound-Telefonmarketing die höchsten Response-Werte auf. Hierbei kommen mehrere Ursachen zusammen. Die persönliche Ansprache im Brief und insbesondere am Telefon erweckt eine deutlich höhere Aufmerksamkeit beim Kunden. Hinzu kommt die Wirkung des im Hintergrund abgelaufenen Ausleseprozesses, durch den unattraktive Kunden gar nicht erst kontaktiert werden. Beide Faktoren beeinflussen das Response-Ergebnis positiv. Diesen Effekt verstärkt die laufende Werbeerfolgskontrolle. Im Controlling von Databasemarketingaktionen tritt neben das klassische auftragsbezogene Controlling in Form von CPO und Ausschöpfung (siehe oben) die zusätzliche Werbeerfolgskontrolle des eingesetzten Prognosemodells. Nur wenn die Response-Quote je Score-Klasse in der Expost-Betrachtung auch von „oben nach unten" abnimmt, bildet das Modell die Kaufwahrscheinlichkeit gut ab. Durch die laufende Justierung von Prognosemodellen anhand der Ist-Daten nimmt die Prognoseleistung weiter zu. Besondere Möglichkeiten bietet das Outbound-Telefonmarketing. Ein frühes Prognosemodell ermittelt die erste Adressmenge, die in wenigen Tagen „abtelefoniert" ist. Der Response aus dieser Teilmenge dient dem Database-Marketing zur Validierung und Justierung des Prognosemodells. Die zweite Adressmenge wird so auf Basis eines validierten Scoringmodells selektiert.

Das Database-Marketing führt dazu, dass im Abo-Marketing der Verlage neben die Auftragsorientierung immer stärker die Kundenorientierung tritt. Dabei gilt es sich zunehmend neuen Herausforderungen wie der Kündigerprognose und haltbarkeitsverlängernden Marketingaktionen zu stellen. Die Kundenorientierung weist heute nur den Weg der Kundenumsatz-Maximierung, schlimmstenfalls unter Inkaufnahme der Kündigung eines Auftrages. Ob eines Tages mit Unterstützung des Database-Marketings eine Kündigerprognose pro Auftrag und auch auftragsindividuelle haltbarkeitsverlängernde Marketingaktionen möglich sein werden, ist eine der spannenden Zukunftsfragen.

Literatur

BERGER, P.D. und N. NASR (1998): Customer Lifetime Value: marketing Models nd Applications, Journal of Interactive Marketing, 12 (Winter), S. 17 – 30.
BLATTBERG, R.C. und J. DEIGHTON (1996): Manage Marketing by the Customer Equity Test, Harvard Business Review, July/August, S. 136 – 144.
CHYI, H.I. und D.L. LASORA (2002): An Explorative Study on the Market Relation Between Online and Print Newspapers, Journal of Media Economics, 15 (2), S. 91 – 106.
DANAHER, P.J. (2002): Optimal Pricing of New Subscription Services: Analysis of a Market Experiment, Marketing Science, 21 (2), S. 119 – 138.
HARRIE, E. (2004): The Nordic Media Market 2003: Media Companies and Business Activities – Nordic Media Trends 7, Göteburg.
IVW (2004): Informationsgemeinschaft zur Feststellung der Verbreitung von Werbeträgern e. V., www.ivw.de.
KALITA, J.K. und R.H. DUCOFFE (1995): A Simultaneous-Equation Analysis of Pricing, Circulation, and Advertising Revenue for Leading Consumer Magazines, Journal of Media Economics, 8 (4), S. 1 – 16.
KRAFFT, M. (2002): Kundenbindung und Kundenwert, Heidelberg.
KRISHNAN, R. und L. SOLEY (1987): Controlling Magazine Circulation, Journal of Advertising Research, 13 (August/September), S. 17 – 23.
MALTHOUSE, E.C. und B.J. CALDER (2002): Measuring Newspaper Readership: A Qualitative Approach, International Journal on Media Management, 4 (4), S. 248 – 260.
NEUMANN, A. (2002): Databasemarketing als strategischer Wettbewerbsvorteil für Verlage, in: DALLMER, H. (HRSG.): Handbuch Direct Marketing, Wiesbaden, S. 781 – 799.
OJD (2005): La Oficina de Justificación de la Difusión, http://www.introl.es/html/que_es_ojd.htm.
REINARTZ, W., M. KRAFFT und W.D. HOYER (2004): The CRM Process: Its Measurement and Impact on Performance, Journal of Marketing Research, 41 (August), S. 293 – 305.
REINARTZ, W. und V. KUMAR (2003): The Impact of Customer Relationship Characteristics on Profitable Lifetime Duration, Journal of Marketing, 67 (1), S. 77 – 99.
REINARTZ, W., J.S. THOMAS und V. KUMAR (2005): Balancing Acquisition and Retention Resources to Maximize Customer Profitability, Journal of Marketing, 69 (1), S. 63 – 79.
SCHULTE-HILLEN, G., A. GANZ und J. ALTHANS (2001): Strategien im internationalen Verlagsmarketing, Die Betriebswirtschaft, 61 (4), S. 478 – 492.
SJURTS, I. (2002): Strategien in der Medienbranche, Wiesbaden.
STAHMER, F. (1995): Ökonomie des Presseverlages, München.
STRENG, I. (1996): Strategisches Marketing für Publikumszeitschriften, Frankfurt am Main.
VAN KRANENBURG, H.L. (2001): Economic Effects of Consolidations of Publishers and Newspapers in The Netherlands, Journal of Media Economics, 14 (2), S. 61 – 76.
WHELAN, K. (2004): Customers Comment on Subscription Marketing, Circulation Management, 13 (January), S. 36 – 37.

BRANCHENSPEZIFISCHE ANSÄTZE

Der Sandburgenbau der Mediaselektion

Manfred Schwaiger/Tobias Schütz

In diesem Artikel werden die Kennzahlen zur Bewertung von Werbeträgern vorgestellt und kritisch diskutiert. Es wird dargelegt, warum die gängige Praxis nur bedingt Erfolg versprechend ist und wie diese verbessert werden kann.

Damit das Kommunikationsbudget – und damit auch das Werbebudget – einer Organisation geeignet auf verschiedene Medien verteilt werden kann, ist eine Bewertung der Medien bzw. der Werbeträger im Sinne der angestrebten Ziele unerlässlich. Die Praxis operiert in diesem Feld seit jeher mit problematischen Kennzahlen und lässt aus Vereinfachungsgründen wichtige wirkungsrelevante Aspekte außer Betracht, sodass bildlich gesprochen behauptet werden kann, der Mediavergleich ist auf Sand gebaut.

■ Einleitung und Problemstellung

Eine der klassischen Aufgaben des Werbemanagements ist die Selektion derjenigen Medien, welche die Werbebotschaft zu den Empfängern transportieren. Sie schließt sich chronologisch typischerweise an die Festlegung der Werbeziele, die Bestimmung des Werbebudgets und die Kreation der Werbebotschaft an (vgl. Kotler/Bliemel 1995, S. 955 ff). Ausführungen zu diesem Thema finden sich in der einschlägigen Literatur unter den Schlagworten Werbeträgerplanung, Mediaselektion oder Medienauswahl sowie Medienbelegungsplanung.

Üblicherweise werden drei Entscheidungsbereiche behandelt: Die Medienauswahl, der Zeitpunkt oder Zeitraum des Medieneinsatzes (z. B. Sendetermine, Plakatanschlagsperioden, etc.) sowie Belegungshäufigkeit und -rhythmus (z. B. Scheuch 1996, S. 364). Innerhalb der Medienauswahl wird weiter differenziert in:

- die Intermedienauswahl, d. h. die Selektion einer bestimmten Medienkategorie (z. B. Printmedien, TV, Rundfunk etc.)
- die Intramedienauswahl, d. h. die Selektion eines bestimmten Werbeträgers innerhalb einer Kategorie, sowie
- Medienkombinationsentscheidungen, d. h. Festlegung vorteilhafter Kombinationen mehrerer unterschiedlicher Medien unter Reichweiten- oder Kumulativaspekten.

Zur Beurteilung des Nutzens einzelner Medien oder Medienkombinationen müssen die Kommunikationsziele betrachtet werden. In letzter Konsequenz versucht der Marketingtreibende das Verhalten avisierter Stakeholdergruppen in eine gewünschte Richtung zu beeinflussen. Weil das Verhalten aber in aller Regel nicht monokausal erklärbar und damit einzelnen Kommunikationsmaßnahmen schwerlich zuordenbar ist, konzentriert man sich auf dem Verhalten vorgelagerte, meist psychologische Wirkungsdimensionen (vgl. z. B. Kroeber-Riel/ Wein-

- Mediaplaner haben die Aufgabe, das Kommunikationsbudget eines Unternehmens über Mediengattungen (Intermediaselektion) und konkrete Medien (Intramediaselektion) zu verteilen.
- Zur Entscheidungsunterstützung stehen Kennzahlen zur Verfügung, die Aufschluss über die Häufigkeit und/oder Qualität der durch das Medium erreichten Werbekontakte geben.
- In der Praxis werden oftmals nur einfache, leicht ermittelbare und wenig aussagekräftige Kennzahlen verwendet.
- Zudem sind die meisten Kennzahlen von einer gewissen Unschärfe geprägt und somit nur scheinbar präzise.
- Für eine fundierte Einschätzung der Werbequalität eines Mediums sollten darum weitere Komponenten – wie das Werbeträgerinvolvement oder das Werbeträgerimage – in die Planungsentscheidung einbezogen werden.

Prof. Dr. Manfred Schwaiger
Inhaber des Lehrstuhls für Empirische Forschung und Unternehmensplanung der LMU München
schwaiger@bwl.uni-muenchen.de

Dipl.-Kfm. Tobias Schütz, MBR
Wissenschaftlicher Mitarbeiter am Lehrstuhl für Empirische Forschung und Unternehmensplanung der LMU München
schuetz@bwl.uni-muenchen.de

berg 1996, S. 588 ff.). Im Einzelnen handelt es sich dabei um die Aufmerksamkeitswirkung, die kognitive und die emotionale Kommunikationsleistung, sowie die Einstellungswirkung einer Kommunikationsmaßnahme. Letztere gilt als verantwortlich für die Verhaltensabsicht eines Individuums und kann daher als geeigneter Indikator für das Verhalten herangezogen werden. Eine kommentierte Übersicht über das verfügbare Instrumentarium der Werbetests findet sich bei Schwaiger (Schwaiger 1997, S. 39 ff.).

Damit überhaupt eine dieser Wirkungen eintreten kann, muss zunächst der Kontakt der Botschaft mit dem Rezipienten sichergestellt werden. Und genau an diesem Punkt setzen die diversen nachfolgend zu beschreibenden Kennzahlen der Medienselektion an.

Hat man sich für eine oder mehrere Kennzahlen entschieden, lassen sich die Medien(kombinationen) mit Hilfe der Entscheidungsregeln unter Sicherheit (vgl. z. B. Bamberg/Coenenberg 2004, S. 43 ff.) in eine Rangreihe bringen. Eine ausführliche Darstellung dieser Regeln würde den Rahmen dieses Übersichtsbeitrags sprengen, wir wollen daher nur die einfachsten Verfahren kurz skizzieren:

- Bei Anwendung der lexikographischen Ordnung entscheidet der Mediaplaner über die subjektive Bedeutung der unterschiedlichen Kennzahlen und orientiert sich an der für ihn wichtigsten Kennzahl, z. B. am gewichteten Tausendkontaktpreis. Nur wenn es bzgl. dieses Kriteriums äquivalente Medien(kombinationen) gibt, wird das zweitwichtigste Kriterium herangezogen, im Fall immer noch bestehender Äquivalenz das drittwichtigste usw.

- Bei Anwendung der Zielgewichtung erzeugt der Mediaplaner eine Art Scoringmodell, wobei die Gewichtungen, mit denen die einzelnen Kennzahlen eines Mediums in den Gesamtpunktwert eingehen, wiederum subjektiver Natur sind. Ausgewählt wird schließlich das Medium, das den höchsten Score erreicht hat.
- Die Körth-Regel schließlich maximiert den minimalen Zielerreichungsgrad. Das bedeutet, es wird diejenige Medienkombination als bestmögliche ausgewählt, bei der die jeweils am schlechtesten abschneidende Kennzahl noch am erträglichsten erscheint.

Komplexere Modelle zur Mediaselektion verfolgen die Zielsetzung einer Maximierung der Kontaktzahlen unter gleichzeitiger Beachtung von Budgetrestriktionen (vgl. Scheuch 1996, S. 368). Die rein quantitativ ausgerichteten Optimierungsmodelle sind nicht in der Lage, qualitative Medieneigenschaften angemessen zu berücksichtigen und leiden zudem unter mangelnden Informationen über den Zusammenhang zwischen „Kontaktchancen" bei Belegung eines Mediums und tatsächlich erreichten Kontakten. Aus diesem Grund wurden in den 70er- und 80er-Jahren eine Reihe heuristischer Verfahren (vgl. z. B. Freter 1974, Schweiger 1975, Tietz/Zentes 1980, Little/Lodish 1974) entwickelt, die diese Schwachstellen auszumerzen versuchen.

Wir wollen uns im Folgenden schwerpunktmäßig den Kennzahlen des Intramediavergleichs, also des Vergleichs von Werbträgern innerhalb einer zuvor festgelegten Kategorie, widmen. Bei der Intermediaselektion (der Auswahl der Kategorie selbst) spielen Kennzahlen eine eher untergeordnete Rolle.

Kennzahlen der Intramediaselektion

Vor der Diskussion der Bedeutung und der Defizite dieser Kennzahlen soll ein Überblick über die gängigsten Größen und deren Erweiterung durch komplexere Konzepte erfolgen. Zu den komplexeren Konzepten zählen beispielsweise die Sinus Lebenswelten von Sociovision oder die Nielsen-Gebiete der ACNielsen GmbH. Die Auflistung erhebt selbstverständlich keinen Anspruch auf Vollständigkeit. Auch kann nicht von einer Allgemeingültigkeit der Definitionen ausgegangen werden, da diese sowohl in der Literatur als auch in der Praxis partiell variieren. Es gilt zu berücksichtigen, dass sich die relevanten Kennzahlen der Werbeplanung in den klassischen Medien, also Printmedien, Fernsehen und Rundfunk substanziell von denen der Internetwerbung unterscheiden. Darum werden diese auch getrennt voneinander behandelt.

Die Kennzahlen der klassischen Medien

Die wichtigste Untergruppe der Kenngrößen zur Allokation des Werbebudgets in den klassischen Medien sind die Kontaktmaßzahlen. Diese bilden die Gesamtheit der als Indikatoren der Wirksamkeit von Werbeträgern und zur Beurteilung deren Kommunikationsleistung verwendeten Standardgrößen. Zu den quantitativen Kontaktmaßzahlen zählen vor allem die Reichweite, die Kontakthäufigkeit und die Kontaktsumme, zu den ökonomischen Kontaktmaßzahlen die verschiedenen Versionen des Tausenderpreises. Mögliche Definitionen und Berechnungsvorschriften dieser Größen können aus Abbildung 1 ersehen werden.

Der Konstruktion von Tausenderpreisen liegt die Erkenntnis zugrunde, dass für die Werbungtreibenden der absolute Preis eines Werbemittels keine ausreichende Aussagekraft für die Mediaselektion besitzt. Vielmehr bildet der absolute Preis der Schaltung einer Anzeige oder eines Werbespots allenfalls ein

Kontaktadresse:
Ludwig-Maximilians-Universität München
Munich School of Management
Kaulbachstr. 45/I
80539 München

Tel.: +49 (0 89) 21 80-56 40
Fax: +49 (0 89) 21 80-56 51
efoplan@bwl.uni-muenchen.de
www.efoplan.de

BRANCHENSPEZIFISCHE ANSÄTZE

Name	Definition
Affinität	(Zielgruppenanteil in Leserschaft) / (Zielgruppenanteil in Grundgesamtheit)
Bruttoreichweite	Summe der einzelnen Reichweiten mehrerer Werbeträger.
Kontakthäufigkeit	Zahl der Kontakte, die ein Leser, Hörer oder Zuschauer mit einem oder mehreren Werbeträgern hat.
Kontaktsumme*	Absolute Gesamtzahl der Kontakte, die die durchschnittliche Seite eines Hefts einer Zeitschrift in ihrem Erscheinungszeitraum erzielt.
Nettoreichweite	Anteil der Personen einer definierten Gruppe, die mit einem Werbemittel mindestens einmal Kontakt gehabt haben, unabhängig davon, wie viele Kontakte sie hatten und in welcher Werbeträgerkombination sich diese Kontakte ergaben.
Reichweite	Summe der Personen, die zu einem bestimmten Zeitpunkt oder in einem bestimmten Zeitraum Kontakt mit dem Werbeträger haben oder hatten.
Tausend-Kontakte-Preis	(Preis einer Anzeigenseite x 1000) / (Zahl der erreichten Personen)* (Preis eines 30-Sek.-Spots x 1000) / (Zahl der erreichten Personen)**
Tausend-Kontakte-Preis (gewichtet)	(Preis für die Belegung des Werbeträgers [1 Seite, 30 Sek.] x 1000) / (Zahl der erreichten Personen x Zielgruppenanteil)
Überschneidungsintensität	Bruttoreichweite / Nettoreichweite
Verbreitung*	Relative oder absolute Absatzmenge in verschiedenen geographischen Regionen.

*nur Print ** nur Fernsehen und Hörfunk

Abbildung 1: Definition der Kennzahlen für klassische Medien

K.O.-Kriterium im Sinne eines nicht mehr bezahlbaren Preises. Erst die Beziehung zwischen absolutem Preis und Kontakthäufigkeit ermöglicht die komparative Bewertung der Werbeträger.

Die gewichtete Version des Tausend-Kontakte-Preises stellt die Aufrechterhaltung dieser Grundidee unter der gleichzeitigen Berücksichtigung des Zielgruppenanteils in der Leser- oder Hörerschaft des Werbeträgers dar. Die erzielten Kontakte werden folglich in zwei Gruppen unterteilt: relevante Kontakte und irrelevante Kontakte. Diese binäre Kategorisierung der Leser- oder Hörerschaft ist sicherlich eine Verbesserung zur Gleichgewichtung aller Kontakte im Rahmen des ungewichteten Tausend-Kontakte-Preises, vereinfacht die tatsächliche Wertestruktur aber noch immer in nicht zulässiger Art und Weise.

Ausgehend von dieser Überlegung kann der Mediaplaner auf eine Reihe weiterführender Konzepte zugreifen, von denen hier zwei exemplarisch dargestellt werden sollen.

Weiterführende Konzepte

Die ganzheitliche Sinus-Milieu-Typologie des Marktforschungsinstituts Sociovision erleichtert die vereinfachende Einteilung der Kontakte in relevante und irrelevante Kontakte, indem eine differenzierte Strukturierung der Gesellschaft nach sozialer Lage und Grundorientierung vorgenommen und mit Mediennutzungsinformationen verknüpft wird.

In die Sinus-Milieus gehen grundlegende Wertorientierungen ebenso ein wie die Alltagseinstellungen (zur Arbeit, zur Familie, zur Freizeit, zum Konsum). Sie dokumentieren unterschiedliche Zugänge zu den Medien, verschiedene Interessen und Erwartungen und damit auch Sparteninteressen. Die Sinus-Milieus stellen eine Erweiterung der üblichen formalen demografischen Kriterien wie Schulbildung, Beruf oder Einkommen dar. Ihnen liegt die Einsicht zu Grunde, dass sich soziodemografisch vergleichbare Individuen in ihren Konsumpräferenzen, Einstellungen und Verhaltensweisen voneinander unterscheiden können und folglich auch verschiedenen Zielgruppen angehören.

Das Grundkonzept der Sinus-Milieus wurde Anfang der 80er-Jahre entwickelt und mehrfach verändert. In der Markt- und Mediaforschung und -planung haben die Sinus-Milieus in den 1990er-Jahren stark an Bedeutung gewonnen. Im Jahr 1993 hat auch die Verbraucher-Analyse die Sinus-Milieus im Rahmen ihrer kontinuierlichen Untersuchung des Konsumverhaltens und der Mediennutzung eingesetzt. Die Verbraucher-Analyse ist eine der vier großen bundesdeutschen Markt-Media-Studien. Sie wird seit 1983 kontinuierlich von den Instituten Infratest, MARPLAN und IFaK im Auftrag der Verlage Axel Springer und Heinrich Bauer erhoben, von denen sie 1981 initiiert wurde. Seit Anfang 2000 stehen im Panel der AGF/GfK-Fernsehforschung für die Mehrzahl der Panelmitglieder Zuordnungen zu den Sinus-Milieus zur Verfügung. Damit sind komplexere Zuschauerbeschreibungen als in der Vergangenheit möglich, die sich nicht nur auf soziodemografische Merkmale stützen. Ebenfalls seit 2000 werden die Sinus-Milieus auch im Rahmen der Verbrauchs- und Medienanalyse (VuMA) ausgewiesen (die VuMA ist eine kontinuierliche Markt-Media-Analyse, die Konsumdaten für die Planung von Hörfunk und Fernsehen liefert).

Abbildung 2 zeigt die bundesdeutsche Milieulandschaft des Jahres 2004.

Der einstellungs- und verhaltensorientierten Segmentierung durch die Sinus-Milieus kann die geografische Segmentierung Deutschlands durch die so genannten Nielsen-Gebiete gegenübergestellt werden. Die Einteilung der Bundesrepublik in mehrere, einigermaßen gleichgewichtige Gebiete wurde von der ACNielsen GmbH, Hamburg vorgenommen. Eine vergleichbare Einteilung ist in den meisten Industrieländern im Bereich der Markt- und Mediaforschung, des Marketing und der Media- und Werbeplanung anerkannt. In Deutschland bestehen seit der Wiedervereinigung die folgenden ACNielsen-Gebiete:
- Gebiet I: Hamburg, Bremen, Schleswig-Holstein, Niedersachsen

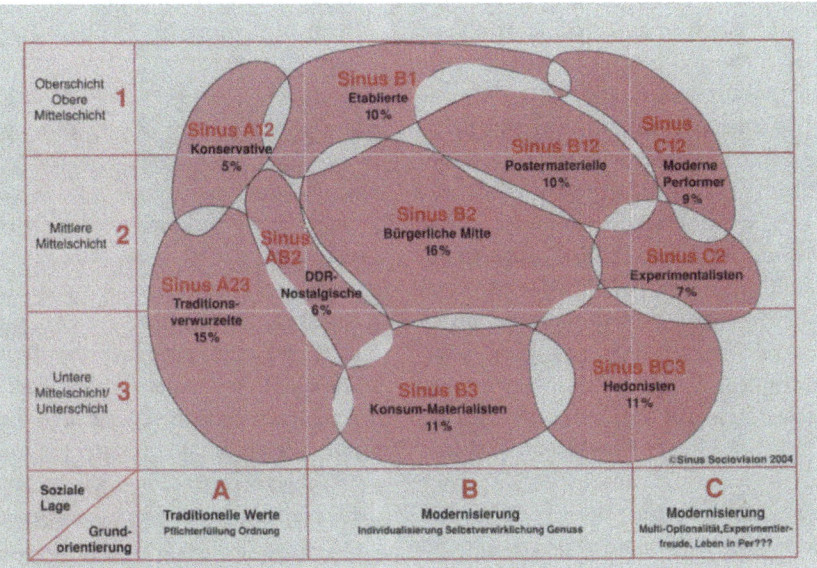

Abbildung 2: Die Sinus-Milieus des Jahres 2004 (Quelle: Sociovision)

Name	Definition
AdClicks	Das durch den Nutzer veranlasste Anklicken eines Online-Werbemittels, also eines Banners oder Buttons. AdClicks indizieren die Anzahl der tatsächlich realisierten Werbemittelkontakte.
AdImpressions oder Page-Impressions	Anzahl der von Benutzern angeforderten Online-Dokumente, die potenzielle Werbeträger sind bzw. die Anzahl der Sichtkontakte beliebiger Benutzer mit einer potenziell Werbung führenden HTML-Seite
Click-Through Rate	Maßzahl der Reaktionsquote – wird ermittelt als prozentuales Verhältnis zwischen AdClicks und Page-Impressions (PI)
Visitors	Besucher oder Nutzer einer Seite, die in einem bestimmten Zeitraum mindestens einmal eine Seite eines Angebots abgerufen haben, also in Kontakt mit dem Angebot getreten sind.
Visits	Anzahl der Benutzerbesuche eines Online-Angebotes, bestehend aus mehreren Page-Impressions. Der Terminus „Visit" bezieht sich nur auf Abrufe von Seiten mit Inhalten – alle Werbe-, Navigations- und sonstigen Page-Impressions zählen nicht mit.

Abbildung 3: Definition der Kennzahlen für Online-Medien

- Gebiet II: Nordrhein-Westfalen
- Gebiet IIIa: Hessen, Rheinland-Pfalz, Saarland
- Gebiet IIIb: Baden-Württemberg
- Gebiet IV: Bayern
- Gebiet V: Berlin
- Gebiet VI: Mecklenburg-Vorpommern, Brandenburg, Sachsen-Anhalt
- Gebiet VII: Thüringen, Sachsen (Quelle: ACNielsen GmbH)

Bei der Gliederung der Bundesrepublik wurden demografische, soziale und strukturelle Bedingungen berücksichtigt. Die Berücksichtigung der Grenzen von Bundesländern erleichtert den Vergleich mit offiziellen Statistiken. Langfristigen Strukturveränderungen wird Rechnung getragen. Beispielsweise führte das zunehmende wirtschaftliche Gewicht der südwestlichen Region zu der Aufteilung des Gebietes III in die Gebiete IIIa und IIIb. Neben den ACNielsen-Gebieten wurden 13 Ballungsräume definiert. Die ACNielsen-Ballungsräume sind auf der Basis von vollständigen Stadt- und Landkreisen zusammenhängende Gebiete mit einer insgesamt hohen Bevölkerungsdichte.

Letzten Endes ermöglichen insbesondere die Sinus-Lebenswelten zwar eine bessere Medienbelegung im Sinne eines differenzierten Marketings, die grundsätzliche im Abschnitt 3 vertiefte Kritik gilt aber auch für die hier genannten weiterführenden Konzepte.

Die Kennzahlen der Online-Medien

Der gleichsam evolutionären Entwicklung der Kenngrößen klassischer Medien steht die Festlegung der relevanten Onlinemaßzahlen durch einen Beschluss der Informationsgemeinschaft zur Feststellung der Verbreitung von Werbeträgern e.V. (IVW) gegenüber. Diese entwickelte in Kooperation mit den Verlegerverbänden im Jahr 1997 ein Verfahren zur Messung der Werbeträgerleistung von Online-Medien und stellte dieses ihren Mitgliedern zur Verfügung. Das Hauptziel des Verfahrens ist die transparente Darstellung der einzelnen Internet-Angebote in greifbaren Zahlen. Weitere Ziele waren die Minimierung der relevanten Kenngrößen, sowie die Schaffung der Vergleichbarkeit zwischen Online-Medien und klassischen Medien.

Für den klassischen Bereich der gedruckten Zeitungen und Zeitschriften wird von der IVW die Höhe der Auflagen ermittelt und zertifiziert. Da im Internet die einzelnen Seiten aus dem Online-Angebot abgerufen werden und eine klassische Auflage somit nicht existiert, werden allgemeingültige Messeinheiten als Surrogat verwendet. Abbildung 3 gibt einen Überblick über die zu diesem Zweck festgelegten Einheiten.

Relevanz der Kennzahlen und Konzepte in der Praxis

Wie aus der Vielzahl der oben stehenden Kennzahlen und Konzepte ersehen werden kann, stehen Mediaplanern eine Fülle von entscheidungsunterstützenden Orientierungshilfen zur Verfügung, aus denen bei Bedarf eine nahezu beliebige Anzahl weiterer Kenngrößen abgeleitet werden kann. Fraglich ist jedoch, welche dieser Kennzahlen in der

BRANCHENSPEZIFISCHE ANSÄTZE

Praxis relevante Entscheidungskriterien darstellen.

Zur Beantwortung dieser Frage wurden Telefoninterviews mit Mediaplanern der größten deutschen Media-Agenturen durchgeführt. Als Basis diente die Rangliste der Zeitschrift media&marketing. Auch wenn die Stichprobe nicht als repräsentativ, sondern eher als Cut-Off-Sample zu bezeichnen ist, vermitteln die Ergebnisse doch einen guten ersten Eindruck über die Wichtigkeit der einzelnen Kennzahlen.

Im Rahmen der Interviews wurden die Gesprächspartner gebeten, die drei für sie wichtigsten Maßzahlen bei der Auswahl klassischer und/oder neuer Medien zu nennen. Die Befragung lieferte ein bemerkenswertes Ergebnis: für die klassischen Medien wurden von allen Gesprächspartnern die Affinität, die Reichweite (bzw. Bruttoreichweite) und der Tausend-Kontakte-Preis (ungewichtet) des Werbeträgers genannt. Für das Internet beschränkte sich die Auswahl in den meisten Fällen sogar nur auf zwei Kennzahlen: die Click-Through Rate und die Visits. Zwar variierte die Reihenfolge der top-of-mind Nennung bei den einzelnen Probanden, in keinem Fall gab jedoch einer der Untersuchungsteilnehmer an, andere Kennzahlen und Konzepte als besonders wichtig zu erachten. Weder die komplexeren Sinus-Milieus oder ACNielsen-Gebiete, noch der gewichtete Tausend-Kontakte-Preis scheint bei der Werbeträgerauswahl ein Instrument zu sein, dem maßgebliche Beachtung geschenkt wird. Dies ist besonders im Falle des gewichteten Tausend-Kontakte-Preises verwunderlich, kombiniert dieser doch die Affinität des Werbeträgers mit dem ungewichteten Tausend-Kontakte-Preis in einer handlichen Größe.

■ Kritik und Ausblick

Die Erklärung für die Vorliebe einfacher, wenn auch weniger aussagekräftiger Kennzahlen lässt sich möglicherweise in der problematischen und fehleranfälligen Ermittlung höherwertiger Kenngrößen finden. So eindeutig und präzise die Größen in der oben aufgelisteten Darstellung auch erscheinen mögen – letztendlich sind sie das Produkt von Feldforschung und unterliegen folglich stets einer gewissen Unschärfe oder Varianz.

Werden nun auf Basis der Mittelwerte dieser Kenngrößen komplexere Kennzahlen errechnet, so steigt die beschriebene Unschärfe statistisch weiter an. Die Zahlen werden also unverlässlicher. Dieses Problem wird freilich nicht gelöst, indem eine komplexe Kenngröße durch mehrere Größen eines niedrigeren Komplexitätsniveaus ersetzt wird. Allerdings lassen diese den Mediaplanern einen gewissen Spielraum für Bauchgefühl und persönliche Erfahrungen. So führen verschiedene Kombinationen von Affinität und Tausend-Kontakte-Preis zu ein und demselben gewichteten Tausend-Kontakte-Preis – den Entscheidern geben sie im Planungsprozess jedoch die Möglichkeit, ihre Präferenz für bestimmte Kombinationen zu berücksichtigen.

Diese Erkenntnis legt nahe, dass ein ausschließlich auf harte Kennzahlen gestützter Planungsprozess in der Praxis nicht existiert. Es obliegt dem Mediaplaner, die vorhandenen Größen subjektiv zu gewichten und um weiche Konstrukte, wie „Image" oder „Reputation" zu ergänzen. Dies ist wichtig, da das Image eines beworbenen Produktes stets auch vom Image des Werbeträgers beeinflusst wird. So ist z. B. davon auszugehen, dass sich die Konsumentenwahrnehmung einer Zigarrenwerbung in der ADAC-Motorwelt deutlich von der der identischen Anzeige im Playboy unterscheidet. Diese image- oder umfeldbasierten Komponenten können die gängigen Planungskennzahlen nicht erfassen.

Ein Problem bei der empirischen Erhebung der Kenngrößen von Printmedien liegt in der Wahl des richtigen Erhebungszeitpunktes. Liegt die Befragung zu weit hinter dem Zeitpunkt des letzten Lesens zurück, lässt die Erinnerung der Befragten nach, und tatsächlich konsumierte Medien werden vergessen und folglich falsch eingestuft. Liegt das Datum der Erhebung sehr nahe am Erscheinungstag, so ist davon auszugehen, dass noch nicht alle Konsumenten ihr Exemplar einer Zeitung oder Zeitschrift gelesen haben und dadurch ebenfalls eine Verzerrung auftritt. Ein objektiv richtiger Erhebungszeitpunkt existiert also nicht.

Darüber hinaus – und das darf als zentraler Kritikpunkt gesehen werden – geht es stets nur um Kontaktchancen, nicht um wirklich erfolgte Kontakte, die zwangsweise eine kognitive oder affektive Reaktion nach sich ziehen. In Ermangelung besserer Kriterien vergleicht man also Medien anhand der Zahl ihrer Nutzer und unterstellt damit über die mit Hilfe von Kontaktpreisen verglichenen Medien, dass der Anteil der Werbe-Rezipienten unter den Mediennutzern identisch ist. Dabei lässt sich durchaus hypothetisieren, dass etwa Leser des Handelsblatts eine andere Bereitschaft aufweisen, sich mit bestimmten Werbeinhalten (z. B. stark textlastigen Anzeigen) zu befassen als Leser des Wirtschaftsteils der Süddeutschen Zeitung.

Die oft zu hörende Argumentation, dass man auch mit einer schlechten Kennzahl Werbeträger vergleichen kann, sofern sie nur alle mit derselben schlechten Kennzahl evaluiert werden, sticht nur teilweise. Letztlich vergleicht man unter Vernachlässigung von Mediennutzungsgewohnheiten Äpfel mit Birnen. Die Aufnahmebereitschaft des Rezipienten hängt von zahlreichen Faktoren ab, unter anderem von Motivation, Intelligenz und körperlichem Befinden des Rezipienten, von der Darstellungsform und dem Wert der Information, von Uhrzeit, Zeitdruck und Umgebung (vgl. Hagge 1994, S. 37). Motivation und Intelligenz des Individuums können bei vergleichbaren Zielgruppen als im Durchschnitt etwa identische exogene Rahmengrößen akzeptiert werden, die der Werbetreibende nicht beeinflussen kann. Der Informationswert ist mit der Botschaft vorgegeben und innerhalb einer Mediengattung vom Werbeträger unabhängig. Das körperliche Befinden, der Zeitdruck und die Umgebung dagegen hängen stark von der konkreten Situation ab, in der der Rezipient mit der Botschaft konfrontiert wird. Wie also ist vor diesem Hintergrund beispielsweise ein Unterschied im gewichteten Tausend-Kontakte-Preis zwischen der Anzeige eines Reiseveranstalters in der

ADAC-Motorwelt im Vergleich zu einer Anzeige im Merian zu bewerten? Eine fundierte Antwort auf diese Frage könnte nur unter Berücksichtigung weiterer Kenngrößen gegeben werden. Es müssten das Werbeträgerinvolvement, das Werbeträgerimage und die konkreten Nutzungsgewohnheiten des Werbeträgers durch die Zielgruppe in die Kennzahlen Eingang finden.

Für das Werbeträgerimage könnte hierzu eine „Währung" etabliert werden, eine validierte Operationalisierung, aus der unter Aggregation der relevanten Indikatoren z. B. zwischen 0 und 100 % normierte Imagekennzahlen errechnet werden (analog zum Messkonzept für die Erfassung der Unternehmensreputation von Schwaiger 2004). Diese wären dann in empirischen Studien mit den Rezeptionsdaten der Zielgruppen in Verbindung zu bringen und würden so die rein quantitativen Kennzahlen im Sinne der Aufgabenstellung nützlich erweitern. Werbeträgerinvolvement und Nutzungsgewohnheiten sind segmentspezifisch zu ermitteln und in festen Zyklen auf den aktuellen Stand zu bringen.

Mit derart „angereicherten" Planungskennzahlen würden die mitunter recht anspruchsvollen Optimierungsmodelle ihre volle Leistung entfalten können. Ohne Zweifel wäre dafür ein beträchtlicher ökonomischer Zusatzaufwand zu leisten, aber echte Burgen sind ja auch im richtigen Leben teurer als Sandburgen.

Literatur

BAMBERG, G.; COENENBERG, A.G. (2004): Betriebswirtschaftliche Entscheidungslehre, 12. überarb. Aufl., Vahlen, München 2004.
BRIGGS, R.; HOLLIS, N. (1997): Advertising on the web. Is there response before click-through?, in: Journal of Advertising Research, Vol. 37, No. 2, S. 33 – 45.
FRETER, H.W. (1974): Mediaselektion, Informationsgewinnung und Entscheidungsmodelle für die Werbeträgerauswahl, Wiesbaden 1974.
HAGGE, K. (1994): Informations-Design, Heidelberg 1994.
KOTLER, P.; BLIEMEL, F. (1999): Marketing-Management, Analyse, Umsetzung und Steuerung, 9., vollst. neu bearb. Aufl., Stuttgart 1999.

KROEBER-RIEL, W.; WEINBERG, P. (2003): Konsumentenverhalten, 8. Auflage, München 2003.
LITTLE, J. D.; LODISH, L. M. (1974): Ein heuristischer Ansatz zur Mediaselektion, in: WEINBERG, P.; BEHRENS, G.; KAAS, K.P. [Hrsg.]: Marketingentscheidungen, Köln 1974.
MEFFERT, H. (2000): Marketing – Grundlagen marktorientierter Unternehmensführung, 9. Aufl., Wiesbaden 2000.
O.V. (2005): Preiskampf nervt die Zuschauer nicht, in: Absatzwirtschaft – Zeitschrift für Marketing, No. 4, S. 88.
SCHEUCH, F. (1996): Marketing, 5. verb. und erg. Aufl., München 1996.
SCHUMANN, M.; HESS, T. (2002): Grundfragen der Medienwirtschaft, 2. verb. und erw. Aufl., Berlin 2002.
SCHWAIGER, M. (1997): Multivariate Werbewirkungskontrolle – Konzepte zur Auswertung von Werbetests, Wiesbaden 1997.
SCHWAIGER, M. (2004): Components and Parameters of Corporate Reputation – an Empirical Study, in: Schmalenbach Business Review, Vol. 56 of zfbf, Januar 2004, S. 46 – 71.
SCHWEIGER, G. (1975): Mediaselektionsmodelle – Daten und Modelle, Wiesbaden 1975.
TIETZ, B.; ZENTES, J. (1980): Die Werbung der Unternehmung, Reinbek 1980.

Online-Quellen:

ACNIELSEN GMBH (ACNIELSEN GEBIETE)
http://www.nielsen-media.de/pages/template.aspx?level=2&treeView ID=3.103.0.0.0
FOCUS MEDIALINE MEDIENLEXIKON
http://medialine.focus.de/PM1D/PM1DB/PM1DBF/pm1dbf.htm
MEDIA & MARKETING
http://www.mediaundmarketing.de/adressen/adressen_agenturen.php3
SOCIOVISION (SINUS LEBENSWELTEN)
http://www.sinus-sociovision.de/

BRANCHENSPEZIFISCHE ANSÄTZE

Kundenwert-Controlling: Telekommunikationsdienstleister kundenorientiert steuern

Marius Lissautzki

Das in diesem Beitrag vorgestellte Steuerungssystem unterstützt Telekommunikationsunternehmen, die das Ziel verfolgen, durch Kundenorientierung profitabel zu wachsen. Eine stringente Ausrichtung an der Kennzahl Kundenwert sowie die Identifikation der dahinter stehenden Werttreiber bilden hierbei das Grundkonzept.

- Kunden sind nicht alle gleich! Ihr Wert für das Unternehmen variiert häufig erheblich. Gründe hierfür liegen sowohl in den unterschiedlichen, momentanen Deckungsbeiträgen als auch in den ungleichen Zukunftspotenzialen.
- Die Kennzahl „Kundenwert" verbindet wert- und kundenorientierte Unternehmensführung. Der Kundenwert (Customer-Lifetime-Value) ist keine statische, sondern eine zukunftsorientierte, periodenübergreifende Größe.
- Zur Bestimmung des Kundenwertes bedarf es eines völlig neuen „Rechenwerkes". Wie stark sich die Kundenwertbestimmung von traditionellen Verfahren unterscheiden kann, zeigt das hier vorgestellte Konzept zur Kundenumsatzplanung.
- Die Identifikation der Kundenwerttreiber ermöglicht Aussagen darüber
  - wann (Timing)
  - welche Maßnahmen (Mix)
  - bei welchen Kunden (Target Groups)

  den Unternehmenswert steigern.
- CRM-Systeme können wertvolle Unterstützung leisten. Jedoch sollten hochkomplexe Systeme erst nach sorgfältiger Analyse der Erfolgsfaktoren und nach Definition der Strategie eingeführt werden.

Kunden im Mittelpunkt einer wertorientierten Steuerung

Für erfolgreiche Marktteilnehmer im Telekommunikationssektor ist es heutzutage nahezu selbstverständlich, die Unternehmensführung markt- bzw. kundenorientiert auszurichten. Wer nicht den Kunden und seine Bedürfnisse in den Vordergrund stellt, sie frühzeitig erkennt und besser als die Konkurrenz zu erfüllen weiß, wird im zunehmenden Wettbewerb langfristig unterlegen sein. In der Anfangsphase verließ sich die Mehrheit jedoch auf allzu einfache, schön klingende Formeln: Kundenzufriedenheit führe zu Kundenbindung und diese sei wiederum Garant für den Unternehmenserfolg (vgl. Krafft 2005, S. 7 ff.). Doch die Realität sah anders aus. Beispielsweise wanderte das Barometer der Kundenzufriedenheit in den USA in den letzten Jahren stetig weiter nach unten. Gleichzeitig erklommen aber die Unternehmensgewinne wieder Rekordhöhen.

Für das Controlling stellt sich nun die Frage:
Wie lässt sich die Kundensicht unter dem Primat der Unternehmenswertsteigerung in die Steuerung integrieren?

Relevante Erfolgsgrößen

Zu allererst geht es um eine Neuorientierung des Controllings. „For service companies, customer profitability is far more important than product profitability because the costs of providing a service are usually determined by customer behaviour" (Kaplan/Narayanan 2001, S. 8). Nach *Kaplan/Narayanan* reicht also die traditionelle Produktorientierung des

Dipl.-Kfm. Marius Lissautzki
ist Berater bei Bain & Company und derzeit wissenschaftlicher Mitarbeiter am Lehrstuhl für Controlling und Telekommunikation, Stiftungslehrstuhl der Deutschen Telekom AG, an der WHU – Otto-Beisheim-Hochschule, Burgplatz 2, 56179 Vallendar, E-Mail: marius.lissautzki@whu.edu

Controllings gerade in Dienstleistungsunternehmen aufgrund des unterschiedlichen Kundenverhaltens nicht mehr aus. Im Besonderen gilt dies für Anbieter von Telekommunikationsdienstleistungen. Kunden zeichnen sich in dieser Branche nicht nur durch sehr unterschiedliche Produktnutzungsmuster und -intensitäten aus. Sie beanspruchen auch die verschiedenen Vertriebs- und Betreuungskanäle in ungleicher Art und Weise.

Gerade bei Telekommunikationsunternehmen ist noch ein zweiter Aspekt von großer Relevanz: die Kosten zur Kundenakquisition. Aufgrund der einmaligen Aufwendungen bei der Kundengewinnung ist eine rein statische Sicht einer Kundendeckungsbeitragsrechnung nicht ausreichend. Akquisitionskosten sind wie Investitionen anzusehen. Häufig lohnen sich Anstrengungen in die Kundengewinnung nur, wenn die Geschäftsbeziehung über mehrere Folgeperioden Bestand hat (vgl. Reichheld 1997, S. 11 ff.).

Oben genannte Aspekte werden in produktorientierten Entscheidungskalkülen gar nicht beachtet oder mittels Durchschnittsverrechnungen „vernebelt". Die eigentlichen Verursacher der unterschiedlichen Erfolgsbeiträge, die Kunden, bleiben „außen vor".

Doch wie ist eigentlich zu beurteilen, ob sich Investitionen in Kundenbeziehungen „rechnen", wenn kein geeignetes „Rechenwerk" existiert?

Hierum geht es im Folgenden. Zwei wesentliche Gesichtspunkte sind zu beachten. Zum einen muss das Controlling die Zielgröße Kundenwert klar definieren. Zum anderen muss es die Treiber, also die Stellhebel des Kundenwertes, identifizieren und operationalisieren. Nur so ist auch eine wirkungsvolle Verzahnung der Unternehmensziele mit den operativen Maßnahmen möglich.

Beim Aufbau eines einheitlichen Verständnisses vom Kundenwert helfen die unterschiedlichen Perspektiven – der Kundenwert aus Sicht der Nachfrager und aus Sicht der Anbieter. Der Kundenwert aus Sicht der Anbieter stellt die zentrale Kennzahl dar. Er drückt den heutigen Wert der künftigen, kundenbezogenen Ein- und Auszahlungen aus, den Barwert der Kundenbeziehung (vgl. Kumar/Venkatesan 2002, S. 25 f.).

Aus wertorientierter Sicht stellt hier der Kundennutzen (= Kundenwert aus Sicht der Nachfrager) nur eine elementar notwendige, nicht jedoch hinreichende Bedingung des Unternehmenserfolges dar (vgl. Weber/Lissautzki 2004, S. 9).

Denn das Schaffen von Leistungs-, Marken- und Relationship-Nutzen dient „nur" dem möglichst optimalen Abschöpfen kundenspezifischer Zahlungsbereitschaften (vgl. Rust/Zeithaml/Lemon 2005, S. 40 f.). Resultate der Zahlungsbereitschaften sind die Kundenumsätze. Diesen stehen jedoch noch zu berücksichtigende kundenspezifische Kosten und Risiken gegenüber. Unter diesem Verständnis macht die Aufrechterhaltung beziehungsweise das Eingehen einer Geschäftsbeziehung aus Unternehmenssicht nur dann Sinn, wenn der Barwert des Kunden – auch Customer-Lifetime-Value (CLV) genannt – positiv ist.

Soll die kundenwertorientierte Steuerung im Einklang mit der wertorientierten Unternehmensführung stehen, muss das kundenwertbezogene Kennzahlensystem in einem logisch nachvollziehbaren Zusammenhang zum Unternehmenswert stehen. Dies ist am ehesten gegeben, wenn sich die Kundenwerte zumindest rein theoretisch rechnerisch in den Unternehmenswert überführen lassen und umgekehrt (vgl. Hogan/Lehmann/Merino/Srivastava/Thomas/Verhoef 2002, S. 26).

Der Unternehmenswert ergibt sich hierbei durch die Kumulierung der Kundenwerte und der notwendigen Anpas-

■ Kennzahl „Kundenwert"

Demgegenüber ist die Kennzahl Kundenwert primär auf Kunden ausgerichtet. Hierdurch können vorhandene Unterschiede innerhalb des Kundenstamms, wie beispielsweise differierende Nutzungsmuster und Betreuungsaufwendungen, explizit in das Entscheidungskalkül einbezogen werden. Hinzu kommt die mit dem Kundenwert verbundene periodenübergreifende, zukunftsgerichtete Sichtweise. Einmalige Aufwendungen, wie beispielsweise Akquisitionskosten, können hierdurch adäquat im Entscheidungskalkül berücksichtigt werden. Somit gibt der Kundenwert Aufschluss darüber, an welcher Stelle es sich lohnt, in Kundenbeziehungen zu investieren (vgl. Berger/Bolton/Bowman/Briggs/Kumar/Parasuraman/Terry 2002, S. 39 f.).

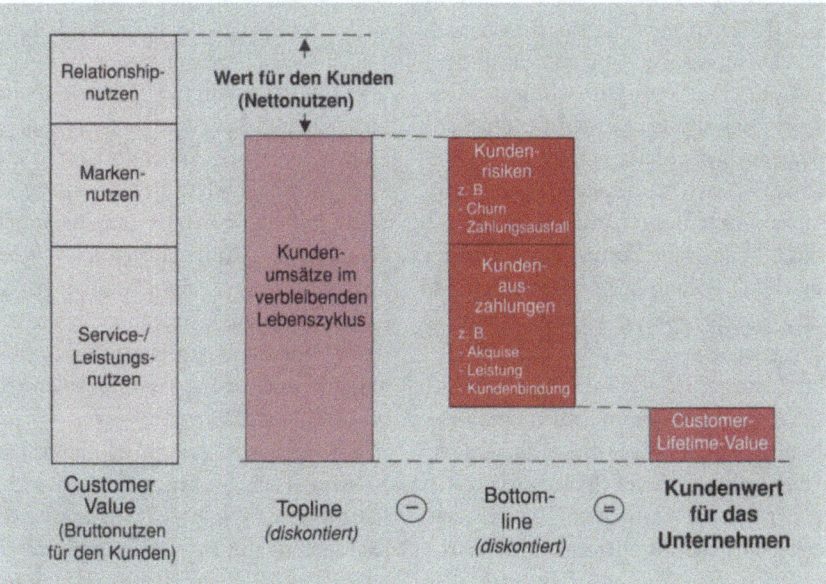

Abbildung 1: Zusammenhang zwischen Kundenwert für den Nachfrager und Kundenwert für das Unternehmen

sungen (vgl. Weber/Lissautzki 2004, S. 17). Letztere sind als Korrekturposten zu verstehen: Zahlungen also, die entweder kundenunabhängig sind und/oder sich nicht dem operativen Geschäft zuordnen lassen.

Ferner haben jegliche Steuereffekte Einfluss auf den Unternehmenswert, ohne in den Kundenwertergebnissen berücksichtigt zu werden. Kundenwerte sind somit diskontierte Brutto-Cashflows. Die Summe aus dem Wert des Kundestamms und den Kundenwerten der zukünftigen Neukunden ergibt den Customer Equity. Dieser spiegelt somit den Gesamtbeitrag der Kunden zum Unternehmenswert wieder.

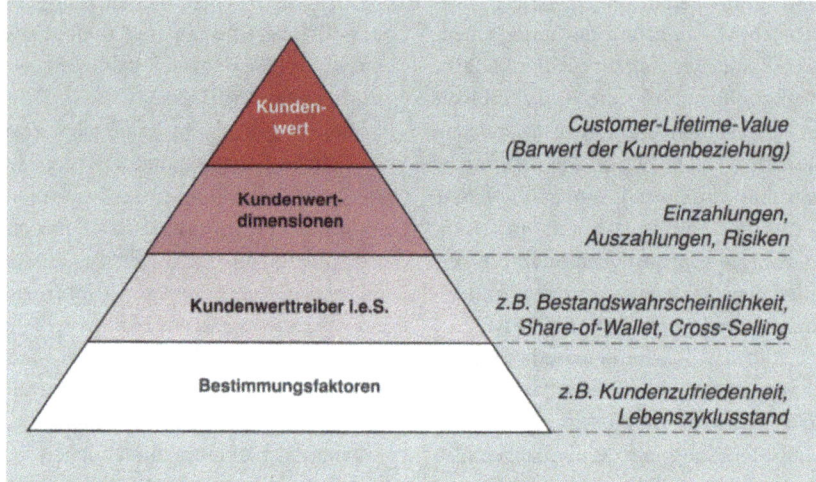

Abbildung 2: Werttreiberhierarchie zur Bestimmung des Kundenwertes

Aufbau eines Werttreibersystems

Ist der Kundenwert definiert, beginnt die größte Herausforderung: die Bildung eines logisch-konsistenten Werttreibersystems. Denn nur wenn die einzelnen Werttreiber bekannt sind, können Maßnahmen gezielt nach den kundenspezifischen Ausprägungen erarbeitet werden.

Drei Dimensionen sind bei der Bestimmung der Kundenwerte relevant: Einzahlungen, Auszahlungen und Risiken. Hinter diesen drei geradezu klassischen Dimensionen steht eine Vielzahl quantifizierbarer Größen, die Kundenwerttreiber. Diese werden von unterschiedlichen Bestimmungsfaktoren beeinflusst. Obwohl am weitesten „entfernt" vom Kundenwert, geben letztere über die eigentlichen Ursachen der Kundenwertdifferenzen Aufschluss. Wie die Abbildung 2 zeigt, können die Bestimmungsfaktoren sehr wohl Kenngrößen qualitativer Natur – zum Beispiel der Grad der Kundenzufriedenheit – sein (Abbildung aus Weber/Lissautzki 2004, S. 19).

Je eher die Determinanten des Kundenwertes in der Kausalkette am Anfang stehen, desto größere Schwierigkeiten entstehen bei der Bestimmung der Zusammenhänge zwischen den einzelnen Faktoren. Wie oben schon angedeutet, tritt diese Problematik also im Besonderen auf der Ebene der Bestimmungsfaktoren auf.

Die Güte hinsichtlich der darstellbaren Zusammenhänge lässt sich in vier Stufen unterteilen (vgl. Weber/Lissautzki 2004, S. 19):
Stufe 1: Kausalzusammenhang kann bestätigt werden (Einfluss vorhanden?)
Stufe 2: Verknüpfungsrichtung bestimmbar (positiver oder negativer Einfluss?)
Stufe 3: Verknüpfungsart nachweisbar (ist der positive bzw. negative Einfluss über-/unter- oder rein proportionaler Natur?)
Stufe 4: Zusammenhang/Stärke quantifizierbar (wie sieht die vollständige Funktion aus?)

Da es möglich sein muss, Werttreiber in einem logisch-konsistenten Berechnungssystem darzustellen, sollte auf dieser Ebene normalerweise die Stärke der Kausalzusammenhänge untereinander und in Richtung der Kundenwertdimensionen bekannt sein (Stufe vier). Nur dann ist die insbesondere aus Controlling-Sicht wichtige Verbindung einzelner Werttreiber möglich und eine gesamthafte Betrachtung des Kunden gewährleistet.

Lediglich ein Werttreiber nimmt eine Sonderstellung ein: die Bestandswahrscheinlichkeit. Sie drückt die Stärke der Kundenbindung aus und beeinflusst dadurch gleichzeitig alle drei Kundenwertdimensionen. Liegt die Bestandswahrscheinlichkeit in der Folgeperiode bei beispielsweise 90 %, entspricht der Erwartungswert des Kundendeckungsbeitrags (= 450 €) dem Produkt aus dem Deckungsbeitrag bei einer weiterhin bestehenden Geschäftsbeziehung (500 €) und dem Grad der Kundenbindung, also in diesem Fall 90 %.

Operationalisierung der Kundenwerttreiber

Wie sich die weiteren, dimensionsspezifischen Werttreiber zusammensetzen und operationalisieren lassen, wird im Folgenden exemplarisch anhand der Kundenumsatzseite gezeigt.

In Forschung und Praxis existierte bisher kein zusammenhängendes System, das die Werttreiber sowohl eindeutig definiert als auch klar voneinander abgrenzt. Vielmehr wurden nur „Insellösungen", wie beispielsweise Definitionen für „Cross-Selling", erarbeitet. Eine konsistente und kundenorientierte Umsatzplanung kann jedoch nur gelingen, wenn die Werttreiber im Zusammenhang operationalisiert werden. Insbesondere bei der mathematischen Formulierung zeigt sich, wie eng die einzelnen Faktoren zusammenhängen. Umso wichtiger ist deren eindeutige Abgrenzung.

Doch welchen konkreten Nutzen hat die Operationalisierung der Werttreiber auf Umsatzseite eigentlich für die Praxis?

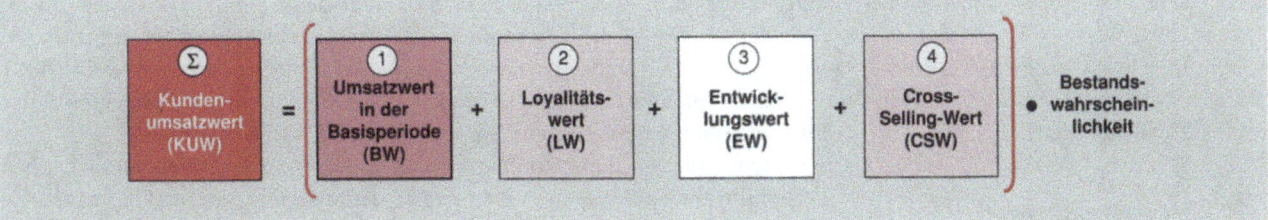

Abbildung 3: Werttreiber des Kundenumsatzes (schematische Darstellung)

Zum einen verspricht diese Vorgehensweise eine treffsicherere Umsatzplanung. Denn anstatt auf Pauschalannahmen über Preis- und Mengenwachstum zurückgreifen zu müssen, kann der Umsatz in diesem Fall auf Basis der einzelnen Treiber des Markterfolgs systematisch prognostiziert werden. Die hierbei hinterlegten Annahmen sind um ein Vielfaches einfacher nachzuvollziehen und hinsichtlich ihrer Plausibilität zu überprüfen.

Mit diesem eher „technischen" Vorteil geht noch ein weiterer Nutzen für die Unternehmensführung einher. Aufgrund der Prognose der einzelnen Umsatzwerttreiber ist eine direkte Verknüpfung mit handfesten Einzelmaßnahmen möglich. Ist beispielsweise bekannt, dass in einem bestimmten Kundensegment der größte Hebel zur Steigerung der kommenden Periodenumsätze im Cross-Selling eines spezifischen Produktes liegen wird, können die Marketinganstrengungen genau hiernach ausgerichtet werden. Für Unternehmensleitung, Marketing und Vertrieb werden Umsatzprognosen „lebendig".

Und zuletzt kann diese systematische Planungsmethodik auch im Nachhinein von erheblichem Nutzen sein. Durch den Vergleich auf Ebene der Werttreiber ist es nun möglich, eindeutige Aussagen darüber zu treffen, warum es zu Abweichungen zwischen den real erwirtschafteten Umsätzen und den prognostizierten Umsätzen gekommen ist.

In Abhängigkeit von der jeweiligen Phase der Geschäftsbeziehung sind unterschiedliche Werttreiber ausschlaggebend. Für die Bestimmung des Kundenwertes reicht eine Trennung zwischen der Akquisitionsphase und dem Zeitraum der Leistungserstellung zumeist aus (vgl. Reinartz/Thomas/Kumar 2005, S. 63).

Im Folgenden wird die Phase der Leistungserstellung betrachtet. Der Fokus liegt also auf den Umsatzwerttreibern innerhalb intakter, bestehender Kundenbeziehungen.

Neben der schon angesprochenen Bestandswahrscheinlichkeit lassen sich die zukünftigen Kundenumsätze (KUW) durch vier weitere Werttreiber erklären.

Ausgangspunkt und erster Werttreiber ist der Umsatzwert in der Basisperiode (BW). Es handelt sich hierbei um eine Fortschreibung derjenigen Umsätze, die das Unternehmen momentan mit dem Kunden erwirtschaftet. Dieser Wert basiert somit auf der in der Telekommunikationsindustrie gängigen Kennzahl „ARPU" (average revenue per user). Inwieweit das heutige Kundenpotenzial schon ausgeschöpft wird und ob die zukünftigen Umsätze von diesem Wert abweichen können, hängt jedoch von drei weiteren Werttreibern, dem Loyalitäts-, dem Entwicklungs- und dem Cross-Selling-Wert, ab (siehe Abbildung 3).

In welcher Weise die einzelnen Faktoren – sachlicher und zeitlicher Natur – mathematisch zusammenhängen, zeigt Formel 1.

Hierbei beinhaltet das „Stammgeschäft" alle Produktgruppen, die der Kunde zum Zeitpunkt der Kundenwertbestimmung schon von dem Anbieter bezieht. Innerhalb einer Produktgruppe können sich Einzahlungen aufgrund veränderter Loyalitäten (LW) oder Kundenentwicklungen (EW) ändern. Beide geben Auskunft über die wahrscheinlichen Veränderungen innerhalb des bestehenden kundenspezifischen Nachfragebündels. Aussagen über produktgruppenübergrei-

Formel 1: Der Kundenwert aus Sicht der Einzahlungen

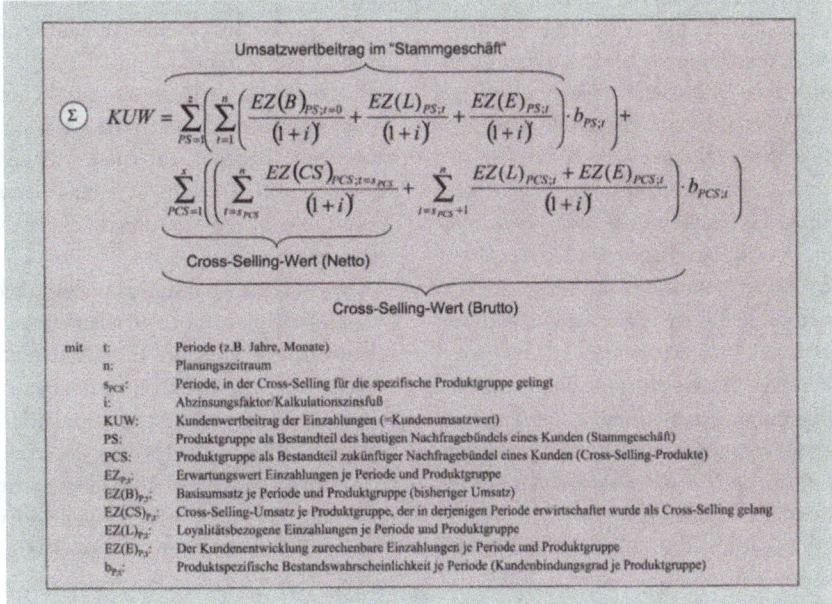

fende Wertbeiträge macht hingegen der Cross-Selling-Wert (CSW).

Die drei letztgenannten Werttreiber werden im Folgenden operationalisiert und im Detail erläutert.

Kundenloyalitätswert

Unter dem Grad der Kundenloyalität versteht man den Anteil am gesamten Einkaufsvolumen eines Kunden hinsichtlich einer Produktgruppe in einer bestimmten Periode. Während die Kundenbindung die Wahrscheinlichkeit ausdrückt, dass ein Kunde sich für einen Anbieter entscheidet (ja/nein), gibt also die Kundenloyalität wieder, wie hoch der wahrscheinliche Verkaufsanteil eines spezifischen Anbieters an der gesamten produktgruppenspezifischen Nachfragemenge des Kunden ist (Null bis 100 %).

Zur Veranschaulichung der Begriffsunterschiede soll ein Beispiel aus der Telekommunikationsindustrie dienen. Ein Telekommunikationsausrüster erhofft sich, auch im nächsten Jahr einen Folgeauftrag zur Lieferung der Endgeräte an den Service-Provider zu bekommen. Die Wahrscheinlichkeit, einer der drei ausgewählten Lieferanten zu sein, schätzt er mit 90 % ein (Grad der Kundenbindung). Zwei Wettbewerber sind feste Lieferanten und teilen sich traditionell 80 % des gesamten Nachfragevolumens (2 Mrd. € p. a.). Somit liegt die erwartete Kundenloyalität für den Zulieferer bei 20 %. Der Erwartungswert des Umsatzes ist dann das Produkt aus dem Grad der Kundenbindung, der Stärke der Kundenloyalität und dem Nachfragevolumen (= 360 Mio. €).

Statische Kennzahlen zur Quantifizierung der Kundenloyalitäten hinsichtlich einer Produktgruppe sind der „Share-of-Wallet" und die für diese Zwecke neu eingeführte Kennzahl „Share-of-Demand". Ersterer drückt den wertmäßigen Anteil eines Anbieters an den Gesamtausgaben eines Kunden in einer Produktgruppe aus (Quotient aus Eigenumsatz und Gesamtausgaben eines Kunden). Wenn beispielsweise 30 % der Verbindungsumsätze eines T-Com-Kunden sogenannten Call-by-Call-Anbietern (z. B. Wettbewerber wie „01015Telecom") zuzurechnen sind, liegt der kundenspezifische Share-of-Wallet der T-Com im Produktsegment „Verbindungen Festnetz" bei 70 %. Anhand des Share-of-Wallet lässt sich somit das momentane Umsatzsteigerungspotenzial durch Erhöhung der Produktloyalität aufzeigen.

Formel 2: Kundenloyalitätswert

$$LW = \sum_{P=1}^{z}\sum_{t=1}^{n} \frac{EZ(L)_{P,t}}{(1+i)^t} = \sum_{P=1}^{z}\sum_{t=1}^{n} \left(\frac{EZ(L)_{P,t-1}}{(1+i)^t} + \frac{\Delta x(L)_{P,t} \cdot p_{P,t-1}}{(1+i)^t} + \frac{\Delta x(L)_{P,t} \cdot \Delta p_{P,t}}{(1+i)^t} \right)$$

mit $EZ(L)_{P,t=0} = 0$

mit:
- t: Periode
- n: Planungszeitraum
- i: Abzinsungsfaktor/Kalkulationszinsfuß
- LW: Kundenloyalitätswert
- P: Produktgruppe
- $EZ(L)_{P,t}$: Loyalitätsbezogene Einzahlungen je Periode und Produktgruppe
- $\Delta x(L)_{P,t}$: Aufgrund veränderter Loyalität Variation der Absatzmenge des Kunden ggü. der Vorperiode
- $\Delta p_{P,t}$: Veränderung des Verkaufspreises je Produkteinheit und Produktgruppe ggü. der Vorperiode

Demgegenüber gibt der Share-of-Demand den mengenmäßigen Anteil eines Anbieters an der gesamten Nachfrage eines Kunden wieder (Quotient aus Absatzvolumen und gesamter Nachfragemenge eines Kunden). Die hiermit verbundene explizite Betrachtung des Nachfragevolumens kann in einzelnen Fällen wertvolle Informationen zur genaueren Prognose der Umsatzpotenziale liefern. Aufgrund der sehr unterschiedlichen Preisniveaus würde im oben angeführten Beispiel eines T-Com-Kunden der berechnete Share-of-Demand möglicherweise signifikant vom Share-of-Wallet abweichen. Bezogen auf das Nutzungsverhalten verhält sich der Kunde somit weitaus illoyaler, als der wertmäßige Anteil suggeriert.

Obwohl beide Kennzahlen – wie oben gezeigt – wichtige Informationen über die gegenwärtige Kundenloyalität liefern, ist es nicht möglich, anhand einer der beiden Kennzahlen den zukünftigen loyalitätsbezogenen Umsatzwertbeitrag zu ermitteln und darzustellen. Dies liegt darin begründet, dass bei beiden Kennzahlen sowohl Zähler als auch Nenner trotz gleich bleibender Kundenloyalität variieren können. Deswegen kann der Loyalitätsbeitrag nur als eigene absolute Größe berechnet und ausgedrückt werden. Denjenigen Umsatzwertbeitrag, der auf Änderungen der Kundenloyalität beruht (LW), zeigt Formel 2.

Nach der Gleichung wirken sich Änderungen der Loyalität primär auf das Absatzvolumen des Anbieters aus. Da dieses jedoch mit den periodenspezifischen Preisen multipliziert wird, sind auch preispolitische Variationen im Loyalitätswert enthalten. Die Multiplikation mit dem periodenaktuellen Verkaufspreis im letzten Teil der Formel ist insbesondere bei Loyalitätsverlusten eine nicht auf Anhieb nachvollziehbare Vorgehensweise. Denn hierdurch fließen in den Kundenwert auch Opportunitätserlöse, also nicht-pagatorische Größen, ein. Indem jedoch genau die jeweiligen „Gegenstücke" im nun folgenden Werttreiber, dem Entwicklungswert, berücksichtigt werden, kann die Konsistenz zum Unternehmenswert als rein pagatorische Oberzielgröße gewahrt bleiben.

Kundenentwicklungswert

Neben der verbesserten Loyalität gibt es noch die Kundenentwicklung als zweiten Hebel zur Veränderung der Kundenumsätze. Aktive Kundenentwicklung zielt auf die Erhöhung der Gesamtausgaben eines Kunden innerhalb einer Produktgruppe ab. Dies kann durch Absatzmengensteigerungen, Preiserhöhungen oder den Verkauf höherwertiger Produktvarianten gelingen.

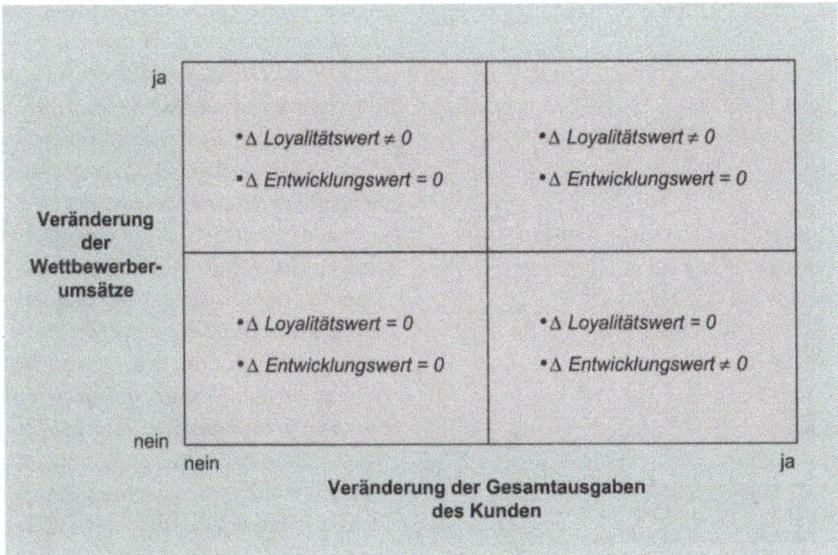

Abbildung 4: Abgrenzung produktgruppenspezifischer Umsatzwerttreiber bei Veränderung des anbieterspezifischen Kundenumsatzes

Unter den Kundenentwicklungswert (EW) werden somit alle zukünftigen Umsatzeffekte subsumiert, die durch Up- oder Down-Selling erwartet werden. Während eine verbesserte Ausschöpfung des Share-of-Wallet primär auf die Erhöhung des Zählers (Eigenumsatz) zielt, steht bei der Kundenentwicklung die gleichzeitige Veränderung der Gesamtausgaben eines Kunden in einer Produktgruppe im Mittelpunkt. Doch diese Definition reicht für eine klare Abgrenzung der beiden Werttreiber, Loyalitäts- und Entwicklungswert, nicht aus.

Denn bisher noch nicht eindeutig eingeordnet sind möglicherweise auftretende Mix-Effekte. Hierunter sind diejenigen Umsatzeffekte zu verstehen, bei denen die Kundengesamtausgaben erhöht bzw. verringert werden, während die Umsatzanteile der Wettbewerber nicht verändert werden oder genau entgegengesetzt verringert bzw. erhöht werden. Diese Effekte können also in zweierlei Weise auftreten.

Wenn es zu einer Umsatzveränderung kommt, gleichzeitig die Umsätze der Wettbewerber aber „unberührt" bleiben (keine Umsatzverdrängung), werden Mix-Effekte dem Entwicklungswert zugeschrieben. In diesem Fall handelt es sich um parallele Preis-/Mengenvariationen, bei denen die Mengenänderungen nicht auf gleichzeitigen Absatzmengenveränderungen bei Wettbewerbern basieren.

Demgegenüber werden diejenigen Mix-Effekte, bei denen die Mengenveränderungen mit entgegengesetzten Mengeneffekten bei der Konkurrenz verbunden sind, dem Loyalitätswert zugerechnet. Zu begründen ist diese Zuordnung mit der Tatsache, dass der eigentliche inhaltliche Anstoß in dem zweiten Fall auf einer Veränderung der Kundenloyalität beruht (siehe Abbildung 4).

Drei Hebel können sowohl positiven als auch negativen Einfluss auf den Entwicklungswert haben. Der Erste liegt in der Veränderung des Absatzvolumens je Periode, das wiederum von der Kaufhäufigkeit und Kaufmenge je Einkauf abhängt. Zum Zweiten haben veränderte Produktpreise direkten Effekt auf den Entwicklungswert. Als Beispiel mit negativen Effekten auf den Entwicklungswert sei hier an die in den letzten Jahren sinkenden Verbindungspreise für Telefonate im Festnetz gedacht. Zum Dritten hat der Vertrieb höherwertiger bzw. einfacherer Produktvarianten Einfluss auf den Entwicklungswert. Vodafone hat beispielsweise durch die Einführung spezieller Volumenpakete für das Wochenende eine Kundenumsatzsteigerung erreicht. Und das zu Verbindungszeiten, in denen die Mobilfunknetzkapazitäten sowieso nicht ausgelastet sind. Hier handelt es sich also um Preiseffekte, die aufgrund der inhaltlichen Veränderung der nachgefragten Leistung innerhalb einer Produktgruppe zustande gekommen sind. Formel 3 integriert die drei Effekte zur Bestimmung des Kundenentwicklungswertes (EW).

Wie schon bei der Erläuterung des Loyalitätswertes angedeutet, kann auch der Kundenentwicklungswert nicht-pagatorische Wertbeiträge aufweisen. Denn das Produkt aus Absatzmenge der Vorperiode und Preisänderung gegenüber der

Formel 3: Produktgruppenspezifischer Kundenentwicklungswert

$$EW = \sum_{P=1}^{z} \sum_{t=1}^{n} \frac{EZ(E)_{P,t}}{(1+i)^t}$$

$$= \sum_{P=1}^{z} \sum_{t=1}^{n} \left(\frac{EZ(E)_{P,t-1}}{(1+i)^t} + \frac{\Delta x(E)_{P,t} \cdot p_{P,t-1}}{(1+i)^t} + \frac{x_{P,t-1} \cdot \Delta p_{P,t}}{(1+i)^t} + \frac{\Delta x(E)_{P,t} \cdot \Delta p_{P,t}}{(1+i)^t} \right)$$

mit $EZ(E)_{P,t=0} = 0$

mit:
- t: Periode
- n: Planungszeitraum
- i: Abzinsungsfaktor/Kalkulationszinsfuß
- EW: Kundenentwicklungswert
- P: Produktgruppe
- $EZ(E)_{P,t}$: Kundenentwicklungswertbezogene Einzahlungen je Periode und Produktgruppe
- $x_{P,t}$: Anbieterspezifische Absatzmenge beim Kunden je Produktgruppe und Periode
- $\Delta x(E)_{P,t}$: Auf Kundenentwicklung basierende Variation der Absatzmenge je Produktgruppe ggü. der Vorperiode
- $p_{P,t}$: Preis je Produkteinheit und Produktgruppe des spezifischen Anbieters je Periode

BRANCHENSPEZIFISCHE ANSÄTZE

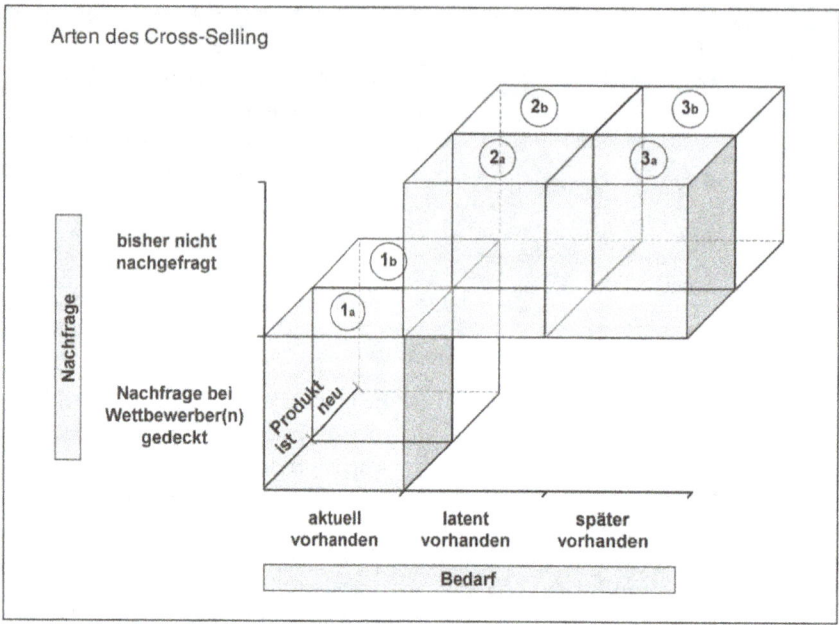

Abbildung 5: Mögliche Unterscheidungen beim Cross-Selling

Vorperiode würde, wenn $x_t < x_{t-1}$ und $\Delta p_t > 0$, den positiven Preiseffekt auch für nicht mehr verkaufte Produkte beinhalten. Genau dieser Effekt ist jedoch mit umgekehrtem Vorzeichen im Loyalitätswert enthalten. Somit ergibt die Summe aus den Opportunitätserlösen, die in Loyalitäts- und Entwicklungswert vorkommen, Null. Damit bleibt der Kundenumsatzwert (KUW) „als Ganzes" rein pagatorischer Natur.

■ Cross-Selling-Wert

Inwieweit der Verkauf weiterer, bisher nicht an den Kunden vertriebener Dienstleistungen möglich ist, drückt der dritte Umsatzwerttreiber, der Cross-Selling-Wert, aus (ähnlich Rudolf-Sipötz 2001, S. 101; anders Homburg/Schäfer 2003, S. 170). Cross-Selling kann auf drei unterschiedlichen Ursachen beruhen (siehe Abbildung 5).

Zum einen gibt es das loyalitätsbezogene Cross-Selling (1a, b). In diesem Fall bezieht der Kunde die Leistungen bisher schon bei Wettbewerbern. Demgegenüber muss der Kunde beim bedürfnisweckenden Cross-Selling (2a, b) erst vom Servicenutzen an sich überzeugt werden. Eng mit dem Zweiten verknüpft, aber weniger auf Überzeugungsarbeit angewiesen ist die dritte Variante, das lebenszyklusbezogene Cross-Selling (3a, b). In diesem Fall entsteht die Möglichkeit des Cross-Selling hauptsächlich aufgrund veränderter Lebenssituationen eines Kunden.

Auch beim Cross-Selling-Wert (CSW) kommt es zu Abgrenzungsschwierigkeiten mit den zwei schon definierten Umsatzwerttreibern. In diesem Zusammenhang werden nun zwei alternative Formeln zur Bestimmung des Cross-Selling-Wertes vorgestellt (siehe Formel 4). Nur die erste Formel, die den Netto-Cross-Selling-Wert ausweist, ist frei von Überschneidungen zu anderen Werttreibern. Denn der Netto-Cross-Selling-Wert beschränkt sich auf die Umsatzeffekte der Periode, in der das Cross-Selling erfolgreich stattgefunden hat. Die Frage ist hierbei jedoch, ob dem Cross-Selling nicht auch die hierauf basierenden zukünftigen Umsatzänderungen innerhalb dieser Produktgruppe zugeordnet werden sollten. Wie auch im Stammgeschäft können jene entweder auf Loyalitäts- oder Kundenentwicklungseffekten basieren.

In der zweiten Formel werden sie im Brutto-Cross-Selling-Wert mit einbezogen. Ob der Brutto- dem Nettowert vorzuziehen ist oder umgekehrt, ist nicht eindeutig zu beantworten. Es erscheint vielmehr sinnvoll, beide Werte zu erheben und je nach Bedarf zu interpretieren.

Nach Vorstellung der unterschiedlichen Umsatzwerttreiber stellt sich für manchen Leser möglicherweise die Frage, ob die mit dieser kundenorientierten Umsatzprognose einhergehende Komplexität eigentlich gerechtfertigt ist. Denn

Formel 4: Cross-Selling-Wert

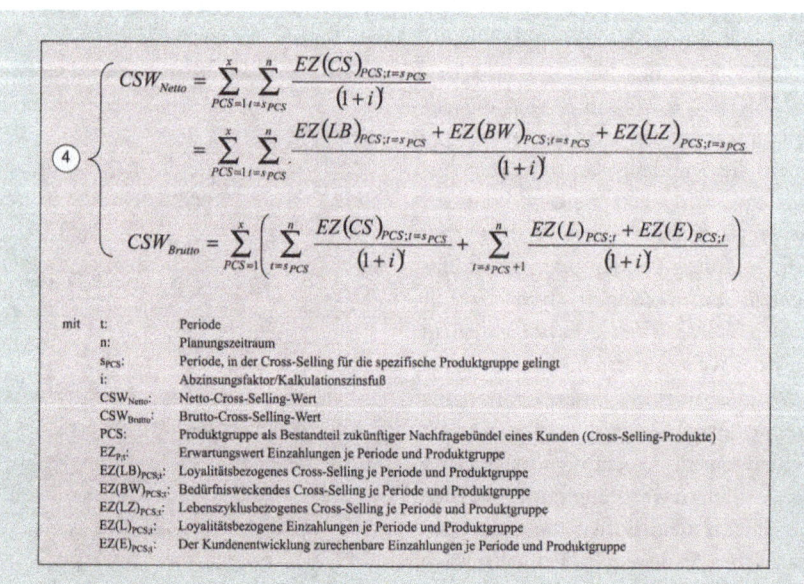

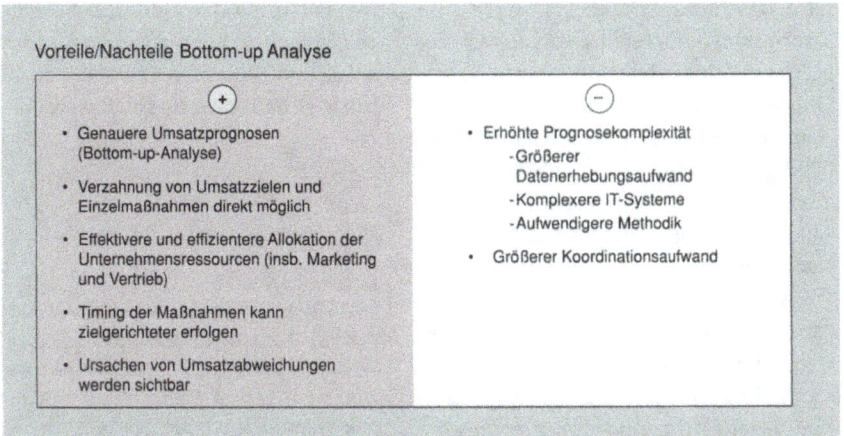

Abbildung 6: Vor- und Nachteile kundenorientierter Umsatzwertprognosen

nicht nur das Berechnungskonzept an sich ist kompliziert. Ebenso ist die Anwendung statistischer Verfahren zur Prognose der Werttreiberausprägungen sowohl inhaltlich anspruchsvoll als auch zeit- und ressourcenaufwändig.

Doch, wie schon vormals angedeutet, steht der höheren Komplexität häufig eine Vielzahl an Nutzenkomponenten gegenüber (siehe Abbildung 6). Auch Gulati/Oldroyd sind der Meinung: „For those organizations that have gone the distance, the payoff is remarkable." (Gulati/Oldroyd 2005, S. 92). Im Einzelfall sollten trotzdem Nutzen und Kosten genau abgewogen werden.

Kundenwerttreiber auf Kostenseite

Natürlich bringen Kunden nicht nur Umsätze ein. Sie beanspruchen auch die Unternehmensressourcen in sehr unterschiedlicher Art und Weise. Auf Auszahlungsseite hat sich die Systematisierung der Werttreiber in Anlehnung an die Wertschöpfungskette der Unternehmung als sinnvoll erwiesen.

Direkt mit dem Kunden verbunden sind die Vertriebs- und Servicekosten. Je nach Kanal lassen sich diese Kosten wiederum nach dem Verursacher (z. B. aktive Ansprache des Unternehmens versus Reaktion auf Kundenanfrage wegen Qualitätsproblemen) und nach der Ursache (z. B. Anschreiben wegen mangelnder Zahlungsmoral im Gegensatz zu einem Anruf im Rahmen einer Produktrückrufaktion) differenzieren.

Das Gros der Kundenauszahlungen fällt in vielen Unternehmen im Leistungserstellungsprozess an. Kernbestandteile sind Entwicklung, Einkauf, Netzbereitstellung und Distribution. Die eine Ursache, warum eine stärkere kundenbasierte Kostenrechnung auch in diesen traditionell produktorientierten Funktionen immer sinnvoller wird, liegt in der steigenden Individualisierung der Leistungen. Beispiele hierfür sind unterschiedliche Lagerkosten aufgrund kundenspezifischer Lieferzeitenregelungen, unterschiedliche Wartungskosten und kundenindividuelle Standortfaktoren (beispielsweise die Entfernung zum Hauptanschlusspunkt beim Verlegen eines Telekommunikationskabels). Der zweite Grund ist der Einfluss der Kundenbeziehungsdauer auf eine Vielzahl an Kostenblöcken im Wertschöpfungsprozess. Gesammelte Erfahrungen auf Kunden- und Unternehmensseite können bei einer länger andauernden Geschäftsbeziehung der Prozessoptimierung und -vereinfachung dienlich sein.

Ein besonders in der Telekommunikation relevanter Kostentreiber ist die nutzungszeitabhängige Kapazitätsnachfrage. Während einige Kunden Kapazitäten gerade dann nutzen, wenn diese nicht ausgelastet sind, gibt es andere Kundengruppen, die das Netz schwerpunktmäßig in den voll ausgelasteten Hauptnutzungszeiten beanspruchen. Aufgrund der sehr unterschiedlichen Opportunitätserlöse müssten den Kapazitätseinheiten je nach Zeitpunkt unterschiedliche Kosten zugerechnet werden. Somit wird hier das kundenspezifische Nutzungsverhalten ein wesentlicher Faktor zur Bestimmung der zeitpunktabhängigen Kostensätze.

Kundenrisiken: häufig vernachlässigte Treiber der Kundenattraktivität

Bisher sind Kundenrisiken gar nicht oder nur in Teilaspekten, wie beispielsweise bei der Berechnung von Churn-Risiken, in der Kundenwertforschung berücksichtigt worden. Dies verwundert, weil gerade mit Hilfe einer Systematisierung der Kundenrisiken eine Operationalisierung des bisher eher wenig fassbaren Risikomanagements gelingen könnte. Risiken treten in dreierlei Form auf. Zum Ersten gibt es das Verlustpotenzial durch die vom Kunden initiierte Abwanderung, auch Churn-Risiko genannt.

Zum Zweiten besteht die Gefahr, dass ein Kunde zahlungsunfähig wird, die Geschäftsbeziehung also aufgrund der Liquiditätssituation des Kunden beendet oder ausgesetzt werden muss (Bonitätsrisiko). Insbesondere aufgrund der Vorleistungen im Mobilfunkgeschäft (Subventionierung der Endgeräte) ist das Bonitätsrisiko auch im Telekommunikationsmarkt von großer Relevanz.

Etwas anderer Natur als die beiden zuerst genannten Risiken ist das Planungsrisiko. Wie verlässlich die kundenspezifischen Prognosen hinsichtlich ihres Kauf- und Nutzungsverhaltens sind, variiert in vielen Branchen stark in Abhängigkeit von den Kunden. Hierbei ist zu berücksichtigen, dass eine höhere Planungssicherheit häufig einen effizienteren Ressourceneinsatz ermöglicht (vgl. Ryals 2003, S. 167). Umgekehrt ausgedrückt führt die kundenbedingte, kurzfristig notwendige Anpassung von Kapazitäten und Ressourcen zu einem tendenziell überproportionalen Aufwand mit entsprechend negativem Einfluss auf den

BRANCHENSPEZIFISCHE ANSÄTZE

Kundenwert. Das Planungsrisiko hängt im Wesentlichen von drei Faktoren ab:
- den vorhandenen Kundeninformationen, die sich aus der mehr oder weniger gemachten Erfahrung in der Vergangenheit und der jeweiligen Kundeninformationsbereitschaft speisen,
- die individuelle Kundencharakteristik: Planungen für Kunden, die ein sehr volatiles Nutzungsverhalten aufweisen, sind meist mit größeren Risiken behaftet,
- den Vertragsbedingungen: zur Verringerung des Planungsrisikos sind beispielsweise Automobilzulieferer dazu übergegangen, bei bestimmten Kunden jährliche Mindestabnahmemengen vertraglich festzulegen.

Identifikation und Quantifizierung von Verbundeffekten

Bei strategischen Fragestellungen, wie beispielsweise der Zielgruppenfestlegung oder der Bewertung eines Unternehmenszusammenschlusses, reicht der Blick auf die einzelnen Kundenbeziehungen jedoch häufig nicht aus. Existieren Verbundwirkungen, ist der Wert einer Kundenbeziehung auch von der Existenz oder Nicht-Existenz anderer Kunden abhängig. Diese Verbundeffekte sind implizit in den Einzelkundenwerten berücksichtigt, können jedoch nicht explizit einzelnen Kunden zugerechnet werden. Auch wenn die Höhe der durchschnittlichen Einzelkundenwerte ein Kundensegment nicht attraktiv erscheinen lässt, kann es also durchaus sinnvoll sein, trotzdem mit diesen Kunden Geschäftsbeziehungen einzugehen. Effekte dieser Art können auf allen drei Kundenwertdimensionen, also auf Umsatz-, Kosten- und Risikoseite, auftreten und maßgeblichen Einfluss auf den langfristigen Unternehmenserfolg haben.

Auf der Umsatzseite gehören hierzu beispielsweise Netzwerkeffekte. Erweitert sich der Kundenstamm, steigt der Produktnutzen für die Nachfrager. Beispielsweise spielen Netzwerkeffekte für Anbieter innovativer Telekommunikationslösungen (VoIP) eine bedeutende strategische Rolle. Einen weiteren Umsatzverbundeffekt stellen Kundenreferenzen dar. Unter Referenzen werden Einflüsse von Ist-Kunden auf potenzielle Kunden verstanden (vgl. Rudolf-Sipötz 2001, S. 114). Hierzu können sowohl Empfehlungen (positive Referenzen) als auch Berichte über schlechte Erfahrungen (negative Referenzen) gehören.

Auch auf der Kostenseite gibt es unterschiedliche Verbundwirkungen. Typische Effekte dieser Art sind Economies of Scale, Erfahrungs- und Lernerfolge. Treiber dieser Effekte sind immer seltener die Produkte als vielmehr sowohl die Kundenanzahl/-lebensdauer als auch die Charakteristik des Kundenstamms.

Und zuletzt kann auch das Risiko aller Kundenbeziehungen von der Zusammensetzung des Kundenportfolios beeinflusst werden (vgl. Dhar/Glazer 2003, S. 86). Sowohl die breitere Streuung der Kundenbasis als auch eine geschicktere Zusammensetzung von Kundengruppen, die sich in ihren Risikostrukturen gegenseitig ausgleichen, kann sich auf das Gesamtrisiko vorteilhaft auswirken.

Fazit

Angesichts der Vielzahl von Werttreibern ist es wichtig, sich auf die für das eigene Geschäftsmodell wesentlichen zu beschränken. Doch hierfür ist ein tiefgehendes Verständnis über die Ausmaße der Werttreiber und ihr Zusammenspiel notwendig. Deswegen ist die Auswahl und Bestimmung der relevanten Werttreiber keineswegs trivial. Hinzu kommen mehrere Fallstricke bei der Umsetzung. Beispielsweise erweisen sich unbedachte Investitionen in hochkomplexe CRM-Systeme meist nicht nur als wenig hilfreich, sondern geradezu als kontraproduktiv. Doch mit diesen Herausforderungen gehen auch bedeutende Chancen einher. Diejenigen, die den Fokus von einer zu einseitigen Produktorientierung stärker auf Kunden und deren Zukunftspotenziale richten, haben die Möglichkeit, durch intelligente Leistungspolitik und zielgerichtete Differenzierung im Marketing-Mix wertvolle Kunden zu binden und gezielten Einfluss auf bisher weniger profitable Kundenbeziehungen zu nehmen. So kann aus einem Informations- und Wissensvorteil auch ein langfristiger Wettbewerbsvorteil werden.

Literatur

BERGER, P. D./BOLTON, R. N./BOWMAN, D./BRIGGS, E./KUMAR, V./PARASURAMAN, A./TERRY, C.: Marketing Actions and the Value of Customer Assets: A Framework for Customer Asset Management, in: Journal of Service Research, 2002, Heft 3, S. 39 – 54.
DHAR, R./GLAZER, R.: Hedging customers, in: Harvard Business Review, 81. Jg. (2003), Heft 5, S. 86 – 94.
GULATI, R./OLDROYD, J.B.: The quest for customer focus, in: Harvard Business Review, 83. Jg. (2005), Heft 4, S. 92 – 101.
HOGAN, J. E./LEHAMNN, D. R./MERINO, M./SRIVISTAVA, R. K./THOMAS, J. S./VERHOEF, P. C.: Linking Customer Assets to Financial Performance, in: Journal of Service Research, 2002, Heft 3, S. 26 – 38.
HOMBURG, C./SCHÄFER, H.: Die Erschließung von Kundenwertpotenzialen durch Cross-Selling, in: GÜNTER, B./HELM, S. (Hrsg.): Kundenwert: Grundlagen – Innovative Konzepte – Praktische Umsetzungen, 2. Aufl., Wiesbaden 2003, S. 163 – 187.
KAPLAN, R. S./NARAYANAN, V. G.: Measuring and Managing Customer Profitability, in: Journal of Cost Management, 2002, Heft 5, S. 5 – 15.
KRAFFT, M.: Kundenbindung und Kundenwert, 2. Aufl., Heidelberg 2005.
KUMAR, V./VENKATESAN, R.: Defining, Measuring, and Managing Customer Equity, in: MITTELMAN, M./ONYEMAH, V. (Hrsg.), Customer Relationship Management: Strategies and Companywide Implementation, in: Report No. 02-112 of the Marketing Science Institute, 2002, S. 25 – 26.
REICHHELD, F.F.: Der Loyalitäts-Effekt – Die verborgene Kraft hinter Wachstum, Gewinnen und Unternehmenswert, Frankfurt 1997.
REINARTZ, W./THOMAS, J. S./KUMAR, V.: Balancing Acquisition and Retention Resources to Maximize Customer Profitability, in: Journal of Marketing, 69. Jg. (2005), Heft 1, S. 63 – 79.
RUDOLF-SIPÖTZ, E.: Kundenwert: Konzeption – Determinanten – Management, St. Gallen 2001.
RYALS, L.: Making customers pay – measuring and managing customer risk and returns, in: Journal of strategic marketing, 2003, September, S. 165 f.
RUST, R. T./ZEITHAML, V. A./LEMON, K. N.: Die Marke ist tot, es lebe der Kunde, in: Harvard Business Manager, 27. Jg. (2005), Heft 3, S. 38 – 51.
WEBER, J./LISSAUTZKI, M.: Kundenwert-Controlling, Reihe Advanced Controlling, Band 41, Weinheim 2004.

BRANCHENSPEZIFISCHE ANSÄTZE

Controlling bei Entwicklungsprojekten – Fallbeispiel Bank Analyzer von SAP AG

Joachim Ristow

Ein stringentes Controlling bei der Entwicklung von Softwareprojekten ist von großer Bedeutung. Ein starkes Baselining muss zugrunde gelegt werden, das sich in erster Linie am Leistungsumfang der Ausgangssituation orientiert und die Kunden einbezieht.

■ Einleitung

Seit über 30 Jahren entwickelt SAP Unternehmenssoftware. Das Portfolio der SAP umfasst die Geschäftsanwendungen der mySAP Business Suite sowie Softwarelösungen für den Mittelstand, die auf der Technologieplattform SAP NetWeaver aufbauen.

1998 hat der Vorstand der SAP entschieden, im Rahmen der Neuausrichtung des gesamten Produktportfolios nach Branchen unter anderem eine Bankenlösung „SAP for Banking" zu entwickeln und vertreiben. Das bedeutet aber auch, dass SAP in neue Produkte investieren muss, um bankenspezifische Anforderungen sowohl des Aktiv- und Passivgeschäfts als auch der Gesamtbanksteuerung abzudecken.

Vor diesem Hintergrund hat SAP 1999 bzw. 2000 je eine große strategische Entwicklungskooperation für die Bereiche Kernbankensystem und Gesamtbanksteuerung mit mehreren namhaften Banken aufgesetzt. Ziel beider Entwicklungskooperationen war es:

- Aus Sicht der Banken als Pilotkunde konkrete funktionale oder technologische Herausforderungen mit Hilfe von Standardsoftware lösen, um langfristig mit niedrigeren „Total Cost of Ownership" wettbewerbsfähig zu sein.
- Aus Sicht von SAP je eine Lösung zusammen mit Banken als Entwicklungspartner zur Absicherung der Investition in Bezug auf Inhalt, Zeit, Qualität und Budget entwickeln, um anschließend eine Standardsoftware für Banken weltweit vermarkten zu können.

Beide Entwicklungskooperationen sind in der Zwischenzeit abgeschlossen und weitere Banken setzen diese neu entwickelte Standardsoftware ein.

Dieser Beitrag beschreibt in den folgenden Abschnitten mit Hilfe von Beispielen aus der Entwicklungskooperationen Bank Analyzer im Bereich der Gesamtbanksteuerung, wie solche Vorhaben aufzusetzen und zu managen sind, damit am Ende alle Parteien ihre Projektziele „on-time" und „in-budget" erreichen können. Ein teilweises oder komplettes Fehlschlagen solcher Ent-

● Softwareprojektentwicklung bei SAP in Zusammenarbeit mit mehreren Kunden.
● Das „moving target" stellt an das Controlling besondere Anforderungen.
● Abgleich der Teilprojekte erfolgt über eine durchgängige Jour Fixe Struktur.
● Zur Fortschrittsmessung wird eine auf aktueller Budgetplanung basierende Baseline benötigt.
● „Lessons learnt".

wicklungskooperationen hätte für alle Parteien erheblichen Schaden verursacht. Für die Entwicklungspartner hätte dies in den genannten Beispielen eine Verschiebung von mehreren Jahren von strategischen Plänen oder die Nichterfüllung von legalen Anforderungen bedeutet. SAP hätte – nebst Einbußen an der Reputation – den Einstieg in den Bankenmarkt mit Standardsoftware verpasst.

Die Darstellung der kompletten Methode, die SAP in solchen Projekten einsetzt, würde den Rahmen dieses Artikels sprengen. Deshalb geht es vielmehr darum, aus Sicht der praktischen Erfahrung

Joachim Ristow
Program Director
ISM Financial Services

SAP AG
Neurottstraße 16, D-69190 Walldorf
Tel.: +49 (0) 62 27-7-4 67 94
Fax: +49 (0) 62 27-78-2 36 65
Mobil: +49 (0) 171-33 63 503
E-Mail: joachim.ristow@sap.com, www.sap.com

die wesentlichen Elemente der Methode sowie deren Unterschiede zu üblichen Projekthandbücher aufzuzeigen.

Bank Analyzer Überblick

Im Rahmen des Bank Analyzer Programms sollte ein wesentlicher Meilenstein für die Abdeckung bankfachlicher Standardsoftware seitens SAP geleistet werden: Die Abdeckung der Anforderungen zu Basel II und IAS (international Accounting Standards).

Am 18. Februar 2002 war mit potenziellen Entwicklungspartnern der Startschuss gefallen, gemeinsame Funktionslisten für die beiden Bankenlösungen zu erarbeiten:

- Basel II
  Das Bankenaufsichtsrecht erfährt durch die Novellierungen auf Basis des Konsultationspapiers Basel II große Veränderungen. Insbesondere die Mechanismen zur Steuerung der Kreditausfallrisiken und der operationellen Risiken, sowie ihre Eigenkapitalunterlegung stehen im Focus und machen leistungsfähige Lösungen notwendig.
  Mit der Novellierung ist auch eine stärkere Verbindung des Aufsichtsrechts hin zu anderen Anwendungsbereichen der Bank verbunden. Dies gilt für die operativen Anwendungsbereiche der Bank wie dem Rating oder einer Sicherheitendatenverwaltung, als auch für Steuerungsbereichen, wie strategische Planung und Risikomanagement.
- IAS/IFRS
  Da IAS für die Bilanz und Gewinn- und Verlustrechnung Vergleichszahlen der Vorperiode fordert, sind für einen für das Jahr 2005 offenzulegenden IAS-Abschluss einer IAS Eröffnungsbilanz und ein IAS-Abschluss für das Jahr 2004 erforderlich.
- Hedge Management als Add-On zu IAS/IFRS
  Im Rahmen der IAS Lösung von SAP ist das Hedge Management (Verwaltung oder Arbeitsplatz) eine Ergänzung der Funktionalität.

Ein gemeinsamer Prozess zur Erreichung der notwendigen Funktionslistenpunkte im Sinne von Korrektheit und Vollständigkeit war essentiell, um einen gemeinsamen Umfang der Lösungen zu finden und auch abzugrenzen.

Die beiden Lösungen basierten auf einer gut 2-jährigen Entwicklung, die SAP im Vorfeld mit einer Bank als Grundlage erarbeitet hat.

Der nachfolgend kurze Überblick des heutigen Bank Analyzer lässt die inhaltliche Komplexität verstehen (siehe Abbildung 1).

Ein zusätzlicher Schwierigkeitsgrad bestand im engen Zeitrahmen für die Entwicklung und der quasi parallelen Einführung der Software im Kundenumfeld.

Die wesentlichen Facetten zur Steuerung des Programms, die auch für den Erfolg bestimmend waren, werden nachfolgend herausgegriffen und kurz skizziert.

Aufsetzen des Bank Analyzer Program

Nachdem der Funktionsumfang über die Funktionslisten initial beschrieben war, musste parallel intern die Aufwandschätzung erfolgen, d. h. die Ausarbeitung eines Business Cases. Hierbei war die Projektlaufzeit bis Ende 2005 (3,5 Jahre) zu berücksichtigen. Das gesamte Projektbudget und die möglichen Verkaufserlöse wurden gegenübergestellt. Nach dem positiven Bescheid für den Business Case durch den Vorstand wurden die Vertragsverhandlungen mit den ersten Entwicklungspartnern abgeschlossen.

Die Strukturen des Programms wurden endgültig festgelegt, denn dies stellt einen wichtigen Bestandteil für das Projektcontrolling dar. Zur Erläuterung folgen die Sichtweisen und Erwartungshaltungen der Partner – SAP und der Entwicklungsbanken, die in Einklang zu bringen waren.

Interne Organisation

Wie in der Abbildung 2 zu erkennen ist, sind die einzelnen Aufgaben in 3 größere Bereiche unterteilt, die thematisch geschnitten sind. Die Programmleitung erfolgte über das Koordinationsteam. Diese Programmorganisation wurde separat zur Linienorganisation aufgehängt, d. h. die meisten Kollegen waren erstmalig

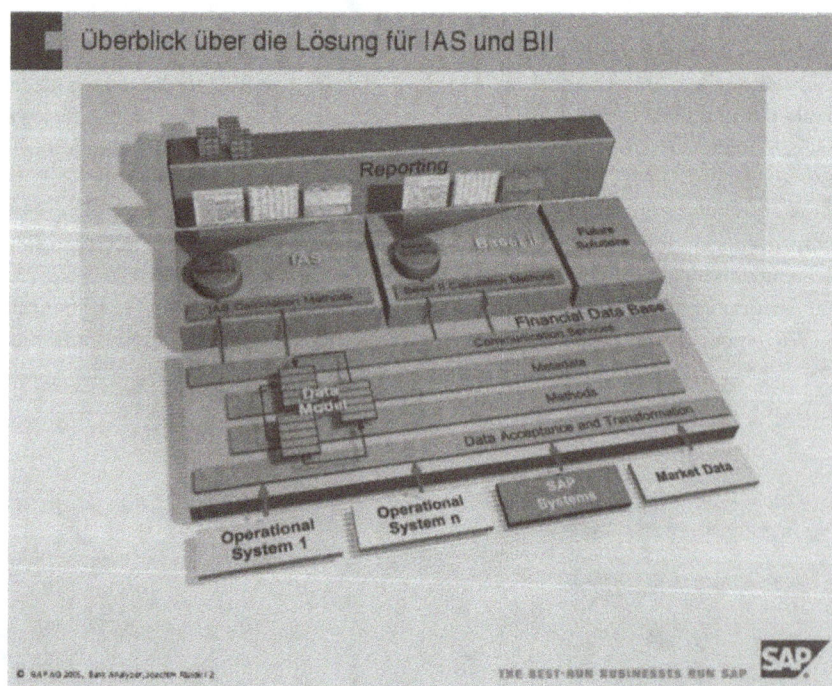

Abbildung 1: Überblick über die Bank Analyzer Lösungen

BRANCHENSPEZIFISCHE ANSÄTZE

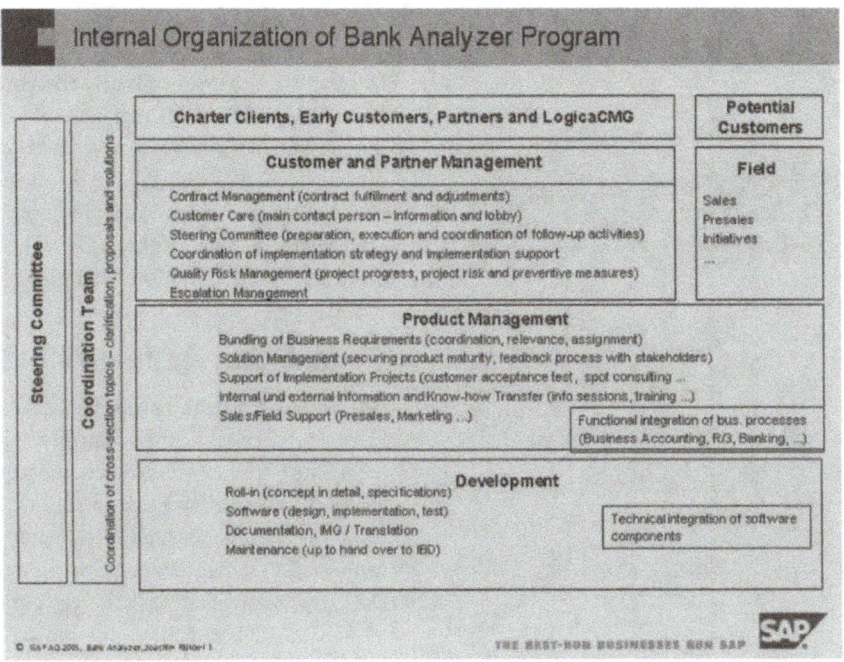

Abbildung 2: Interne Organisation

mit einer Matrixorganisation konfrontiert. Diese Organisationsform wurde über den gesamten Lieferzeitraum stabil beibehalten und diente somit auch zur organisationellen Stabilisierung im Programm.

Externe Organisation

Die Komplexität im Management des Programms wurde wesentlich durch die Vielzahl der unterschiedlichen Banken (in der Abbildung 3: Entwicklungspartner (EP)) geprägt, die ihre differierenden Erwartungshaltungen berücksichtigt wissen wollten.

Die Abbildung 3 zeigt die Komplexität mehrere bilaterale Verträge zwischen SAP und dem jeweiligen Entwicklungspartner erfüllen zu müssen und doch gemeinsam konstruktiv am Leistungsumfang zu arbeiten. Hierbei ist die Konsensbildung ein wichtiger Bestandteil, um für das einzelne bilaterale Projektcontrolling zu erleichtern.

Die Eskalationswege sind anfangs in der Programmarbeit gemeinsam mit den Entwicklungspartnern (Banken/Kunden) erarbeitet und eingeführt worden. Es wurde dabei auch bewusst in organisatorische Eskalation (z. B. im bilateralen Dissens zu Vertragsinhalten) und fachlicher Eskalation (z. B. im Dissensfall bei der Auslegung regulatorischer Anforderungen, die alle Entwicklungspartner betreffen) unterschieden, die separat zu behandeln sind.

Die fachliche Entscheidungsebene (Fachgremium) wurde jeweils nur einmalig bei den Lösungen für den fachlichen Eskalationsfall benötigt.

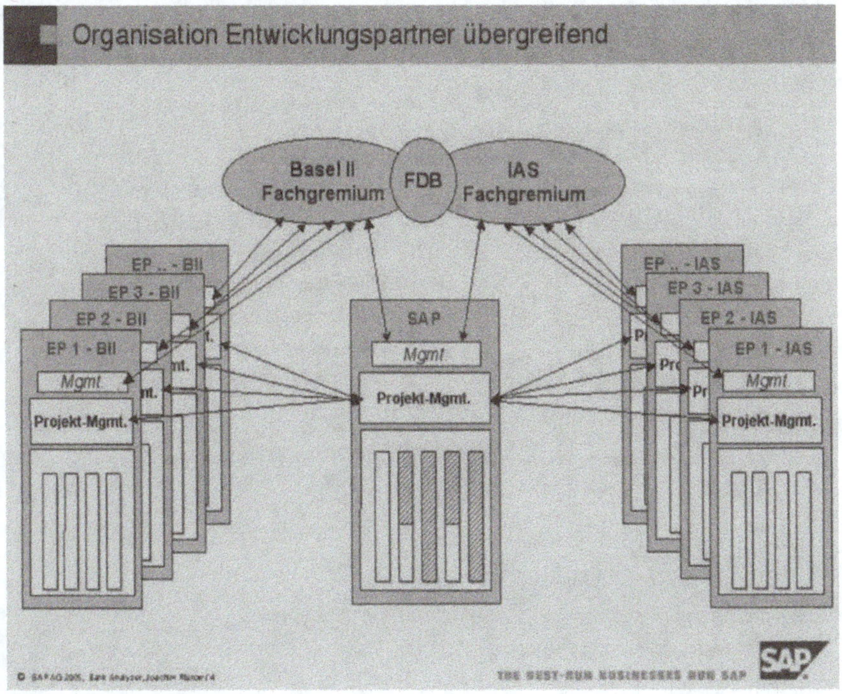

Change Request Verfahren (CR Verfahren)

Bei den beiden Lösungen musste ein ausgefeiltes CR-Verfahren etabliert werden, da bei beiden Lösungen regulatorische Anforderungen während der Softwareentwicklung noch im Fluss waren, d. h. ein klassisches „moving target" gemanagt werden musste.
- IAS/IFRS
  Das IAS Board nahm Definitionsveränderungen während der Projektlaufzeit vor.
- Basel II
  Die offiziellen Basel II Papiere lagen erst im Entwurf vor und Änderungen waren vorprogrammiert.
  Weiterhin wurden die Gültigkeitszeitpunkte um ein Jahr verschoben.

Diese Konstellation ist eigentlich keine Ausgangssituation für ein Software-Projekt dieser Größenordnung. Hierbei werden zwei Lösungen auf derselben

Abbildung 3: Externe Organisation

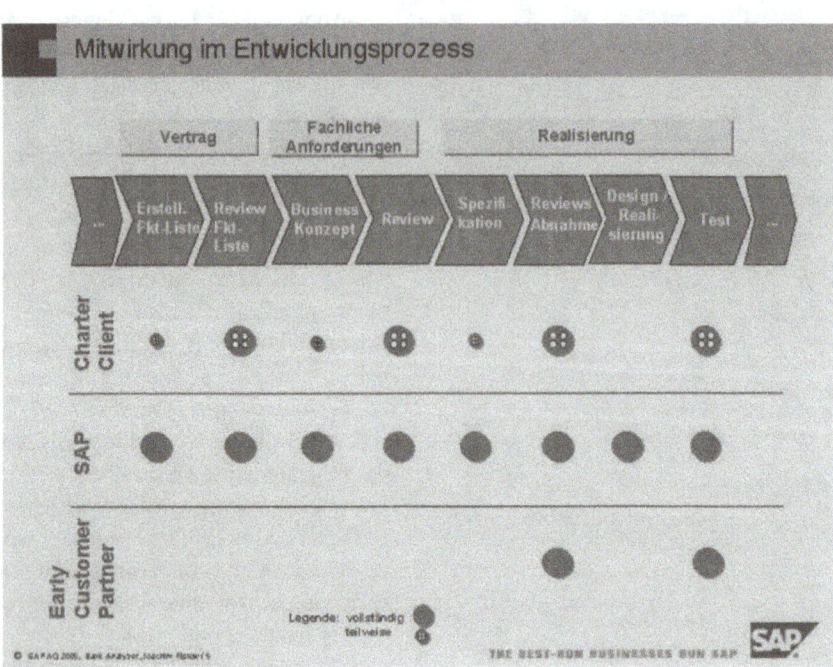

Abbildung 4: Entwicklungsprozess

Plattform gleichzeitig entwickelt und dies muss in eine gemeinsame Releasetaktung eingepasst werden. Das Veränderungspotenzial ist enorm und somit besteht auch die Gefahr eines möglichen Redesigns, d. h. bei einem solchen Projekt können enorme Beträge zusätzlich zu investieren sein.

■ Entwicklungsprozess

Über die unterschiedlichen Phasen im Entwicklungsprozess waren die Partner in unterschiedlichem Maße gefragt. Zu unterscheiden sind hier die Charter Clients und Early Customer in unterschiedlichen Rollen:

- Charter Client
  Diese Banken waren frühzeitig eingebunden, haben meist schon Funktionslisten mitdefiniert und sind eng bei der Abstimmung der Anforderungen für das SAP Standardprodukt involviert.
- Early Customer
  Diese Banken sind nachträglich hinzugestoßen und nehmen nach der Anforderungsdefinition teil. Hierdurch wird eine weitere Verifizierung der Anforderungen an die SAP Standardsoftware vorgenommen, um auf Anhieb den notwendigen Standard zu treffen. Der schematische Entwicklungsprozess und der Grad der Beteiligung beider Entwicklungspartner-Rollen ist der Abbildung 4 zu entnehmen.

In der folgenden Tabelle sind die Hauptaufgaben je nach Rolle des Entwicklungspartners beschrieben:

Charter Client	Early Customer
• Einflussnahme auf die Funktionalität	• Kommentierung der Spezifikationen
• Review der Spezifikationen	• Zusammenarbeit mit SAP-Entwicklung
• Zusammenarbeit mit SAP-Entwicklung	• Teilnahme am CFT
• Teilnahme am CFT	• Frühzeitige Informationen über die Anwendung durch Workshops mit SAP
• Frühzeitige Informationen über die Anwendung durch Workshops mit SAP	• Teilnahme an Projektlenkungsausschüssen
• Teilnahme an Projektlenkungsausschüssen	• Abnahme- und Integrationstest vor Ort
• Abnahme- und Integrationstest vor Ort	

Geschätzter Aufwand ist ein Team von 3 – 6 Mitarbeitern über den Projektzeitraum hinweg. Insbesondere für:

• Definition und interne Abstimmung der fachlichen Anforderungen	• Projektsitzungen und Steering Committees
• Mitarbeit in Workshops mit SAP incl. Vor- und Nachbereitung	• Tests
• Projektsitzungen und Steering Committees	
• Tests	

■ Development Live Cycle

Die Software des Bank Analyzers wurde über mehrere Releases geliefert und somit der Entwicklungsprozess mehrfach durchlaufen. Bei den beiden Lösungen hatten die einzelnen Releases unterschiedliche Schwerpunkte. Die Abbildung 5 gibt dies graphisch wieder.

■ Ausbildung von Beratern

Wie bereits erwähnt, bestand eine große Herausforderung nicht nur darin, zeitgerecht eine Software zu erstellen, die regulatorischen Anforderungen gerecht wird, sondern diese auch fast parallel in den jeweiligen Kundenumfeldern einzuführen. Die Entwicklungspartner starteten parallel Einführungsprojekte, um die dann gelieferte Software in der technischen Umgebung des jeweiligen Hauses einführen zu können. D. h. es müssen bankspezifische Konzepte erstellt werden und somit das Customizing der SAP Software vorgenommen werden.

Kritischer Erfolgsfaktor ist hier die Parallelisierung des Know-how-Aufbaues bei der Entwicklung und auch im Einführungsprojekt zu sichern. Hierzu war es erforderlich, dass gleichzeitig zur Entwicklung auch Berater ausgebildet wurden, um das Wissen den Einfüh-

BRANCHENSPEZIFISCHE ANSÄTZE

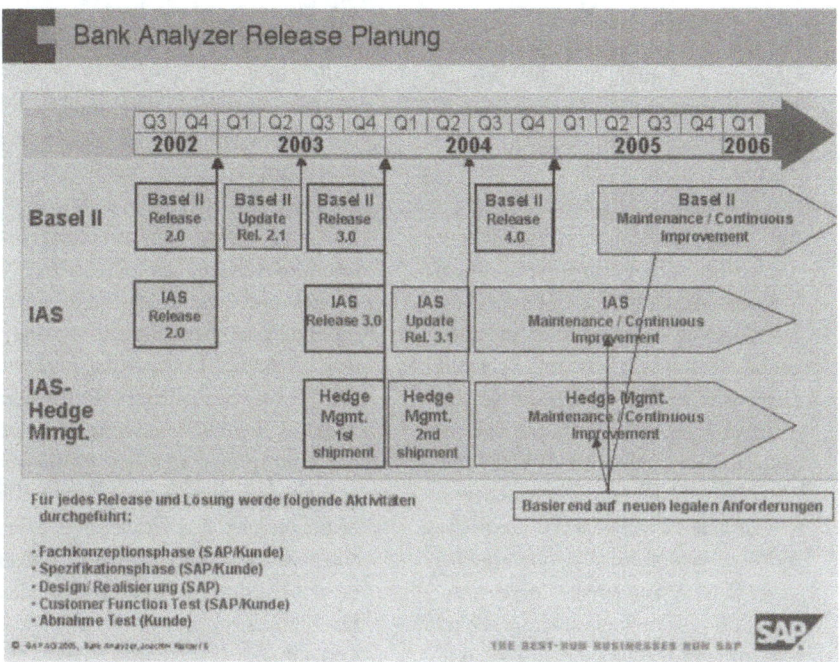

Abbildung 5: Releaseplanung

rungsprojekten zur Verfügung zu stellen. Die bei SAP so ausgebildeten Berater dienten als Multiplikatoren in ihren jeweiligen Beratungsunternehmen.

Im Rahmen der Ausbildung setzt SAP das Hilfsmittel den Ramp-Up Knowledge Tranfer (RKT) ein. Im RKT liegen sowohl betriebswirtschaftliche Informationen als auch technische Customizing „Anleitungen".

In diesem Zusammenhang wurde ein Trainingsprogramm pro Release miterarbeitet, das beispielsweise für Release 2.0 mehr als 500 Teilnehmer hatte.

People Management (Linie / Programm)

Das Bank Analyzer Programm wurde als reine Projektorganisation aufgesetzt im Gegensatz zur disziplinarischen Führung der Linienorganisation. Somit wurde eine typische Matrixorganisation gelebt, die für die meisten der Projektteammitglieder neue Erfahrungen mit sich brachte.

Die Entwicklung wurde an zwei Standorten durchgeführt in Walldorf und in Südfrankreich. D. h. es mussten auch unterschiedliche Mentalitäten behandelt werden. Nach ersten Anlaufschwierigkeiten konnte diese räumliche Trennung mit Hilfe der heutigen Technologie behoben werden.

In einem solchen Programm mit ca. 120 internen SAP- und ca. 80 externen Kollegen sind Motivation und Ausrichtung auf das gemeinsame Ziel äußerst wichtig. Dies galt es auch entsprechend bei den Führungskräften der Linienorganisation zu verankern, um eine konsequente Zielausrichtung für das hoch risikoreiche Programm gewährleisten zu können.

Controlling

Ein stringentes Projektcontrolling ist natürlich in diesem Umfeld von herausragender Bedeutung. Es muss ein starkes Baselining zugrunde gelegt werden, das sich in erster Linie am Leistungsumfang der Ausgangssituation orientiert und die CRs additionell berücksichtigt.

Aufgrund des oben erwähnten Business Case existierte eine komplette Budgetabschätzung für die gesamte Programmlaufzeit. Diese erste Abschätzung enthielt noch nicht die Granularität, die zur Programmsteuerung bzw. -controlling notwendig ist. Aufgrund des moving target musste ein rollierendes Verfahren aufgesetzt werden. Der Gesamtprojektplan wurde zur Aufwandsabschätzung erstellt. Hierbei sind hauptsächlich die Meilensteine als auch die Hauptaufgaben enthalten. Für die jeweils nächste Phase des Development Live Cylce des anstehenden Releases wurde die Detailplanung in die Teilprojekte gegeben. Auf Taskebene herunter gebrochen wurden die einzelnen Projektpläne der Teilprojekte toolseitig u. a. in MS-Project erfasst und zu Übersichten zusammengeführt. Ein gemeinsamer Ressourcenpool diente zur Unterstützung. Die Teilprojekte führten ihre Teilpläne autark durch, d. h. die Detailplanung wurde nach Projektvorgaben vorgenommen. Somit konnte die Fortschrittsschreibung auch einheitlich anhand dieser Detailplanungen festgehalten werden. Durch die durchdachten Aufteilungen der einzelnen Planungsdaten konnte eine Übersicht für den Teilprojektleiter als auch für das gesamte Programm erhalten werden, um eventuellen Steuerungsmaßnahmen schnell einleiten zu können. Durch die Strukturierung der Planung auf Teilprojekte und die Gestaltungsvorgaben der einzelnen MS-Project-Dateien konnten verschiedene Sichtweisen leicht erzeugt und zusammengeführt werden.

Den Abgleich der Teilprojekte zur gemeinsamen Lieferung wurde u. a. über eine durchgängige Jour Fixe Struktur sichergestellt. Es konnte auf wöchentlicher Basis der aktuelle Stand über das Gesamtprojekt nachvollzogen werden.

Für die externen Kollegen wurde eigens ein Erfassungs- und Abrechnungstool erstellt und in den Planungs- und Fortschrittsprozess integriert. Dieses Tool erleichterte nicht nur die Zeiterfassung der externen Kollegen, sondern unterstützt Freigabeprozesse und half so erhebliche Rationalisierungseffekt in der Rechnungsprüfung zu erreichen.

Die gesamten Projekt-Kosten werden im internen SAP System geführt. Hierbei sind mehr als 50 interne Aufträge angelegt worden. Diese interne Auftragsstruktur berücksichtigt u. a. die Anforderungen für die SAP Bilanzierung nach US-GAAP. Bei derartigen Entwicklungsprojekten kann der Umsatz entsprechend des Fortschritts der jeweiligen Lösung gerechnet werden.

Um Fortschritt messen zu können, wird eine Baseline benötigt, die auf einer aktuellen Budgetplanung basiert. Die Aufwandschätzungen für Software sind hauptsächlich aufgrund gesammelter Erfahrung und Expertenschätzung möglich. In diesem Programm ist die jeweils gewonnene Erfahrung für Plan- und erhaltener Istwerte in die Budgetplanung eingeflossen. Hierbei konnte das oben beschriebene moving target risikoseitig abgeschätzt werden. Die iterative Vorgehensweise wurde quartalsweise durchgeführt. Bei Plan-Ist-Abgleich und den daraus resultierenden Forecasts wurde die Earned Value Technik angewendet.

Zusätzlich wurde das Risikomanagement konsequent eingesetzt. Somit konnten erkannte Risiken gelindert oder sogar ganz vermieden werden. Der erbrachte Aufwand für das Risikomanagement hat sich gelohnt. Es wurde so eine detaillierte und stets aktuelle Aussage zum Stand des Gesamtvorhabens gegenüber dem zentralen Controlling ermöglicht.

Aus heutiger Sicht kann man feststellen, dass die Kostenschätzung des Business Cases leicht unterschritten wurde, obwohl einige extreme Veränderungen im Rahmen des Programms berücksichtigt werden mussten. Gerade vor dem Hintergrund, dass statistisch Softwareprojekte durchschnittlich mit 20 % Budgeterhöhung aus dem Ruder laufen, ist dieses Ergebnis für ein Programm dieser Komplexität und Größenordnung ein durchschlagender Erfolg. Der für einen Business Case notwendigen Risikozuschlag blieb dabei noch unangetastet.

■ Lessons learnt

Neben einer handwerklich sauberen Projektmanagementleistung tragen viele Faktoren zum Gelingen eines Vorhabens bei. Die wesentlichen Erkenntnisse sind nachfolgend genannt:

- Bei derartigen Großprojekten tragen alle Entwicklungsbeteiligten eine hohe Verantwortung, ihre Anforderungen zeitgerecht zu erfüllen.
- Die zugeordneten Mitarbeiter aller Parteien müssen in entsprechendem Umfang und auch Qualifikation zur Verfügung stehen. Abweichungen müssen zeitnah erkannt und sofort justiert werden.
- Die vertraglich festgelegte Planung ist über die gesamte Laufzeit wochengenau und für alle Parteien verbindlich.
- Konsensorientierte Entwicklung in diesem Ausmaß bedeutet auch die zwingende Notwendigkeit zur perfekten Organisation: Im letzten Softwaretest nahmen 11 Banken und 200 Kundentester in unterschiedlichem Maße teil.
- Basel II als Moving target bedeutet einen hohen Koordinations- und Konsolidierungsaufwand im Change Request (CR) Management: derzeit sind fast 300 CRs fachlich eingeschätzt und in den Softwareerstellungszyklus integriert.
- Die überlappende Softwareentwicklung zum Stand der Einführungsprojekte (jeweils „altes Release") stellt vor allem Kunden vor personelle Herausforderungen und verlangt ein gut organisiertes Konfigurationsmanagement.
- Interkulturelle Unterschiede in Vorgehensweise (und auch Zeitzonen) müssen bei Entwicklung und Kundenbetreuung berücksichtigt werden.
- Die Konzeption, Spezifikation, Software, Trainings … müssen parallel zur überlappenden Entwicklung zeitnah und die wichtige bankfachliche Terminologie berücksichtigend übersetzt werden.
- Das Lösungs-Know-how schnell und überlappend zur Weiterentwicklung an Einführungspartner und Kunden zu portieren stellt eine besondere Herausforderung dar (Schulungsaufbau, „Berater-Schneeball-Effekt" …).
- Ein exakter, zeitnaher und permanenter Plan-Ist-Vergleich mit eventueller Budgetanpassungen ist Voraussetzung zur Steuerung eines solchen Programms, d. h. ein gutes und ausgefeiltes internes Projektcontrolling ist Basis für einen kommerziellen Erfolg.

Die in diesem Bank Analyzer Programm gewonnen Erfahrungen sind innerhalb SAP verankert worden, indem

- die Vorgehensweise bzw. Templates anderen Projekten zur Verfügung gestellt wurden
- in der Entwicklungsabteilung des Bereiches Financial Services eine Workshopreihe für Projektmanager aufgesetzt wurde, um Erfahrungen bzw. Informationen aus dem Programm weiterzugeben
- die gesammelten Erkenntnisse für die im letzten Jahr neu eingeführte Methodik „Product Innovation Livecycle (PIL)" für die gesamte Releaseentwicklung bei SAP eingebracht wurden
- die Erfahrungen aus dem Projektrisikomanagement in die globale Risk Management Entwicklung der SAP einflossen, um ein zentrales Operational Risk Management (ORM) u. a. für Bilanzierungszwecke für SAP zu unterstützen.

■ Ausblick

Nachdem alle Lieferungen und Abnahmen in dem Bank Analyzer Programm erfolgt sind, befindet sich die Software in der Pflege- und Wartungsphase. Derzeit ist der Bank Analyzer knapp 40-mal in vier Kontinenten verkauft worden und kann bereits mehrere erfolgreiche – auch internationale – Produktivsetzungen vorweisen.

BRANCHENSPEZIFISCHE ANSÄTZE

Wie unterstützt die IT eines Systemhauses die Unternehmensstrategie?

Eine Fallstudie zum operativen IT-Controlling

Jakob Boos/Thorsten Spitta/Patrick Wunsch

Der Beitrag stellt allgemein dar, was für Unternehmen Systemhäuser sind, um daraus abzuleiten, wie deren interner IT-Bereich positioniert sein und das Tagesgeschäft betrieben werden sollte. Aus den Aufgaben der internen IT-Dienste heraus wird ein Controlling-Konzept skizziert. Das Konzept wird seit rund fünf Jahren von einem der erfolgreichsten Systemhäuser Deutschlands praktiziert und ständig verbessert. Dies wird an Beispielen gezeigt.

- Systemhäuser sind besonders personalintensive Unternehmen. Da die Arbeitsfähigkeit der Mitarbeiter maßgeblich von der IT-Infrastruktur abhängt, bekommt das operative IT-Controlling im Rahmen einer IT-Strategie besonderes Gewicht.
- Systemhäuser können ihre IT-Landschaft nur sehr begrenzt homogenisieren, da sie sich auf die Systeme ihrer Kunden einstellen müssen. Umso wichtiger ist ein durchgängiges Basisnetz mit offenen, aber sicheren Einwahlmöglichkeiten. Dessen Verfügbarkeit ist besonders zu überwachen.
- ITIL *(Information Technology Infrastructure Library)* ist eine nützliche Ideensammlung, aber nicht mehr. Vor allem ist es kein „Rezept".
- Rückgrat eines leistungsfähigen IT-Controlling ist ein gut ausgebautes, effizientes Berichtswesen mit regelmäßigem, aktuellem Reporting und Längsschnittanalysen. Es basiert auf Schnittstellen zum Rechnungswesen und einer IT-internen Basis der Leistungsdaten.
- Reine Kosten-Sparprogramme für die IT sind gefährlich, da sie wichtige Leistungen „abwürgen" können.
- Nicht für alle *Service Level Agreements* lassen sich auf wirtschaftliche Weise Leistungsdaten erfassen. Dies zwingt zu pragmatischen Kompromissen.

Einführung

Eine IT-Strategie soll die Unternehmensstrategie unterstützen. Diese Forderung ist seit geraumer Zeit eine Binsenweisheit der Unternehmensführung und des Informationsmanagements (vgl. Martiny/Klotz 1989). Nur selten lässt sich aber konkret festmachen, ob und wie dies geschieht. Ganz besonders spärlich werden die Quellen, wenn man danach fragt, wie denn Software-/Systemhäuser dies tun.

Wir können die uralte Metapher hier guten Gewissens einmal benutzen: *Trägt der Schuster die schlechtesten Schuhe?*

Wir wissen ziemlich sicher, dass es keine empirischen Befunde zu dieser Frage gibt, wenn wir *Schuhe* durch *IT* und *Schuster* durch Systemhaus ersetzen. Aus unserer Kenntnis der Branche mit rund 20.000 Unternehmen in Deutschland, davon aber nur rund 100 mit mehr als 20 Mio € Jahresumsatz (vgl. Statistisches Bundesamt 1999), wird die Methapher sogar bei einigen größeren Unternehmen zutreffen. Wir können aber in einer Fallstudie aus

Dipl. Wirtsch. Inf. Jakob Boos
sd&m AG,
Mülheimer Str. 9a,
53840 Troisdorf
Chefberater IT-Management
jakob.boos@sdm.de

Prof. Dr.-Ing. Thorsten Spitta
Universität Bielefeld,
Fakultät für Wirtschaftswissenschaften,
33501 Bielefeld
thSpitta@wiwi.uni-bielefeld.de

einem Unternehmen berichten, bei dem das *nicht* der Fall ist. Eine schriftlich formulierte und im Unternehmen kommunizierte Informatik-Strategie ist sicher einer der Erfolgsfaktoren des seit seiner Gründung vor 20 Jahren stetig gewachsenen, sehr ertragreichen Unternehmens. Wichtigste Säule der Umsetzung dieser Strategie ist ein in das Vorstands-Berichtswesen integriertes Controlling-Konzept der innerbetrieblichen IT. Damit fördert das Unternehmen seine wichtigste Ressource, die Produktivität der Mitarbeiter. Das Controlling-Konzept wiederum ist vor allem darauf ausgelegt, das operative Geschehen transparent zu machen, weil man u. E. nur so kontrollieren kann, ob Strategien zielgerichtet verfolgt werden oder „versanden" (vgl. Minzberg 1988).

Die Fallstudie kann verglichen werden mit einem ähnlichen Bericht über dasselbe Unternehmen vor drei Jahren (vgl. Spitta/Schmidpeter 2002), sodass interessierte Leser auch die Weiterentwicklung seit dieser Zeit abschätzen können.

Wir klären zunächst die Begriffe Softwarehaus/Systemhaus im Kontext des Unternehmenstyps *Dienstleister* allgemein, arbeiten dann die Spezifika solcher Unternehmen heraus und berichten danach über Inhalt und Handhabung der IT-Strategie als Fallstudie.

Der Unternehmenstyp Systemhaus

Historisch sprach man in den 70er- bis 90er-Jahren von *Softwarehaus*, wenn man ein Unternehmen bezeichnete, das als Dienstleister Software für andere Unternehmen entwickelte, seltener danach auch pflegte. Mit einer gewissen Berechtigung konnte man damals noch davon sprechen, dass Software in Einzelfertigung *produziert* wurde. Mit „Software" war *Anwendungssoftware* gemeint.

Dies hat sich längst geändert. Ohne profunde Hardware-, Netz- und Systemsoftwarekenntnisse des Dienstleisters werden heute selbst kleine Projekte misslingen. Für den Unternehmenstyp hat sich der neutralere Begriff *Systemhaus* durchgesetzt. Eigentlich müsste der Begriff exakter *IT-Systemhaus* heißen, was aber zu schwerfällig erscheint. Wir kommunizieren ohnehin kontextbezogen, sodass keine Zweifel aufkommen, welche Art von System gemeint ist.

Zunächst muss geklärt werden, was die Spezifika von Systemhäusern gegenüber anderen Unternehmenstypen sind und welche Typen von Systemhäusern es wiederum gibt.

Dienstleister

In der betriebswirtschaftlichen Literatur zum Dienstleistungsmanagement konnten wir keine Quelle finden, die System- oder Softwarehäuser bzw. IT-Dienstleister behandelt. Der Unternehmenstyp gehört jedoch unstrittig zu den Dienstleistungsunternehmen, denen als wesentliche Merkmale zugeschrieben werden (vgl. Engelhardt et al. 1993):

- Das Produkt ist *überwiegend immateriell* und bildet häufig zusammen mit Sachgütern ein *Leistungsbündel*. Dies gilt etwa im Falle einer Beratung (Prozess) mit abschließendem Bericht (wahrnehmbares Ergebnis).
- An der Leistungserbringung ist *immer* (vgl. Corsten 1997) ein *externer Faktor* beteiligt, meist der Kunde bzw. der Leistungsnehmer. Ohne den sog. externen Faktor kann die Leistung nicht erbracht werden.

Ein besonders wichtiges Merkmal von Systemhäusern ist die hohe Personalintensität, die wir an der Fallstudie auch belegen können (vgl. eine Typologie von Fischer (2000)). Der Kapitalanteil in Form von Anlagevermögen ist dem gegenüber gering. Wenn man sich als Beispiel das mit Abstand größte deutsche Systemhaus ansieht, die SAP AG, ist die Personalintensität eines Dienstleistungsunternehmens bereits auf hoch aggregierter Ebene erkennbar: Der Geschäftsbericht 2003 weist 3 % des Umsatzes als *Software* aus (Sachleistung) gegenüber 68 % immaterieller Dienstleistung (36 % *Maintenance*, 28 % *Consulting*, 4 % *Training*) (vgl. SAP AG 2005), die durch Personal erbracht werden. Bei einem Systemhaus ohne Produkte, wie wir es hier als Fallstudie darstellen, ist der Personalanteil noch wesentlich höher. Ein solches Systemhaus vertreibt Dienstleistungen in Form von organisatorischer und technischer Beratung, Systemkonzepten, Softwareerstellung, Softwarewartung und Implementierung von Standardsoftware.

Kategorien von Systemhäusern

Wir sehen fünf Arten von Systemhäusern:
1. Hersteller von Standardsoftware
2. Beratungshäuser für bestimmte Standardsoftware
3. Anbieter individuell entwickelter Anwendungssysteme
4. Kleine Anbieter von Beratungs- und Implementierungsleistungen
5. Service-Provider, bzw. -Rechenzentren

Die Kategorie 5 klammern wir hier aus, weil *Projekte* nicht ihr Kerngeschäft sind, sondern das Bereitstellen von Infrastrukturen für den Routinebetrieb des Kunden. Hier sind die Ähnlichkeiten mit einem Telekommunikations-Unternehmen größer als mit Systemhäusern. Es gelang auch nicht zu ermitteln, wo diese Provider in der amtlichen Statistik eingruppiert sind.

- Zur *Kategorie* 1 zählt als prominentestes Beispiel die SAP AG, die nach unserer Einschätzung als einziges deutsches Systemhaus internationale Bedeutung erlangt hat. In dieser Kategorie waren schon immer auch national nur wenige

Dr. Patrick Wunsch
sd&m AG,
Carl-Wery-Straße 42,
81739 München
CIO sd&m AG
patrick.wunsch@sdm.de

Unternehmen angesiedelt, da man von *Standardsoftware* nur sprechen sollte, wenn der Hersteller etwa 20 Installationen über rund 10 Jahre nachweisen kann. Ein Produkt muss über mindestens eine Generation der Basistechnik (Hardware, Betriebssystem) seine Releasefähigkeit bewiesen haben. In dieser Kategorie findet ggw. eine starke Konzentration auf größere Unternehmen statt, weil die Entwicklungskosten qualitativ guter Software außerordentlich hoch sind.

- *Kategorie 2* umfasst alle Größenordnungen, von z. B. der IDS Scheer AG mit über 1000 Mitarbeitern bis zu sehr vielen Einzelberatern. Auf Grund des hohen wertmäßigen Markanteils des Produktes dominiert das Geschäft „SAP-Beratung". Auszumachen sind aber auch viele kleine Unternehmen, die als zertifizierte Vertriebspartner für einfachere Produkte tätig sind, etwa für das inzwischen von Microsoft aufgekaufte Produkt *Navision*, einem ERP-System für kleine Unternehmen und Filialen.
- Auch *Kategorie 3* streut in der Größenordnung der Unternehmen stark. Sehr vielen Klein- und Kleinstunternehmen stehen wenige große gegenüber. Nur diese können große Entwicklungsprojekte für komplexe Systeme mit hohen Qualitätsanforderungen an die Implementierung und später die Wartungsverantwortung übernehmen. Eines der Top-Five Unternehmen im deutschen Markt für IT-Beratung und Individual-Softwareentwicklung[1] ist die sd&m AG in München, die heute zu 100 % der Capgemini Gruppe gehört. Sie liegt unserer Fallstudie zu Grunde.
- *Kategorie 4* ist fast unüberschaubar. Hier gibt es sehr viele Kleinstunternehmen, die oft in einer engen Symbiose mit jeweils nur wenigen mittelständischen Kunden leben. Diese Konstellation hat sich seit einer empirischen Studie Ende der 90er-Jahre nicht geändert (vgl. Spitta et al. 1999), in der viele 1:1-Beziehungen Kunde – Lieferant mit hohen personellen Abhängigkeiten aufgedeckt wurden. Bei diesem Unternehmenstyp dürften Controlling-Konzepte ins Leere greifen, weshalb wir uns auf die ersten drei Klassen beschränken.

Das charakteristische Systemhaus berät, entwickelt und implementiert. Es erbringt den überwiegenden Teil seiner Leistungen in *Projekten*. Bei Kategorie 1 kommt noch der Prozess der Produktentwicklung hinzu, der aber ebenfalls in Projektform abläuft. In Softwareprojekten und bei Beratungen sind als externer Faktor Mitarbeiter des Kunden beteiligt, weil mit Software viele organisatorische Regelungen kodifiziert werden. Um Akzeptanz zu erreichen und das Fachwissen aus der Organisation des Auftraggebers offen zu legen, muss bereits der Erstellungsprozess des Produktes für den Kunden transparent sein. Störungen während des Prozesses können negative Auswirkungen auf das Image des Lieferanten haben. Daraus ergeben sich Anforderungen auch an die IT-Unterstützung der Mitarbeiter des Systemhauses und damit für das IT-Controlling. Die Projektdurchführung ist der alles andere dominierende Geschäftsprozess, den es zu unterstützen gilt.

Technologische Rahmenbedingungen

Systemhäuser arbeiten für Kunden mit sehr verschiedenen IT-Infrastrukturen. Sie können sich nicht wie ein Anwender auf eine möglichst homogene Systemplattform und wenige Softwarewerkzeuge konzentrieren. Selbst ein größerer SAP-Dienstleister muss in der Lage sein, für Kunden mit den verschiedensten Betriebssystemen auf unterschiedlichster Hardware zu arbeiten. Da das Systemhaus nicht in jede Systemplattform investieren kann oder will, wird häufig auf Rechnern des Kunden entwickelt oder es werden für die Dauer von Projekten Netzwerke über die Unternehmensgrenzen hinweg betrieben. Die Verzahnung mit dem externen Faktor dehnt sich vom Personal auf die Infrastruktur aus. Dies stellt hohe Anforderungen an den IT-Bereich bezüglich Sicherheit und Verfügbarkeit.

Personelle Aspekte

Das wichtigste Spezifikum von Systemhäusern ist die schon erwähnte hohe Personal- und die geringe Kapitalintensität. Mindestens 70 % der Gesamtkosten in den Kategorien 2 und 3 sind Personalkosten, die Abschreibungen für Anlagen liegen unter 10 %. Dies kann man durch eine Kostenartenbetrachtung auf der höchsten Aggregationsstufe des Rechnungswesens überprüfen. Abbildung 3 in Abschnitt 5 (Fallstudie) demonstriert dies.

Der oben schon erwähnte Geschäftsprozess *Projektdurchführung* ist zu einem hohen Anteil kommunikativ und keinesfalls nur technisch geprägt. Dies zeigen Befunde aus der Softwaretechnik und der Betriebswirtschaftslehre. Boehm hat in seinen noch heute grundlegenden Untersuchungen über die Arbeitszeitverteilung von Softwareentwicklern festgestellt, dass in Projekten über 30 % der Arbeitszeit für Kommunikation verbraucht werden (vgl. Boehm 1981, S. 341). Dies wird durch neuere Untersuchungen bestätigt, bei denen der Kommunikationsanteil sogar auf über 40 % gestiegen ist (vgl. Welz/Ortmann 1992 und Hesse/Frese 1994). Da wir es heute mit verteilten Anwendungen und Teams zu tun haben, ist anzunehmen, dass sich der hohe Anteil von 40 % tendenziell nicht verringern wird.

Ein anderer Befund von Lechler, der 448 Projekte in Deutschland hinsichtlich ihrer Erfolgsfaktoren untersucht hat, zeigt ebenfalls das Gewicht der Kommunikation in der Projektarbeit. Erfolgsfaktoren sind *nicht* die bürokratischen Planungselemente (Richtlinien, Formalien etc.), sondern die menschlich-kommunikativen Faktoren: *Team*, *Kommunikation* und *Top-Management* (vgl. Gemünden/Lechler 1998). Wenn also Projekte erfolgreich sein sollen, muss es für die Standort übergreifende Kommunikation (Mail, Telefon, gemeinsame Dokumentenablage, Videokonferenz u. ä.) eine gute und zuverlässige technische Unterstützung geben.

Weiterhin sind die Befunde von Boehm zu den Produktivitätsfaktoren bei der Softwareentwicklung bis heute nicht widerlegt. Danach wird die Produktivität überwiegend von der Qualifikation der Mitarbeiter bestimmt, weit vor einer Unterstützung durch technische Hilfsmittel (vgl. Böhm 1987). Berthel und Becker zählen neben dem *Kennen* und

Können das Wollen (Motivation) zum Potenzial der Qualifikation von Personal hinzu (Berthel/Becker 2003). Es kann angenommen werden, dass Störungen der IT-Infrastruktur besonders Mitarbeiter demotivieren können, die bereits durch häufige Ortswechsel und Reisezeiten hoch belastet sind. Hinzu kommt, dass zumindest in den großen Systemhäusern Telearbeit längst Realität ist. Von SAP und sd&m wissen wir, dass die Mitarbeiter üblicher Weise einen sog. *Home-Office-Day* in der Woche nutzen, sofern es die augenblickliche Projektarbeit erlaubt. Ziel der IT-Dienste eines Systemhauses sollte es sein, dass jeder Mitarbeiter überall einen vollwertigen Arbeitsplatz betreiben kann, wo er eine Internet-Verbindung vorfindet, also auch zu Hause.

Der Schwerpunkt interner IT-Dienste eines Systemhauses muss die Unterstützung der Produktivität der Mitarbeiter und der Projekte sein. Sie hat in einem personalintensiven Unternehmenstyp besonderes Gewicht. *Effektiv* i. S. des IT-Controllings ist eine störungsfrei arbeitende IT-Infrastruktur, die Kommunikation gut unterstützt, Reisezeiten verringern hilft und die Einbindung des externen Faktors ohne Sicherheitslücken fördert. Jeder Ausfall oder jede fehlende IT-Unterstützung verursachen Opportunitätskosten, gefährden Projekttermine und beschädigen das Image gegenüber dem Kunden.

Die internen IT-Dienste von Systemhäusern

Die Funktion Informationstechnik eines Unternehmens hat generell folgende Aufgaben, die seit einigen Jahren durch die Administration der britischen Regierung im Rahmenwerk ITIL *(information technology infrastructure library)* systematisiert sind (vgl. Office of Government Communication 2005):

1. Fokussierung auf das Geschäft *(business perspective)*
2. Planung und Lieferung von Diensten *(service delivery)*
3. Unterstützung und Betrieb der Dienste *(service support)*
4. Sicherheits-Management *(security management)*
5. Management der ICT-Infrastruktur *(information and telecommunication technology infrastructure management)*
6. Management der Anwendungen *(application management)*
7. Implementierungsplanung *(planning to implement service management)*.

Dies gilt natürlich auch für Systemhäuser. Die Punkte 3 bis 5 bilden das Tagesgeschäft, das bei einem personalintensiven Unternehmen mit der spezifischen Infrastruktur eines Systemhauses eine besondere Rolle spielt. Für unser Thema ist zu fragen, welche Dienste im Systemhaus ein besonderes Gewicht haben und wie *Dienste* und *Anwendungen* abzugrenzen sind.

Bevor wir dies diskutieren, sind einige prinzipielle Anmerkungen zu ITIL angebracht. Nachdem wir bereits 2002 das im deutschsprachigen Raum unbekannte Rahmenwerk ITIL zur Sprache gebracht hatten (vgl. Spitta/Schmidpeter 2002), brach vor etwa einem Jahr eine wahre „ITIL-Welle" los (vgl. z. B. Köhler 2005). Wir haben diese mit dem zitierten Artikel sicher *nicht* ausgelöst, es scheint vielmehr so zu sein, dass einer Zeit der völligen Vernachlässigung eines wichtigen Themas ganz plötzlich der Hype folgt. So weisen Hochstein et al. zu Recht darauf hin, dass es falsch ist, ITIL als *Best Practice* einzustufen (vgl. Hochstein et al. 2004). ITIL sei lediglich *Common Practice*, weil wir keine andere Taxonomie für das IT-Servicemanagement haben. Mit ITIL könne man „keine komparativen Konkurrenzvorteile erzielen". Das Hauptproblem von ITIL aus der Sicht des Controlling ist, dass das Rahmen- und Regelwerk keine Messgrößen festlegt, die man für unternehmensübergreifende Vergleiche braucht. Also muss jedes Unternehmen sich aus der „Ideensammlung" ITIL sein eigenes Konzept entwickeln und dann umsetzen. Genau dies hat unsere Referenzfirma sd&m getan.

„*Wir führen ITIL ein*",

wäre sonst nur eine Floskel zur Beruhigung eines ansonsten ahnungslosen Top Managements.

Vor diesem Hintergrund muss bereits die Klassifikation betrachtet werden. Unter *Anwendungen* versteht man üblicherweise betriebswirtschaftliche Anwendungssysteme, die heute fast jedes Unternehmen auf Grund gesetzlicher Vorgaben oder größenbedingt benötigt. Im Systemhaus reduziert sich das auf das Rechnungswesen und die Personalabrechnung, aber schon das *Personalwesen* wird wegen der hohen und differenzierten Qualifikationsanforderungen eine *unternehmensspezifische* Anwendung sein. Hinzu kommen im Beratungshaus Wissensmanagement und Kundendatenpflege, modisch CRM *(customer relationship management)* genannt. Doch was unterscheidet die *unternehmensspezifischen* Anwendungen von *Diensten*? Natürlich ist es ein Dienst, diese bereit zu stellen. Die Abgrenzung wird relativ willkürlich sein. Deshalb scheint es uns aus Sicht des Systemmanagements sinnvoller zu sein, als *Dienste* die Bereitstellung von

- Servern und Netzwerk
- Applikationen und
- Arbeitsplätzen

vorzusehen. Die *Dienste* müssen unternehmensspezifisch, dürfen aber nicht projekt- oder kundenspezifisch sein. Fast jeder Mitarbeiter eines Systemhauses, ganz besonders aber die Leistungserbringer, hat einen Computer als wichtigstes „Produktionsmittel". Fast alle Mitarbeiter benötigen wegen ihrer flexiblen Einsatzorte ein mobiles Gerät, das aber auf vielen Ebenen in gut abgesicherter Weise in das Unternehmensnetzwerk eingebunden sein muss. Zur Unterstützung der Leistungserbringer, in der Sprache von sd&m

any time – any place

muss die Infrastruktur eines Systemhauses an 7 Tagen der Woche „rund um die Uhr" verfügbar sein. Die Nutzung wird zwar bei einem europäischen Unternehmen nachts recht gering sein, trotzdem könnte jeder Ausfall ein Projekt in einer kritischen Situation treffen, die sich auf die Beziehung zum Kunden auswirkt.

Bei 1000 produktiven Mitarbeitern laufen in einem Systemhaus gleichzeitig bis zu 250 Projekte oder Teilprojekte. Diese lassen sich nicht mehr zentral mit

Einzelfall-Regelungen koordinieren. Insofern hat die Qualität und Verfügbarkeit der Infrastruktur höchste Priorität, weil jeder zentrale Ausfall besonders hohe Opportunitätskosten verursachen kann.

Im Folgenden sind die erforderlichen Dienste aufgezählt:

Server und Netzwerk
- sicherer Zugang und Benutzerverwaltung
- File-Service
- Mail und sonstige Kommunikation
- Schnittstellen zum Einrichten kundenspezifischer Subnetze
- Softwareverteilung
- Virenschutz
- Internet-Zugang
- Datensicherung

Applikationen
- Zeiterfassung
- Reiseabrechnung
- Projekt-Controlling
- Finanzbuchhaltung
- Telefonie-Unterstützung
- Wissensbasis
- Dokumentenmanagement (i. S. v. Dateiablage)
- User Help Desk

Arbeitsplatz
- Office (sog. *Personal Productivity Tools*)
- Entwicklungs- und Produktbibliotheken
- Allgemeine Softwareentwicklungs-Werkzeuge
- Kommunikation
- Teamunterstützung
- ggf. verschiedene Betriebssysteme (Windows vs. Linux)

Zwei Aufgabenbereiche sind im ITIL-Framework nicht adäquat ausgewiesen, erscheinen uns aber für die Zukunft besonders wichtig.

- *Erprobung und Entwicklung* sollte in jedem IT-Bereich separat ausgewiesen sein. Die Arbeit muss projektmäßig organisiert, dadurch für die Führung transparent und für die Nutzer in ihren Ergebnissen verlässlich sein. Als Beispiel sei nur angeführt, dass bereits ein ungetestet verteiltes Office-Paket verheerende Auswirkungen auf die Dokumentation laufender Kundenprojekte haben kann. Blindes Vertrauen in Lieferanten ist nicht angebracht, denn es geht nicht nur um Korrektheit und Funktionalität, sondern um Nutzen für den Anwender, der kostentreibenden Lernprozessen gegenüber steht.

- *Wissensmanagement* ist in kleinen und mittleren Systemhäusern wahrscheinlich noch keine verbreitete Aufgabe, da derzeit nur große Unternehmen die hierfür erforderlichen Investitionen und den laufenden Personalaufwand aufbringen. Es ist jedoch stark anzunehmen, dass die Bedeutung dieses Aufgabenbereiches für Systemhäuser steigen wird. Da der Bedarf für ein rechnergestütztes Wissensmanagement im Systemhaus in Folge der Personalintensität höher ist als in der IT des Anwenders, muss auch die Organisation diesem Trend folgen. Deshalb kann die Betreuung und Qualitätssicherung einer Wissensbasis im IT-Bereich angesiedelt werden, wenn kein spezieller Querschnittbereich aufgebaut werden soll.

IT-Controlling im Systemhaus

Was manchmal *strategisches* oder *Portfolio-Controlling* genannt wird (vgl. Krcmar et al. 2000), ist nur schwer von allgemeiner Unternehmensführung zu unterscheiden. Deshalb übergehen wir diesen Aspekt. Wichtig für das *operative Controlling* ist, dass es daran ausgerichtet ist, die Unternehmensstrategie zu unterstützen. IT-Controlling muss transparent machen, ob und wie Aufgabe 1 nach ITIL wahrgenommen wird. Dies wird kurz allgemein skizziert, indem die Erfassbarkeit von Kosten und Leistungen diskutiert wird. Diese werden in Kap. 5 durch die Fallstudie anschaulich gemacht.

Kosten

Die Kosten lassen sich recht einfach und differenziert erheben. Dies ist weniger schwierig als beim Anwender, da dessen Durchsetzungsproblem für eine Zeiterfassung entfällt (Details s. Spitta/Becker 2000). Im Systemhaus müssen *fast alle* Mitarbeiter (bis auf Management, Sekretariate und Verwaltung) ihre Zeiten kontieren, denn sonst könnte weder fakturiert noch nachkalkuliert werden. Außerdem muss es eine Zurechenbarkeit von Ist-Arbeitsleistungen zu Planpositionen der Projekte geben. Die Zeiterfassung erlaubt weiterhin, nach Leistungsarten und deren Verfeinerungen zu differenzieren.

Daneben fallen insbesondere *Abschreibungen* (AfA) und *Leitungskosten* an. Sie werden in der Anlagen- und Debitorenbuchhaltung ermittelt und sind Routine des Rechnungswesens. Es gibt keine konzeptionellen Hindernisse, die Kosten des IT-Bereiches nach *Kostenarten* und *Leistungsarten* zu planen (Plankosten und Planleistungen). Dem entsprechend lassen sich Ist-Daten erfassen und das Ganze etwa durch Plan-Ist-Vergleiche darstellen. Mittels der Zeiterfassung der IT-Dienste erhält man auch die *Kostenstellen* der betriebsinternen Leistungsempfänger bei Ad-hoc-Unterstützung, so dass detaillierte Berichte auch kostenstellenbezogen möglich sind.

Leistungsmaße

Im Gegensatz zu den Kosten ist nicht nur die Erfassung, sondern bereits die Definition von Leistungen bei Diensten schwierig und nur mit Hilfskonstrukten möglich.

Bei Sachgütern ist die Leistung die *Anzahl* oder eine sonstige *Menge* der produzierten Einheiten. Dies scheidet bei einem intangiblen Produkt aus. Selbst die *aufgewendete Arbeitszeit* wäre eine problematische Größe, denn sie sagt ohne ergänzende Maßstäbe nichts über Intensität oder Qualität, ja nicht einmal etwas über Erfolg oder Misserfolg aus. Noch zusätzlich erschwert wird eine Leistungsmessung durch den externen Faktor. Der Leistungsnehmer ist am Zustandekommen des Ergebnisses beteiligt. Damit sind auch noch die Verantwortlichkeiten verwischt.

Wir werden in der Fallstudie trotz dieser Überlegungen überwiegend gemessene Zeiten als Leistungsmaße sehen. Der scheinbare Widerspruch wird in der Fallstudie diskutiert und begründet, warum das keine Spezifikum einer einzelnen Firma ist. Außerdem stehen Qualitätsmaße zur Beurteilung der Effektivität der erbrachten Arbeitsleistung zur Verfügung.

Nun könnte man zu jeder Serviceart einen oder mehrere Indikatoren finden, die als Hilfsgrößen für „Leistung" dienen, etwa *Anzahl gedruckte Seiten, übertragenes Datenvolumen, Arbeitszeit* (wie oben diskutiert) und viele andere. Man hätte einen hohen Datenerhebungsaufwand und dennoch kein befriedigendes Ergebnis: Qualitative Aspekte sind nicht messbar und viele Maßzahlen interessieren den Benutzer gar nicht. Diese Problematik ist im Bereich des Dienstleistungsmarketing intensiv untersucht worden (vgl. Parasuraman et al. 1988 und Stauss/Hentschel 1990). Auch im Marketing steht man vor dem Problem, die Qualität einer Dienstleistung messen zu müssen. Die Erkenntnisse lassen sich folgendermaßen zusammenfassen:

- Die Leistungsbeurteilung muss beim Kunden ansetzen. Dies ist in unserem Fall der Mitarbeiter im Systemhaus.
- Für den Kunden zählt nur eine subjektiv wahrgenommene Qualität. Diese kann erheblich von einer evtl. objektiv messbaren abweichen.
- Eine wichtige Rolle bei der Qualitätsbeurteilung eines Dienstes spielen *kritische Ereignisse*. Dies sind aus Sicht des Kunden *Störungen*. Sie prägen das Urteil des Kunden wesentlich stärker als ungestörte Abläufe. Diese werden kaum wahrgenommen (vgl. Stauss/ Hentschel 1990).

Man kann beim Systembetrieb allerdings nicht wie im Marketing Erhebungen durchführen. Daten aus einem Routinebetrieb müssen, wenn irgend möglich, automatisch erfasst werden. Ein Leistungsbericht hätte dann folgende Struktur:

1. Für alle Leistungsarten gibt es einen Störungsbericht, der zeitlich und sachlich dargestellt wird. Er sollte bis zum Einzelereignis nachvollziehbar sein. Die Ereigniserfassung sollte über ein Help Desk System oder wenigstens behelfsmäßig über E-Mail erfolgen, so dass maschinelle Uraufschreibungen der internen Kunden existieren.
2. Zu jeder Leistungsart gibt es eine oder wenige hoch verdichtete Maßzahlen, die im Rahmen eines *Service Level Agreement* (SLA) festgeschrieben sind. Die Sollwerte sind zwischen Dienstleister und internen Kunden vereinbart, die gemessenen Istwerte werden regelmäßig berichtet.

Die dazu nötigen Kennzahlen zeigt Tabelle 1.

Die für ein Systemhaus mit großem Abstand wichtigste Leistungsgröße ist die *Verfügbarkeit* der Netz-Infrastruktur und einiger ihrer Dienste. Ausfälle verursachen breit gestreute Kosten und Terminprobleme. Grundvoraussetzung für eine hohe Verfügbarkeit ist eine einfach zu handhabende Infrastruktur. Hier ist eine Homogenisierung hilfreich und erreichbar. Nicht homogenisierbar sind im Systemhaus die verschiedenen kundenspezifischen Server-Technologien, Datenbanken, Entwicklungsumgebungen usw., wohl aber das Basisnetz. Dies ist beim derzeitigen Stand der Technik TCP/IP.

Die Erfassung einer hoch aggregierten Maßzahl wie der Verfügbarkeit ist selbst in einem homogenen Netz keineswegs trivial. Abbildung 1 deutet die tatsächliche Komplexität nur sehr grob an. Diverse Netzkomponenten geben Basisdaten nach herstellerspezifischen Protokollen ab. Der Benutzer am Bildschirm einer Workstation nimmt nur die Verfügbarkeit einer Anwendung wahr. Welche Komponenten diese evtl. behindern, die Workstation, der Server oder das Netz, interessiert ihn nicht. Ein für unsere Zielgruppe käufliches Netzmanagementsystem gibt es nicht, allenfalls lassen sich „Managementinseln" mittels selbst programmierter Datenerhebung bilden. Der Markt bietet derzeit nur wenige, auf Großanwender zugeschnittene und entsprechend teure Werkzeuge, die für Systemhäuser nicht in Frage kommen.

Auch hier werden wir in der Fallstudie auf die Diskrepanz zwischen normativem Anspruch und dessen Umsetzbarkeit eingehen.

Tabelle 1: Kennzahlen für das IT-Controlling im Systemhaus

Kosten	Leistung
IT-Kosten vom Umsatz	Verfügbarkeit der Infrastruktur
IT-Kosten pro Mitarbeiter	IT-Quote (IT-Leistung [Stunden] in % der Gesamtleistung, gemessen in abrechenbaren Stunden)
IT-Kosten pro Arbeitsplatz	Verfügbarkeit in % je Dienst und Zeitraum
IT-Unterstützung pro Kostenstelle	Anzahl Fehler pro Anwendung und Zeitraum
IT-Unterstützung pro Projekt	Ø Bearbeitungszeit je Vorfall und Dienst Operative Leistungen: Weiterentwicklung/Erprobung

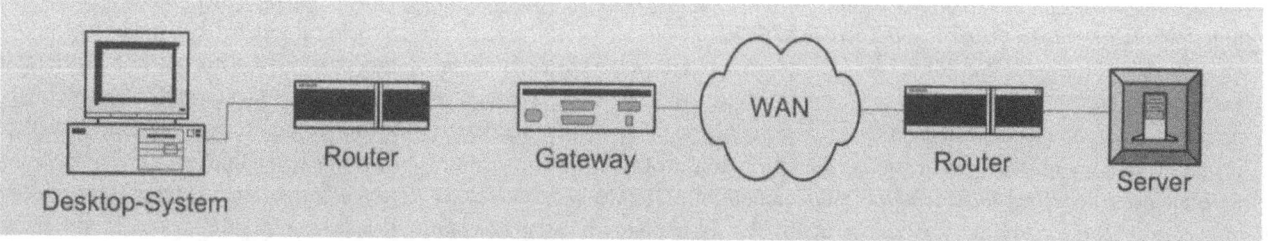

Abbildung 1: Einige die Verfügbarkeit und Antwortzeit beeinflussende Komponenten

Fazit zum Controlling der internen IT-Dienste

Von *IT-Controlling* sollte nur gesprochen werden, wenn der IT-Bereich über ein routinemäßiges Berichtswesen und über eine dem zu Grunde liegende Datenbasis verfügt. Aus ihr heraus lassen sich neben den Routineberichten zu Kosten und Leistungen auch Ad-hoc-Fragen beantworten. Die Erfassung von Leistungsdaten, wie etwa der Verfügbarkeit, wird beim derzeitigen Stand der Technik bei kleinen und mittleren Unternehmen nur über interne Projekte des IT-Bereiches realisiert werden können. Abbildung 2 gibt einen schematischen Überblick über das Berichtswesen.

Man sieht die Datenquellen für die Berichte. Soweit sie aus der Buchhaltung kommen, muss der IT-Bereich nur über eine Schnittstelle zu den Originaldaten verfügen. Mit der Personalbuchhaltung aus der Zeiterfassung und der Datenbank der Leistungsdaten müssen IT-spezifische Datenbestände erzeugt und gepflegt werden.

■ Fallstudie sd&m AG

Die sd&m AG ist ein Systemhaus, das auf die Entwicklung individueller, komplexer Softwaresysteme und entsprechende IT-Beratung fokussiert ist. Die Einführung von Standardsoftware gehört *nicht* zum Geschäftsprofil.

1982 von Ernst Denert und Ulf Maiborn gegründet, erwirtschaftete das Haus im Jahr 2004 mit durchschnittlich 925 Mitarbeitern einen Umsatz von 125 Mio. € und verfügt über viele Referenzen erfolgreich eingesetzter, anspruchsvoller Systeme. 1999 erwarb Capgemini das Unternehmen. In Deutschland sind neben der Zentrale in München sechs Niederlassungen von den internen IT-Services zu betreuen, hinzu kommt eine ausländische Niederlassung in der Schweiz und ein Nearshore Center in Wroclaw (Polen). Abbildung 3 zeigt die Entwicklung der in Abschnitt 2 diskutierten hohen Personal- und geringen Kapitalintensität des Unternehmens. Die Kostenartenverteilung ist seit 2000 in etwa konstant geblieben (vgl. Spitta/Schmidpeter 2002). Alle nicht anders gekennzeichneten Daten stammen aus dem Geschäftsjahr 2004.

Organisation und Aufgaben des IT-Service

Der IT-Service heißt bei sd&m *TI – Technische Infrastruktur* und lässt sich wie folgt skizzieren:

- TI wird zentral geleitet. Die Disziplinarverantwortung für die TI Mitarbeiter liegt beim CIO *(chief information officer)*, der an den Vorstand berichtet.
- TI betreibt unter Berücksichtigung zentraler Vorgaben eine weitgehend dezentrale Infrastruktur und ist mit einer Ausnahme in allen Niederlassungen personell präsent.
- Die Aufgaben sind:
  - Betrieb und Betreuung einer auf die Softwareentwicklungsprojekte bestmöglich angepassten Infrastruktur,
  - individuelle IT-Unterstützung für Projekte, vor allem deren kundenbedingter Heterogenität,
  - Weiterentwicklung der Infrastruktur, u. a. im Sinne der Bereitstellung neuer innovativer Infrastrukturdienste.

Das Wissensmanagement ist bei sd&m nicht bei TI angesiedelt, sondern in der strategischen Einheit *sd&m-Research*.

Eine interne Leistungsverrechnung für die Infrastruktur erfolgt nicht, sondern nur für die direkt Projekten zurechenbare Unterstützung oberhalb einer Bagatellgrenze. Dieser verrechnete Aufwand betrug knapp 8 % des Aufwandes von TI. Unter Abzug dieser 8 % verrechenbarer Leistung betrug bei 25 TI-Mitarbeitern der Personalaufwand für TI 2,4 % des gesamten Personalaufwandes[2] bzw. die IT-Kosten insgesamt 4,8 % vom Umsatz.

Das IT-Controlling-Konzept wurde in der hier vorgestellten Form 1999 konzipiert und im Jahr 2000 erstmals praktiziert. Im Geschäftsjahr 2001 wurde es auf Basis der ersten Erfahrungen überarbeitet. Ab dem Geschäftsjahr 2002 liegen vollständige und verlässliche Zahlen im Rahmen einer regelmäßigen Berichterstattung vor, die auch im aktuellen Jahr zeitnah auf Monatsbasis verfügbar sind. Nur durch zeitnahe Daten wird u. E. ein Berichts- zu einem Führungssystem.

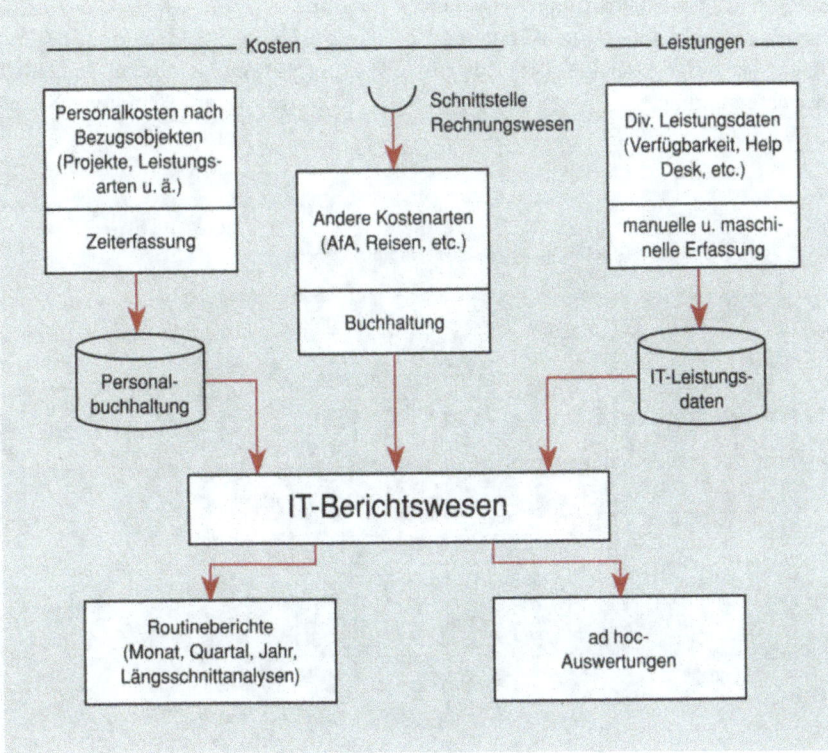

Abbildung 2: Datenquellen und Ergebnisse eines IT-Berichtswesens

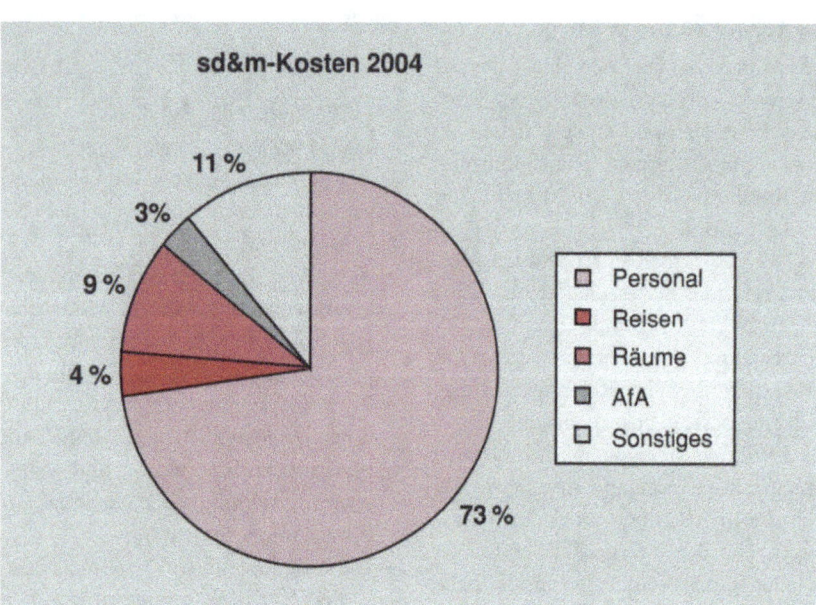

Abbildung 3: Die Kostenarten von sd&m

IT-Strategie im Rahmen der Unternehmensstrategie

Die *Ziele* von TI lassen sich am übersichtlichsten in einer Aufzählung vermitteln:

- Bestmögliche Unterstützung der Kundenorientierung des Unternehmens
- Förderung der Produktivität der Mitarbeiter im Projektgeschäft, gerade auch in örtlich verteilten Projekten und in gemischten Teams mit Kundenmitarbeitern
- Zukunftsorientierung der bereitgestellten Technik
- Kostenoptimale Bereitstellung und Betrieb der Infrastruktur
- Exzellenz in der Beherrschung der Prozesse
- Reduzierung des Betriebsaufwandes zur Freisetzung von Kapazitäten für die Weiterentwicklung der internen IT und des Projektsupports.

Daraus leiten sich *Unterziele* ab, die kurz- und mittelfristige Vorhaben bestimmen:

- Anpassung des Diensteportfolios zur Unterstützung von mobilem und verteiltem Arbeiten
- Moderate Zentralisierung von Infrastruktur und Team
- Unterproportionales Wachstum von TI
- Verbesserung der Effizienz der Betriebsabläufe
- Transparenz und Messbarkeit von Kosten und Leistung.

Berichtswesen

Kosten

Das Berichtswesen entspricht dem in Abschnitt 1 angegebenen Konzept, nicht aber den allgemeinen Gruppierungen im Einzelnen. Abbildung 4 und Abbildung 5 zeigen wichtige Aspekte der Kosten-Berichterstattung.

- Die Entwicklung der TI-Gesamtkosten (Abbildung 4) zeigt, dass bei sd&m – wie in vielen anderen IT-Unternehmen – das Thema Kostensenkung große Bedeutung hatte und dass hier spürbare Erfolge erzielt wurden.
- Ein Dienst-orientiertes Controlling hilft dabei der Fokussierung: Der Dienst Client, gezeigt in Abbildung 5, ist der größte Kostentreiber (35 % der TI-Gesamtkosten 2002, 25 % der TI-Gesamtkosten 2004). Das dürfte u. E. auch für Nicht-Systemhäuser zutreffen.
- Abbildung 5 zeigt die Entwicklung der Client-Kosten, die den bei weitem höchsten Kostenanteil der internen IT-Kosten aufweisen. Hier ist ein erheblicher Rückgang (um ca. 45 % von 2002 zu I. Quartal 2005) zu verzeichnen. Die Ursachen dafür liegen in einer Reduzierung der Anschaffungs-, aber auch der Betreuungskosten. Im Einzelnen:
  - Preisverfall der Geräte
  - Systematische Nutzung weltweiter Einkaufkonditionen über den Mutterkonzern
  - Reduzierung aufwändiger Nachrüstungen durch höhere Grundausstattung
  - Nachhaltige Reduzierung des Supportaufwandes durch einheitliche Umstellung auf Windows XP und

Abbildung 4: TI-Kostenentwicklung

BRANCHENSPEZIFISCHE ANSÄTZE

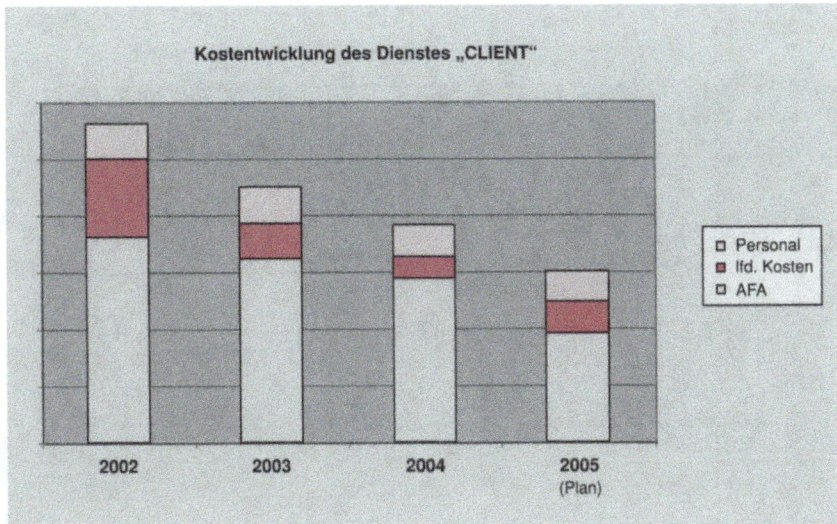

Abbildung 5: Kostenentwicklung des Dienstes Client

vollständige Automatisierung der Installation.
- Der leichte Anstieg der Plankosten für 2005 begründet sich aus dem geplanten Mitarbeiterwachstum. Im Jahr 2005 will sd&m 200 neue Mitarbeiter einstellen. Das entspricht einem Mitarbeiterwachstum von 20 %.

Der Dienst *Client* benötigt auch nach diesen Einsparerfolgen immer noch 32 % der Personalkosten. Neben diesem Dienst verteilen sich weitere 28 Dienste auf die restlichen Personalkosten mit sehr geringen Anteilen. Die drei nach dem Dienst *Client* rangierenden Dienste sind *Basisdienste* (8 %), *Mail* (7 %) und *Backup* (4,5 %). Viele andere der verbleibenden 25 Dienste erfordern nur 1 % der Kosten.

Leistungen

Die Leistungen werden in folgenden *Leistungsarten* erfasst:
- *Weiterbildung und Führung*
- *Beschaffung*
- *Weiterentwicklung* (TI-interne Projekte)
- *Projektsupport VL* (verrechenbare Leistung)
- *Projektsupport NVL* (nicht verrechenbar)
- *Betrieb & Betreuung*. Diese Leistungsart umfasst rund 50 % der erbrachten Leistungen. Innerhalb dieser Leistungsart ist die Untergruppe *Client* mit großem Abstand die aufwändigste (s. Abbildung 5).

Die Leistungen sind im Gegensatz zu den konzeptionellen Aussagen in Kapitel 4 *doch* in Arbeitszeiten gemessen. Dies hat zwei Gründe, die uns generalisierbar erscheinen:
1. Die Verbräuche sind in leistungsbezogenen Kategorien ausgewiesen.
2. Es gibt ergänzende Maße über die Qualität der Leistungen, die *Service Level Agreements* (s. Abbildung 7). Auf diese Weise werden erfolglose Verbräuche schnell identifiziert.

Abbildung 6 zeigt die Verteilung und Entwicklung der TI-Leistungen über drei Jahre und die Planwerte für das aktuelle Jahr. Man erkennt insgesamt einen Rückgang der Gesamtleistung und einen Rückgang der TI-Quote (vgl. *IT-Quote* in Abschnitt 4.2). Dies ist das Ergebnis der Bemühungen, die Leistung effizienter zu erbringen und die Kosten unterproportional zum Unternehmenswachstum zu entwickeln. Besonderes Augenmerk liegt auf der Reduzierung der „Betriebsaufwände", das ist die Leistungsart *Betrieb & Betreuung*. Abbildung 6 zeigt die Entwicklung dieser Betriebsaufwände bezogen auf die zu betreuenden Mitarbeiter. Hier wurde von 2002 bis 2005 eine Reduzierung von immerhin rund 23 % erreicht.

Wichtig ist gerade bei einem Systemhaus, dass bei aller Notwendigkeit, Kosten zu senken, nicht „überdreht" wird, indem über Kostenreduzierungen wichtige Leistungen abgebaut werden. Um dem zu begegnen, wurden Leistungskennzahlen eingeführt, die die Güte der Betreuungsleistung von TI quantifizieren. Die Leistungskennzahlen sind *Reaktions- und Bearbeitungszeiten* für Problemmeldungen und Supportanfragen, die die Anwender über ein Vorfallbearbeitungssystem stellen. Jedem Vorfall ordnet der Kunde eine Priorität zu, jeder

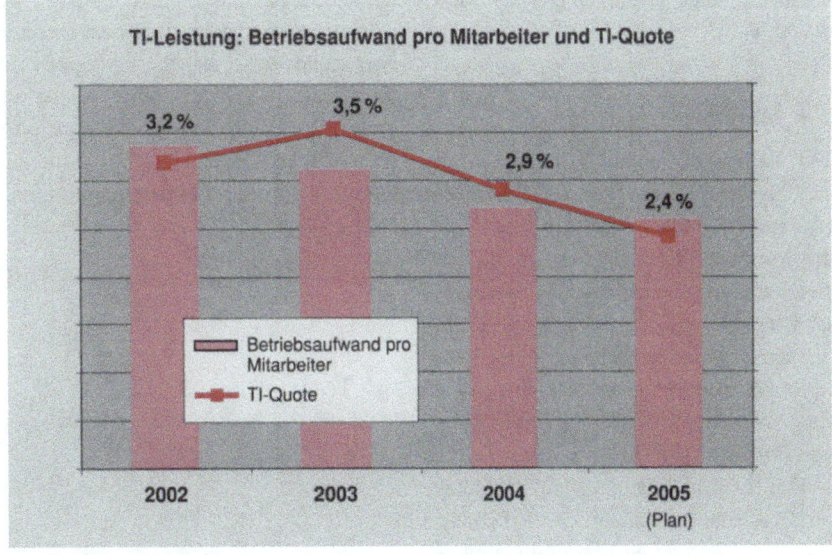

Abbildung 6: Entwicklung TI-Quote und Betriebsaufwand pro Mitarbeiter

Priorität ist eine angestrebte maximale Reaktions- und Bearbeitungszeit hinterlegt. Abbildung 7 zeigt die Definition der Dienstgüte im Rahmen der *Service Level Agreements*.

Die Kategorisierung der Vorfälle erfolgt entlang des Diensteportfolios, das eine konsistente Verbindung von Kosten, Leistungs- und Vorfallkennzahlen unterstützt. Angestrebt wird eine durchschnittliche Einhaltung des SLA von 95 %. Eine weitere Erhöhung wirkt nach unserer Einschätzung kostentreibend. Wir sehen darin die Konkretisierung des Strategischen Ziels *Exzellenz in der Beherrschung unserer Prozesse*. Abbildung 8 zeigt einen entsprechenden Bericht über ein Kalenderjahr. Die starke Erhöhung der Anzahl der Meldungen ist nicht etwa auf eine Zunahme der Störungen zurückzuführen. Es wurden vielmehr seit 7/2004 die Meldungen der Niederlassungen in die zentrale TI-Datenbasis mit aufgenommen.

Doch warum fehlt die in Kapitel 4 so gepriesene Leistungsgröße *Verfügbarkeit*? Nach Kalkulation eines entsprechenden internen Projektes stellte sich heraus, dass die theoretisch saubere Erfassung dieser Größe an vielen heterogenen technischen Komponenten jeden vertretbaren finanziellen Rahmen sprengen würde. Zur Zeit wird diskutiert, ob ein hilfsweises Derivat einen Nutzen brächte oder nur der Beruhigung des Managements mit einem eigentlich falschen Maß dienen würde.

■ Schluss

Wir haben uns bemüht, die Spezifika von Systemhäusern kompakt herauszuarbeiten. Dabei wurde der Fokus auf die internen IT-Dienste gelegt, da ein gleichzeitiges Betrachten des Kerngeschäftes solcher Unternehmen – in unserem Kontext das Projektcontrolling – den Rahmen gesprengt hätte (siehe hierzu, in Zusammenarbeit mit der Fa. Miele, Kunkowsky/Spitta 2000).

Das Controlling eines IT-Bereiches verlangt eine kontinuierliche Erhebung von Daten und deren Verwendung in einer regelmäßigen Berichterstattung. Wir denken, dies am Beispiel der sd&m AG transparent gemacht zu haben. Der hervorragende geschäftliche Erfolg seit der Gründung von sd&m dürfte sicher auf anderen, maßgeblicheren Erfolgsfaktoren beruhen. Dennoch ist zu vermuten, dass die interne IT zu diesem Erfolg beigetragen hat.

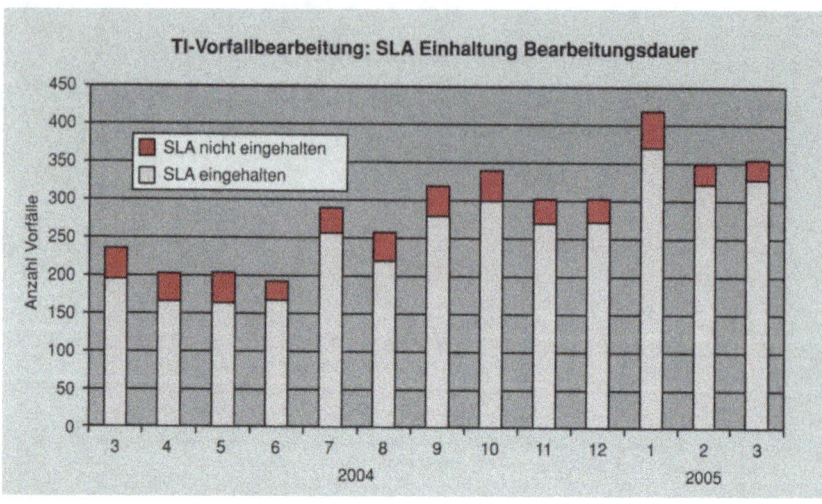

Abbildung 8: Aktueller SLA Bericht über ein Jahr

Priorität	Angestrebte maximale Reaktionszeit	Bearbeitungsdauer
Sehr hoch	1 h	4 h
Hoch	2 h	24 h
Mittel	1 Tag	3 Tage
Niedrig	2 Tage	5 Tage
Ohne Termin	5 Tage	100 Tage

Abbildung 7: SLA für Servicegüte nach Prioritäten der Dienstnehmer

Anmerkungen

1 sd&m war 2003 die Nr. 4 in Deutschland im Markt für IT-Beratung und Individual-Softwareentwicklung (nach IBM, T-Systems und Accenture).

2 „Aufwand" bezeichnet hier umgangssprachlich *geleistete Stunden*, ist also im Gegensatz zum Gebrauch in der Betriebswirtschaftslehre unbewertet. Dieser Sprachgebrauch für Leistungs- bzw. Verbrauchsmengen ist u.W. in Systemhäusern üblich. *Stunden* und *Stundensätze* (Preise) sind eine verbreitete Führungs- und Kommunikationseinheit, *nicht* die bewerteten Stunden. Auch in der Betriebswirtschaftslehre wird über die traditionelle („deutsche") Kostenrechnung diskutiert, u. a. darüber, ob nicht originäre Mengengrößen aussagefähiger für bestimmte Entscheidungen sind als durch Preise bereits transformierte Größen (Pfaff/Weber 1998).

Literatur

BERTHEL, J.; BECKER, F.: Personalmanagement. 7. Aufl. Schäffer/Poeschel, Stuttgart 2003.
BOEHM, B.W.: Software Engineering Economics. Prentice Hall, Englewood Cliffs, 1981.
BOEHM, B.W.: Improving Software Productivity. Computer 20 (1987) 9, S. 43 – 57.
CORSTEN, H.: Dienstleistungsmanagement. 3. Aufl., Oldenbourg, München u. a. 1997.
ENGELHARDT, W.E.; KLEINALTENKAMP, M.; RECKENFELDERBÄUMER, M.: Leistungsbündel als Absatzobjekte – Ein Ansatz zur Überwindung der Dichotomie von Sach- und Dienstleistungen. ZfbF 45 (1993), S. 395 – 426.
FISCHER, R.: Dienstleistungs-Controlling – Grundlagen und Anwendungen. Gabler, Wiesbaden 2000.
GEMÜNDEN, H.G.; LECHLER, TH.: Dynamisches Projektmanagement – Grenzen des formalen Regelwerks. Projektmanagement (1998) 2, S. 3 – 14.

HESSE, W.; FRESE, M.: Zur Arbeitssituation in der Software-Entwicklung. Resümee einer empirischen Untersuchung. Informatik Forschung und Entwicklung 9 (1994) 4, S. 179 – 191.

HOCHSTEIN, A.; ZARNEKOW, R.; BRENNER, W.: ITIL als Common-Practice-Referenzmodell – Formale Beurteilung und Implikationen für die Praxis. Wirtschaftsinformatik 46 (2004) 5, S. 382 – 389.

KÖHLER, P. T.: ITIL – Das IT Servicemanagment Framework. Springer, Berlin et al. 2005.

KRCMAR, H.; BURESCH, A.; REB, M. (Hrsg.): IV-Controlling auf dem Prüfstand. Gabler, Wiesbaden 2000.

KUNKOWSKY, H.-R.; SPITTA, T.: Controlling von IV-Projekten und -Ressourcen. Controlling, 12 (2000) 10, S. 9 – 14.

MARTINY, L.; KLOTZ, M.: Strategisches Informationsmanagement. 1. Aufl., Oldenbourg, München – Wien 1989; inzwischen als ‚Pietsch/Martiny/Klotz' in mehreren Auflagen.

MINZBERG, H.: Opening Up the Definition of Strategy. In: J. B. QUINN, H. MINZBERG, R. M. JAMES, The Strategy Process – Concepts, Contexts and Cases, Englewood Cliffs/NJ, S. 13 – 20.

OFFICE OF GOVERNMENT COMMUNICATION: ITIL – The Key to Management IT Services. http://www.ogc.gov. uk (Zugriff 10. 04. 2005)

PARASURAMAN, A.; ZEITHAML, V. A.; BERRY, J. L.: SERVQUAL: A Multiple-Item Scale for Measuring Consumer Perceptions of Service Quality. Journal of Retailing 64(1988) 1, S. 12 – 40.

PFAFF, D.; WEBER, J.: Zweck der Kostenrechnung? – Eine neue Sicht auf ein altes Problem. In: DBW 58 (1998) 2, S. 151 – 165.

SAP AG: Kurzfassung des Geschäftsberichtes 2003: http://www.sap.com/company/investor/reports/ 2003/index.epx (Zugriff 10.04.2005)

SPITTA, T.; ELLERBROCK, R.; KUHLMANN, R.: IV-Controlling und Informationsmanagement im Mittelstand – Abschließende Ergebnisse einer Feldstudie. Wirtschaftsinformatik 41 (1999) 6, S. 506 – 515.

SPITTA, T.; BECKER, F. G.: Zeiterfassung in der IV – Kostentransparenz oder Personalkontrolle? Wirtschaftsinformatik 42 (2000), Sonderheft IT & Personal, S. 48 – S-55.

SPITTA,T.: Kostenrechnerische Grundlagen für das IV-Controlling. Kostenrechnungspraxis 44 (2000) 5, 279 – 288.

SPITTA, T., SCHMIDPETER, H.: IV-Controlling in einem Systemhaus. Wirtschaftsinformatik 44 (2002) 2, S. 141 – 150.

STATISTISCHES BUNDESAMT: Umsatzsteuerstatistik Bereich 72.20: Softwarehäuser. Wiesbaden 1999.

STAUSS, B.; HENTSCHEL, B.: Verfahren der Problementdeckung und -analyse im Qualitätsmanagement von Dienstleistungsunternehmen. GfK: Jahrbuch der Absatz- und Verbrauchsforschung. 36 (1990), S. 232 – 259.

WELZ, F; ORTMANN, R.: Das Softwareprojekt – Projektmanagement in der Praxis. Campus, Frankfurt – New York 1992.

Das Übungsbuch zur internationalen Rechnungslegung

Walther Busse von Colbe/
Dieter Ordelheide
Konzernabschlüsse
Übungsaufgaben zur Bilanzierung nach IAS/IFRS und HGB
Unter Mitarbeit von Günther Gebhardt/Bernhard Pellens/Carsten Theile
10., vollst. überarb. Aufl. 2005.
VIII, 275 S. Br. EUR 34,90
ISBN 3-409-36757-8

Ab 2005 müssen kapitalmarktorientierte Mutterunternehmen auf Grund der EU-Verordnung von 2002 ihre Konzernabschlüsse nach den Standards des IASB aufstellen; andere Unternehmen dürfen es gemäß § 315 a HGB.

Das Übungsbuch „Konzernabschlüsse" ist daher in der zehnten Auflage stärker auf die IAS/IFRS ausgerichtet. Insbesondere liegen den Aufgaben und Lösungen die durch das Improvementprojekt revidierten IAS 21 „The Effects of Changes in Foreign Exchange Rates", IAS 27 „Consolidated and Separate Financial Statements", IAS 28 „Investment in Associates" und IAS 36 „Impairment of Assets" sowie der neue IFRS 3 „Business Combinations" zu Grunde. Absehbare Weiterentwicklungen der IAS/IFRS (z.B. die Full-Goodwill-Methode) wurden bereits berücksichtigt. Auch die Regelungen des HGB mit ihren jüngsten Änderungen sind in die Aufgaben und Lösungen integriert, weil nicht notierte, insbesondere mittelständische Unternehmen, zumindest vorerst ihre Konzernabschlüsse weiterhin nach dem HGB aufstellen werden. Alle Übungsaufgaben sowie die ausführlichen Musterlösungen einiger Aufgaben entsprechen dem aktuellsten Stand.

www.gabler.de

Änderungen vorbehalten. Erhältlich im Buchhandel oder beim Verlag.

Abraham-Lincoln-Str. 46 · 65189 Wiesbaden · Tel: 06 11.78 78-626

BRANCHENSPEZIFISCHE ANSÄTZE

Operatives Controlling im öffentlichen Theater – ein Ansatz aus der Praxis

Matthias Almstedt

Dieser Beitrag beschäftigt sich aus einer praxisorientierten Sichtweise heraus mit dem Einsatz des operativen Controlling in öffentlichen Theaterbetrieben. Die Anforderungen an ein Theatercontrolling werden aus dem theaterspezifischen Zielsystem abgeleitet. Aufbauend auf den Spezifika des Kostenrechnungseinsatzes im Theater wird das spielzeitbezogene Controlling von Produktionsgästen und -ausstattungen, von Aushilfskräften und Umsatzerlösen dargestellt.

■ Einleitung

Über Controlling kann man viel Grundsätzliches und Dogmatisches erzählen, so auch über Controlling-Ansätze für das öffentliche Theater. Dieser Beitrag wählt jedoch einen anderen Ansatz. Statt von einer (geschlossenen) theoretischen Controlling-Konzeption auszugehen, werden die Anforderungen an das Controlling aus dem täglichen Alltag eines Theatermanagers abgeleitet. So werden die einzelne Aufgabengebiete des operativen Theatercontrolling abgeleitet, erläutert und zusammengefügt.

- Öffentliche Theater verfolgen das Sachziel der (Produktion und) Präsentation von Bühnenwerken. Die dabei zu berücksichtigenden Formalziele sind: die Verwirklichung der Kunst, die Erfüllung des öffentlichen Auftrags, die Berücksichtigung der Publikumsbedürfnisse und die wirtschaftliche Realisierung des Sachziels.
- Öffentliche Theater verfolgen in der Regel das Maximumprinzip: Mit einem von den Zuschussgebern festgelegten Etat soll „möglichst viel Theater gemacht werden". Die operative Zielsetzung des Controlling besteht vor allem darin, die wesentlichen unterjährig variablen Kosten- und Erlöskomponenten „im Griff zu haben".
- Sinnvoll ist im öffentlichen Theater nur der Einsatz einer Teilkostenrechnung. Dabei sollte eine Verrechnung der Sachkosten der Bühnenbilder und der Kosten für künstlerische Gäste stattfinden. Zusätzlich könnten auch die in den Werkstätten und in den technischen Abteilungen anfallenden Personalkosten mit auf die Kostenträger verrechnet werden. Der Einsatz einer Vollkostenrechnung ist eher abzulehnen, da er neben einem sehr viel höheren Aufwand keinen wesentlichen Zusatznutzen bringt.
- Aufgrund der Finanzsituation können sich nur große Theater eine eigene Controller-Stelle leisten. In der Regel sind die Controlling-Aufgaben auf verschiedene Abteilungen sowie die kaufmännische Theaterleitung selbst verteilt (Self Controlling). Daher muss eine Konzentration auf die wichtigen Steuerungsgrößen erfolgen (Lean Controlling).
- Die wesentlichen operativen Steuerungsbereiche des Controlling im öffentlichen Theater sind: Produktionsgäste; Produktionsausstattungen; Aushilfen, u. a. auch Orchesteraushilfen; Besucherzahlen und Erlöse; Aggregation der Zahlen auf Unternehmensebene.
- Eine wichtige Aufgabe für die Zukunft ist die (Weiter-)Entwicklung von computerbasierten theaterspezifischen Tools, die die Theaterleitung bei der Auswertung und Interpretation der vom Controlling gelieferten Daten unterstützen.

Dr. Matthias Almstedt
Verwaltungsdirektor
Stadttheater Hildesheim GmbH
Theaterstr. 6, 31141 Hildesheim
E-Mail: m.almstedt@
stadttheater-hildesheim.de

Tel.: 0 51 21/16 93-24
Fax: 0 51 21/16 93-93

Controlling versteht sich allgemein als Managementunterstützungsfunktion. Daher muss es als erstes bei den Führungskräften selbst ansetzen, in diesem Fall bei der Theaterführung, also beim künstlerischen Theaterleiter, besser bekannt als Intendant, und vor allem beim kaufmännischen Theaterleiter, je nach Rechtsform bezeichnet als Verwaltungsdirektor, Kaufmännischer Direktor, Geschäftsführender Direktor, Kaufmännischer Geschäftsführer o. ä. Denn letzterer ist für die administrativen und finanziellen Angelegenheiten des Theaters verantwortlich. Wo liegen also dessen operative und strategische Informationsbedarfe im Theater?

Vorher bedarf es jedoch einer Eingrenzung: Und zwar ist erst einmal das Theater als Betrachtungsobjekt genauer zu definieren. Danach sind dessen Ziele und Aufgaben darzulegen, da sich das Controlling als Unterstützungsfunktion für die Theaterleitung hieran zu orientieren und auszurichten hat.

Das öffentliche Theater als Betrachtungsobjekt

Spricht man vom Theater, so kann man hierunter erst einmal ein Sammelsurium vieler unterschiedlicher Unternehmens-, Rechts- und Betriebsformen verstehen: vom dörflichen Laientheater mit ehrenamtlich Tätigen bis zum Staatstheater Stuttgart als großem Drei-Sparten-Haus mit mehr als 1.200 Beschäftigten und bis zu 50 Inszenierungen im Repertoire; von der Schultheater-AG bis hin zum Musicalunternehmen wie der Stage Holding mit mehreren Standorten, an denen täglich bis zu dreimal die gleiche Vorstellung gespielt wird; vom reinen Bespielhaus ohne festes Ensemble, das sich Vorstellungen einkauft, bis zur Landesbühne, die täglich tourt, um Theater auch in das „platte Land" zu bringen; vom Studententheater an der Hochschule bis zum professionellen Privattheater wie z. B. dem Ohnsorg-Theater in Hamburg oder dem Theater am Dom in Köln. Eine Eingrenzung für diesen Beitrag erscheint daher also notwendig, um die Ausführungen entsprechend präzise gestalten zu können.

Theater soll hier wie folgt verstanden werden: Theaterunternehmen, die
1) sich in der *Trägerschaft der öffentlichen* Hand befinden, also Staatstheater, Stadttheater und Landesbühnen, und
2) über ein *eigenes Ensemble* verfügen und somit keinen reinen Gastspielbetrieb veranstalten.

Diese Unterscheidung ist insbesondere wichtig, weil zum einen Theater, die sich in öffentlicher Trägerschaft befinden, über ein anderes Zielsystem als privatwirtschaftlich betriebene Theater verfügen und zum zweiten der Faktor „Mensch" im Theater eine wesentliche Rolle bei allen Überlegungen spielt und sich somit in ihren Herangehensweisen Ensemble-Theater stark von Bespieltheatern ohne eigene (künstlerische) Mitarbeiter unterscheiden.

Ein wichtiger Aspekt darf bei allen nachfolgenden Controlling-Betrachtungen nicht vernachlässigt werden. Es handelt sich um *öffentliche* Theater, d. h. um Theater, die nicht (oder zumindest nicht monistisch) dem erwerbswirtschaftlichen Prinzip folgen, sondern deren Zielsystem vielschichtiger ist, wie die nachfolgenden Ausführungen zeigen.

Zielsystem des öffentlichen Theaters

Ausgangspunkt für jede Controlling-Tätigkeit ist das Zielsystem einer Unternehmung. Hieraus werden Anforderungen an das Controlling als managementunterstützendem System abgeleitet. Das Zielsystem eines öffentlichen Theaters unterscheidet sich grundsätzlich von dem eines erwerbswirtschaftlichen Unternehmens. In welcher Form dies der Fall ist, wird im Folgenden dargestellt.

Wesentlich für die Abgrenzung ist die Unterscheidung von Sachzielen und Formalzielen. Das *Sachziel* besteht in der Erfüllung derjenigen Funktion, die die Umwelt von einer Institution erwartet oder ihr zugesteht. Das Sachziel einer Unternehmung bezieht sich auf Art, Menge und Zeitpunkt der im Markt abzusetzenden Leistungen. Neben den Sachcharakter bzw. den Inhalt des Handelns, der in den Sachzielen zum Ausdruck kommt, tritt die Form des Handelns, die durch sog. *Formalziele* ausgestaltet wird. Formalziele charakterisieren den Willen der Unternehmensführung, stellen Imperative dar und dienen zur Lenkung des Unternehmens. Sie drücken aus der Sicht des Zielträgers den eigentlichen Sinn des Wirtschaftens aus und lassen sich aus den Wertvorstellungen und Normen der Zielträger ableiten. Die Formalziele beschreiben Kriterien, nach denen Sachziele zu bilden bzw. auszuwählen und zu erfüllen sind. Die Formalziele einer Unternehmung werden innerhalb des eigenen Ermessensspielraums von ihr selbst festgelegt. Durch die Nutzung dieser Freiheitsgrade wird die Güte der Sachzielerreichung beeinflusst. Die Gesamtheit der Ziele einer Organisation setzt sich somit aus Sachzielen und Formalzielen zusammen, die maßgeblich die Funktionen der einzelnen Unternehmensbereiche und deren Beziehungen bestimmen.

Ungeachtet der Fixierung klassischer Formalzielparadigmen auf monetäre Aspekte, z. B. Gewinn oder Rendite, spricht grundsätzlich nichts dagegen, auch nicht-monetär dimensionierte Lenkungskriterien als Formalziele zu unterstellen. Damit können auch qualitative Ziele Formalziele sein, wenn durch sie die Ausgestaltung des Sachcharakters der Leistungserbringung bzw. eine nähere Bestimmung des Inhalts des Wirtschaftens erfolgt.

Im Allgemeinen wird das ökonomische Handeln nicht durch ein einzelnes Ziel, sondern durch ein mehrfaches (pluralistisches, multiples) Ziel bzw. eine Vielfalt von Zielen bestimmt. Eine solche Menge an Zielen, die durch Beziehungen miteinander verbunden sind, bezeichnet man als Zielsystem. Die Koalitionstheorie der entscheidungsorientierten Betriebswirtschaftslehre bildet einen weiteren Ansatzpunkt zur Gliederung von Zielen. Sie interpretiert die Zielbildung als einen umfassenden Verhandlungsprozess der verschiedenen an einer Organisation beteiligten Anspruchs- und Interessengrup-

BRANCHENSPEZIFISCHE ANSÄTZE

pen. Insbesondere der Zielbildungsprozess öffentlicher Betriebe wie der öffentlichen Theater wird von den Zielvorstellungen einer Vielzahl unterschiedlicher Anspruchsgruppen geprägt, weshalb eine Analyse der Ziele und Zielstrukturen öffentlicher Betriebe eng mit der Identifikation und Analyse der Zielvorstellungen der einzelnen Koalitionsteilnehmer verknüpft ist.

Sachziel

Die korrekte Auswahl und Formulierung der Ziele ist von entscheidender Bedeutung für ein erfolgreiches Handeln. Überträgt man die Unterteilung in Sach- und Formalziele auf das öffentliche Theater, so lässt sich folgendes feststellen: Das *Sachziel*, der *Zweck* des öffentlichen Theaters, besteht – und darin herrscht in der Literatur allgemein Übereinstimmung – *in der Präsentation, also in der Aufführung von Bühnenwerken*. Einige Autoren erweitern dieses Sachziel insofern, als sie die Produktionsleistung des Theaters mit einbeziehen, sodass das Sachziel des Theaters *in der Produktion und Präsentation, also in der Inszenierung und Aufführung von Bühnenwerken* besteht. Die Einschränkung der zweiten Definitionsvariante besteht darin, dass Theater, die selbst keine Stücke inszenieren, sondern fertige, aufführungsreife Stücke, also Inszenierungen, z. B. in Form von Gastspielen anderer Ensembles aufführen (lassen), nicht mit erfasst werden.

Formalziele

Die Formalziele, die Lenkungsziele, die der Ausgestaltung des Sachziels (Produktion und) Präsentation von Bühnenwerken dienen, sind im öffentlichen Theater wie generell im öffentlichen Bereich vielschichtiger als bei erwerbswirtschaftlich orientierten Unternehmungen. Letztere verfolgen nämlich primär das Ziel der Gewinnmaximierung oder daraus abgeleitete Ziele, wie das Erreichen einer angemessenen Rendite oder eines bestimmten Umsatzes oder Marktanteils. Sie sind also vorwiegend – fast schon in monistischer Weise – monetär ausgerichtet. Anders sieht es jedoch im öffentlichen Sektor aus. Das erwerbswirtschaftliche Formalziel Gewinnmaximierung wird aufgelöst in das allgemeine Ziel Wirtschaftlichkeit bzw. Effizienz, das inhaltlich eine möglichst wirtschaftliche bzw. effiziente Realisierung des Sachziels fordert. Zu diesem Wirtschaftlichkeitsziel tritt in der Regel noch ein weiteres Bündel von Zielen, die sich z. B. aufgrund des mit der Installation des Betriebs verfolgten öffentlichen Auftrags ergeben. Somit ist hier die traditionelle Einengung der Formalzielparadigmen auf rein monetäre Aspekte aufzugeben.

Für das öffentliche Theater können die Formalziele aus den individuellen, kulturellen, sozialen, politischen und ökonomischen Zielen der Koalitionsteilnehmer am Theater abgeleitet werden. Im Wesentlichen lassen sich vier (formale) *Zielkomponenten* identifizieren:

- die Verwirklichung von *Kunst*: Das Sachziel ist in einer niveauvollen und künstlerisch anspruchsvollen Weise umzusetzen.
- die Erfüllung des *öffentlichen Auftrags*: Das Theater hat von seinem Träger die Aufgabe erhalten, bestimmte Funktionen für diesen zu übernehmen, z. B. der kulturellen Bildung und Entwicklung der Bevölkerung zu dienen und dabei eine möglichst große Öffentlichkeit zu erreichen.
- die Berücksichtigung der *Publikumsbedürfnisse*: Für das öffentliche Theater ergibt sich die Bedeutung des Publikums allein schon aus der Definition des Theaters heraus per se. Die Zuschauer sind ein wesentlicher Bestandteil, da das Theater nicht allein das Geschehen auf der Bühne ist, sondern einen konstitutiven Teil ebenfalls die Anwesenheit des Publikums darstellt (coram publico).
- die wirtschaftliche Realisierung des Sachziels (*Wirtschaftlichkeit*). Alle Betriebe sind verpflichtet, möglichst wirtschaftlich, also ohne Ressourcenverschwendung zu handeln. Für das Theater fordert dies eine möglichst wirtschaftliche Realisierung seines Sachziels, der (Produktion und) Präsentation von Bühnenwerken. Von den beiden grundsätzlichen Varianten des Wirtschaftlichkeitsprinzips, dem Maximum- und dem Minimumprinzip, findet regelmäßig das erste Anwendung. Denn die Theater bekommen – vereinfacht dargestellt – zu Beginn jedes Geschäftsjahres seitens der Zuschussgeber ein festes Budget zugewiesen, über das sie verfügen können. Sie haben also mit einem vorgegebenen Geldbetrag eine möglichst gute Realisierung ihres Sachziels anzustreben. Handeln nach dem Wirtschaftlichkeitsprinzip bedeutet also letztendlich nichts anderes als die Nichtverschwendung von Ressourcen. Dies impliziert für das Theater

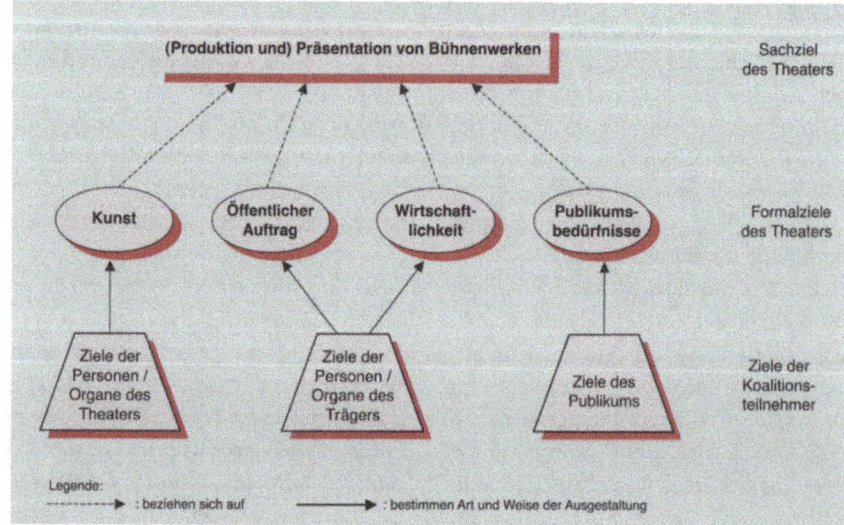

Abbildung 1: Die Zielsystemstruktur im öffentlichen Theater

einen zielgerichteten und koordinierten Einsatz aller Einsatzfaktoren, die für die Erstellung von Inszenierungen und Aufführungen notwendig sind. Das Wirtschaftlichkeitsprinzip steht damit in keinem grundsätzlichen Widerspruch zu den sonstigen Zielen des Theaters.

Die Ziele der Koalitionsteilnehmer, d. h. der Mitglieder des Theaters, des Theaterträgers sowie der Theaterzuschauer, gehen also in diese vier Ziele ein. Die Abbildung 1 gibt somit einen Überblick über die Zielsystemstruktur im öffentlichen Theater. Auf eine weitergehende Herleitung und Erläuterung der einzelnen Komponenten wird an dieser Stelle verzichtet.

Für das Controlling im öffentlichen Theater bedeutet dies grundsätzlich, sich bei allen Aufgaben stets dessen bewusst zu sein, dass es sich nicht allein an erwerbswirtschaftlichen Maßstäben orientieren darf, sondern das gesamte Zielsystem in seiner Interdependenz zu beachten hat.

Operativer Informations- und Steuerungsbedarf der Theaterleitung

Der Schwerpunkt dieses Beitrags soll – wie bereits der Titel verdeutlicht – auf den operativen Aufgaben des Theatercontrolling liegen. Somit stellt sich die Frage, an welchen Stellen das Controlling den kaufmännischen Theaterleiter (im Folgenden vereinfachend Verwaltungsdirektor genannt) unterstützen kann.

Das Aufgabengebiet des Verwaltungsdirektors teilt sich im Wesentlichen in drei bis vier große Bereiche auf. Er ist „Personalchef", „Rechtsabteilungsleiter", „Finanzchef" und in der Regel auch „Vertriebschef" in einer Person. Hier bieten sich dementsprechend viele Unterstützungsmöglichkeiten für das Controlling an. Aus der Praxis heraus besteht natürlich in den Bereichen Finanzen und Absatz der größte Unterstützungsbedarf. Dieser soll daher im Folgenden auch schwerpunktmäßig betrachtet werden.

Aus den Betrachtungen zum Zielsystem sind zwei Dinge deutlich geworden, die den Informationsbedarf des Verwaltungsdirektors betreffen: Zum Ersten ist das Wirtschaftlichkeitsprinzip anzuwenden: Es soll möglichst keine Ressourcenverschwendung stattfinden. Zum Zweiten gilt regelmäßig das Maximumprinzip: Mit den vorgegebenen Mitteln ist ein möglichst großer Output zu erwirtschaften. Die größte „Sorge" im operativen Steuerungsbereich hat ein Verwaltungsdirektor also hinsichtlich der ihm vorgegebenen finanziellen Mittel, also bezüglich des Spielzeit-Budgets, das im Wirtschaftsplan festgelegt ist. Dieses ist unter allen Umständen einzuhalten bei möglichst großem Output, also möglichst hohen qualitativen und quantitativen Leistungen.

Wie ist nun das finanzielle Gefüge eines Theaters strukturiert? Auf der Kostenseite teilen sich bei allen öffentlichen Theatern die Personalkosten zu den Sachkosten im Wesentlichen im Verhältnis 80 zu 20 auf. Rund 4/5 der im Theater anfallenden Kosten sind also Personalkosten. Auf der Erlösseite liegt das Verhältnis der Betriebserlöse zu den öffentlichen Zuweisungen im Bundesdurchschnitt bei derzeit ungefähr 16 : 84. Die Theater erwirtschaften also (nur) 16 % ihrer Kosten eigenständig, beim Rest sind sie auf die öffentliche Hand angewiesen. Dieses Verhältnis variiert je nach Struktur und Umfeld eines Hauses von z. B. 37,4 % bei der Bayerischen Staatsoper bis 5,2 % beim Theater Zeitz (vgl. zu den Zahlen Deutscher Bühnenverein 2004). Alle öffentlichen Theater haben also einen stark überwiegenden öffentlichen Finanzierungsbedarf.

Wo sind hierbei nun die Positionen, bei denen das finanzielle Gefüge „aus den Fugen geraten" kann? Es handelt sich dabei um diejenigen Größen, die unterjährig variabel sind.

Dies sind zum einen die Sachkosten, insbesondere die der *Produktionsausstattungen* (Bühnenbild, Kostüme, Requisite, Maske etc.) Zum anderen betrifft es diejenigen Personalkosten, die nicht von Festbeschäftigten, sondern von *(künstlerischen) Gästen* sowie *Aushilfspersonal* (z. B. in den technischen Abteilungen oder in den Werkstätten) verursacht werden.

Auf der Erlös-Seite stehen die Zuweisungen seitens der öffentlichen Finanziers (hoffentlich) fest. Die *Umsatzerlöse*, deren größter Teil durch den Eintrittskartenverkauf determiniert wird, bilden hier die variable Komponente. Diese unterjährig „im Griff zu haben", stellt also die große Herausforderung dar.

Wo kommen nun die notwendigen Steuerungsinformationen her? Basis für diese Daten ist wie in allen Unternehmen die Kostenrechnung, die ihrerseits wieder die benötigten Daten aus dem Buchführungssystem erhält. Das nachfolgende Kapitel gibt daher einen Überblick über die Anwendung der Kostenrechnung im Theater.

Kostenrechnung im Theater
Buchführungssystem als Datenlieferant

Grundlage einer aussagefähigen Kostenrechnung ist erst einmal die gute Verzahnung mit dem externen Rechnungswesen. Das kaufmännische Rechnungswesen ist allerdings nicht ohne weiteres auf öffentliche Theaterbetriebe übertragbar, da eine nicht geringe Zahl dieser aufgrund ihrer Rechtsform bzw. Vorgaben der Träger die Kameralistik, die Rechnungslegungsform der öffentlichen Verwaltung, anwenden (müssen). In der Regel handelt es sich hierbei um den sog. Regiebetrieb oder das Konstrukt des Zweckverbands, einer Form der Zusammenarbeit zwischen zwei oder mehr Kommunen. Dies vereinfacht die Angelegenheit nicht unbedingt, da die Kostenrechnung, wie sie aus dem kaufmännischen Bereich bekannt ist, nicht „im Einklang" mit einer kameralen Rechnungslegung läuft, sondern natürlich auf einer kaufmännischen, also doppelten Buchführung aufbaut. Theater, die eine doppelte Buchführung anwenden – Theater in privatrechtlichen Rechtsformen wie der GmbH oder der GbR, aber auch in der öffentlich-rechtlichen Rechtsform des Eigenbetriebs – haben hier eindeutig Vorteile, da ohne Probleme eine Integration von externem und internem Rechnungswesen möglich ist. Aufgrund moderner Rechnungswesen-Software für den öffentlichen Bereich ist allerdings auch die Überführung einer kameralen Buchführung in ein aussagekräftiges Kostenrechnungssystem möglich. Hierfür gibt es auch im Theaterbereich viele positive Beispiele. Es lässt sich also festhalten, dass unabhängig von der Art des externen Rechnungswesens jedes öffentliche Theater in der Lage ist, eine gut funktionierende Kostenrechnung aufzubauen.

Aufbau der Kostenrechnung

Auch im Theater besteht wie allgemein üblich die Kostenrechnung aus den drei Teilrechnungen Kostenartenrechnung, Kostenstellenrechnung und Kostenträgerrechnung.

Theaterspezifische *Kostenarten* sind z. B. die Kosten für künstlerische Gäste, die je nach Vertragsart (Honorarvertrag oder Werkvertrag) als Personal- oder Sachkosten verbucht werden. Weiter typisch sind Kosten für Tantiemen oder GEMA/GVL. Diese betreffen die Abgeltung von Urheber- und Leistungsschutzrechten, die bei der Aufführung von Inszenierungen entstehen. Der Kostenartenplan wird auf der Basis der individuellen Gegebenheiten und Anforderungen des jeweiligen Hauses aufgestellt. Ein allgemeingültiger Kostenartenplan existiert natürlich auch im Bereich der Theater nicht. Kostenartenpläne orientieren sich im Theater regelmäßig am Sachkontenplan der Finanzbuchhaltung bzw. der Kontensystematik einer kameralen Rechnung. Einen grundsätzlichen Überblick liefert im Vorgriff auf die nachfolgenden Ausführungen die Sachkostenübersicht in der Abbildung 8.

Die *Kostenstellen* eines Theaters gliedern sich in der Regel anhand der Abteilungs- und Leitungsstrukturen eines Theaters. So wie es keinen allgemein gültigen Kostenartenplan gibt, ist auch der Kostenstellenplan aus den spezifischen Anforderungen des Theaters heraus zu entwickeln. Theatertypische Beispiele für Kostenstellen sind im künstlerischen Bereich das Künstlerische Betriebsbüro oder der Chor, im technischen Bereich die Bühnentechnik oder die Requisite, bei den Werkstätten der Malersaal oder die Tischlerei, in der Verwaltung die Abteilungen Buchhaltung oder Besucherservice, in der Hausverwaltung die Hausmeisterei oder die Reinigungskräfte. Zur weiteren Vertiefung wird ebenfalls die Abbildung 8 (hier die Tabelle Personalkostenübersicht) empfohlen.

Kostenträger können grundsätzlich alle Produkte des Theaters sein, also die Inszenierungen bzw. ihre Aufführungen, aber auch weitere vom Theater erbrachte Leistungen wie eigene oder fremde Gastspiele, Sonderveranstaltungen (z. B. CD-Aufnahme oder Neujahrskonzert). Eine weitere grundsätzliche Differenzierung der Kostenträger kann in die Inszenierungskosten (bis Premiere) und in die Spielbetriebskosten (ab Premiere) erfolgen. Der Kostenträgerplan wird entsprechend den Strukturen des Theaters an den spezifischen betrieblichen Erfordernissen ausgerichtet. So kann man beispielsweise eine zusätzliche Gliederung nach den Sparten des Theaters einführen, sofern die Verantwortungsbereiche hierfür getrennt sind. Dementsprechend kann man auch hier nicht von einem allgemein gültigen Kostenträgerplan sprechen.

Vollkostenrechnung versus Teilkostenrechnung

Wie für jedes Unternehmen stellt sich auch für ein Theater die Frage, welches Kostenrechnungssystem ein geeignetes Instrument darstellt. Die Fragestellung fokussiert sich regelmäßig auf die Entscheidung zwischen Vollkostenrechnung und Teilkostenrechnung. Diese Frage ist auch für den Bereich des öffentlichen Theaters zuerst zu lösen, bevor wir uns konkreter mit dem Controlling beschäftigen.

Die Entscheidung zwischen der Anwendung einer Vollkostenrechnung und der einer Teilkostenrechnung ist von grundsätzlicher Bedeutung, da sie wesentlich den Informationsgehalt der Kostenrechnung, aber auch den mit ihrem Einsatz verbundenen Aufwand determiniert. Daher sollte sich die Ausgestaltung der Kostenrechnung im konkreten Fall an folgenden Entscheidungskriterien orientieren:

A. mit dem Einsatz der Kostenrechnung verfolgte Ziele bzw. Aufgaben
B. verfügbare Mitarbeiterkapazitäten
C. Nutzen-Kosten-Relation

zu A.: Ziele/Aufgaben

Im Allgemeinen sollen folgende *Ziele bzw. Aufgaben* mit dem Einsatz einer Kostenrechnung verfolgt werden:
1. Unterstützung von Bewertungsaufgaben
2. kurzfristige Erfolgsermittlung
3. Wirtschaftlichkeitskontrolle
4. Bereitstellung von Informationen zur Entscheidungsfindung, z. B.:
   a. Ermittlung des Produktpreises
   b. Spielplangestaltung
   c. Stückeauswahl
   d. Eigenerstellung vs. Fremdbezug
   e. Ermittlung von Kosteneinsparungspotenzialen

Hinsichtlich dieser Aufgaben ist zum einen die Frage zu stellen, inwieweit jede einzelne für ein Theater Relevanz hat, und zum anderen zu überlegen, welche der Aufgaben mit welchem Kostenrechnungssystem (Vollkostenrechnung oder Teilkostenrechnung) besser unterstützt werden kann.

Im Rahmen der *Unterstützung von Bewertungsaufgaben (1.)* soll die Kostenrechnung die sog. Herstellungskosten ermitteln, die die Basis dafür bilden, in welcher Höhe Eigenleistungen und Bestandsveränderungen in der Bilanz berücksichtigt werden (bilanzielle Aktivierung). Weiterhin kann die Kostenrechnung zur Bewertung von Beständen herangezogen werden. Im Theaterbereich können diese Bewertungsaufgaben jedoch vernachlässigt werden, da die Produkte, die Inszenierungen, als immaterielles Vermögen nicht zu bilanzieren und auch nicht zu bewerten sind bzw. sich Lagerbestände für die Ermittlung von Bilanzansätzen oder die Höhe von Versicherungswerten ebenso aufgrund von Festwerten ermitteln lassen. In diesem Sinne ist also eine Vollkostenrechnung zur Erfüllung von Bewertungsaufgaben im Theater nicht erforderlich. Somit ist dieses Anwendungsgebiet der Vollkostenrechnung für das Theater nicht relevant.

Eine *kurzfristige*, also z. B. monatliche oder vierteljährliche *Erfolgsermittlung (2.)* ist auch für das Theater sinnvoll, um bei Bedarf rechtzeitig Steuerungsmaßnahmen einleiten zu können. Zwar müssen zur Erfolgsermittlung grundsätzlich sämtliche Kosten herangezogen werden, so dass hier vom Grundsatz her eine Vollkostenrechnung durchaus sinnvoll ist. Allerdings reicht in der Regel auch eine einfache Zusammenstellung der einzelnen Kostenarten mit ihren entsprechenden Summen aus. Daher ist eine spezielle Verrechnung der Kosten auf Kostenstellen oder Kostenträger im Sinne einer Vollkostenrechnung hierfür eher nicht notwendig.

Hinsichtlich der *Wirtschaftlichkeitskontrolle (3.)* kommt der Kostenrechnung im Theater eine wesentliche Aufgabe im Rahmen der betriebswirtschaftlichen Steuerung zu. Zur wirksamen Kontrolle der Kostenstellen – häufig stehen hierbei die Werkstätten im Vordergrund – und für die Akzeptanz der Ergebnisse ist es besonders wichtig, dass nur die von den jeweiligen Verantwortungsträgern beeinflussbaren Kosten einbezogen werden. Somit ist hierfür eine Vollkostenrechnung grundsätzlich wenig geeignet. Statt dessen ist eine Teilkostenrechnung, die nur die relevanten Kosten erfasst, sinnvoll.

Schließlich ist die Kostenrechnung im Theater auch zur *Unterstützung der Entscheidungsfindung (4.)* heranzuziehen, indem die notwendigen Informationen bereitgestellt werden. Wichtig ist auch hier, dass nur die entscheidungsrelevanten Kosten, also diejenigen Kosten, die in der jeweiligen Entscheidungssituation beeinflussbar sind, zur Beurteilung konkurrierender Handlungsalternativen verwendet werden. Typische Theaterbeispiele für solche Entscheidungssituationen sind die oben angeführten a. – d.

Grundsätzlich ist zur *Ermittlung, also Kalkulation des Produktpreises (a)* eine Vollkostenrechnung notwendig. Da jedoch im öffentlichen Theater die Festlegung der Preiskategorien im Normalfall nicht nach einem markt- oder kostenbezogenen Ansatz, sondern nach sozial- und kulturpolitischen Gesichtspunkten erfolgt, kann dieser Anwendungsbereich einer Vollkostenrechnung vernachlässigt werden. Die Kalkulation des Preises für eine Aufführung wird allerdings für sog. Abstecher, also auswärtige Gastspiele des eigenen Theaters relevant. Jedoch zeigen auch hier die Erfahrungswerte, dass häufig keine Abnahmepreise erzielbar sind, die einen nach Vollkosten kalkulierten Betrag erreichen. In der Regel lassen sich die Einzelkosten der Aufführung plus einen kalkulierten Aufschlag für die während der Inszenierungsphase angefallenen Kosten erzielen. In diesem Sinne ist im Theater zur Kalkulation von Preisen ebenfalls die Teilkostenrechnung das besser geeignete Instrument.

Ökonomische Überlegungen bei der *Spielplangestaltung (b)* brauchen nur die Einzelkosten und -erlöse der Inszenierungen und Aufführungen zu berücksichtigen. Das Ziel der langfristigen Deckung der gesamten Kosten des Theaters spielt aufgrund des theaterspezifischen Zielsystems hier nur eine nachgeordnete Rolle. Somit ergibt sich auch hier ein Anwendungsgebiet für die Teilkostenrechnung. Häufig wird in diesem Zusammenhang der Grundsatz verfolgt, dass das Theater diejenigen Kosten wieder einspielen soll, die anfallen, weil genau dieses Bühnenstück produziert und aufgeführt wird, also die Materialkosten und die eventuell für Gäste anfallenden Kosten (Einzelkosten). Die Kosten für die grundsätzliche Spielbereitschaft, die auch bei einem anderen Bühnenstück angefallen wären (Verwaltungskosten, fixe Personalkosten etc.), bleiben bei diesem Ansatz unberücksichtigt.

Auch bei der *Auswahl von einzelnen zu produzierenden Stücken (c)* spielen ökonomische Überlegungen durchaus eine Rolle: Können die Rollen durch festengagierte Schauspieler oder Sänger besetzt werden, oder müssen Gäste engagiert werden? Wie groß müssen der Chor und das Orchester sein; sind also Chorverstärkungen oder Orchesteraushilfen zu engagieren? Hierbei bleibt jedoch zu beachten, dass die Stücke in ihrer Umsetzung, also als konkrete Inszenierungen „Unikate" sind. Jedes im Theater entstehende Produkt hat sozusagen die Losgröße „eins". Eine Produktion wird in einer bestimmten Form nur ein einziges Mal durchgeführt und stellt somit ein Projekt dar. Insofern erbringt die Anwendung einer Vollkostenrechnung im Theater kaum weiter verwertbare Informationen. Denn ein Großteil der Informationen ist für die Durchführung der nachfolgenden Produktionen aufgrund der diesen immanenten Unterschiedlichkeit ohne Bedeutung.

Im Rahmen von *Eigenerstellung-Fremdbezug-Entscheidungen (d)* – auch als Make-or-Buy-Decisions bezeichnet –, also der Analyse, ob einzelne Teilbereiche des Theaters, wie z. B. die Kantinenbewirtschaftung oder der Einsatz des Vorderhauspersonals, fremdvergeben oder selbst betrieben werden sollen, sind nur diejenigen Kosten zu berücksichtigen, die durch die Fremdvergabe der Leistung für das Theater entfielen. Es darf also nur derjenige Teil der Kosten in die Kalkulation einbezogen werden, der durch die Fremdvergabe der Leistung berührt würde. Somit zeigt sich auch hier wiederum ein für die Teilkostenrechnung geeigneter Anwendungsbereich.

Kosteneinsparungspotenziale (e) ergeben sich im Theater – wenn überhaupt – schwerpunktmäßig bei den fixen Kosten, und hier wiederum hauptsächlich im Bereich des Personals, sodass im Zweifel eine detaillierte Analyse des Fixkostenblocks durchzuführen ist. Die Untersuchung ist jedoch im Bedarfsfall grundsätzlich auch unabhängig von ihrer – im Rahmen der Vollkostenrechnung laufend vorzunehmenden – aufwändigen Schlüsselung auf die einzelnen Kostenträger möglich. So lässt sich hierfür zwar grundsätzlich die Vollkostenrechnung einsetzen. Dies erscheint aber keineswegs als zwingend erforderlich, da Analysen auch separat einzelfallbezogen durchgeführt werden können.

zu B.: verfügbare Mitarbeiterkapazitäten

Weiterhin ist auf die beschränkten *Mitarbeiterkapazitäten* im Theater hinzuweisen. Wie aus den obigen Ausführungen bereits deutlich wird, ist die Anwendung einer Vollkostenrechnung sowohl zentral im Bereich des Rechnungswesens wie auch dezentral in den einzelnen Abteilungen und Bereichen des Theaters mit einem sehr viel höheren zeitlichen Aufwand verbunden, als dies beim Einsatz einer Teilkostenrechnung der Fall ist. Denn es ist eine viel größere Zahl an Daten zu erheben, zu erfassen und zu ver-

BRANCHENSPEZIFISCHE ANSÄTZE

rechnen. Somit erscheint der Einsatz der Vollkostenrechnung im Theater auch aus dieser Perspektive zumindest zweifelhaft. Soll dennoch eine Vollkostenrechnung eingeführt und angewendet werden, so wird es sich kaum vermeiden lassen, zusätzliches Personal hierfür einzustellen.

zu C.: Nutzen-Kosten-Relation

Das wesentliche Entscheidungskriterium für die Wahl eines Kostenrechnungssystems stellt die *Nutzen-Kosten-Relation* dar. Diesbezüglich ist festzuhalten, dass die Kosten, die sich zum einen aus der Einführung der Kostenrechnung und zum anderen aus dem laufenden Betrieb der Kostenrechnung ergeben, den daraus resultierenden Nutzen in keinem Falle überschreiten dürfen. Unter diesem Aspekt sind die Teilkostenrechnung und die Vollkostenrechnung abschließend einander gegenüberzustellen.

Zweifellos liefert eine Vollkostenrechnung – wie auch die vorangegangenen Ausführungen zeigen – grundsätzlich detailliertere Informationen als eine Teilkostenrechnung. Jedoch ist sowohl die Einführung als auch die Anwendung einer Vollkostenrechnung sehr viel zeitintensiver und damit kostenaufwändiger. So läuft in der endgültigen Ausbaustufe die Anwendung der Vollkostenrechnung darauf hinaus, dass für jeden Mitarbeiter des Theaters – unabhängig davon, ob er in der Verwaltung, im technischen oder im künstlerischen Bereich beschäftigt ist – manuell oder computergestützt festgehalten und erfasst werden muss, wie lange er an einer bestimmten Aufgabe gearbeitet hat. Im künstlerischen Bereich würde dies beispielsweise bedeuten, dass bei jeder Probe wohl durch die Regieassistenz zu erfassen wäre, welche Personen teilgenommen haben und wie lange sie anwesend gewesen sind. Im Nachgang wären diese Daten EDV-technisch zu verarbeiten. Nur so wäre eine verursachungsgerechte Zuordnung aller Kosten, also auch der Personalkosten, auf die einzelnen Kostenträger, die Inszenierungen, möglich. Dass eine solche Vorgehensweise zum einen sehr zeitaufwändig ist und zum anderen wohl insbesondere im künstlerischen Bereich des Theaters die Akzeptanz der beteiligten Personen hierfür fehlen dürfte, braucht nicht weiter ausgeführt zu werden. Gleiches gilt für die Mitarbeiter der Bühnentechnik, die die Bühnendekorationen für den Vorstellungs- und Probenbetrieb auf- und abbauen.

Sinnvoll könnte allerdings eine Verrechnung der in den Werkstätten anfallenden Personalkosten sein, sofern die Arbeitsaufteilung in den Werkstätten so gestaltet ist, dass die Zeitsegmente, in denen ein bestimmter Auftrag (z. B. ein Bühnenbild) bearbeitet wird, hinreichend groß sind, die Auftragsbearbeitungszeiten also nicht zu stark „gestückelt" werden.

Hinsichtlich des Informationswertes stellt sich also die alles entscheidende Frage, ob die zusätzlichen Informationen, die im Rahmen einer Vollkostenrechnung durch die detaillierte Erfassung aller Kosten, also auch der gesamten Personalkosten, zur Verfügung stehen, diesen Aufwand rechtfertigen.

Wesentlich ist in diesem Zusammenhang die *Steuerungsrelevanz der Informationen*. Aus der Praxis heraus sind unter diesem Aspekt von den dargestellten Argumenten insbesondere zwei noch einmal hervorzuheben, die den öffentlichen Theaterbetrieb klar von einem erwerbswirtschaftlichen Unternehmen z. B. aus dem Produktionssektor abgrenzen und ein eindeutiges Votum für die Anwendung der Teilkostenrechnung im öffentlichen Theater zur Folge haben:

1. Festlegung des Verkaufspreises für Eintrittskarten (siehe auch A.4.a):
Während beispielsweise ein Unternehmen der Automobilbranche den Produktpreis auf Vollkostenbasis kalkulieren muss, um langfristig einen Gewinn zu erwirtschaften, kann dies auf das öffentliche Theater nicht angewendet werden, da hier die Eintrittspreise – wie oben dargestellt – nach anderen Kriterien festgelegt werden. Es handelt sich immer um eine (sozial-/kultur-)politisch motivierte Preisstruktur, die im Ergebnis niemals kostendeckend ist. Die Kenntnis der Vollkosten für eine Theatereintrittskarte ist daher *nicht steuerungsrelevant*.

2. Anzahl identischer Produktionseinheiten (siehe auch A.4.c):
Im Industriebereich werden Produkte häufig in sehr großen Stückzahlen hergestellt, Automobile beispielsweise mit nur gering voneinander abweichenden Ausstattungsmerkmalen zum Teil bis zu mehreren Millionen mal. Dadurch können Informationen über die Vollkosten eines Produktes zur Steuerung der nachfolgenden Herstellung gleichartiger Produkte verwendet werden. Im Theaterbereich dagegen werden – wie erläutert – regelmäßig „Unikate" erstellt, die Losgröße ist „eins". Eine Produktion wird in einer bestimmten Form nur ein einziges Mal hergestellt und stellt somit ein Projekt dar. Insofern erbringt die Anwendung einer Vollkostenrechnung im Theater für die zukünftige Steuerung kaum wiederverwendbare Informationen. Denn ein Großteil der Informationen ist für die Durchführung der nachfolgenden Produktionen wegen der grundsätzlichen Verschiedenheit ohne Bedeutung und damit *nicht steuerungsrelevant*. Man kann also die Theaterkostenrechnung in vielen Belangen mit der Disziplin der Projektkostenrechnung vergleichen, bei der regelmäßig eine Teilkostenrechnung angewendet wird.

Somit ist festzuhalten, dass *der Einsatz einer an die spezifischen Bedürfnisse des jeweiligen Theaters angepassten Teilkostenrechnung* im Zweifel sinnvoller ist. Welche Kostenarten im Einzelnen Berücksichtigung finden, ist für den konkreten Fall zu untersuchen. Grundsätzlich sinnvoll erscheint eine *Verrechnung der Sachkosten der Bühnenbilder und der Kosten für künstlerische Gäste*. Denn hierbei handelt es sich zum einen um Einzelkosten, also Kosten, die ohne eine Verrechnung über Kostenstellen direkt und relativ einfach den Kostenträgern (Inszenierungen, Aufführungen, Konzerte, Sonderveranstaltungen etc.) zugeordnet werden können. Außerdem haben diese regelmäßig variablen Kosten eine große Bedeutung insbesondere für die unterjährige Steuerung des Theaters.

Auch für die Personalkosten, die in den *Werkstätten für die Erstellung von Dekorationen und Kostümen* sowie in den *technischen Abteilungen* (Bühnentechnik, Beleuchtungstechnik, Tontechnik, Requisite) im Rahmen des Auf- und Abbaus von Bühnenbildern und der Vorstellungsbetreuung anfallen, kann die Verrechnung auf die Kostenträger von Interesse sein. Eine weitergehende Zuschlüsselung von Personalkosten hängt sehr stark von den spezifischen Rahmenbedingungen ab.

Die Vollkostenrechnung eignet sich somit nur sehr bedingt für die Anwendung im Theater. Dies zeigt sich auch an vielen konkreten Beispielen aus der Vergangenheit und aus der Gegenwart, bei denen der Versuch unternommen wurde / wird, eine Vollkostenrechnung im Theater einzuführen. Die Praxis zeigt, dass die ursprünglich geplanten bzw. implementierten Vollkostenrechnungssysteme regelmäßig durch die Anwendung einer Teilkostenrechnung ersetzt oder nur unter dem Zwang des Trägers personal- und zeitintensiv fortgeführt werden, ohne dass die Theaterleitung daraus weitergehenden Nutzen ziehen kann.

Operatives Controlling im Theater

Nachdem der Einsatz der Kostenrechnung im Theater nun hinreichend beschrieben worden ist, können wir uns im Folgenden dem Controlling zuwenden.

Organisatorische Einordnung

Um es gleich vorwegzunehmen: Große Controlling-Abteilungen können sich öffentliche Theater aufgrund der chronischen Finanzmittelknappheit ihrer Träger, die natürlich auch auf die Theater abgewälzt wird, nicht leisten. Selbst große Häuser wie die Hamburgische oder die Bayerische Staatsoper oder das Staatstheater Stuttgart verfügen über maximal einen bis zwei Controller/Kostenrechner. In kleineren und mittleren Häusern, die über keine eigenständigen Controller-Stellen verfügen, teilen sich die Controlling-Aufgaben häufig zwischen dem Leiter des Rechnungswesens und dem Verwaltungsdirektor selbst auf.

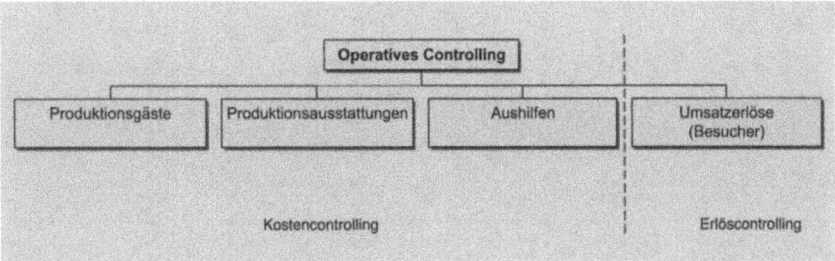

Abbildung 2: Wesentliche Aufgabenfelder des operativen Controlling im öffentlichen Theater

Darüber hinaus werden andere Mitarbeiter (z. B. aus der EDV-Abteilung) als Berichtslieferanten mit einbezogen. Die Interpretation der Informationen bleibt jedoch in der Regel dem Verwaltungsdirektor vorbehalten. Somit betreibt die Theaterleitung im besten Sinne *Self-Controlling*.

Die knappen Ressourcen erfordern eine Beschränkung des Controlling auf das wirklich Wesentliche, eine Konzentration auf wichtige Steuerungsgrößen. Ein „flächendeckendes" Controlling mit einem voluminösen Berichtswesen, wie es bereits bei vielen mittelständischen erwerbswirtschaftlichen Unternehmen betrieben wird, ist im Theater nicht leistbar. Eine Reduzierung auf ein effizientes *Lean Controlling* ist also geboten.

Im Folgenden sollen daher die vier wichtigsten und zentralen Aufgabenbereiche des operativen Controlling im Theater, die oben bereits herausgearbeitet worden sind, genauer dargestellt werden: das Controlling der Produktionsgäste, das Controlling der Produktionsausstattungen, das Controlling der Aushilfen und das Controlling der Besucherzahlen und Erlöse. Die Abbildung 2 zeigt diese noch einmal im Überblick. Des weiteren wird die Aggregation der Zahlen auf der Unternehmensebene behandelt.

Controlling der Produktionsgäste

Die Kosten für künstlerische Gäste können je nach Theater durchaus bis zu 10 % der gesamten Personalkosten ausmachen. Durch das Engagement von Gästen erhalten sich die Theater eine höhere Vielfalt hinsichtlich ihres Spielplan. So gibt es insbesondere im Musiktheater Partien, die durch einen Sänger oder ein Sängerin des eigenen Ensembles nicht abgedeckt werden können (z. B. den Heldentenor für die Rolle des Tannhäuser in der gleichnamigen Oper von R. Wagner). Natürlich könnte man einen Sänger mit diesen Fähigkeiten grundsätzlich auch fest in das Ensemble aufnehmen. Jedoch kann der Spielplan der Saison so aufgebaut sein, dass man sonst keine weiteren Partien für diesen Sänger hat. Dann würde es finanziell nicht sinnvoll sein, diesen in ein Festengagement zu übernehmen. Statt dessen erfolgt das Engagement nur als Produktionsgast für die Proben und die Vorstellungen zu dieser Produktion.

Des weiteren werden meistens auch die Regisseure und die sog. Ausstatter (Bühnenbildner und Kostümbildner) als Gäste engagiert. Zwar verfügen insbesondere große Theater auch über eigene Hausregisseure und die meisten, auch kleineren Theater über einen oder mehrere eigene Ausstatter. Doch zeigt die künstlerische Praxis, dass es aus Gründen der ästhetischen Vielfalt und Abwechslung sinnvoll ist, die Regie und die Ausstattung von Produktionen auf verschiedene Personen zu verteilen. Denn unabhängig von der konkreten Produktion hat jeder Regisseur und jeder Ausstatter „seine persönliche Handschrift", die auch von jedem regelmäßigen Theaterbesucher nach kurzer Zeit erkannt würde und so zur Gleichförmigkeit oder gar Langeweile beitragen könnte.

Sobald seitens der künstlerischen Leitung die ersten konkreten Überlegungen zum neuen Spielplan angestellt werden – je nach Größe und Art des Hauses kann dies ungefähr eineinhalb (kleinere Stadt-

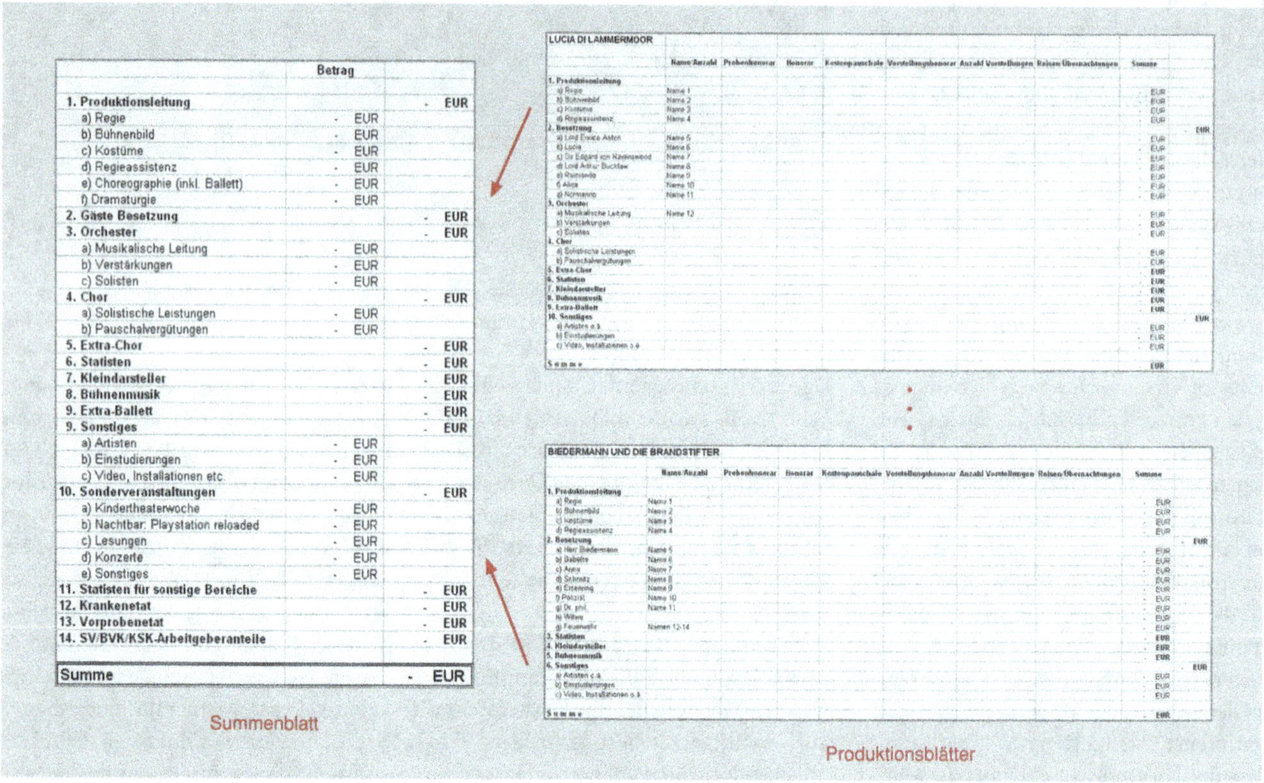

BRANCHENSPEZIFISCHE ANSÄTZE

Abbildung 3: Kalkulation von Produktionsgästen

theater) bis drei oder gar vier (große Opernhäuser) Jahre vor Beginn der eigentlichen Spielzeit sein – sollte der Verwaltungsdirektor mit einbezogen werden, um die Überlegungen durch das Berechnen und Aufzeigen der kostenmäßigen Auswirkungen zu begleiten und gegebenenfalls Verbesserungsvorschläge zur Kostenreduzierung zu unterbreiten. In der Regel reicht es aus, dass solche Planungsrechnungen in recht einfacher Form auf der Basis einer Tabellenkalkulationsanwendung erfolgen. So kann für jede einzelne Produktion ein Kalkulationsblatt erstellt werden, die Summen werden dann unter Berücksichtigung bestimmter Zuschlags- und Korrekturfaktoren (z. B. Sozialversicherungszuschläge) auf einem Summenblatt zusammengeführt. Die Abbildung 3 verdeutlicht dieses Vorgehen beispielhaft und ausschnittsweise.

Die Planungen sind dann mit fortschreitender Zeit immer weiter zu verfeinern. So sind z. B. anfangs die Kosten für Regisseure oder Besetzungsgäste Schätzzahlen, die sich nach Durchführung und (hoffentlich finanziell erfolgreichem) Abschluss der Vertragsverhandlungen mit diesen konkretisieren.

Controlling der Produktionsausstattungen

Ebenso wie die Personaleinzelkosten sind auch die Sacheinzelkosten einer Produktion im Vorfeld zu kalkulieren. Da die Umsetzung eines Stückes erst ca. ein Jahr vor der Premiere konkreter wird – der Regisseur und der Ausstatter müssen gefunden sein, und die Gastverträge müssen verhandelt und abgeschlossen sein –, die Planungen des Theaters für eine Spielzeit jedoch schon viel früher beginnen, ist unabhängig von der konkreten Ausgestaltung einer Produktion deren Ausstattungsbudget frühzeitig festzulegen. So verteilt die Geschäftsleitung des Theaters in Abstimmung mit den künstlerischen Leitungen der einzelnen Sparten und gegebenenfalls den am Haus beschäftigten Regisseuren und Ausstattern das eingeplante Ausstattungsbudget auf die einzelnen Produktionen der Spielzeit. Dabei sind Aspekte wie die Größe – Anzahl Schauspieler bzw. Sänger, Größe des Chores, Anzahl der Umzüge (und damit die Anzahl der pro Akteur notwendigen Kostüme) – und der Charakter eines Werkes – z. B. könnte es sich um ein sog. Ausstattungsstück, dessen Qualität sehr wesentlich von der Wirkung des Bühnenbildes und/oder der Kostüme abhängt – mit abzuwägen. Das Ergebnis wird dokumentiert und darf nur noch von der Geschäftsleitung geändert werden. Diese Aufteilung bildet die Grundlage für die Kalkulation der einzelnen Produktionen. Ein Beispiel für eine Übersicht über die Ausstattungsbudgets zeigt die Abbildung 4.

Diese einmal erfolgte Festlegung bildet die finanzielle Grundlage für alle weiteren Produktionsschritte. Unmittelbar nach der sog. Bauprobe (das Bühnenbild wird hier mit einfachen Mitteln wie Podesten, Leitern, Tüchern etc. auf der Bühne probeweise aufgebaut), die regelmäßig ungefähr neun Monate vor der Premiere stattfindet, wird eine Grobkalkulation aufgestellt, anhand derer entschieden wird, ob die so gewünschte Realisierung von Bühnenbild und Kostümen innerhalb des vorgegebenen Kostenrahmens grundsätzlich möglich ist oder ob nochmals in eine andere Richtung nachgedacht werden muss. Im Laufe der kommenden Monate werden die Planungen inhaltlich immer weiter verfeinert. Schließlich ist rechtzeitig, d. h. idealerweise ca. drei bis vier Wochen, bevor die Produktion des Bühnenbildes und der Kostüme in den Werkstätten beginnt, ein genauer Kostenvoranschlag aufzustellen und der Geschäftsleitung vorzulegen. Diese genehmigt ihn oder fordert bei Überschreitungen Nachbesserungen. Wichtig ist hierbei das strikte Einhalten des vorgegebenen Zeitkorridors. Ist nämlich die Produktion erst einmal in den Werkstätten, ohne dass ein genehmigter Kostenvoranschlag vorliegt, ist es aufgrund des genau abgestimmten Zeitablaufs bis zur Premiere zu spät, um noch wesentliche Änderungen und damit Kosteneinsparungen vorzunehmen. Der sog. Point of no Return liegt also bei dem oben genannten Zeitpunkt. Darüber hinaus ist die ständige Überwachung der Ausstattungskosten in jedem Stadium der Produktion notwendig. Deuten sich wesentliche Kostenüberschreitungen an, ist der Verwaltungsdirektor hierüber zu informieren.

Um diesen Prozess finanziell begleiten und überwachen zu können, ist neben kaufmännischem Denken ein tiefgehendes technisches Wissen notwendig. Die entsprechende Controlling-Instanz ist daher im technischen Bereich des Theaters anzusiedeln. Idealerweise ist diese Aufgabe einem Mitglied der technischen Leitung des Theaters zu übertragen: dem Technischen Direktor selbst oder einem Produktionsleiter, über den dann auch alle Materialbestellungen etc. abzuwickeln sind. Dieser ist in seiner Funktion als Produktionscontroller direkt dem Verwaltungsdirektor unterstellt und informiert ihn regelmäßig über die aktuelle Kostensituation.

Controlling der Aushilfen

Aufgrund der stets knappen Finanzmittelsituation sind Theaterbetriebe in den einzelnen Abteilungen personell äußerst knapp ausgestattet. Dies führt dazu, dass Zusatzbelastungen (z. B. aufgrund von krankheitsbedingten Personalausfällen, aufgrund von bestimmten Inszenierungskonstellationen oder aufgrund sich überschneidender Produktionszeiten einzelner Inszenierungen) nur durch die befristete Einstellung von Aushilfen aufgefangen werden können. Hierfür verfügen Theater über ein sog. Aushilfsbudget, das für die oben genannten besonderen Belastungssituationen verwendet werden kann.

Die Kosten für Aushilfen sind also ebenfalls spielzeitbezogen flexibel, so dass sie einer genauen operativen Überwachung bedürfen. In der Regel obliegt diese Aufgabe dem Leiter der Personalabteilung oder in kleineren Theatern dem Verwaltungsdirektor selbst. Die Abbildung 5 zeigt beispielhaft ein einfaches,

AUSSTATTUNGSBUDGETS 2004/05

Position	Stück	Spielort	Premiere	Spielzeitansatz	Etat aktuell	Bemerkungen
Schauspiel 1	Macbeth	Großes Haus	23.10.2004	- EUR	- EUR	Kostenvoranschlag vom 10.06.04
Musiktheater 1	Lucia di Lammermoor	Großes Haus	13.11.2004	- EUR	- EUR	Kostenvoranschlag vom 28.06.04
Schauspiel 2	Pinocchio	Großes Haus	26.11.2004	- EUR	- EUR	Kostenvoranschlag vom 26.07.04
Schauspiel 3	Arsen und Spitzenhäubchen	Großes Haus	11.12.2004	- EUR	- EUR	
Musiktheater 2	Tannhäuser	Großes Haus	22.01.2005	- EUR	- EUR	
Schauspiel 4	Biedermann und Brandstifter	Großes Haus	05.02.2005	- EUR	- EUR	
Tanz 1	Hamlet	Großes Haus	19.02.2005	- EUR	- EUR	
Musiktheater 3	Gräfin Mariza	Großes Haus	12.03.2005	- EUR	- EUR	
Schauspiel 5	Das Fest	Großes Haus	02.04.2005	- EUR	- EUR	
Musiktheater 4	Die Entführung aus dem Serail	Großes Haus	30.04.2005	- EUR	- EUR	
Schauspiel 6	Stillleben in einem Graben	Großes Haus	21.05.2004	- EUR	- EUR	
Musiktheater 5	Kiss me Kate (Preview)	Großes Haus	09.07.2005	- EUR	- EUR	
			Summe Großes Haus:		- EUR	
Kinder- u. Jugendtheater	Lotte will Prinzessin sein	theo		- EUR	- EUR	Koproduktion mit Theater Karo Acht
Schauspielklein 1	Geschichten vom Vögeln	theo		- EUR	- EUR	
Schauspielklein 2	Mein Leben ist ein Floß	Kulturfabrik		- EUR	- EUR	
Schauspielklein 3	Die Karl Miller Show	F1		- EUR	- EUR	
Tanz klein 1	Neue Choreographen	F1		- EUR	- EUR	
Tanz klein 2	Die Ballade vom traurigen Café	theo		- EUR	- EUR	
Tanz 2	Dracula	Villa Moritzberg		- EUR	- EUR	
sonst. 1	Nachtbar	F1		- EUR	- EUR	
sonst. 2	Heimatlos	Restaurant			- EUR	Produktion gestrichen
sonst. 3	Frau Holles Happy Hour	F1			- EUR	
extern	Woyzeck	theo		- EUR	- EUR	laut Kooperationsvertrag vom 28.04.04
			Summe Kleinproduktionen:		- EUR	
			Gesamt:		- EUR	
	Etat				- EUR	
	Differenz				- EUR	

genehmigt am: 28.01.2004

Intendant __________

Verwaltungsdirektor __________

Stand: 25.08.2004

Abbildung 4: Beispiel für ein Übersichtsblatt zu den Ausstattungsbudgets

BRANCHENSPEZIFISCHE ANSÄTZE

KOSTENÜBERSICHT AUSHILFEN				Februar 2005
	Kostenstelle	Ist per 02/2004	Ist per 02/2005	Vergleich zum Vorjahr
43502	Aushilfen Dramaturgie/Werbung			
43505	Aushilfen Hausverwaltung/Zentrale Dienste			
43507	Aushilfen Besucherservice			
43509	Aushilfen Schauspiel			
43512	Aushilfen Musiktheater			
43517	Aushilfen Ausstattung			
43518	Aushilfen Maske			
43519	Aushilfen Malersaal			
43520	Aushilfen Tischlerei			
43521	Aushilfen Schlosserei			
43523	Aushilfen Requisite			
43524	Aushilfen Damenschneiderei			
43525	Aushilfen Herrenschneiderei			
43526	Aushilfen Beleuchtung			
43527	Aushilfen Ton			
43528	Aushilfen Bühnentechnik			
43529	Aushilfen Hausmeister			
43530	Aushilfen Pförtner			
43531	Aushilfen Raumpflegerinnen			
	Summe			

Abbildung 5: Überwachung des Aushilfsbudgets

aber durchaus hinreichendes Instrument zur Überwachung der Aushilfskosten.

Darüber hinaus lässt sich das Aushilfsbudget auch zur gezielten Steuerung der betrieblichen Abläufe einsetzen. Denn es besteht die Möglichkeit, durch Verschiebungen zwischen den Sachkosten des Ausstattungsbudgets, also den produktionsbezogenen Sachkosten, und den produktionsbezogenen Positionen des Aushilfsbudgets (z. B. Tischlerei, Schneidereien) den Fokus im Produktionsbereich von den Sachkosten hin zu den Personalkosten und umgekehrt zu verlagern. So könnte beispielsweise statt des Kaufs eines fertigen Kostüms dieses in der Schneiderei selbst hergestellt werden. Dies kann je nach spezieller Kostensituation durchaus sinnvoll sein. Gleiches wäre andersherum natürlich auch möglich. Allerdings sollte man sich darüber im klaren sein, dass es sich in vielen solcher Fälle nicht um eine Austauschbeziehung handelt, sondern dass höhere Sachkosten (also eine größere Ausstattungssumme) regelmäßig auch erhöhte Personalkosten mit sich bringen.

Eine besondere Situation im Aushilfsbereich ergibt sich beim Orchester. Gerade in kleineren Theatern mit personell eher gering ausgestatteten Orchestern werden hier die meisten Aushilfskosten verursacht. Denn kleine Orchester sind für die meisten Musikwerke personell aufzustocken, da diese eine umfangreichere Orchesterbesetzung erfordern. Die Kosten für Orchesteraushilfen sind daher noch genauer zu planen und zu überwachen, als dies bei den sonstigen Aushilfen schon nötig ist. Denn im Orchesterbereich sind Aushilfen nicht die Ausnahme (wie hoffentlich in den anderen Abteilungen des Theaters), sondern der Regelfall. Eine erste sinnvolle Unterscheidung ist daher diejenige in die Kosten für krankheitsbedingte Aushilfsmusiker und werkbedingte Aushilfsmusiker (sog. „echte" Aushilfen).

Zusätzlich zur Planung der Orchesteraushilfen auf Spielzeitbasis sollte diese auch bezogen auf die einzelnen musikalischen Produktionen, also die einzelnen Kostenträger erfolgen. Für beides ist eine äußerst genaue Kenntnis der musikalischen Werke und der Probenanforderungen notwendig. Daher kann das Controlling der Orchesteraushilfen nur in einer sinnvollen Zusammenarbeit zwischen dem Generalmusikdirektor und dem Controller bzw. Verwaltungsdirektor erfolgen.

Controlling der Besucherzahlen und Erlöse

Nachdem sich die vorangegangenen Kapitel mit dem Controlling von Kostenkomponenten befasst haben, wird nun der Absatzbereich betrachtet. Auch hier liegt selbstverständlich der Fokus wieder auf dem Bereich, der unterjährig variabel ist und gleichzeitig den größten beeinflussbaren Erlösblock darstellt, nämlich auf den Erlösen, die durch den Zuschauerbesuch generiert werden.

Weitere Erlösbereiche können beispielsweise der Verkauf von Merchandising-Artikeln (CDs, Kugelschreiber, T-Shirts, Kappen, Schals, Tassen, Uhren etc.), Theatervermietungen oder Pachteinnahmen (z. B. bei der Verpachtung der Zuschauerbewirtung und/oder Kantine) sein. Diese Erlöse sind normalerweise im Verhältnis zu den Umsatzerlösen aus dem Eintrittskartenverkauf eher gering. Zudem bauen umsatz- und ertragssteuerliche Grenzen für die im Regelfall gemeinnützigen Theater hier ebenfalls erst einmal Barrieren auf.

Grundsätzlich sollte eine Erlösplanung kostenträgerbezogen erfolgen. Jedoch stellt sich für den Theaterbetrieb die Frage, ob dies seriös möglich ist. Basis hierfür wäre die Formel:

Anzahl Vorstellungen x Anzahl Besucher x Durchschnittserlös pro Besucher

Die Anzahl der Vorstellungen steht im Wesentlichen auf der Grundlage der Disposition für eine Spielzeit fest, da frühzeitig entschieden wird, welcher Abonnement-Ring welche Produktion sehen wird. Diese Zahl kann sich durch zusätzliche freie Vorstellungen noch ein wenig nach oben verändern. Auch der Durchschnittserlös pro Besucher lässt sich aufgrund von Erfahrungswerten festlegen. Problematisch ist dagegen die Einschätzung der absoluten Zuschauerzahl. Grundsätzlich lässt sich zwar ein bekanntes Werk besser verkaufen als ein unbekanntes. So wird tendenziell die Oper „La Traviata" von G. Verdi höhere Besucherzahlen pro Vorstellung erreichen als beispielsweise die Oper „Der junge Lord" von H. W. Henze. Jedoch hängt die Besucherzahl auch stark von der Art der Inszenierung, also der künstlerischen Bühnenumsetzung des Werkes und dessen Gefallen bei den Besuchern und den Kritikern ab. Eine belastbare Prognose ist daher äußerst schwierig.

BESUCHER- UND ERLÖSÜBERSICHT — Februar 2005

	Spielzeit 2002/2003				Spielzeit 2003/2004				Spielzeit 2004/2005			
	Aufführungen	Besucher	Auslastung	Einnahmen	Aufführungen	Besucher	Auslastung	Einnahmen	Aufführungen	Besucher	Auslastung	Einnahmen
August												
September												
Oktober												
November												
Dezember												
Januar												
Februar												
März												
April												
Mai												
Juni												
Juli												
kumuliert												

Abbildung 6: Besucher- und Erlösübersicht – Drei-Spielzeiten-Vergleich

Insofern erscheint ein anderer Ansatz sinnvoller, der nicht von der einzelnen Produktion ausgeht, sondern von einer kompletten Spielzeit. Eine (normale) Theaterspielzeit ist in einem Haus in der Regel identisch aufgebaut. Zwar gibt es abhängig vom Beginn einer Spielzeit und der Lage von Feiertagen etc. leichte zeitliche Verschiebungen. Gleichwohl gibt es eine feste Anzahl von Neuproduktionen und einen festen Rhythmus der Premieren. Dieser ergibt sich aus den Produktionsbedingungen eines Hauses sowie den Sehgewohnheiten der Besucher, insbesondere der Abonnenten. Bezogen auf das Angebot des Theaters kann man also schon einmal von einer beinahe gleichbleibenden Struktur hinsichtlich der Verteilung und der Dichte der Vorstellungen sprechen. D. h. bis zu einem festgelegten Zeitpunkt, z. B. bis zum Ende eines bestimmten Monats, hat es regelmäßig eine annähernd identische Zahl von Neuproduktionen und Vorstellungen gegeben.

Die sich ändernde und damit zu kontrollierende und zu steuernde Komponente ist somit der Absatzbereich, also der Besuch der Zuschauer und die dadurch generierten Erlöse. Auch hierfür existieren in jedem Theater Erfahrungswerte aus den vergangenen Spielzeiten. Ein Controlling-Instrument in Form eines Drei-Spielzeiten-Vergleichs zeigt die Abbildung 6.

Die sich daraus ergebenden Zuschauerkurven – oder besser – Erlöskurven der Vergangenheit kann man verwenden, um die aktuellen Zuschauerzahlen und Erlöse zu überwachen und zu prognostizieren. Dies ist möglich, da der Zuschauerbesuch eines bestimmten Theaters und somit auch die Erlössituation – im Wesentlichen unabhängig von einzelnen Produktionen – stets einer ähnlichen Verteilung über eine Spielzeit unterliegt. So sind die Zuschauerzahlen insbesondere im Winterhalbjahr, beginnend nach den Herbstferien bis hin zu den Osterferien der Schulen, in der Relation gesehen sehr hoch. In der hellen Jahreszeit dagegen konkurriert das Theater zusätzlich mit den Möglichkeiten der Freizeitgestaltung im Freien. Die Abbildung 7 zeigt einen typischen Saisonverlauf der durch die Theaterbesucher generierten Erlöse.

Anhand dieser Verteilung lassen sich die aktuellen Zuschauerströme überwachen und prognostizieren (siehe durch-

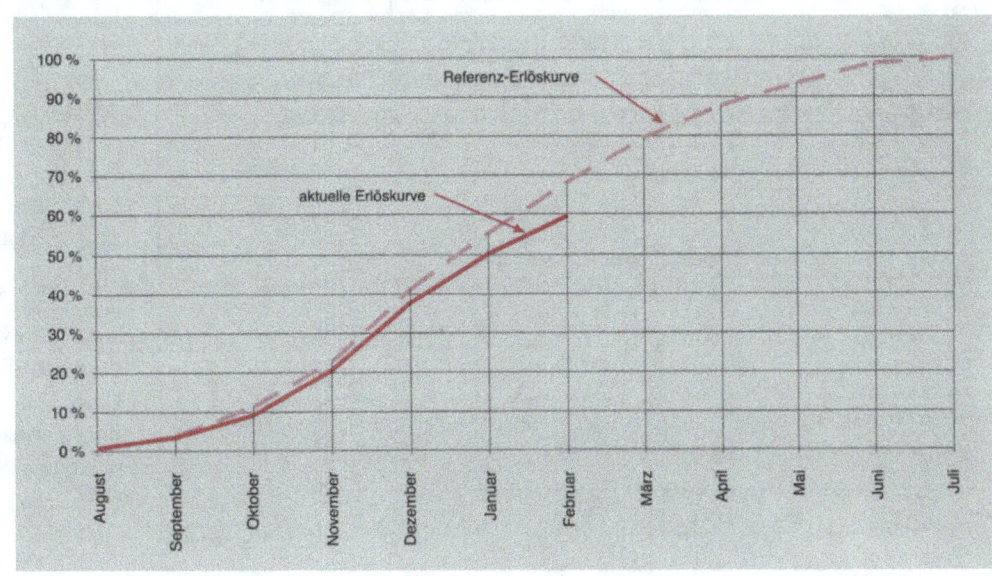

Abbildung 7: (Kumulierte) Verteilung der Erlöse über eine Theaterspielzeit

BRANCHENSPEZIFISCHE ANSÄTZE

gezogene Linie in der Abbildung 7). Entsprechend der Vergleichssituation lässt sich die aktuelle Situation beurteilen. Die Überwachung und Interpretation sollte regelmäßig gemeinsam durch den Leiter der Besucherabteilung, den Leiter der Marketing-Abteilung und den Verwaltungsdirektor erfolgen. Gemeinsam sollten bei negativen Abweichungen geeignete Gegenmaßnahmen eingeleitet werden.

Ergänzend sei angemerkt, dass sich dieses Instrument selbstverständlich nur für das operative, unterjährige Controlling eignet. Für längerfristige Prognosen, das Ableiten von strategischen Handlungsalternativen und Grundsatzentscheidungen sind selbstverständlich weitergehende Analysen zu erstellen.

Controlling auf Unternehmensebene

Über das Controlling der dargestellten Einzelbereiche darf der Überblick über das gesamte Theaterunternehmen nicht verloren gehen. Die Zahlen sind auf der Unternehmensebene zu aggregieren. So sind in regelmäßigen Abständen, zumindest monatlich, zeitnah Berichte zu erstellen, die Informationen über den Stand und die Entwicklung des Unternehmens geben. Es ist sehr sinnvoll, diese Berichte aufbauend auf dem Wirtschaftsplan zu strukturieren, so beispielsweise unterteilt in die Bereiche Personalkosten, Sachkosten und Erlöse. Auch hier bieten sich zur Auswertung verschiedene Vergleichsmöglichkeiten an, Ist zum Plan bzw. Soll, Ist zum Ist der vorangegangenen Spielzeit, Ist zum Durchschnitt der letzten drei Spielzeiten. Die Abbildung 8 zeigt entsprechende Tabellenstrukturen, unterteilt nach den Bereichen Personalkosten, Sachkosten und Erlöse.

Der Kostenrechnungs-Purist mag zur Abbildung 8 anmerken, dass die Gliederungssystematiken der einzelnen Tabellen nicht einheitlich sind. So haben die Sachkosten und die Erlöse als Gliederungsmerkmal die Kostenarten, während die Personalkosten nach den Kostenstellen aufgeteilt sind. Es lässt sich diesem aus der Praxis heraus hier nur entgegnen, dass sich diese Strukturen im täglichen Umgang entwickelt und bewährt haben. Ein Abweichen hiervon aus rein theoretischen Erwägungen wäre nicht sinnvoll.

Abbildung 8: Controlling der Personalkosten, Sachkosten und Erlöse auf Unternehmensebenen

Zusammenfassung und Ausblick

Die dargestellten Bereiche stellen ausgewählte, jedoch die wesentlichen Aufgabenfelder des operativen Controlling in der Theaterpraxis dar. Sie enthalten die wichtigsten Entscheidungsgrößen für die spielzeitbezogene Steuerung eines öffentlichen Theaters: Auf der Kostenseite sind dies die Kosten für die künstlerischen Produktionsgäste, für die Produktionsausstattungen sowie für die befristet beschäftigten Aushilfsmitarbeiter. Auf der Erlösseite betrifft dies die Informationen über die Besucherzahlen und die damit verbundenen Umsatzerlöse. Die dargestellten Instrumente und Berichte des operativen Theater-Controlling sind einfach und übersichtlich gehalten. Sie sind auf das Wesentliche reduziert, um dem Theatermanager schnell die notwendigen Informationen zu geben.

Wünschenswert wäre es über das Dargestellte hinaus, dem kaufmännischen Theaterleiter bei der Auswertung und Interpretation der Daten, die er aus den verschiedenen Bereichen des Theaters erhält, weitergehende Hilfe zu geben. Eine solche in Form eines zusätzlichen Controllers dürfte aufgrund der engen Finanzsituation der Theater nicht möglich sein. Zu denken wäre daher an den Einsatz eines computerbasierten Tools (z. B. in Form eines Management-Informationssystems), das die Informationen empfängerorientiert visualisiert und analysiert, Warnhinweise gibt und eine Auswertungsunterstützung bietet.

Literatur

ALMSTEDT, M.: Ganzheitliches computerbasiertes Controlling im öffentlichen Theater – Konzeption und prototypische Implementierung eines Controlling-Informationssystems auf der Basis einer Analyse des öffentlichen Theaters, Göttingen 1999 (zugl.: Göttingen, Univ., Diss., 1998).

ALMSTEDT, M.; SCHRÖDER, M.: Rechtsformen öffentlicher Theater – Privatisierungsblendwerk oder Effizienzkriterium?, in: UNVERZAGT, A.; RÖCKRATH, G. (Raabe Fachverlag für Öffentliche Verwaltung): Kultur & Recht – Praxisorientiertes Rechtshandbuch für Künstler und Kulturmanager, C1.3-C1.4, Stuttgart u. a. 2001.

BEUTLING. L.: Controlling in Kulturbetrieben am Beispiel Theater, Grundlagen für ein Management zur betriebswirtschaftlichen Steuerung, Hagen 1993.

DEUTSCHER BÜHNENVEREIN (Hrsg., bearbeitet von ALMSTEDT, M.): Grundlagen der Kostenrechnung im Theater und Orchester, Köln 1999.

DEUTSCHER BÜHNENVEREIN (Hrsg.): Theaterstatistik 2002/2003, 38. Heft, Köln 2004.

HAISCHER, M.; RIESENHUBER, K.: Management-Konzepte und betriebswirtschaftliche Instrumente im öffentlichen Theater. Studie des Fraunhofer-Instituts für Arbeitswirtschaft und Organisation, Stuttgart 1999.

Kommunale Gemeinschaftsstelle für Verwaltungsvereinfachung (Hrsg.): Führung und Steuerung des Theaters, Köln 1989.

NOWICKI, M.: Theatermanagement – ein dienstleistungsbasierter Ansatz, Hamburg 2000 (zugl.: Dortmund, Univ., Diss., 1999)

RÖPER, H.: Handbuch Theatermanagement – Betriebsführung, Finanzen, Legitimation und Alternativmodelle, Köln/Weimar/Wien 2001 (zugl.: München, Univ., Diss., 2000).

SCHNEIDEWIND, P.: Entwicklung eines Theater-Managementinformationssystems, Frankfurt am Main u. a. 2000 (zugl.: Ludwigsburg, Pädag. Hochsch., Diss., 2000).

SCHNEIDEWIND, P.: Von den Informationsinseln zum entscheidungsorientierten Theatermanagementinformationssystem – Controllingeinführung im Theaterbetrieb, in: BENDIXEN, P.; FUCHS, M.; HEINRICHS, W. (Raabe Fachverlag für Öffentliche Verwaltung): Handbuch Kulturmanagement – Die Kunst, Kultur zu ermöglichen, F5.3, Stuttgart u. a. 2001.

SCHWARZMANN, W.: Entwurf eines Controllingkonzepts für deutsche Musiktheater und Kulturorchester in öffentlicher Verantwortung, Aachen 2000 (zugl.: Augsburg, Univ., Diss., 2000).

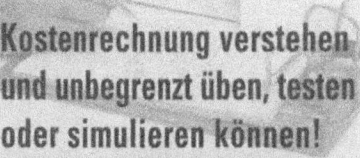

Kostenrechnung verstehen und unbegrenzt üben, testen oder simulieren können!

Marco Rudorfer
Intensivkurs Kostenrechnung
Buch plus Lernsoftware
herausgegeben von
Rudolf Fiedler

2005. XIV, 241 S. + CD-ROM
Br. EUR 34,90
ISBN 3-409-12504-3

Endlich Kostenrechnung verstehen und üben können! Buch und Software bieten alle für Studium und Praxis relevanten Aspekte der Kostenrechnung in übersichtlicher Form. Die besonders verständliche Aufbereitung der Inhalte dieser „Bookware" bietet dem Studierenden der BWL wie auch dem Praktiker ohne betriebswirtschaftliche Vorbildung den optimalen Zugang zum Verständnis und der Anwendung des komplexen Stoffs.

Änderungen vorbehalten.
Erhältlich beim Buchhandel oder beim Verlag.

Abraham-Lincoln-Str. 46,
65189 Wiesbaden,
Tel: 06 11 78 78-124,
www.gabler.de

Leseliste Top 5: TIME-Unternehmen und Controlling

In dieser Liste möchten wir Ihnen regelmäßig fünf besonders lesenswerte Bücher zu einem bestimmten Themengebiet vorstellen.

Scholz, C./Stein, V., Eisenbeis, U.:
Die TIME-Branche:
Konzepte – Entwicklungen –
Standorte
Rainer Hampp Verlag,
München, 2001,
215 Seiten,
ISBN: 3-87988-633-4,
29,80 €

Der Fokus dieses Buches liegt auf der Darstellung der einzelnen Segmente der TIME-Branche und deren Zusammenwachsen sowie auf der organisatorischen Integration und den IT-Tools zur Realisierung der Virtualisierung. Technologie wird als Enabler und Driving Force betrachtet, Massenmedien als „Creator", „Aggregator" und „Distributor" von Content.
Tipp: Das Buch eignet sich für Studierende und Entscheidungsträger mit Interesse an der Entwicklung der TIME-Branche.

Lutz-Ingold, M.:
Immaterielle Güter in der externen
Rechnungslegung
Deutscher Universitäts-Verlag,
Wiesbaden, 2005, 288 Seiten,
ISBN: 3-8244-8159-6,
55,90 €

Der Autor untersucht die Unterschiede und Gemeinsamkeiten der Grundsätze und Vorschriften zur Bilanzierung immaterieller Güter des deutschen und des IAS/IFRS Rechnungslegungssystems. Darauf aufbauend arbeitet er das bestehende Harmonisierungspotenzial heraus und zeigt die Möglichkeiten zur Fortentwicklung der Systeme auf der Basis einer de lege ferenda-Betrachtung auf.
Tipp: Die Zielgruppe für diese Dissertation sind Rechnungslegungspraktiker sowie Dozenten und Studenten mit Finanzschwerpunkt.

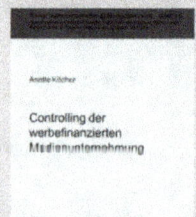

Köcher, A.:
Controlling der werbefinanzierten
Medienunternehmen
Josef Eul Verlag, Lohmar, 2002,
294 Seiten,
ISBN: 3-89012-948-X,
44,00 €

In dieser Dissertation wird die Rolle des Controllings in Medienunternehmen, im Integrationsprozess von Programmarbeit und Werbezeitenvermarktung betrachtet. Am Beispiel von TV wird unter anderem auf die Bewertung des Verzehrs von Content, den Einsatz des Target Costing bei Erstellung von Inhalten, auf das Yield Management sowie auf Erlöscontrolling näher eingegangen.
Tipp: Durch die instrumentelle Sicht des Controllings richtet sich die Dissertation an Wissenschaftler und theorieaffine Praktiker.

Schorcht, H.:
Risikomanagement und Risiko-
controlling junger Unternehmen in
Wachstumsbranchen
Logos Verlag, Berlin, 2004,
464 Seiten,
ISBN: 3-8325-0444-3,
41,00 €

Bei diesem Werk handelt es sich um eine Dissertation, geschrieben an der Technischen Universität Ilmenau. Die Arbeit geht auf das Risikomanagement und dessen Gestaltung als Schwerpunkt des Risikocontrollings in jungen Technologieunternehmen ein. Die Integration von Unternehmens- und Risikopolitik wird dabei besonders hervorgehoben. Ferner werden einzelne Entwicklungsstufen des Risikomanagements für junge Technologieunternehmen dargestellt.
Tipp: Wissenschaftliche Arbeit, die sich aber durchaus auch für Führungskräfte im Controlling junger Unternehmen eignet.

Röper, H.:
Handbuch Theatermanagement
Böhlau Verlag, Köln, 2001,
646 Seiten,
ISBN: 3-412-06201-4,
80,50 €

Das Handbuch beinhaltet neben der Geschichte des deutschen Theaters Fragen der Betriebsführung, die effizientere Gestaltung der Kosten und Einnahmen, Fragen zur Legitimation von öffentlicher Bezuschussung sowie Alternativmodelle zu den etablierten öffentlichen Theatern. Das Buch besitzt ein Stichwortverzeichnis und strukturierte Schautafeln, welche den Nutzen für die Praxis erhöhen.
Tipp: Das Handbuch eignet sich als Ratgeber für Theatermanager sowie als praxisnahes Lehrbuch für Theaterarbeit.

Rechtemanagementsysteme als Basis eines Führungsinformationssystems von Medienunternehmen

Georg Ruile / Vural Ünlü / Thomas Hess

Die zunehmende rechtliche Komplexität bei der Verwertung von medialen Inhalten stellen das Rechtemanagement in Medienunternehmen auf die Probe. Softwaresysteme, die der strukturierten Verwaltung von Rechten dienen, sind damit ein bedeutender Teil des Führungsinformationssystems.

Einführung
Problemstellung, Ziel, Methode

Die wissenschaftliche Diskussion widmet sich dem Thema Informationsmanagement seit geraumer Zeit. Während dort die Rolle der Information als Produktionsfaktor im Vordergrund steht, begreifen die neueren Bemühungen um ein Content-Management den Informationsinhalt auch als Produkt. Diese Dimension der Information ist schließlich für Medienunternehmen entscheidend, schöpfen sie doch gerade Wert aus der Erstellung, Distribution und Bündelung von Informationen und Unterhaltung, also von medialen Inhalten (vgl. Schumann/Hess 2002, S. 1). Doch auch hier scheint die Betrachtung des Managements von Informationen und Inhalten noch stark ergänzungsbedürftig. Hohe Investitionsaufwendungen bei der Erstellung von Medienprodukten, wie bspw. bei der Herstellung eines Kinofilmes, lassen den Aspekt der Nutzungs- und Verwertungsrechte in den Vordergrund treten. So sind es letztlich immer auch diese Rechte, die Gegenstand der Transaktionen am Markt sind, was beim Film*rechte*handel eher ersichtlich ist, als beim Kauf einer Musik-CD durch den Privatverbraucher. Daher sind die Rechte an den Inhalten und die Inhalte selbst systematisch voneinander zu trennen.

Das Management in einem Medienunternehmen hat diesem rechtlichen Aspekt zunehmend mehr Aufmerksamkeit zu widmen. So werden die Transaktionen insbesondere im zwischenbetrieblichen Bereich, der mit dem Filmrechtehandel bereits angesprochenen wurde, aus der rechtlichen Perspektive immer mehrdimensionaler und komplexer. Durch die Möglichkeit der Mehrfachverwendung sind mediale Inhalte Gegenstand einer Vielzahl von Verträgen auf unterschiedlichen Distributionskanälen. Neue Technologien lassen die Zahl der Verwertungsmöglichkeiten und damit die Zahl der veräußerbaren Verwertungsrechte stetig steigen. Mit dieser Vielzahl von Rechten ist die steigende Zahl von Märkten zu multiplizieren, auf denen sich Medienbetriebe im Zuge einer zunehmenden Internationalisierung der Medienbranche engagieren. Durch Verwertungskonzepte wie das Windowing gelangt zudem die zeitliche Dimension der Verwertungs- und Lizenzierungsaktivitäten ins Blickfeld der rechtlichen Betrachtung (vgl. Siegert 2002, S. 184). Damit nimmt die Zahl rechtlicher Bezü-

- Das zwischenbetriebliche Rechtemanagement ist ein zunehmend bedeutender Wettbewerbsfaktor in der Medienbranche.
- Der Einsatz von Rechtemanagementsoftware im Backend-Bereich birgt ein beträchtliches Potenzial für die Unternehmen.
- Erhältliche Standardsysteme sollen den Anforderungen der Branche gerecht werden.
- Der Markt für die Systeme ist geprägt von hoher Intransparenz und einem Mangel an strukturierten Informationen.
- Auf Basis des Urheberrechts lassen sich die Systemanforderungen strukturieren.

Georg Ruile
Dipl.-Kfm., Dipl.-Musiker
Freier Berater und Musiker
E-Mail: ruile@excellencemusic.de

Dr. Vural Ünlü, MBA
Geschäftsführer der Cogitans Consulting GmbH
München, Isoldenstraße 44,
D-80804 München. E-Mail: vural.uenlue@cogitans.de

ge gegenüber der – ohnehin rasant anwachsenden – Menge von Inhalten exponentiell zu. Ein Unternehmen, das gerade aus der Verwertung von Informationen Wert generiert, findet sich zunehmend in einem unübersichtlichen Netz rechtlicher Verflechtungen, die vor nationalstaatlichen Grenzen ebenso wenig Halt machen wie vor der Rasanz technologischer Entwicklungen. Gleichzeitig erfordert ein steigender Wettbewerbsdruck eine höchstmögliche Effizienz in der Vermarktung und einen maximalen Auslastungsgrad des kommerziellen Potenzials der kreativen Vermögenswerte der Unternehmen.

Um sich den Herausforderungen der steigenden Komplexität zu stellen, ja sogar aus eben dieser Vielfalt Wettbewerbsvorteile zu generieren, sind Informationssysteme zum Management der rechtlichen Verflechtungen und damit verbundener Prozesse unerlässlich. Demgegenüber ist der Markt für solche Rechtemanagementsysteme sehr intransparent und wird dem steigenden Bedarf an entscheidungsrelevanten Informationen nicht gerecht.

Zentrale Thematik dieses Beitrages ist eine Untersuchung des Beitrages von Rechtemanagementsystemen für Medienunternehmen. Nach der Definition des Untersuchungsbereich werden erste Überlegungen bezüglich der Anwendung und des Potenzials von RMS angestellt. Dabei sind die Unternehmensdaten bzw. -informationen sowie die Prozesse der zentrale Betrachtungsgegenstand. Die Untersuchung der Systemanforderungen erfolgt auf einer stärker DV-technischen Ebene, welche die notwendigen Systemdaten und -funktionen hervorbringt. Im Anschluss werden zwei Standardsysteme vorgestellt.

Der Begriff Rechtemanagementsystem

Der Begriff Rechtemanagementsystem (RMS) wird in Wissenschaft und Praxis bereits mit der Implementierung von technischen Maßnahmen zur effektiven Durchsetzung von Nutzungsrechten an medialen Inhalten im Zusammenhang mit dem Digital Rights Management konnotiert. Damit geht es nach diesem Verständnis von Rechtemanagement in erster Linie darum, bestimmte de *jure* bzw. *de lege* unzulässige Nutzungen eines geschützten Werkes auch *de facto* zu verhindern. Gleichzeitig erscheint der Begriff auf Nutzungsrechte im Endkundenbereich (Business-To-Consumer, B2C) beschränkt.

Demgegenüber wird im Kontext dieser Arbeit mit dem Rechtemanagement ein gänzlich anderes Begriffsverständnis verbunden. Gegenstand der Betrachtung sind hier jene Stufen in der Verwertungskette von Rechten an medialen Inhalten, die dem oben angesprochenen Komplex des Schutzes vor Urheberrechtsverletzungen durch den Endverbraucher vorgelagert sind. Auf diesen Stufen werden die Rechte mittels Lizenzverträgen zwischenbetrieblich (Business-To-Business, B2B) übertragen. Solche Verträge werden i. d. R. individuell ausgehandelt und definieren die dem Lizenznehmer eingeräumten Rechte, deren Einschränkungen sowie die auferlegten Verpflichtungen. So kommt es in der betrieblichen Praxis zu einer Vielzahl von Lizenzverträgen mit einem Katalog vertraglicher Bestimmungen, zu deren Verwaltung elektronische Systeme notwendig werden.

Softwaresysteme, deren zentrale Funktionalitäten die strukturierte Erfassung, Verwaltung und Abbildung von Lizenzverträgen sowie das Management von Rechten und Verpflichtungen darstellen, seien hier gleichsam als RMS bezeichnet. Trotz der dadurch reduzierten begrifflichen Trennschärfe scheint dies ein geeigneter Terminus zu sein, der den dispositiven Charakter eines *Managements* von Rechten als bedeutenden Unternehmenswerten gegenüber den eher operativen Schutzmaßnahmen im obigen, traditionellen Begriffsverständnis unterstreicht.

Zur Anwendung und dem Potenzial eines RMS in Medienunternehmen

Einen ersten Eindruck von der Bedeutung des Rechtemanagements in Medienunternehmen erhält man, wenn man betrachtet, welchen Anteil Rechte als nichtphysische Vermögenswerte am Gesamtvermögen der Unternehmen ausmachen. So betrug das aktivierte Programmvermögen der ProSiebenSat.1 Media AG 2003 1,148 Mrd. Euro, und war mit 64 % der bedeutendste Aktivposten des Konzerns. In einem zunehmend intensiven Wettbewerb gilt es insbesondere für Management und Vertrieb, das wirtschaftliche Potenzial dieses Rechtebestandes bestmöglich auszuschöpfen. Darüber hinaus ist Kostensenkung ein ökonomischer Imperativ, der auch und besonders im Wettbewerb einer in Konsolidierung befindlichen Medienbranche Bestand hat. Damit erfordert der Wettbewerbsdruck neben der Optimierung des Rechteportfolios und dessen Auslastung eine Effizienzsteigerung bei den Prozessen der Beschaffung und Verwertung von Rechten und Lizenzen an kreativen Inhalten. Beide Erfordernisse sind Motivation für die Einführung eines RMS, welches insbesondere eine hohe Transparenz in die rechtliche Dimension der betrieblichen Wertschöpfung bringen soll. Diesen beiden ökonomischen Ansatzpunkten entsprechen die zwei unterschiedliche Blickwinkel der Informationen und Prozesse, die zur Betrachtung des Potenzials des Systemeinsatzes im Unternehmen eingenommen werden sollen.

Prof. Dr. Thomas Hess
leitet das Institut für Wirtschaftsinformatik und Neue Medien der Ludwig-Maximilians-Universität München, Ludwigstraße 28, D-80539 München.
E-Mail: thess@bwl.uni-muenchen.de

IT-UNTERSTÜTZUNG

Das Potenzial der Systeme aus der Perspektive der Informationen

Wie im vorangehenden Abschnitt dargestellt, ist die höchstmögliche Ausschöpfung des wirtschaftlichen Potenzials des Rechtebestandes an medialen Inhalten neben der Kostensenkung ein ökonomisches Erfordernis. Eine Strategie der Optimierung des Portfolios und des Auslastungsgrades der Rechte lässt sich nur verfolgen, wenn die komplexe rechtliche Struktur zweifelsfrei interpretiert werden kann, um so bislang ungenutzte Verwertungsmöglichkeiten bzw. unrentable Lizenzierungsaktivitäten zu identifizieren. Dabei sind zuverlässige Informationen der kritische Faktor. Wie in der Einleitung bereits angedeutet, müssen für jeden einzelnen verwertbaren Medieninhalt eine Vielzahl von Kombinationen mehrerer vertraglich zur Disposition stehender Parameter berücksichtigt werden.

Während eine zentrale Datenhaltung die konsistente und aktuelle Erfassung sämtlicher verfügbarer und lizenzierter Rechte und Vertragsparameter sicherstellen soll, ist es Ziel der analytischen Funktionen des RMS, die beschriebenen Strukturen transparent abzubilden. Indem die Rechtesituation anhand verschiedener Kriterien dargestellt und analysiert werden kann, stellt das System Informationen bereit, welche die Entscheidungen bezüglich der Beschaffung und Verwertung von Rechten auf eine strukturiertere Basis stellen. Folgenschwere Fehlinterpretationen, wie die Verfügung über eine bereits vergebene Exklusivlizenz, können so vermieden werden. Die Transparenz im Hinblick auf die inhaltlichen, räumlichen und zeitlichen Beschränkungen der Verwertungsrechte ermöglicht eine Kontrolle über die Auslastung der Inhalte auch bei starker Diversifikation der Aktivitäten und Differenzierung der Rechte. In Verbindung mit den oben beschriebenen Prozessverbesserungen ist so auch eine bislang unrentable Vergabe stark beschränkter und damit „geringwertiger" Lizenzen wirtschaftlich sinnvoll. Die Einführung eines RMS verspricht damit eine verbesserte Kommerzialisierung der medialen Inhalte.

Das Potenzial der Systeme aus der Perspektive der Prozesse

Abbildung 1 zeigt einen exemplarischen Vertriebsprozess bei einem Filmrechtehändler. Die wesentlichen Verhandlungspunkte eines Lizenzvertrages werden i. d. R. zunächst in Form eines sog. Deal Memos vereinbart, auf dessen Grundlage anschließend die endgültigen, komplexen Vertragsdokumente erstellt werden (vgl. Vogel 1998, S. 93). Der Prozessblock der Deal Memo-Schleife ist als Soll-Prozess in der unteren Hälfte der Abbildung dargestellt, und dient hier als Beispiel für einen typischen Arbeitsablauf im Bereich des Rechtemanagements. Charakteristisch für einen solchen Prozess ist insbesondere die hohe Interdependenz der einzelnen Schritte, die sich auch in der Vielzahl von Iterationen äußert, sowie die Involvierung von mehreren Funktionsbereichen (hier die Abteilungen TV-Sales, Media Coordination und Rechte/Lizenzen) des Unternehmens. In vorangegangenen Teilprozessen entstehen Daten bzw. Dokumente (im Beispiel die in den Verhandlungen vereinbarten Bestimmungen), die in den nachfolgenden Schritten

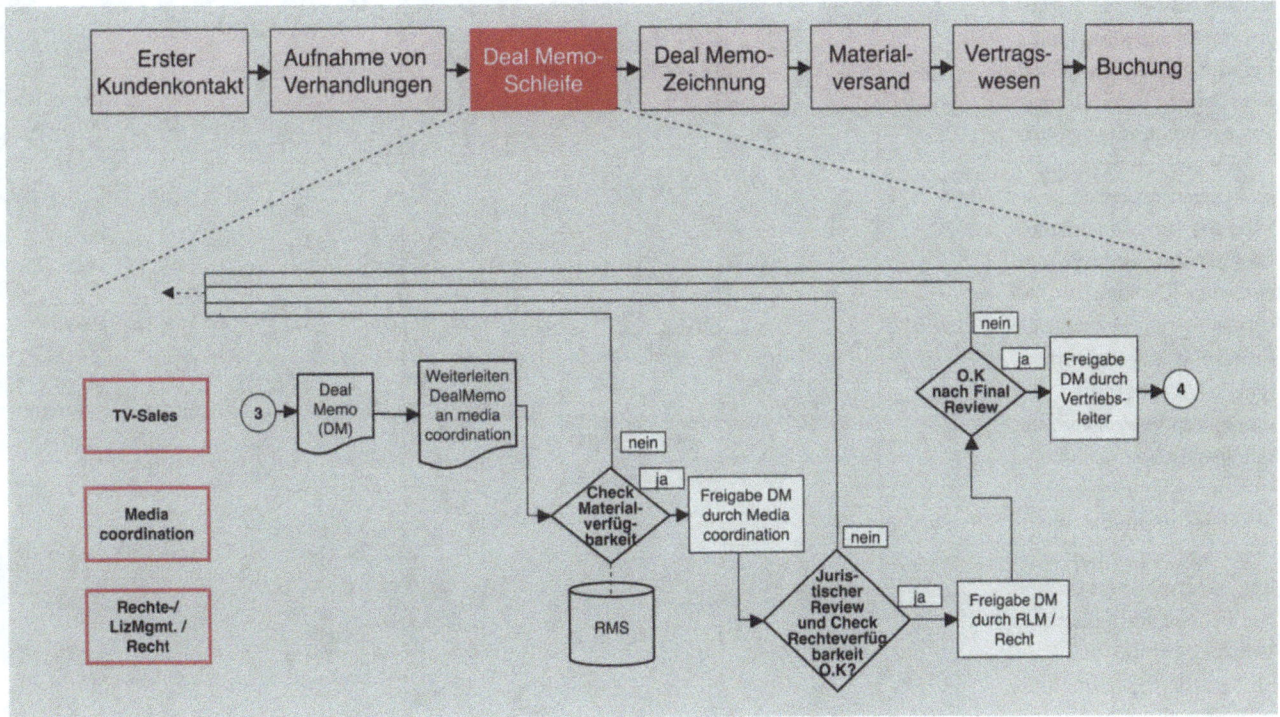

Abbildung 1: Vertriebsprozess bei einem Filmrechtehändler

(im Beispiel zunächst bei der Generierung des Deal Memos) weiterverarbeitet und mitunter verändert werden. So werden im Zeitablauf an unterschiedlichen Stellen im Unternehmen Daten erzeugt, die sich auf einen einzelnen Lizenzvertrag beziehen. Dies birgt die Gefahr von Redundanzen und Inkonsistenz durch medien- und informationstechnische Brüche. Entscheidend ist hierbei die zentrale Datenhaltung durch die Verwendung von Datenbanken, die einen weitgehend aktuellen, konsistenten und redundanzfreien Datenbestand gewährleisten soll. Statt der dezentralen Speicherung einer Vielzahl von Versionen der bearbeiteten Lizenzvereinbarungen informieren Status- und andere Anmerkungen alle berechtigten Personen über den aktuellen Stand des zentral gespeicherten Bearbeitungsobjektes im Prozessablauf. Dies reduziert den notwendigen Daten- und Informationstransfer im Unternehmen beträchtlich, sodass das System hier einen entscheidenden Beitrag zur Effizienzsteigerung der Prozesse des Rechtemanagements leistet.

Ein weiterer zentraler Aspekt in Bezug auf die Prozessoptimierung ist die Möglichkeit der Automatisierung komplexer Verfahren der Lizenzabrechnung. Bei der Kalkulation und Abrechnung von Zahlungsansprüchen und -verpflichtungen aus Lizenzverträgen im Medienbereich sind eine Vielzahl interdependenter Größen aus internen und externen Quellen zu berücksichtigen. Die zentrale Erfassung und automatische Verarbeitung der monetären Vertragsbestimmungen und der Zahlungsströme reduziert die notwendige manuelle Intervention, und damit den Ressourcenverbrauch und die Fehleranfälligkeit des Verarbeitungsprozesses. Eine effiziente, fristgerechte und verlässliche Lizenzabrechnung bedeutet daher ein großes Einsparungspotenzial, und ist zudem ein wichtiger Faktor für den Erhalt und die Pflege wichtiger Geschäftsbeziehungen, die durch undurchsichtige und fehlerhafte Abrechnungen auf die Probe gestellt werden.

Kosten-Nutzen Profil eines RMS

Ein Problemfeld bei einer Nutzenanalyse von Softwaresystemen ist die Erfassung von qualitativen Effekten (vgl. Stahlknecht/Hasenkamp 1999, S. 271 – 272). Hierzu bildet die Wirkungskettenanalyse einen möglichen Untersuchungsansatz (vgl. Schumann 1992, S. 215). Die in den obigen Teilabschnitten beschriebenen primär qualitativen Effekte der Einführung eines RMS gehen wesentlich auf die zentrale Datenhaltung, die automatische Lizenzabrechnung und die Funktionen der Datenanalyse zurück.

In Abbildung 2 wird der Versuch unternommen, ausgehend von diesen Systemmerkmalen bestimmte Wirkungsketten zu identifizieren, die sich letztlich im Unternehmenserfolg positiv niederschlagen. Die einzelnen Faktoren beruhen auf den Überlegungen in den vorangehenden Teilabschnitten, sodass an dieser Stelle auf eine detaillierte Erläuterung des Schaubildes verzichtet wird. Auch die Vermeidung von Anwalts- und Gerichtskosten wurde implizit bereits damit angedeutet, dass das System einer Missachtung der komplexen rechtlichen Situation vorbeugen soll.

Die Kosten der Software und der Einrichtung sind beträchtlich. Dabei ist zu beachten, dass die Einführungskosten für Standardsoftware den Kaufpreis um ein Mehrfaches übersteigen können (vgl. Potthof 1998, S. 53). Ursache für den hohen Einführungsaufwand sind die notwendigen Anpassungen der Software an die individuellen Erfordernisse im Unternehmen (Customizing), sowie eine evtl. erforderliche Anpassung der Organisation. Spätestens mit Verbreitung des Total Costs of Ownership-Ansatzes wurde auch klar, dass die Hard- und Softwarekosten bei weitem nicht, wie in der Praxis viel-

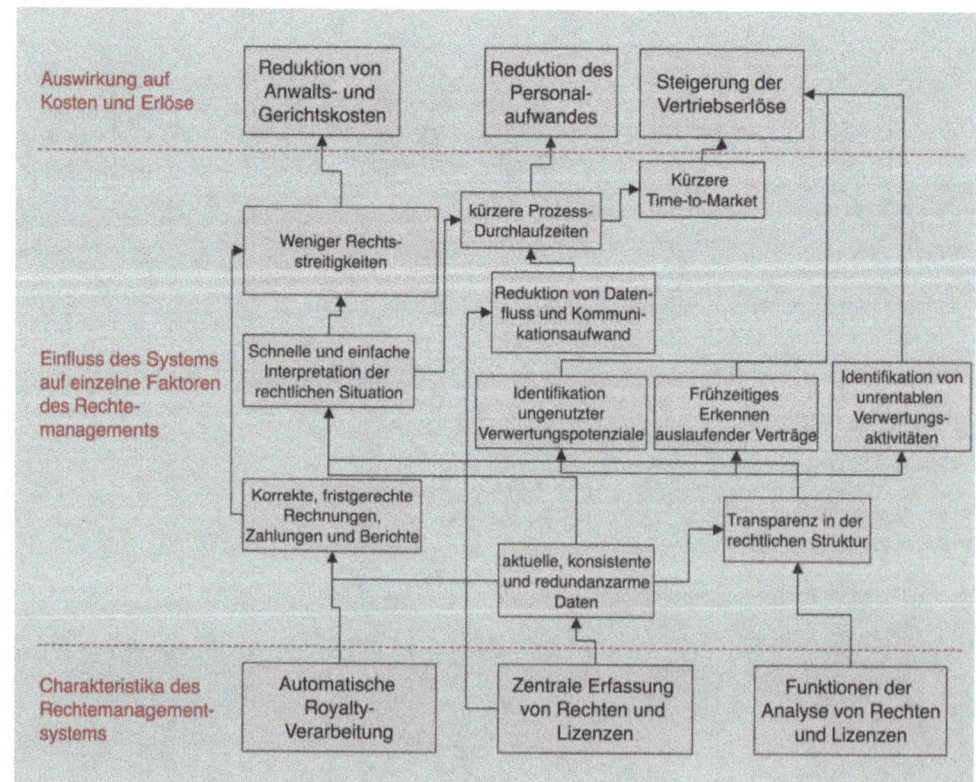

Abbildung 2: Nutzeffekte eines Rechtemanagementsystems

fach angenommen, die Hauptkostenkomponente der Informationsverarbeitung darstellen (vgl. Opfer 2001, S. 75).

Anforderungen an ein Rechtemanagementsystem

Das Urheberrecht regelt den Rahmen der Verwendung und Verwertung der geschützten Inhalte. Das Rechtemanagement in einem Medienunternehmen hat in diesem Rahmen zu operieren. Bei der Betrachtung der Systemanforderungen bietet es sich deshalb an, auf zentrale Aspekte des Urheberrechts zu rekurrieren.

Datenbezogene Anforderungen an ein Rechtemanagementsystem

Zur Darstellung logischer Datenstrukturen eignet sich die Entity Relationship-(ER-)Modellierung (vgl. Stahlknecht/Hasenkamp 1999, S. 182). Diese von einem bestimmten Datenbankmodell unabhängige Darstellungsweise hält auf logischer Ebene die relevanten Objekte (Entitäten) und deren Beziehungen (Relationships) fest. Abbildung 3 illustriert die Entitäten und ihre Beziehungen auf Basis des Urheberrechts in einem einfachen ER-Modell.

Die Abspaltung einzelner *Nutzungsrechte* vom Urheberrecht am geschützten Werk ist letztlich die rechtliche Voraussetzung für die Verwert- und Handelbarkeit der intangiblen Werte. Sie stehen deshalb im Mittelpunkt des Modells. Diese Rechte sind Gegenstand von *Lizenzverträgen*, welche die *Zahlungsforderungen und -verbindlichkeiten* begründen. Die einzelnen Unternehmen fungieren auf der Beschaffungsseite (Absatzseite) jeweils als *Lizenznehmer (Lizenzgeber)*. Die Entitäten im obigen Modell bilden die wesentlichen vom System zu erfassenden Daten. Lizenzgeber, Lizenznehmer und andere Anspruchsberechtigte seien hier zur Vereinfachung als *Geschäftspartner* bezeichnet. Damit ergeben sich fünf zentrale Datenobjekte des RMS.

Lizenzverträge

Das System erfasst gewissermaßen das Kondensat der Verträge in Form von zentralen Vertragsinhalten. Dies erlaubt es, komplexe Verträge übersichtlich darzustellen und zu funktionalisieren. Die dargestellten Vertragspunkte sind branchenübergreifend von zentraler Bedeutung, sodass das Beispiel als Platzhalter für Lizenzverträge im Medienbereich dienen kann.

Die Kardinalitäten in Abbildung 3 verdeutlichen, dass einzelne Elemente dem Vertrag in der Mehrzahl zugeordnet werden können. Vermittels eines Songwriter-Vertrages werden dem Verlag i. d. R. nicht ein einzelnes, sondern mehrere Rechte eingeräumt (sog. „Bundle of Rights", vgl. Whitsett 2000, S. 59). Auch sind häufig mehrere Urheber an der Komposition eines musikalischen Werkes beteiligt (sog. „Joint Copyright Ownership", vgl. Moser 2002, S. 37 – 42). Darüber hinaus kann eine Hierarchisierung innerhalb der Vertragselemente durch flexible Vererbungsbeziehungen notwendig sein. Auf diese Weise können mehrere lizenzierte Elemente einem übergeordneten Medienprodukt zugeordnet werden, wie bspw. Filmskript, Filmmusik, und andere urheberrechtlich oder leistungsschutzrechtlich geschützte Einzelleistungen zu einem vermarktbaren Kinofilm. Ein weiteres typisches Beispiel für Vererbungsbeziehungen ist die Spezifizierung der Länder innerhalb der vertraglich vereinbarten Märkte bzw. Wirtschaftsräume.

Die Frage, ob und in welcher Form der gesamte Vertragstext im System erfasst wird, rekurriert letztlich auf die Frage, zu welchem Zeitpunkt innerhalb des Lebenszyklus der Verträge das System zum Einsatz kommt. Vorvertragliche Verhandlungsphasen werden durch das System unterstützt, indem wichtige Eckdaten bereits gespeichert, und mit Statusanmerkungen versehen werden können. Nützlich ist auch die Möglichkeit der Erstellung unterschriftsfertiger Dokumente der Deal Memos bzw. der endgültigen Vertragstexte auf Template-Basis.

Zahlungsforderungen und -verbindlichkeiten

Ein Lizenzvertrag enthält eine Reihe von Bestimmungen, die Zahlungsansprüche und -verpflichtungen der beteiligten Parteien spezifizieren. Dies sind bspw. die Punkte Vorschusszahlungen (Advances), Verrechnung von Vorschusszahlungen (Recoupment of Advances) mit den Lizenzzahlungen (Royalties), Zeitpunkte der Zahlungen sowie Berechnungsmethode der Royalties. Der Begriff Cross-Collateralization bezeichnet eine besondere Form der gegenseitigen Verrechnung von Gewinnen und Verlusten aus der Verwertung der Rechte. Royalties aus einem profitablen Recht können dabei die Verluste aus einem an-

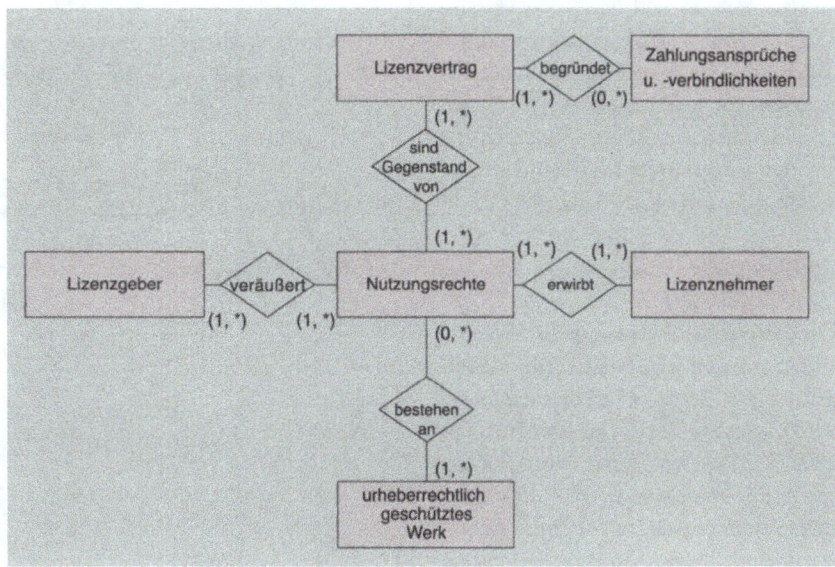

Abbildung 3: ER-Modell einer Lizenzvertragsbeziehung

deren Recht kompensieren (vgl. Dale 1997, S. 318).

Ein solcher Vertrag beschreibt die erforderlichen Zahlungen mit Ausnahme der Advances nicht in absoluten Werten, sondern bestimmt deren Zusammensetzung in Abhängigkeit von verschiedenen Ergebnisgrößen, die ex ante unbekannt sind. Ein wesentliches Merkmal dieser monetären Datensätze ist damit ihre dynamische Erzeugung im Zeitablauf und die Verarbeitung nach den vertraglichen Bestimmungen. Bspw. werden die Royalties im Falle von Cross-Collateralization im Musikverlagswesen erst durch die gegenseitige Verrechnung der Erlöse von mindestens zwei Musiktiteln konkretisiert.

Geschützte Inhalte

Wie bereits mehrfach angedeutet, ist zwischen dem Inhalt, also dem zugrundeliegenden geistigen Eigentum und dem Recht am Inhalt zu trennen. Die Speicherung und Verwaltung des Inhalts selbst ist Aufgabe des Content-Managements. Physische Trägermedien der unkörperlichen Inhalte werden von Systemen des Materialmanagements verwaltet. Das RMS bildet den Inhalt mittels bestimmter Metadaten ab. Bspw. umfasst ein Metadatensatz im Filmbereich die Attribute „Genre", „Spieldauer", „Besetzung", „FSK", u. ä.

Geschäftspartner

Neben den geschützten Werken, den Lizenzverträgen und den darin begründeten Zahlungserfordernissen sind die Geschäftspartner als Rechtsinhaber, Lizenznehmer, Lizenzgeber, Verwertungsgesellschaften oder übrige Anspruchsberechtigte ein weiterer zentraler Bestandteil der zu erfassenden Daten.

Funktionale Anforderungen

Zur Untersuchung funktionaler Systemanforderungen eignet sich die Modellierung von Szenarien in Anwendungsfall-Diagrammen (vgl. Hansen/Neumann 2001, S. 251–253). Ein Anwendungsfall beschreibt eine Menge von Aktivitäten eines Systems aus der Sicht seiner Akteure auf einem hohen Abstraktionsniveau. Abbildung 4 zeigt ein solches Diagramm, das die Aktivitäten des Vertriebs von Filmrechten mit drei Anwendungsfällen beschreibt. Da die drei Anwendungsfälle den drei prinzipiellen Phasen einer Transaktion entsprechen, ließe sich ein ähnliches Modell auch für die Beschaffung von Rechten konstruieren. Hier soll dieses Modell als Platzhalter für sämtliche Rechtetransaktionen (Beschaffung und Vertrieb) genügen.

Bezieht man das ER-Modell aus Abbildung 3 in die Betrachtung mit ein, wird deutlich, dass die einzelnen Datenobjekte für die Anwendungsfälle jeweils einen unterschiedlichen Stellenwert besitzen. Im ersten Anwendungsfall benötigt der Vertriebsmitarbeiter insbesondere Informationen bezüglich der veräußerbaren *Rechte* des Unternehmens. Die Unterstützung durch das System mit Funktionen der analytischen Datenauswertung in der Phase der Anbahnung sei hier deshalb speziell als *Rechtemanagement* bezeichnet. In der Phase der Vereinbarung stehen die abzuschließenden *Verträge* im Vordergrund, sodass hier das System Funktionen der *Vertragsadministration* bereitzustellen hat. In der Abwicklungsphase sind die *Zahlungsforderungen und -verbindlichkeiten* zu verwalten. Diese Systemfunktionen seien hier mit *Lizenzabrechnung* und *Nebenbuchhaltung* etikettiert. So können drei zentrale Funktionen eines RMS identifiziert werden, auf die im Folgenden näher eingegangen wird.

Vertragsadministration

Die Verträge enthalten sämtliche Vereinbarungen in Bezug auf die Verwertung der Inhalte. Sie spezifizieren die eingeräumten Rechte und deren Beschränkungen genauso wie die monetären Ansprüche und Verpflichtungen. Damit ist das Management der Verträge die essentielle Grundlage für alle anderen Funktionen. Das System erfasst die wesentlichen Vertragsdatensätze in strukturierter Form. Die Vertragsadministration unterscheidet sich deshalb vom Management unstrukturierter Dokumente in sog. Dokumentenverwaltungssystemen (zu Dokumentenverwaltungssystemen vgl. Hansen/Neumann 2001, S. 452). Da aber auch RMS mitunter Volltext-Versionen der Vertragsdokumente erzeugen und/oder verwalten können, ist die Dokumentenverwaltung ein möglicher Teilbereich der Vertragsadministration. Der Vertragsadministration zugeordnet seien hier insbesondere jene Funktionen, die der Erfassung, Organisation und Archivierung von strukturierten Vertragsdaten dienen. Da auch die Unterstützung des kooperativen Arbeitens und das Versionsmanagement wesentliche Anforderungen an ein RMS darstellen, ist in die-

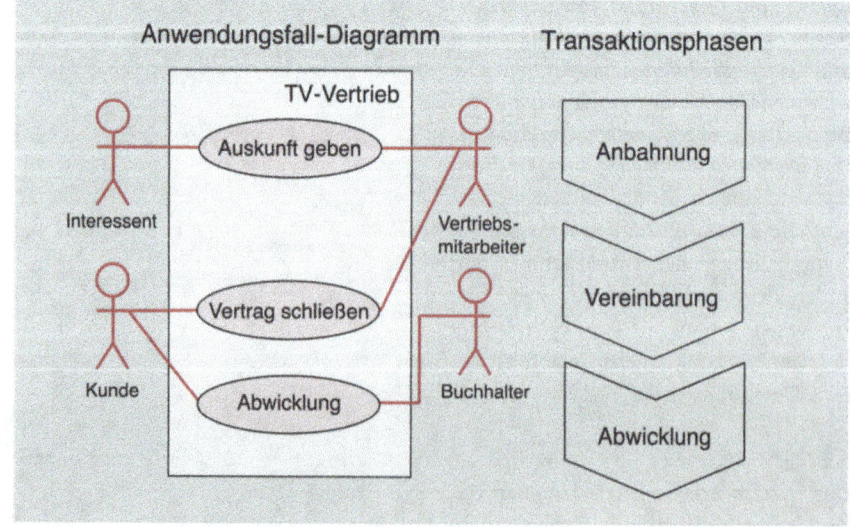

Abbildung 4: Anwendungsfall-Diagramm des Filmvertriebs und prinzipielle Transaktionsphasen

sem Aspekt die Nähe zum Aufgabenbereich der Dokumentenverwaltungssysteme besonders deutlich. Auch zur Vertragsadministration zu rechnen sind Kalenderfunktionen (Calendaring). Diese Funktionen dienen insbesondere dazu, bestimmte definierbare Ereignisse kalendergesteuert auszulösen. Wichtig sind in diesem Zusammenhang bspw. der automatische Versand von E-Mails bei nahendem Auslaufen des Vertrags oder bevorstehenden Terminen zur Ausübung von Optionsrechten (Options).

Rechtemanagement

Im Zentrum der Vertragsadministration stehen die strukturierten Datensätze, die von den im System abzubildenden Vertragsinhalten konstituiert werden. Diese Datensätze liefern zunächst noch keine wesentlichen entscheidungsrelevanten Informationen. Um aus Daten Informationen gewinnen zu können, muss der Datenbestand zweckorientiert ausgewertet werden (Mertens/Bodendorf/König/Picot/Schumann/Hess 2004, S. 55). Diese Funktion der Bereitstellung von Informationen durch die zweckorientierten Auswertung des Datenbestandes sei hier spezifisch als Rechtemanagement bezeichnet.

Zur Beschreibung dreier möglicher Teilfunktionen des Rechtemanagements soll hier ein morphologischer Kasten dienen, der ausgewählte Merkmale von Informationssystemen enthält (Abbildung 5):

(1) Verfügbarkeitsprüfung (Availability Check): Hierbei sollen verfügbare Rechte (qualitative Informationen) nach bestimmten Filtern in freien oder Standardabfragen des Benutzers (Pull-Verfahren) ermittelt, und in Tabellen oder Graphiken dargestellt werden.

(2) Konfliktprüfung (Conflict Check): In einer Standardabfrage prüft der Benutzer (Pull-Verfahren), ob seiner definierten Verwertungsabsicht rechtliche Restriktionen entgegenstehen, und erwartet die Meldung des Systems (qualitative Information). Alternativ meldet das System automatisch konfligierende rechtliche Konstellationen bei Eingabe eines neuen Vertrages (Push-Verfahren).

(3) Management-Analysefunktionen (Management Reporting): Im Gegensatz zu (1) sollen hierbei quantitative Informationen wie die wirtschaftliche Rentabilität der Verwertung eines Rechtes nach bestimmten Filtern in freien oder Standardabfragen des Benutzers (Pull-Verfahren) ermittelt, und in Tabellen oder Graphiken dargestellt werden.

Informationsart	Quantitative Informationen	Qualitative Informationen
Präsentationsform	Meldungen	Tabellen / Graphiken
Abfragemodus	Standardabfragen	Freie Abfragen
Informationsdistribution	Pull-Verfahren	Push-Verfahren

Abbildung 5: Morphologischer Kasten

Lizenzabrechnung und Nebenbuchhaltung

Da die Lizenzverträge die wesentlichen Bestimmungen zur Berechnung von monetären Ansprüchen und Verpflichtungen enthalten, wurden diesbezügliche Aspekte bereits in Abschnitt 3.1 angesprochen. An dieser Stelle steht die dynamische Verarbeitung der vertraglichen Bestimmungen im Zuge der Lizenzabrechnung und Nebenbuchhaltung im Vordergrund.

Der Strom von Zahlungen in der Verwertungskette von Inhalten lässt sich beschreiben als ein mehrstufiger Wasserfall, deren einzelne Stufen die in die Verwertung involvierten Institutionen darstellen. Gewissermaßen die Quelle in diesem Modell bilden die Zahlungen der Endkunden. Entscheidend hierbei ist, dass die einzelnen Stufen von den (Lizenz-)Zahlungseingängen (Incoming Royalties) jeweils einen bestimmten Anteil einbehalten, und den „Rest" an die nachgelagerte(n) Stufe(n) ausbezahlen (Outgoing Royalties).

Die Höhe der eingehenden (ausgehenden) Zahlungen ist abhängig von den Umsätzen im Endkundenbereich und wird nach den Bestimmungen im Distributionsvertrag (Akquisitionsvertrag) berechnet und in speziellen Dokumenten, sog. Royalty Statements, gegenüber dem Vertragspartner ausgewiesen. Damit sind auch ein- und ausgehende Zahlungen nicht unabhängig voneinander. Die flexible Erfassung dieser Abhängigkeiten ist eine zentrale Anforderung an die Lizenzabrechnungsfunktionen des RMS. Die Vielfalt der vertraglichen Arrangements zur Verteilung der Erlöse an nachgelagerte Anspruchsberechtigte (Participants) am Gewinn ist nur durch die Kreativität deren Gestalter begrenzt (vgl. Vogel 1998, S. 105). Die automatische Erzeugung von Royalty Statements, deren Aufbau mitunter ebenfalls vertraglich definiert ist, ist eine weitere Anforderung an die Funktionen der Lizenzabrechnung.

Die Nebenbuchhaltung des RMS hat die berechneten monetären Ansprüche (Kreditorenbuchhaltung) bzw. Verpflichtungen (Debitorenbuchhaltung), die aus den Verträgen ableitbar sind, auf den jeweiligen Kreditoren- bzw. Debitorenkonten zu verbuchen. Dort sind auch die Vorschusszahlungen zu erfassen, die im Zuge des Recoupment of Advances mit den Royalties verrechnet werden. Nur im Falle von Cross-Collateralization darf das System die gegenseitige Verrechnung von Zahlungen aus unterschiedlichen Projekten eines Vertragspartners erlauben. Die automatische Fakturierung, sowie die Auslösung und Erfassung von Zahlungsvorgängen und deren Dokumentation in einem umfangreichen Belegsystem gehören weiterhin zum notwendigen Spektrum buchhalterischer und verwandter Funktionen. Über eine Schnittstelle hat die Nebenbuchhaltung die verdichteten Buchungssätze an das Hauptbuchhaltungssystem weiterzugeben.

■ Vorstellung einzelner RMS

Im folgenden Abschnitt werden zwei RMS der Anbieter Jaguar Cosulting und SAP vorgestellt. Diese Angaben beruhen im Wesentlichen auf den von den Anbietern bereitgestellten Informationsmaterialien.

Jaguar System7

Allgemeine Angaben zum System

Das System7 der Firma Jaguar Consulting blickt auf eine 18-jährige Entwicklungsgeschichte zurück, und ist derzeit in der siebten Generation erhältlich. Das Softwaresystem ist speziell für die Erfordernisse einer auf geistigem Eigentum (Intellectual Property – IP) jeglicher Art beruhenden Industrie gestaltet. Die folgenden Module sind unabhängig voneinander lizenzierbar:

- Participations Payable
- Revenue Accounting
- Royalties Receivable
- Contract Administration
- Rights&Restrictions
- Workflow Management.

Das Intranet bildet die Benutzerschnittstelle des web- und browserbasierten Systems. Die Oberfläche – der sog. *My Jaguar Real-Time Desktop* – ist dabei individuell konfigurierbar. Es können 6 Perspektiven auf Daten und Funktionen als Ausgangspunkt gewählt werden, die jeweils unterschiedliche Aspekte in den Vordergrund rücken: *My Calendar, My Contracts, My People, My Assets, My Royalties, My Finance*. Die Bezeichnung dieser Perspektiven als data views gibt einen Hinweis darauf, dass man einen integrierten Ansatz verfolgt, in dessen Zentrum eine umfangreiche, universale Datenbank steht. In dieser *Universal Contract Database* stellen Verträge die zentralen Datensätze dar. Dies begründen die Entwickler mit der Einsicht, dass der wirtschaftliche Wert eines IP's erst durch die vertraglichen Beziehungen definiert wird. Universal ist die Vertrags-Datenbank deshalb, weil sie verschiedene Arten von Verträgen wie Kaufverträge, (Sub-)Lizenzverträge und (Ko-)Produktionsverträge nicht nur in einer gemeinsamen Basis, sondern auch einer generischen Form aufnimmt. Alle Funktionen werden letztlich aus den Vertragsdaten gespeist, was die systemweite inhaltliche Konsistenz sicherstellen soll. Aus technischer Sicht ist damit eine hohe Normalisierung verbunden, die Redundanzen eliminieren, die Performance steigern und die Systemstabilität gewährleisten soll.

Als Kernfunktionen von System7 werden *full-service contract administration, intelligent hierarchical rights management, dynamic workflow processing* und *auditable royalties and receivables accounting* genannt. Darüber hinaus werden auch grundlegende CRM-Funktionalitäten vom System abgedeckt. Offensichtlich verzichtet man auch eine Schnittstelle zu bestehenden CRM-Systemen.

Vertragsadministration

Zur Vertragsadministration gehören hier insbesondere die Erfassung und dynamische Verwaltung von Verträgen, sowie deren systematische Erstellung. Die Eingabe erfolgt linear und dialogbasiert über Standard oder individuell konfigurierbare (Custom) Templates. Das Eingabeprinzip wird als klauselorientiert charakterisiert, was die Vertragserstellung erleichtern und die Gefahr fehlender *clauses* minimieren soll. Die dynamische Komponente erhält das Vertrags-Management durch den Einbezug von Calendaring bzw. das *Action Management,* das auf verschiedenste vertraglich relevante Daten und Ereignisse flexibel mit Erinnerungsmeldungen oder E-Mails reagiert.

Rechtemanagement

Das Rechtemanagement, also die Interpretation der komplexen Strukturen von Rights and Restrictions, übernimmt der *Collision/Availability Analysis Engine.* Die Hauptfunktionen des Rechtemanagements sind die Prüfung auf kollidierende Verträge oder Klauseln und die Analyse von Verfügbarkeit und Verwertbarkeit vorhandener Rechte. Analyse und Reporting der rechtlichen Situation erfolgt über definierbare Filter in verschiedenen Dimensionen sowie über Standard oder Custom Templates. Die Ergebnisse lassen sich graphisch illustrieren und in gängige MS-Office Programme exportieren. Das System „versteht" die unterschiedlichen Stati der Verträge (von „in Verhandlung" bis zum abgeschlossenen Vertrag) und deren Auswirkungen auf die Verwertbarkeit und auf die monetären Prozesse ebenso wie die vielschichtige Hierarchie vertraglicher Beziehungen und intangibler Vermögenswerte. So lassen sich Vererbungsbeziehungen flexibel definieren. Die Möglichkeit, den rechtlichen Rahmen individuell zu gestalten, zu gruppieren und zu benennen, wird hier als *Custom Rights Framework* bezeichnet.

Management Reporting- und Datenanalyse-Funktionen werden umfassend bereitgestellt. Sie sind über die Perspektiven *My Finance* und *My Royalties* des Real Time Desktops erreichbar. Auch hier lassen sich die unterschiedlichen Dimensionen und Hierarchieebenen durch eine Vielzahl von Filtern, *Drilldowns,* und anderen Analyse-Tools mehrdimensionaler Datensätze in Standard oder Custom Reports isolieren, auswerten, sowie graphisch illustrieren. So werden insbesondere Rentabilitäts-Analysen von Inhalten bzw. Nutzungsrechten oder Vertragspartnerbeziehungen möglich.

Lizenzabrechnung und Nebenbuchhaltung

Neben den zu den Hauptanforderungen eines RMS zu zählenden Abrechnungsfunktionen unterstützt das System u. a. die Strukturierung von Haupt- und Nebenbuchkonten, ein *Cash Management* und ein automatisiertes Mahnwesen. Dabei verfolgt man konsequent den vertragszentrierten Ansatz und behält als Bezugspunkt für Daten und Prozesse stets die Verträge. Unterschiedliche Zeitpunkte der Umsatzrealisierung, die Bildung von Rechnungsabgrenzungsposten, Cash und Accrual Basis Rechnungen, die Verbuchung von Devisenkurs-Fluktuationen, Steuerabzüge und andere buchhalterische Spezifitäten werden individuell durch vertragliche und betriebliche Usancen bestimmt. Unter Berücksichtigung der unterschiedlichen Umsatzbuchungen erfolgt auch die Erstellung von Statements und die Auslösung von Royalty-Zahlungen durch die Referenz mit dem zugehörigen Lizenzvertrag.

Workflow-Management

Die Integration des *Action Managements* in die Workflow-Funktionalitäten hat den Vorteil, dass bei der Definition von Workflows die nicht veränderlichen zeit- oder ereignisabhängigen Bedingungen in den Verträgen stets berücksichtigt werden.

IT-UNTERSTÜTZUNG

Die Struktur des Workflow-Managements kann, wie die des Action Managements, hierarchisch flexibel angelegt werden, sodass systemweite Prozesse ebenso erfasst werden können wie abteilungs- oder benutzerspezifische Aufgabenabläufe. Im Gegensatz zu dieser organisationalen Hierarchie lassen sich auch den verschieden Ebenen innerhalb der Verträge Workflows zuordnen, wie bspw. die Rechnungsstellung der Pay-TV Gebühren für ein bestimmtes Sendegebiet eines Providers. Externe Partner werden über automatische E-Mail-Benachrichtigungen und ein Extranet-Portal integriert. Über letzteres werden auch Dateiübertragungen aufgenommen, die u. a. im Zusammenhang mit den Lizenznehmer-Belegen *(Licensee Reports)* erforderlich sind. Sämtliche monetäre bzw. buchhalterische Transaktionen können ebenso in die Workflows eingebunden werden wie Operationen des Materialmanagements.

SAP IPM

Allgemeine Angaben zum System

Das deutsche Softwareunternehmen SAP bezeichnet mit *mySAP Media* seine an den Bedürfnissen von Medienunternehmen orientierte Systemlösung. Sie basiert auf der etablierten, branchenunabhängigen E-Business Plattform *mySAP.com*. Innerhalb dieser übergreifenden Systemarchitektur ist die Komponente *IPM (Intellectual Property Management)* für die hier relevanten Aufgaben im Zusammenhang mit dem Rechtemanagement verantwortlich. Generische betriebliche Funktionen werden von anderen, an die Erfordernisse im Medienbereich angepassten Komponenten von mySAP.com, hier insbesondere von mySAP CRM und der mySAP *Billing Engine,* übernommen. Damit kommt der Integration der Systeme durch Schnittstellen innerhalb der SAP-Plattform ein besonderer Stellenwert zu.

Die Funktionen *Contract Management, Rights Managemenent, Settlement and Reporting of Incoming and Outgoing Royalties, sowie Creation, Acquisition and Sales of Rights* werden als Schlüsselfunktionen genannt. Als Benutzeroberfläche des Systems fungiert die Online Plattform *SAP Enterprise Portal* (EP). Von dort hat der Benutzer personalisierten Zugriff auf die Funktionen und Daten, die ihm den Befugnissen seiner definierbaren Rolle entsprechend offen stehen. SAP EP soll es ermöglichen, heterogene Anwendungen und Daten aus anderen SAP Systemen, wie auch aus fremden Systemen, auf einer einheitlichen Plattform benutzerfreundlich zu integrieren.

Das Kernelement von IPM ist das *Utilization Repository,* das auch als *Rights Inventory* bezeichnet wird (Abbildung 6). Es stellt die zentrale Datenbasis dar, in der alle von IPM benötigten Informationen aufgenommen werden. Grundlage der verarbeiteten Informationen sind die Daten aus den im Zusammenhang mit der Beschaffung *(buy-side)* und der Verwertung *(sell-side)* von IPs stehenden Verträgen.

Die Datenstruktur der IPs und IP-Rights ist mehrdimensional und hierarchisch. So können mehrere IPs Bestandteile eines umfassenden Werkes, wie z. B. eines Kinofilmes sein. IP-Rights können sich aus mehreren untergeordneten IP-Rights zusammensetzen, und anhand verschiedener Dimensionen wie „Territorium", „Medienformat", „Vertragszeitraum" etc. beschrieben werden.

Vertragsadministration

Die in dieser Arbeit als Vertragsadministration bezeichnete Funktionalität wird von den SAP-Entwicklern unter dem Etikett *automated and centralized contract management* beschrieben. Verträge werden als verschiedene Vertragstypen *(service-contracts, term deals, distribution deals,* sowie Kombinationen aus verschiedenen Vertragstypen) erfasst und zentral im Utilization Repository gespeichert. Ihre Eingabe und Modifikation erfolgt mit Hilfe von Standard Templates. Formatierung und Druck der Verträge werden von der Systemkomponente *Smart Forms* unterstützt. Zu den Verträgen lassen sich Notizen bzw. Dateianhänge (Attachements) hinzufügen. Dynamische Verwaltungsaufgaben im Sinne der zeitabhängigen Auslösung geplanter Aktivitäten werden kalenderdatengesteuert und regelbasiert automatisiert.

Rechtemanagement

Das Rechtemanagement gehört zu den Hauptaufgaben des Utilization Repository. Die beiden synonym verwendeten Bezeichnungen Utilization Repository und *Rights Inventory* lassen insofern einen Schluss auf die funktionale Schwerpunktsetzung des Systems zu, als das Management des Rechtebestands und dessen *Auslastung* im Vordergrund steht. Dabei werden folgende Funktionen identifiziert:

- Rights availability
- Collision checks

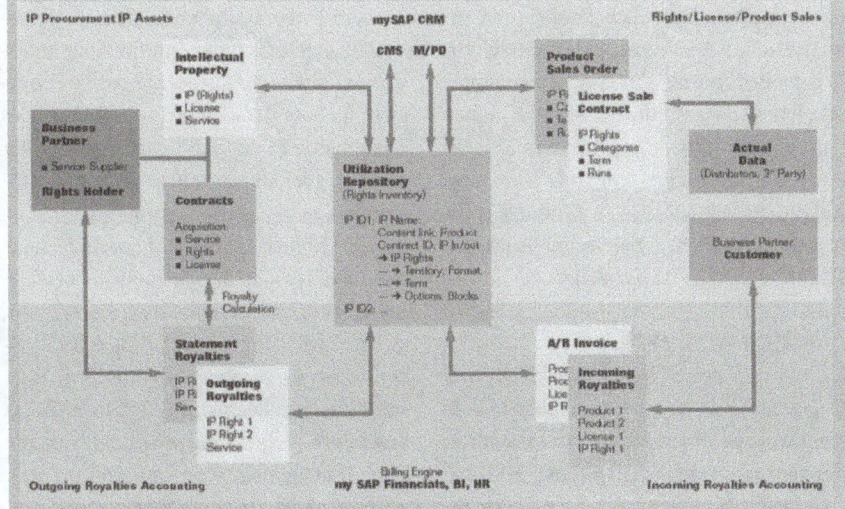

Abbildung 6: Übersicht über das IPM-System (SAP 2002, S. 9)

- Expiration of rights
- Contractual and non-contractual restrictions
- Exploitation requests for a media asset
- Assigned business partners and associated contracts
- Utilization tracking and reporting.

Zur Ermittlung verfügbarer Rechte prüft das System die vertragliche Situation und evtl. Restriktionen (u. a. die als *Controls* bezeichneten Informationen wie Exklusivität, Holdbacks, Ausstrahlungsverbote in bestimmten Zeiträumen (Dark Periods), Options, etc.) im Zusammenhang mit den IPs bzw. den IP-Rights. Ein status *overview* signalisiert den Verfügbarkeits- bzw. Verhandlungsstatus, während sämtliche relevante Detailinformationen, einschließlich der IP-Attribute wie Genre oder Besetzung eines Films, über die *detail function* einsehbar sind. Eine Suchfunktion erlaubt die Eingrenzung der interessierenden Rechte mittels geeigneter Parameter. Die hierarchische Organisation der Rechte (gruppen) (z. B. die territoriale Spezifizierung *World Wide – USA – California*) unterstützt auch unspezifische Top-Down-Suchanfragen. Darüber hinaus besteht die Möglichkeit, die zu einem IP gehörenden Rechte unmittelbar aufzurufen (*Rights Owned tab page*). Alle Informationen bzgl. der Verfügbarkeit, Bestandsänderungen, Verwertungsdetails, Vertragspartner und -zeitraum, und anderer Aspekte der rechtlichen Situation lassen sich mittels Standard oder Custom Reports darstellen. *Verification Operations* überprüfen nicht nur die Verfügbarkeit und Kollisionsfreiheit der Rechte, sondern auch die Lieferbarkeit von Service-Materialien wie Demo- Videos und Werbebroschüren.

Lizenzabrechnung und Nebenbuchhaltung

Auch für die Funktionsgruppe der Lizenzabrechnung spielt das Utilization Repository eine zentrale Rolle. Es liefert die Referenz bei der Erfassung und Abwicklung der monetären Prozese des Rechtemanagements, indem es die Basisdaten der IPs und insbesondere der zugehörigen Verträge bereitstellt. Das System unterstützt die Abwicklung von Ein- und Ausgängen von Zahlungen. Für die Buchung der Lizenzzahlungen (Royalty Accounting) werden 2 Sub-Prozesse identifiziert: zunächst werden grundlegende monetäre Daten (u. a. bereinigte Umsatzzahlen, akkumulierte Ergebnisse) nach allgemeinen, vertragsunabhängigen Berechnungs- und Bewertungsmethoden für den zweiten Schritt bereitgestellt, der erst vertragsspezifische Kalkulations- und Zahlungsvereinbarungen einbezieht.

Zur Berechnung der Royalties muss das System die den Zahlungen bzw. Forderungen zugehörigen IPs und Rechte-Daten identifizieren, und diese Detailinformationen bei allen monetären Prozessen beibehalten. Die Zuordnung kann den jeweiligen Abrechnungsspezifika entsprechend auf unterschiedlichen Ebenen in der Datenhierarchie erfolgen (IP, Titel, ISBN, etc.). Durch den hergestellten Bezug zu den Verträgen werden die unterschiedlichen, vereinbarten Zahlungs- und Abrechnungsmodalitäten für die Incoming wie Outgoing Royalties (Advances, Guarantees, Cross-Collateralization, u. v. m.) virulent. Sie bilden die Basisdaten für die interne Erstellung von Royalty Statements. Für Royalty Kalkulationen ist auch die Integration von Daten externer Quellen kennzeichnend. Dementsprechend werden Licensee Reports direkt in das IPM-System importiert. Import, Aufnahme, Berechnung und Prüfung von Royalty Statements sollen durch geeignete Tools unterstützt werden. Die Integration anderer Daten systemexterner Quellen (u. a. Produktionskosten, Produktverkäufe) erfolgt über Schnittstellen. Auch Funktionen zur analytischen Auswertung der wirtschaftlichen Bedeutung der Immaterialgüter werden bereitgestellt. So können neben den Rentabilitäts-Analysen anhand mehrerer Dimensionen einzelner IPs bzw. Rechte insbesondere auch Prognoserechnungen und Planabweichungs-Analysen Inhalte der Reports darstellen.

Workflow-Management

Der Absatz zum Thema *Workflow and Calendaring* in der vorliegenden Dokumentation beschreibt diese Funktionalität nur sehr oberflächlich (vgl. SAP 2002, S. 15). Deshalb muss hier auf eine entsprechende Darstellung verzichtet werden.

Fazit und Ausblick

Das zwischenbetriebliche Rechtemanagement ist ein zunehmend bedeutender Wettbewerbsfaktor in der Medienbranche. Diese Einsicht, die zu Beginn der Arbeit begründet wurde, veranlasst eine Reihe von vornehmlich kleinen und mittelständischen Softwareherstellern, Systeme zur Unterstützung dieses kritischen Bereichs am Markt anzubieten. Die Tatsache, dass sich für diese Systeme bislang kein einheitlicher Begriff etabliert hat, gibt einen ersten Hinweis auf die Intransparenz dieses Marktes. So trifft das Entscheidungsproblem des Medienbetriebs, der die Anschaffung dieser Software für notwendig befindet, auf einen Mangel an strukturierten und entscheidungsrelevanten Informationen.

Erhältliche Systeme unterscheiden sich insbesondere darin, inwiefern der Anbieter zum einen möglichst viele Funktionen, und auf der anderen Seite möglichst viele Anwenderbranchen abzudecken sucht. Beides ist dabei nicht unkritisch zu bewerten. So kann eine funktionale „Überfrachtung" dazu führen, dass das System aus Anwendersicht zu komplex ist. Bspw. beschreibt der Präsident von Fireworks Pictures, Daniel Diamond, die RMS aufgrund deren Komplexität eher als Hindernis und nicht als eine Hilfe (vgl. Jeffrey 2004). Die Fülle der vom System zu übernehmenden Aufgaben ist nicht zuletzt durch die Bedeutung des Rechtemanagements im Unternehmen und die bestehende Informationssystem-Architektur bestimmt. Den unterschiedlichen Ansprüchen der Unternehmen an den Funktionsumfang des Systems trägt der modulare Aufbau der meisten hier untersuchten Lösungen zumindest teilweise Rechnung.

Eine hohe Komplexität resultiert häufig auch aus den Bestrebungen der Hersteller von Standardsoftwaresystemen, die Anforderungen eines möglichst breiten Anwenderkreises abzudecken (vgl. Stahlknecht/Hasenkamp 1999, S. 305). Inwiefern jedoch universelle Lösungen zum Management von Immaterialgüterrechten diesseits oder jenseits des Medienbereichs tatsächlich den spezifischen

Anforderungen bestimmter Medienbranchen gerecht werden, kann hier nicht geprüft werden. Sicher scheint aber der erhöhte Anpassungsaufwand von Software und/oder Organisation im Vergleich zu branchenspezifischen Systemen.

Aufgrund der individuellen Anforderungen der Unternehmen in einer heterogenen Medienbranche ist die Einführung eines Standardsystems möglicherweise wirtschaftlich nicht sinnvoll, sodass den Individualentwicklungen der Vorzug gilt. Eine gewisse Skepsis in Bezug auf die Entwicklung des Marktes für RMS ist auch angesichts der strukturellen Veränderungen in der Medienbranche legitim. Bislang ist ungewiss, welche Erlösmodelle unter den weitreichenden Paradigmen der Digitalisierung und der Fragmentierung des Publikums erfolgreich sind. Vertikale Integrationsansätze, also das Verschmelzen von Inhaltserstellung und Distribution, machen ein zwischenbetriebliches Rechtemanagement stellenweise überflüssig, wenn der Endverbraucher die Inhalte direkt vom Produzenten digital abrufen kann. Damit gerät wiederum die Frage der Kontrolle der Anbieter über die rechtlich zulässige Nutzung des Content durch den Kunden ins Blickfeld. So deutlich in Abschnitt 1.2 die Trennlinie von den hier untersuchten RMS gegenüber dem seit längerem diskutierten Digital Rights Management auch gezogen wurde – der Komplex des Rechtemanagements wird in Zukunft unter diesem Etikett die gesamte Verwertungskette integrieren müssen.

Literatur

DALE, M. (1997): The Movie Game: The film business in Britain, Europe and America, London.
HANSEN, H. R./NEUMANN, G. (2001): Wirtschaftsinformatik 1: Grundlagen betrieblicher Informationsverarbeitung, 8., völlig neubearbeitete und erweiterte Aufl., Stuttgart.
JEFFREY, D. (2004): New track for rights management outfits: Film libraries turning to software vendors.www.variety.com/article/VR1117861188, 2002-02-21, Abruf am 2004-07-09. (Zugriff nur für Abonnenten).
MERTENS, P.; BODENDORF, F.; KÖNIG, W.; PICOT, A.; SCHUMANN, M.; HESS, T. (2004): Grundzüge der Wirtschaftsinformatik. 9. Aufl., Berlin u. a.
MOSER, D. J. (2002): Music Copyright for the New Millennium, Vallejo/California.
OPFER, N. D. (2001): Total Cost Ownership for Information Technology. In: Transactions of AACE International (2001), S. 7.1 – 7.6, Morgantown/West Virginia.
POTTHOF, I. (1998): Kosten und Nutzen der Informationsverarbeitung: Analyse und Beurteilung von Investitionsentscheidungen, Wiesbaden.
SAP (2002): Media Industry Solution for Intelectual Property Management, Walldorf.
SCHUMANN, M. (1992): Betriebliche Nutzeffekte und Strategiebeiträge der Großintegrierten Informationsverarbeitung, Berlin.
SCHUMANN, M. /HESS, T. (2002): Grundfragen der Medienwirtschaft, 2., verbesserte und erweiterte Aufl., Berlin u. a.
SIEGERT, G. (2002): Medienmanagement als Marketingmanagement. In: KARMASIN, M./WINTER, C. (2002, Hrsg.): Grundlagen des Medienmanagements, 2., korrigierte und erweiterte Aufl., München, S. 173 – 195.
STAHLKNECHT, P./HASENKAMP, U. (1999): Einführung in die Wirtschaftsinformatik. 9., vollständig überarbeitete Aufl., Berlin u. a.
VOGEL, H. L. (1998): Entertainment industry economics: a guide for financial analysis, fourth edition, Cambridge.
WHITSETT, T. (2000): Music Publishing: The Real Road to Music Business Success. Revised and expanded fifth edition, Vallejo/California.

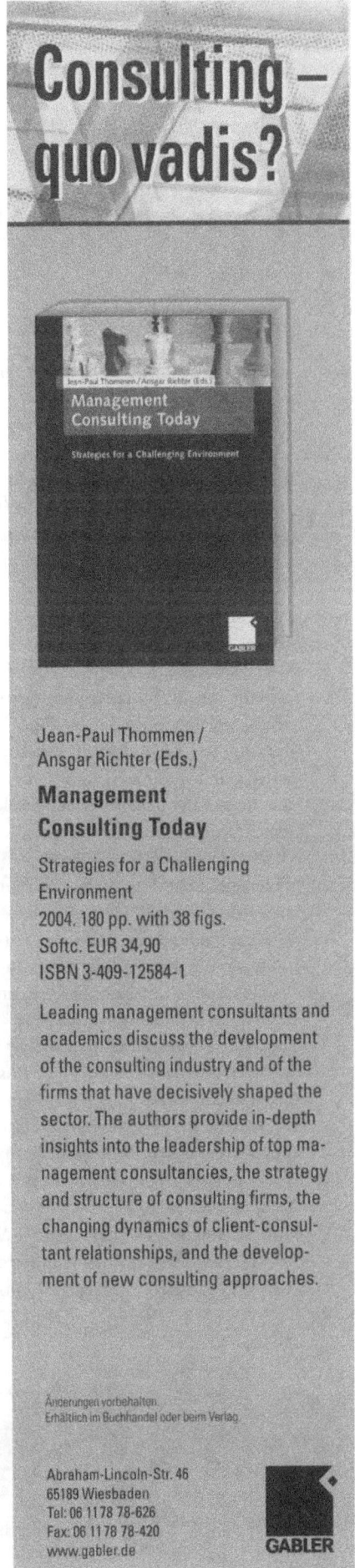

IT-UNTERSTÜTZUNG

Business Intelligence in Telco-Unternehmen

Martin Grothe

Business Intelligence hat weit über den kaufmännischen Bereich hinaus in sehr vielen Anwendungskontexten Einzug gehalten. Zwei Fallbeispiele beschreiben die unterschiedlichen Entfaltungsgrade von Business Intelligence im Unternehmen.

■ Einführung

Die Telekommunikation als Geschäftsfeld scheint die Einführung und Weiterentwicklung von Business Intelligence-Lösungen ganz besonders zu fördern: Zum einen macht es die Bewegung in der Branche und in den Unternehmen den klassischen Datenlieferanten sicherlich schwer, Schritt zu halten. Zum anderen fordern Führungskräfte und Mitarbeiter hier ganz besonders – und das zu Recht – eine Unterstützung ihrer Arbeit und Entscheidungen durch analytische Werkzeuge.

Das Denken in Netzwerken und Systemen, in schnellen Zyklen und hoher Dezentralität bereitet darüber hinaus einen fruchtbaren Boden für Business Intelligence (BI).

So soll in diesem Beitrag zunächst noch einmal das BI-Grundverständnis präzisiert werden, um dann aber einen typischen, dreistufigen Einführungspfad anhand von ausgewählten Telco-Beispielen zu untermalen. Insbesondere der Bereich Konsolidierung und Reporting der Deutschen Telekom wird – als Beispiel für die sonst oftmals erst noch bevorstehende dritte Phase – ausführlicher in seiner Zielsetzung und Aufgabenkonkretion beschrieben.

■ Business Intelligence: Begriff und Portfolio

Der interessierte Leser wird allein durch den Begriff Business Intelligence häufig noch auf eine falsche Fährte gelockt: So mag der eine oder andere durchaus das englische „Intelligence" mit dem deutsche „Intelligenz" gleichsetzen. Geschieht dies auch noch im Kontext von Werkzeugen, „Intelligence Tools", dann droht eine falsche Einschätzung insbesondere der Möglichkeiten dieses Ansatzes. Es entsteht hin und wieder die Erwartung einer gewissen „Magie".

So meint der Begriff „Intelligence" aber keineswegs ein zumeist hohes Intelligenzniveau, sondern beschreibt den Aspekt der Suche: Die CIA ist folglich weniger eine zentrale Intelligenz-Agentur, sondern deutlich schlichter zuständig für eine zentralisierte und konzentrierte Suche. Als Randbemerkung sei hier erwähnt, dass interessanterweise somit auch Artificial Intelligence in der korrekten Übersetzung eine kunstfertige Suche meint.

Vor diesem Hintergrund stechen in einer ersten begrifflichen Annäherung an Business Intelligence zwei Aspekte heraus:

● Telekommunikationsunternehmen sind in vielen Beziehungen Vorreiter in der Einführung von Business Intelligence.
● Die Entfaltung von Business Intelligence im Unternehmen lässt sich in drei Phasen gliedern, die jeweils die analytische Wertschöpfung deutlich steigern:
● Zu Beginn steht das toolzentrierte Experimentieren. Die meisten Unternehmen haben diese Phase bereits erfolgreich durchlaufen (und teilweise ebenso die entstehenden Konflikte zwischen Fachbereich und IT gemeistert).
● In der zweiten Phase werden BI-Ansätze in Prozesse integriert: Hier stehen zunächst stark strukturierte Prozesse, z. B. Berichtswesen, im Vordergrund.
● Mit der dritten Phase kann der CIO durch Nutzung der verteilten Schnittstellenkompetenz zum strategischen Geschäftsprozessarchitekten werden.

• Zum einen scheint die Suche nach geschäftsrelevanten Umständen im Vordergrund zu stehen,
• zum anderen wird bereits ein Verständnis einer Einbettung in einen umfassenderen Geschäftsprozess angelegt.

Prof. Dr. Martin Grothe,
Geschäftsführer der Complexium GmbH, Berlin, Gastprofessor am Institute of Electronic Business Berlin.
Complexium GmbH
Chausseestr. 8 Aufgang E, 10115 Berlin

E-Mail Grothe@complexium.de,
Mobil 01 71-14 01 76 8
Institute of Electronic Business
An-Institut der Universität der Künste
Berlin, www.ieb.net

Diese beiden Aspekte prägen die hier zugrunde gelegte Begriffsdefinition:

> „Business Intelligence bezeichnet den analytischen Prozess, der – fragmentierte – Unternehmens- und Wettbewerbsdaten in handlungsgerichtetes Wissen über die Fähigkeiten, Positionen und Ziele der betrachteten internen oder externen Handlungsfelder transformiert." (Grothe/Gentsch 2000, S. 19)

Der Bezug zu den betrachteten Handlungsfeldern in dieser Formulierung schlägt die Brücke zu den jeweiligen Anwendungskontexten. Dieses Verständnis macht aber insbesondere deutlich: Business Intelligence ist kein reines IT-Thema!

In der zeitlichen Entwicklung des Begriffverständnisses war diese Verortung nicht immer so klar; nunmehr kennzeichnet sie jedoch das allgemeine Verständnis. Darauf aufbauend soll ein Rahmen vorgestellt werden, der zum einen diese noch relativ abstrakte Definition weiter mit Leben zu füllen, zum anderen aber auch zumindest die wichtigsten der Ansätze, Methoden und Begriffe im Kontext von Business Intelligence in eine Ordnung zu bringen vermag.

Insbesondere bezeichnen viele dieser Bausteine konkrete Instrumente, die in betrieblichen Fachabteilungen bereits eine gewisse Verbreitung gefunden haben und in Business Intelligence-Prozessen wesentliche Funktionen ausfüllen können. Für den Begriffshintergrund dient das Business Intelligence-Portfolio als Strukturierungsrahmen (Vgl. Grothe/Gentsch 2000, S. 21).

In dieser Struktur gelingt es, die zentralen Ansätze und Bausteine zu ordnen und zugleich die *Anschlussfähigkeit* an angrenzende Aufgabenfelder zu bezeichnen:
- So muss eine Anlehnung an die unternehmenseigenen Transaktionssysteme herausgestellt werden;
- ebenso der Bezug zum allgemeinen Planungs- und Berichtsprozess des Controlling,
- zu allgemeinen Fragen der Motivation zum Teilen von impliziten Wissen und
- die Verbindung mit umfassenderen,

Ausprägung:	Quantitativ	größtenteils qualitativ
Datengrundlage:	Strukturiert	kaum strukturiert
Entdeckungsprozess:	Hypothesengestützt	Weitgehend hypothesenfrei
1. Bereitstellung (data delivery)	• Unternehmens-, Markt- und Wettbewerbsanalyse • Data Warehouse, Data Mart • Multidimensionale Modelle für Planung, Budgetierung, Analyse und Reporting	• Internet, Intranet • ex- und implizites Wissen • Dokumentenbestände, E-Mails
2. Entdeckung (discovery of relations, patterns, and principles)	• Multidimensionale Analysen (OLAP) • Balanced Scorecard mit Key Performance Indicators (KPIs) • klassische Methoden (z. B. ABC-Analyse, Abweichungsanalyse)	• Business Simulatoren • Früherkennungssystematik • Data Mining • Text Mining • Web Mining • Case based-Reasoning CBR
3. Kommunikation (Teilen, Nutzung) (knowledge sharing)	• Standardisiertes und ereignisgesteuertes Reporting • Info-Systeme (EIS/DSS/MIS) • Taxonomien und Profile • Pull- und Push-Service • Collaboration	• Expertenprofile • Issue Management • Traditionelles Wissensmanagement

Abbildung 1: Business Intelligence-Portfolio. (Vgl. Grothe/Gentsch 2000, S. 21)

insbesondere auch strategischen Wettbewerbsanalysen.

Inmitten dieser Fragestellungen wird das Business Intelligence-Portfolio durch zwei Achsen aufgespannt:
- Einerseits findet sich in der Praxis noch immer eine deutliche Trennung zwischen einer quantitativen, strukturierten Datengrundlage und eher qualitativen und kaum strukturierten Ausgangsdaten. Obschon diese Frage des Formates der Datengrundlage für den fragenden Analysten absolut sekundär ist, zeigt doch der Blick auf verfügbare Werkzeuge eine deutliche Zweiteilung. Und diese Zweiteilung hat zudem ein starkes Übergewicht im strukturierten Bereich. So ist eine solche Datengrundlage mit Sicherheit einfacher zu analysieren, wenngleich in der betrieblichen Praxis das Übergewicht an relevanter Information dagegen in unformatierter Version vorliegt. Gleichwohl bildet dieses Spektrum die horizontale Achse des vorgestellten Portfolios ab.
- Andererseits führt das Prozessverständnis zu einer hilfreichen Untergliederung der verfügbaren Werkzeuge. Diese Prozessgliederung der analytischen Wertschöpfung durch Business Intelligence ist für das Verständnis der Entwicklung des Begriffs wie auch der Erfahrungen in einer Vielzahl von Unternehmen wesentlich. Im Kern wird hier eine Dreiteilung der Prozesskette vorgenommen, die als vertikale Achse das Business Intelligence-Portfolio strukturiert:
- Die Bereitstellung der Datengrundlage schafft eine Verbindung zu Vorsystemen, häufig den Transaktionssystemen des Unternehmens. Ebenfalls kann diese Grundlage erst durch eine eigene Datensammlung geschaffen werden.
- Durch analytische Verknüpfung und zumeist Werkzeugeinsatz gelingt die Entdeckung von Mustern und Zusammenhängen innerhalb der vorgehaltenen Datenbasis.
- Diese Erkenntnisse tragen jedoch nur dann zur analytischen Wertschöpfung bei, wenn sie durch Weitergabe und Kommunikation in Entscheidungen einfließen.

Diese Entscheidungen schlagen sich in der Regel in Maßnahmen nieder, deren

IT-UNTERSTÜTZUNG

Auswirkungen von der Datengrundlage reflektiert werden. Gelingt eine solche Abbildung, dann kann von einem *Regelkreis* gesprochen werden: Durch Analyse der nun fortgeschriebenen Datengrundlage ergeben sich Rückschlüsse auf die Güte der getroffenen Entscheidungen und mögliche Lernfortschritte für künftige Aufgaben.

Insgesamt wird dadurch ein Management-Ansatz aufgespannt, der die Leistungsfähigkeit des zugrunde liegenden Prozesses, etwa eines Planungs- oder Vertriebsprozesses, kontinuierlich zu steigern vermag. Ein solcher weit reichender Anspruch an Business Intelligence-Lösungen war jedoch nicht von Anfang an mit dieser neuen Kategorie analytischer Werkzeuge verbunden worden.

Business Intelligence: Entwicklungsphasen

In der Praxis zeigt sich, dass ein solcher Business Intelligence-Regelkreis häufig in mehreren Schritten aufgebaut wird. Wobei eine solche Entwicklung oftmals apriori nicht geplant und koordiniert erfolgt. Im Folgenden wird eine solche Entwicklung prototypisch in Phasen gegliedert und anhand von Beispielen nachgezeichnet.

Phase „BI-1" – Tooleinsatz am Beispiel otelo 1997 – 99

In der ersten Phase der BI-Durchdringung eines Unternehmens werden häufig erste Erfahrungen mit einzelnen Tools gesammelt. Induziert wird ein solcher Einstieg nicht unbedingt immer von der IT-Seite, sondern durchaus von entsprechenden Fachseiten im Unternehmen.

Im Mittelpunkt des Interesses steht zumeist die Leistungsfähigkeit eines ganz bestimmten Softwaretools; im Controlling-Umfeld waren dies häufig OLAP-Lösungen, in anderen Bereichen auch Data Mining-Ansätze.

Zum aktuellen Stand kann jedoch festgestellt werden, dass die meisten Unternehmen diese Phase bereits durchschritten haben: Business Intelligence-Tools sind grundsätzlich bekannt, in der Regel sogar etabliert und stehen nicht mehr im Fokus der weiteren Entwicklungsplanungen.

Ein Rückblick auf die Situation bei o.tel.o in den Jahren 1997 bis 1999 kann genau diese erste Phase plastisch schildern (Vgl. Grothe 1999). Stand dort im Controlling doch die Aufgabe recht drängend im Raum, innerhalb der fulminanten Unternehmensentwicklung die üblichen Tabellenkalkulationsmodelle für Planungs-, Budgetierungs- und Reportingaufgaben nicht in hochvernetzten Rechenkonstrukten an hoher Änderungsgeschwindigkeit ersticken zu lassen.

Nun war der Einsatz von softwarebasierten Instrumenten und Systemen für Controlling keine neue Erfahrung. Gerade der Rückgriff auf transaktionsorientierte Systeme des Rechnungswesen ist essentiell, auch wenn diese – wie viele andere operative Systeme – primär nicht für Analysezwecke ausgerichtet sind.

- Für fallweise Analysen verwendet Controlling insbesondere Tabellenkalkulationstools wie z. B. Microsoft Excel; fallweise zum einen deshalb, weil auf diesen Spreadsheets die Darstellungs- und Auswertungsanordnung nach der Erstellung grundsätzlich nur umständlich verändert werden kann, zum anderen, weil die aufgebauten Spreadsheets in der Regel individuelle Lösungen sind.
- Für generelle Analysen (Variierbarkeit, Erweiterbarkeit, Netzwerk- und Mehrbenutzerbetrieb) war Controlling bisher auf die Unterstützung der DV-Abteilung oder eine Überdehnung der fallweisen Ansätze angewiesen: die Resultate waren dann häufig zeitliche Verzögerungen, suboptimale Abbildungen oder übergroße Kompliziertheit und Fehleranfälligkeit.

Der Vorteil von Business Intelligence-Werkzeugen liegt nun zum einen in der analytischen Leistungsfähigkeit, zum anderen aber in dem überschaubaren Einführungsaufwand. Für multidimensionale Planungs- oder Analysesysteme liefert die Anbieterseite einerseits zahlreiche Lösungen, die in der Regel bereits weitgehend vorstrukturiert sind. Damit sind der eigenständigen Gestaltung umfassender oder modulartiger Modelle jedoch teilweise enge Grenzen gesetzt.

Um eigene Gestaltungsanforderungen schnell umsetzen zu können und den sich einstellenden Lernprozess optimal zu unterstützen, kann sich andererseits der Einsatz einer multidimensionalen Modellierungssoftware als sinnvoll erweisen. Um einen Eindruck solcher Modellierungsaufgaben zu vermitteln, zeigt Ab-

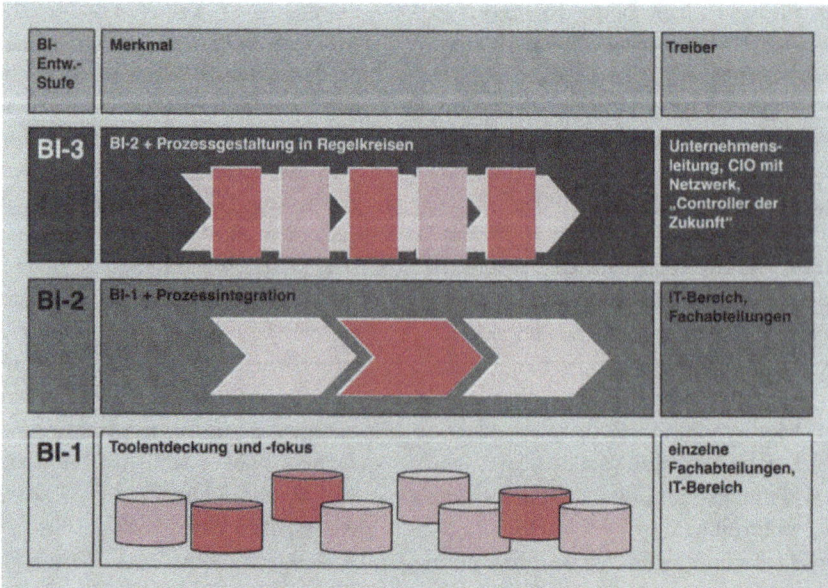

Abbildung 2: Schema der BI-Entwicklungsphasen. (Vgl. Schildhauer/Grothe/Schultze/Braun 2004)

bildung 3 beispielhafte Dimensionen für die Konten-, Organisations- und Zeitstruktur. Mit einer weiteren Dimension, die z. B. Plan-, Hochrechnungs- und Ist-Daten unterscheidet, lässt sich bereits ein einfacher GuV-Würfel aufbauen.

Jeder Würfel kann mit Rechenregeln, etwa für Konsolidierungen oder Kennzahlenberechnung, versehen werden. Es wird deutlich, dass die technische Komponente einer solchen Modellierung kaum die Anforderungen an einen Spreadsheet-Aufbau übersteigt.

Somit steht bei der Entwicklung solcher Business Intelligence-Werkzeuge die Gestaltung eines betriebswirtschaftlichen Modells im Mittelpunkt – dies ist jedoch eine Controlling-Aufgabe im besten Sinne. So wird verständlich, dass der Start in einen BI-Regelkreis mit der Phase BI-1 weitgehend von der Fachseite geleistet werden kann.

In der Übersicht stellt Abbildung 4 das im Beispiel auf Basis der multidimensionalen Software TM1 von Applix aufgebaute Reporting-Analyse-Planungs-System dar:

Die Planungs- und Reporting-Modelle sind auf eigenen Servern abgelegt. Für die dezentral verteilten Standorte wurde ein online-Zugriff im Wide-Area-Network (WAN) realisiert. Dieser clientseitige Zugriff ist über eine Anwendungsoberfläche möglich. Ebenso lassen sich nach dem beschriebenen Funktionsprinzip Spreadsheets einbinden. Ein Info-System greift auf die definierten Modelle sowie SAP-Daten zu und erschließt durch vorstrukturierte Analysen und Grafiken weitere Anwendungsbereiche. Die gesamte Konfiguration ist modular aufgebaut und wurde anforderungsnah fortentwickelt.

Der Erstellungsprozess solcher BI-Bausteine birgt mehrere positive Nebeneffekte, die eine intensive Mitarbeit der betroffenen Fachabteilung als dringend geboten erscheinen lassen. Prägnant

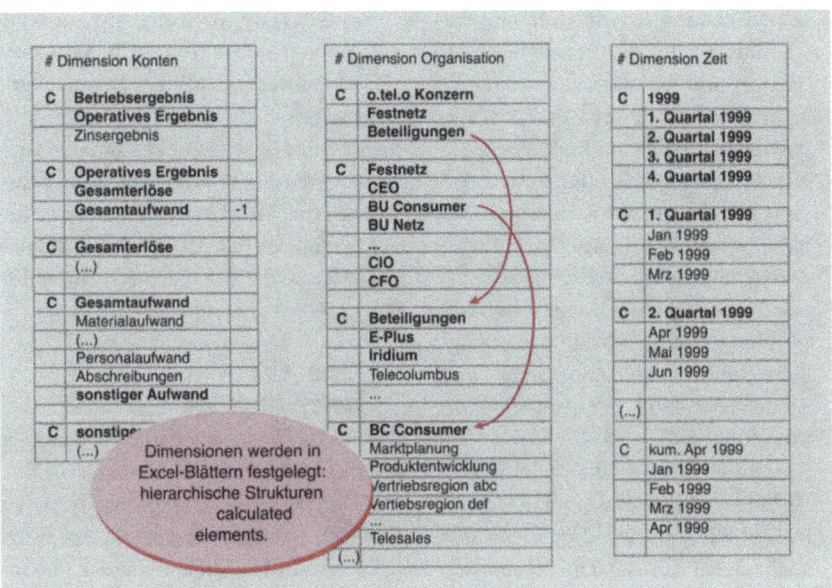

Abbildung 3: Beispiele für die Dimensionsdefinition eines OLAP-Modells.

lässt sich formulieren: Der grundlegende inhaltliche Aufbau solcher Systeme ist keine Aufgabe für die DV-Abteilung.

Als Vorteile einer weitgehenden *Eigenerstellung* lassen sich folgende Punkte nennen:

- Es besteht ein Zwang zu einer eindeutigen und einheitlichen Festlegung von Strukturen und Kennzahlen. Es erwächst dadurch ein gemeinsamer Pool von Definitionen.

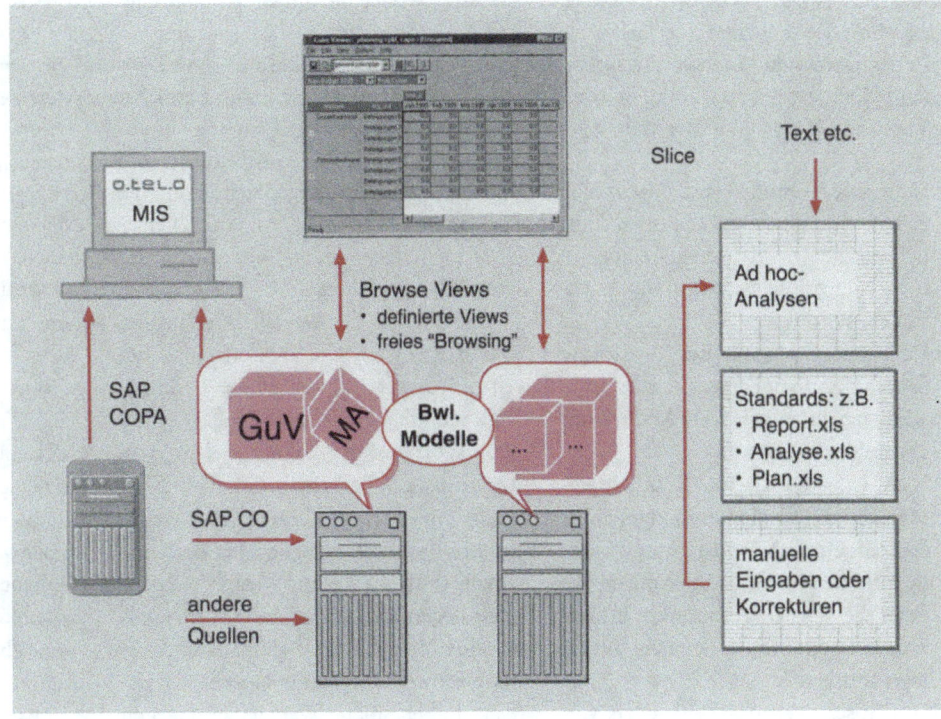

Abbildung 4: Übersicht Reporting-Analyse-Planungssystem RAPtor.

IT-UNTERSTÜTZUNG

- Die Diskussion schafft ein hohes Verständnis für die Key Performance Indicators und Key Ratios: Was sind die zentralen Treiber des Geschäfts und wie lassen sie sich konkret fassen?
- Die Gestaltungsaufgabe liefert Ansatzpunkte, um die Reporting- und Planungs-Prozesse hinsichtlich Transparenz und Zeitbedarf zu verbessern.
- Die Eigenerstellung erlaubt eine anwendungsnahe Realisierung, ermöglicht kurzfristige Anpassung und Berücksichtigung der Anwenderanforderungen.
- Es wird ein Outsourcing von Wissen verhindert bzw. das explizit entstehende Wissen wird direkt für den Fachbereich nutzbar. Die Eigenerstellung lässt ein strukturiertes Geschäftsmodell entstehen.

Die Notwendigkeit eigener Strukturierungsleistung setzt einen wesentlichen Zusatznutzen frei: Aus „shared facts" wird durch Anwendung „shared knowledge" und damit eine sprunghaft verbesserte Koordination. Dieses durch Business Intelligence-Prozesse erschlossene „shared knowledge" entspricht dem Wissen um die Relationen, Muster und Prinzipien innerhalb einer Unternehmens- oder Wettbewerbsarena, es bildet einen wichtigen Teil des internen Modells eines Unternehmens.

In der konkreten Modellierungsarbeit treten jedoch auch unerwartete Schwierigkeiten auf. Einige Punkte seien hier genannt:

- Schwierig zu modellieren und aktuell zu halten sind sich im Zeitablauf deutlich verändernde Dimensionen (slowly changing dimensions), z. B. Kostenstellen, Produkte.
- Umfangreiche zusätzliche Attribute für die einzelnen Dimensionselemente können nicht in jedem OLAP-Produkt abgebildet werden.
- Nicht jedes OLAP-Tool lässt Schreibzugriffe zu. Für Planungsaufgaben ist dies jedoch ein KO-Kriterium.
- Bereits in der Modellierungsphase muss die stets eingeschränkte Intuitivität der zukünftigen Benutzer antizipiert werden.
- Das Abschätzen des Zeitbedarfs von komplexen Rechenregeln bei Multi-User-Zugriff ist häufig nur im trial-and-error-Verfahren möglich. Dies sollte unter realistischen Bedingungen erfolgen.

Somit wird hier deutlich, dass – auch wenn erste Anfangserfolge in dieser Phase schnell erreichbar sind – ein Austausch mit der IT-Seite vorteilhaft ist, sind dort doch in der Regel die Kompetenzen zur Abbildung fachseitiger Modelle vorhanden.

Phase „BI-2" – Prozessintegration

Die zweite Phase setzt dann ein, wenn die ersten Erfahrungen mit singulärem Einsatz von Business Intelligence-Tools erfolgreich beurteilt werden. In der Regel sollte gerade im Controlling der Nutzen von beispielsweise mehrdimensionalen Modellen für Reporting- und Planungsaufgaben sehr eindrucksvoll zur Geltung kommen (Vgl. Grothe 2004).

Dann gilt es, diese hinzugewonnenen Werkzeuge in die Prozesse zu integrieren. Semantiken und Schnittstellen müssen abgestimmt werden. Vormals bestehende Lösungsschritte müssen in Teilen aufgehoben werden.

Dies wird zumeist in enger Abstimmung zwischen der IT- und der Fachseite geleistet, wobei mit hoher Regelmäßigkeit Anforderungen an eine mitunter unternehmensweite Standardisierung (Systeme, Kenngrößen, etc.) mit bereichsspezifisch aufgebauten Lösungen kollidieren. Um dieses Konfliktpotenzial vorausschauend zu begrenzen, sollte die IT-Seite (in einem Verständnis als Dienstleister) bereits die ersten Gehversuche der Phase BI-1 begleiten.

Der Blick in die aktuelle Praxis zeigt, dass die meisten Unternehmen sich bereits in dieser zweiten Phase befinden (Vgl. Schildhauer/Grothe/Schultze/Braun 2004 als Übersicht zu einer Vielzahl von Anwendungsfällen sowie Grothe 2003): häufig sind bereits mehrere stark strukturierte Prozesse, wie z. B. das Berichtswesen, in deren Ablauf wenig Freiheitsgrade liegen, mit entsprechenden BI-Tools versehen. In zahlreiche schwach strukturierte Prozesse, etwa im planerischen Bereich, haben solche Werkzeuge dagegen erst punktuell Einzug gehalten.

Somit lässt sich unter dem Begriff Prozessintegration formulieren: „Business Intelligence hat die Techniklastigkeit früherer Data Warehouse-Projekte überwunden und ist auf dem besten Weg, Unternehmen durch transparente Geschäftsprozesse und effiziente Entscheidungswege zu höherer Leistung zu befähigen, Kosten zu senken und Gewinnchancen zu eröffnen" (Meta Group 2002). Auch wandelt sich in dieser Phase das Verständnis von BI. Business Intelligence erscheint nicht mehr als zusätzliche, separate Applikation, sondern als integraler Bestandteil der Geschäftsprozesse.

Eng verbunden mit der Prozessintegration ist die flächendeckende Verbreitung von Business Intelligence im Unternehmen. Insbesondere stellen operative Prozesse ein geeignetes Vehikel dar, „Business Intelligence for the masses" zu realisieren: „The strongest trend in Business Intelligence today is still „Business Intelligence for the masses," which has been underway since 1996. This movement is slowly but steadily bringing reporting and analysis capabilities to great numbers of end-users with a broader range of job titles and deeper locations in the corporate org chart than ever before." (Russom 2002)

Aus der Prozessintegration erwächst die Prozessverbesserung: Prozesse erzeugen Daten, die durch entsprechende Metriken verdichtet werden. Auf Basis dieser Metriken werden die Prozesse gesteuert bzw. optimiert. Die optimierten Prozesse liefern nun wieder Daten für die Metriken, die im Sinne eines kontinuierlichen Verbesserungsprozesses neue Prozessoptimierungen ermöglichen. Metriken und Business Intelligence haben dabei folgende Bezüge:

- Business Intelligence benötigt Metriken mit entsprechenden Schwellwerten zur Steuerung von Prozessen (z. B. Fehlerquote pro Fertigungsprozess kleiner 10 %, Anzahl Kundenbeschwerden pro Kundenkanal darf 5 % nicht überschreiten). Diese Kennzahlen können ebenso für tiefer gehende Analysen, z. B. durch Data Mining, als Input dienen.
- Business Intelligence ermöglicht es, Kennzahlen für anspruchsvollere,

datengetriebene Metriken abzubilden (z. B. Cross-Selling-Potenziale, Abwanderungswahrscheinlichkeiten für bestimmte Kundenprofile)
- Business Intelligence ermöglicht durch Instrumente wie Management Cockpits oder OLAP-Systeme Metriken kontextbezogen und anwenderfreundlich den Entscheidern zur Verfügung zu stellen.

Prozessbezogene Metriken spielen insbesondere auch beim Business Performance Measure Measurement eine entscheidende Rolle.

Phase „BI-3" – Prozessmanagement am Beispiel IKOS (Deutsche Telekom)

Mit einem solchen Verständnis beginnt die Phase drei der BI-Entfaltung: Es werden nicht mehr Tools in Prozesse eingepasst, sondern Prozesse neu gestaltet. So induzieren Business Intelligence-Lösungen neue Fähigkeiten in der Analyse, Zusammenarbeit und Vernetzung, um mit entsprechenden Prozessdesigns ein deutlich höheres Maß an Effizienz und analytischer Wertschöpfung für das Unternehmen zu erschließen.

Es gilt demnach, die in der Regel vorhandenen Daten und Wissensbestände so weitgehend wie möglich für das Unternehmen zu kapitalisieren. Als Promotor einer solchen Zielsetzung wäre ein CIO im Verständnis eines strategischen Geschäftsprozessarchitekten sicherlich gut denkbar.

Ein Prozess- und Gestaltungsverständnis im Sinne dieser Entwicklungsphase „BI-3" ist im Bereich Konsolidierung und Reporting der Deutschen Telekom anzutreffen:

Bis Mitte des Jahres 2003 kamen zur Konsolidierung der DTAG Konzern- und Divisions-Abschlüsse zwei unterschiedliche Konsolidierungssysteme zum Einsatz:
- SAP EC-CS für die Konsolidierung der Monats- und Quartalsabschlüsse im Ist,
- Hyperion Enterprise für die GuV-Konsolidierung von Mittelfristplanung, Budget, Forecast und Flash (Übernahme der bestehenden Applikation aus dem Controllingbereich).

In 2003 erfolgte die Homogenisierung der Konsolidierungssysteme und die Migration von Hyperion Enterprise auf das

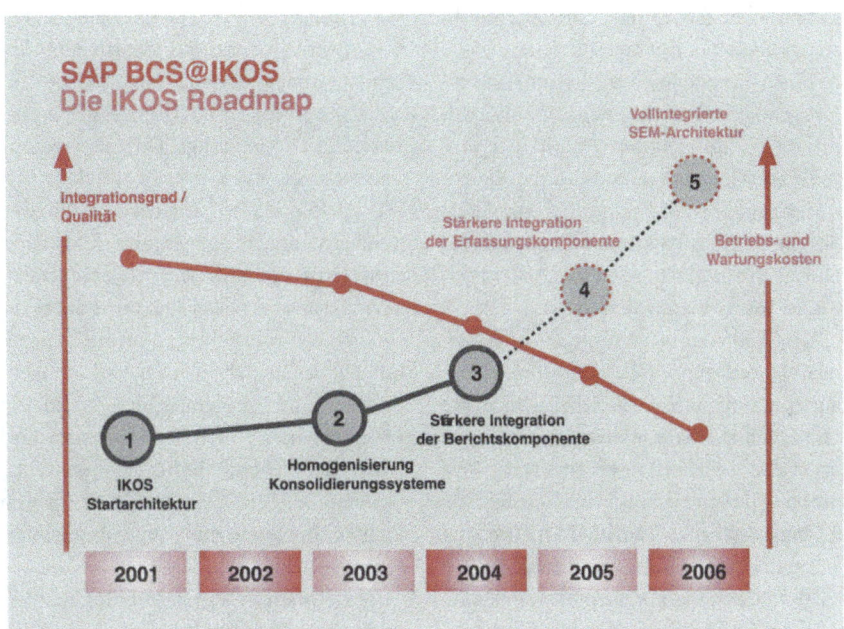

Abbildung 5: Entwicklung des Konsolidierungssystems (KOS. [Quelle: Deutsche Telekom)

einheitliche Konsolidierungsmodul SAP EC-CS. Auf Basis dieser Technologie werden heute alle Abschlüsse nach IAS und US-GAAP in Legal- und Segmentstruktur durchgeführt:
- Monatliche/Quartärliche Ist-Abschlüsse
- Flash-Reporting
- Forecast
- Mittelfristplanung
- Budget/Unterjährige Planung

Die unterschiedlichen Konsolidierungsschritte laufen bereits heute weitgehend systemunterstützt ab. Dies betrifft insbesondere die Schuldenkonsolidierung, die Aufwands- und Ertragskonsolidierung und die Kapitalkonsolidierung. Eine noch weitergehende Automatisierung ist im Hinblick auf die angestrebte Zielarchitektur möglich und bereits vorgesehen.

Im Bereich „Group Accounting and Reporting" werden diese Aufgaben vom Fachbereich 4 „Consolidation and Reporting Systems" (GAR4) wahrgenommen. GAR4 ist kundenorientiert strukturiert und versteht sich als interner Dienstleister (Competence Center) in allen Themenstellungen im Bereich der Konsolidierungs- und Reportingsysteme für die Zentrale und die strategischen Geschäftsfelder (SGF). Kunden sind neben den Bilanzierungsbereichen in der Zentrale und den SGF auch die Zentralbereiche Controlling und Steuern. Neben den fachlichen (Bilanzierung, Konsolidierungsmethodik, etc.) und prozessualen Anforderungen (Prozessunterstützung und -optimierung bei Datenerfassung, Konsolidierung und Auswertung) ist auch eine fundierte technische Kompetenz erforderlich. Dadurch können sowohl die genannten Kunden als auch eingebundene IT-Dienstleister optimal betreut bzw. gesteuert werden.

Grundsätzlich gibt es für GAR4 neben seiner operativen Hauptaufgabe (Entwicklung, Weiterentwicklung, Betrieb der Integrierten Konsolidierungs- und Reportinglandschaft) drei wichtige strategische Zielsetzungen:
- Kontinuierliche Optimierung und Beschleunigung der monatlichen DTAG Abschlussprozesse
- Kontinuierliche Verbesserung der Abschlussqualität durch systemseitige Validierungskonzepte
- Integration von interner und externer Rechnungslegung auf einer integrierten IT-Plattform

GAR4 sieht sich als Verantwortlicher für die Qualität und Geschwindigkeit der

IT-UNTERSTÜTZUNG

monatlichen Abschlüsse. Im Mittelpunkt steht folglich der gesamte Prozess.

Anforderungen an das System sind intelligente Monitoring-Funktionalitäten, die eine reibungslosen Ablauf der Abschlüsse sicherstellen und es dabei gleichzeitig ermöglichen, verbindliche und klar definierte Verantwortlichkeiten bei der Durchführung der einzelnen Verarbeitungsschritte zu gewährleisten.

Des Weiteren werden die in den Systemen hinterlegten Validierungsfunktionalitäten ständig weiterentwickelt und an die immer komplexeren Abhängigkeiten angepasst. Dazu gehören insbesondere die Verprobung der unterschiedlichen Rechnungslegungsvorschriften (Multi-GAAP) und die Sicherstellung der Konsistenz zwischen Legalabschlüssen und Segmentabschlüssen.

GAR4 erstellt für alle im System hinterlegten Monitoring-, Prüf- und Validierungsfunktionalitäten die fachlichen Konzepte, ist für die systemseitige Implementierung verantwortlich und pflegt die erforderlichen Stammdaten.

Validierungs- und Monitoring-Funktionalitäten, die im eigentlichen Abschlussprozess greifen, sind hierbei für ein derart komplexes Umfeld nicht ausreichend. Vollständige Datenkonsistenz kann nur dadurch erreicht werden, dass im Vorfeld der Abschlüsse durch den Konzern vorgegebene Stamm- und Strukturdaten automatisiert in die dezentralen Systeme gesteuert werden, ohne dabei zusätzlich erforderliche dezentrale Strukturen zu beeinträchtigen. GAR4 konzeptioniert und implementiert hierzu ein entsprechendes Template-Konzept und ist aus fachlicher Sicht für die monatliche Bereitstellung aller Stammdaten für den Konsolidierungs- und Reportingprozess verantwortlich.

Stammdaten-Template-Fähigkeit bedeutet hier ganz konkret:

- Alle IKOS-relevanten Stammdaten (einschließlich Validierungen und Berechtigungen) werden zentral im Stammdaten-Portal gepflegt. Vom Stammdaten-Portal werden alle IKOS-Komponenten vollständig mit Stammdaten, versorgt.
- Im Rahmen des Template-Ansatzes werden die Stammdaten den Divisions-SAP BW-Systemen ebenfalls zur Verfügung gestellt. Diese Stammdaten können anderen Non-IKOS-Systemen per Upload-Datei zur Verfügung gestellt werden.
- Divisionen und ausgewählte Non-IKOS-Komponenten erhalten die Möglichkeit, dezentral und eigenverantwortlich die vorhandenen, zentralen Stammdaten für eigene Zwecke zu erweitern (z. B. neue Positionsnummern in Tiefe und Breite, zusätzliche Validierungen, neue Konsolidierungskreise, Konsolidierungseinheiten oder Profitcenter). Zu diesem Zweck wird ein entsprechendes Tool zur Verfügung gestellt. Möglichst alle Attribute werden dezentral gepflegt. Möglichst viel Unterstützung im Pflegeprozess wird systemtechnisch zur Verfügung gestellt.

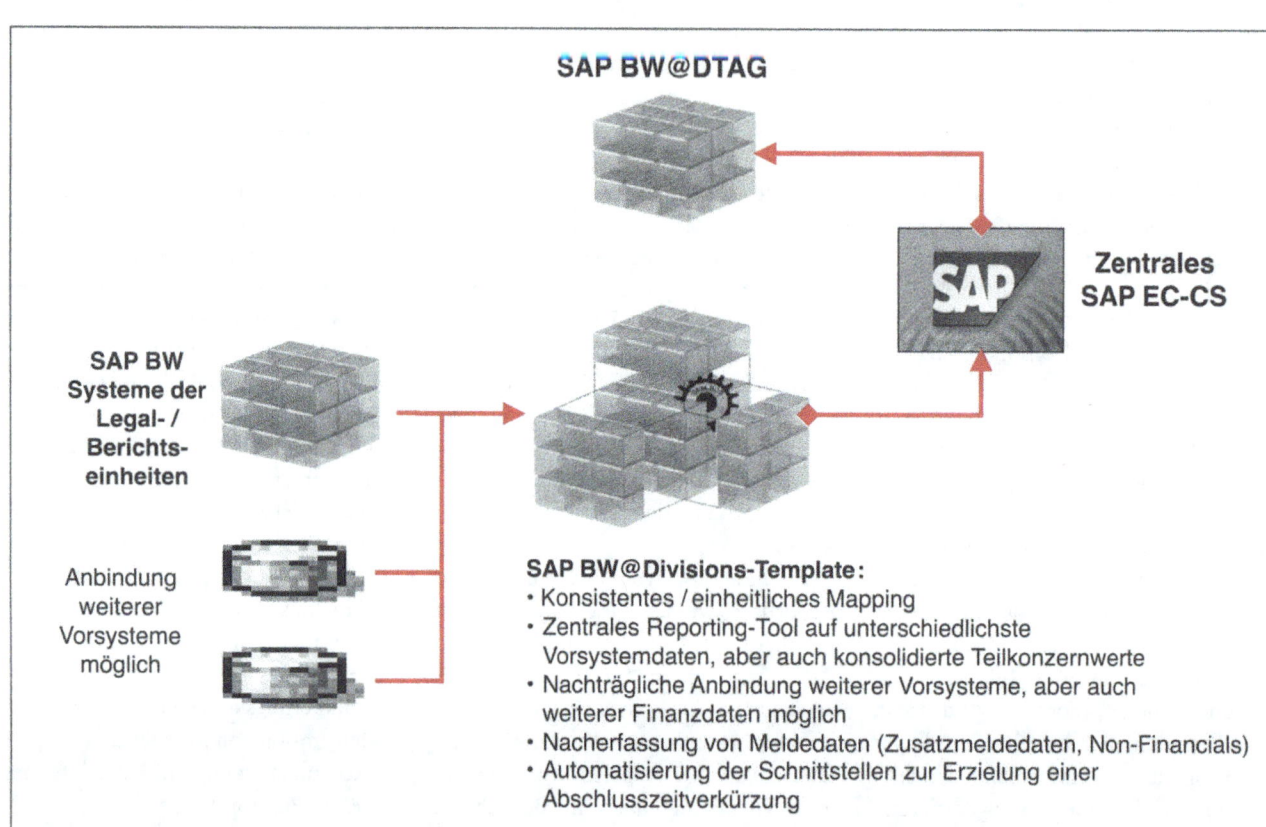

Abbildung 6: Mögliche Zielarchitektur. [Quelle: Deutsche Telekom]

- Konsolidierungsrelevante Sachverhalte aus den divisionsspezifischen Stammdaten werden im IKOS übernommen. Alle anderen Sachverhalte werden nur den Divisionen bzw. den Non-IKOS Komponenten zur Verfügung gestellt.
- Des Weiteren können Berechnungslogiken wie z. B. EVA, BWL-Kennzahlen, Berechtigungen oder Berichte anderer SAP BW-Systeme zur Verfügung gestellt werden.
- Erweiterungen und Veränderungen der Zentrale werden so zur Verfügung gestellt, dass divisions- bzw. komponentenspezifische Ergänzungen erhalten bleiben.

Im Weiteren kann das im dortigen Verantwortungsbereich formulierte Aufgabenverständnis als prototypisch für eine Entwicklungsphase angesehen werden, die sich in vielen anderen Unternehmen erst noch herauskristallisieren wird:

Im Rahmen seiner Funktion als „Systemowner" von IKOS und den peripheren Systemen übernimmt GAR4 folgende Tätigkeiten:
- Projektleitung aller IT-Projekte im Systemumfeld
- Angebots- und Vertragsverhandlungen mit beteiligten IT-Dienstleistern
- Erstellung von Fach- und Feinkonzeptionen für alle IT-Projekte
- Durchführung von Tests und Systemabnahmen
- Begleitung von Systemprüfungen durch den Wirtschaftsprüfer
- Überführung in den Produktivbetrieb und Koordination des laufenden Systembetriebs
- Verantwortliche Durchführung von erforderlichen Rollouts
- Koordination des 1st Level Support
- 2nd Level Support für fachliche und systemseitige Problemlösung und Störungsbeseitigung
- Koordination und teilweise Durchführung des Application Management
- Vollständige Verantwortung für die Pflege sämtlicher systemrelevanten Stammdaten

Im Rahmen der monatlichen Abschlussprozesse steht GAR4 den an den relevanten Erfassungs-, Konsolidierungs- und Berichtsprozessen beteiligten Mitarbeitern als fachlicher und technischer Berater zur Verfügung. Unter anderem werden folgende Tätigkeiten durchgeführt:
- Problemaufnahme, Problemanalyse, Dokumentation, Problemlösung und Störungsbeseitigung
- Aufnahme von kurzfristigen fachlichen oder technischen Änderungsanforderungen
- Unterstützung und Beratung bei der systemseitigen Abbildung von komplexen bilanziellen Sachverhalten
- Unterstützung bei der Erstellung von Ad hoc-Auswertungen

IT-UNTERSTÜTZUNG

- Support bei der Betreuung von Schnittstellen zu vor- und nachgelagerten Systemen

Ausblick

Business Intelligence hat weit über den kaufmännischen Bereich hinaus in sehr vielen Anwendungskontexten Einzug gehalten. Vorstehend wurden zwei Fallbeispiele konkreter beschrieben, ausgewählt insbesondere auch deshalb, um die unterschiedlichen Entfaltungsgrade von Business Intelligence im Unternehmen zu illustrieren.

Ist eine erste Phase noch durch ein singuläres Experimentieren mit einem mehr oder weniger neuen Tool gekennzeichnet, kann doch die dritte Phase, in der die Prozessgestaltung im Mittelpunkt steht, kaum ohne die Unterstützung seitens der Unternehmensführung durchgesetzt werden.

Tangiert doch eine konsequente Kapitalisierung der verfügbaren analytischen Potenziale und Fähigkeiten insbesondere auch Fragen hergebrachter organisatorischer Zuständigkeiten. Es scheint auch, dass für diese Aufgaben eine weitere, eine integrierende Kompetenz neben die klassischen Fach- und IT-Seiten treten muss.

Damit ließe sich postulieren, dass es zu einer Kernaufgabe eines CIO gehören sollte, solche „BI-Zellen", in denen prozessverantwortlich zusammen mit IT- und Fachseite gestaltet wird, zu einem internen Netzwerk zusammen zu führen, um Koordination und Austausch zu fördern.

Mit einer solchermaßen verankerten BI-Basis sollte auch der immer drängenderen Herausforderung eines intelligenten Komplexitätsmanagements einsichtsvoll und perspektivisch begegnet werden können. Diese Aufgabe ist nicht nur theoretisch reizvoll, sondern auch im höchsten Maße betriebswirtschaftlich relevant. So soll hier zum Abschluss thesenhaft der Umgang mit hoher Komplexität als künftiger BI-Schwerpunkt postuliert werden, denn: Kaum etwas ist potenziell so werthaltig wie die aufgebaute Komplexität.

Danksagung

Dieser Artikel hat ganz wesentlich von den Einblicken profitiert, die der Autor im Gespräch mit Herrn Martin Stuke und Herrn Markus Staudenmayer aus dem Hause Deutsche Telekom AG erreichen konnte. Hierfür herzlichen Dank!

Literatur

GROTHE, M. (1999): Aufbau von Business Intelligence – Entwicklung einer softwaregestützten Controlling-Kompetenz bei o.tel.o, in: Kostenrechnungspraxis krp 1999 H. 3, S. 175 – 184.
GROTHE, M. (2003): Collaborative Intelligence: Absicherung von Beyond Budgeting durch Wissensnutzung in verteilten Geschäftsprozessen, in: Zeitschrift für Controlling & Management, Sonderheft 1/2003.
GROTHE, M. (2004): Erhöhung der Analysedichte bei DaimlerChrysler Services, in: IT-Director August 2004, S. 34 – 35.
GROTHE, M./GENTSCH, P.: Business Intelligence – Aus Informationen Wettbewerbsvorteile gewinnen. Addison-Wesley: München 2000
META GROUP (2002): Data Warehouse und Business Intelligence in Deutschland 2002.
RUSSOM, P. (2002): The State of BI for the Masses, Intelligent Enterprise, August 7, 2002, http://www.intelligententerprise.com/online_only/analyst/020807.jhtml.
SCHILDHAUER, T., GROTHE, M., BRAUN, M., SCHULTZE, M. (Hrsg.) (2004): Business Intelligence – Mit eBusiness Strategien und Prozesse verbessern, BusinessVillage Göttingen 2004.

Die neuen Seiten des Controlling

fundiertes Know-how
- Die Fachzeitschrift „Controlling & Management" ist schnell, aktuell und lösungsorientiert und bietet für jeden Bedarf die richtige Informationstiefe.

Magazin
- Der Magazinteil liefert einen umfassenden Überblick über Themen, Trends, Tools, Unternehmen und Strategien, Köpfe und Meinungen.

Praxis
- Controlling & Management „Praxis" beschreibt fundiert Methoden, Instrumente und neue Entwicklungen des Controlling und enthält Praxisberichte zu aktuellen Themen.

Wissenschaft
- Controlling & Management „Wissenschaft" liefert den State of the Art aus Controlling-Forschung und Wissenschaft.

nachgewiesene Kompetenz
- Die renommierten Herausgeber Prof. Dr. Jürgen Weber, Prof. Dr. Thomas Hess und Prof. Dr. Dirk Hachmeister bringen die Experten der Community zusammen.

zfcm-online
- Mit einem Klick alles im Blick: Nutzen Sie unser Volltextarchiv im Internet: www.zfcm.de

Ja, ich möchte Controlling & Management testen. Bitte schicken Sie mir die nächste Ausgabe, damit ich sie in Ruhe ansehen kann. Wenn Sie dann nichts mehr von mir hören, möchte ich die Zeitschrift weiter beziehen: jährlicher Bezugspreis 110,00 EUR, ermäßigt 81,00 EUR (bitte Studienbescheinigung beilegen). Controlling & Management erscheint 6 x pro Jahr. Rechnungsstellung erfolgt jährlich. Wenn mir die Zeitschrift nicht gefällt, schicke ich innerhalb von 14 Tagen nach Erhalt des Heftes eine Postkarte. Das Testheft darf ich behalten. Kosten entstehen mir keine.

Jetzt kostenlos testen:
Bestell-Fax: 0611.7878-423

Name, Vorname   311 05 200

Abteilung

Postfach

X Unterschrift

Gabler Verlag
Kundenservice
Abraham-Lincoln-Str. 46

65189 Wiesbaden

Vertrauensgarantie: Dieser Auftrag kann schriftlich innerhalb von 10 Tagen nach Bestelldatum beim Gabler Verlag widerrufen werden. Zur Fristwahrung genügt die rechtzeitige Absendung des Widerrufs. Die Kenntnisnahme dieses Hinweises bestätige ich mit meiner zweiten Unterschrift.

X Unterschrift

Tel.: 06 11.78 78-615
www.zfcm.de

Geschäftsführer: Andreas Kösters, AG Wiesbaden HRB 9754

GPSR Compliance

The European Union's (EU) General Product Safety Regulation (GPSR) is a set of rules that requires consumer products to be safe and our obligations to ensure this.

If you have any concerns about our products, you can contact us on

ProductSafety@springernature.com

In case Publisher is established outside the EU, the EU authorized representative is:

Springer Nature Customer Service Center GmbH
Europaplatz 3
69115 Heidelberg, Germany

www.ingramcontent.com/pod-product-compliance
Lightning Source LLC
LaVergne TN
LVHW080249260326
834688LV00042BA/1195